日本中世の環境と村落

橋本道範 著

思文閣出版

目次

第二部　庄郷とムラ

日本中世の環境と村落

序章　戦後における歴史学の自然環境理解と村落論

はじめに

近代日本の歴史学が、「「近代になる」という「大きな物語」」を描くものであった以上[1]、その「物語」の基底にはなにがしかの発展が措定されなければならなかったといえる。そのため、必然的に自然は人間による克服の対象として描かれることにならざるをえなかったのではないだろうか。たとえば、日本列島の中世社会と近世社会との違いを的確に指摘した平雅行は、中世社会を技術と呪術とが未分離の社会ととらえているが[2]、その認識の根底には、自然の克服が未達成の中世、自然の克服が一程度進んだ近世という理解がないだろうか。また、町村制論を提起した勝俣鎮夫は、一五世紀から一七世紀半ばにかけての転換を、原始社会以来の、自然のなかの自然に支配された人間の生活、人間社会が自然から「分離独立」していく過程と位置づけ、その過程で一種の近代的合理主義が社会的に定着したとまで述べている[3]。峰岸純夫が指摘するように、「自然に対する人間の優位性のゆるぎない確信と自然は人間の開発の対象でしかないという観念が支配的」であったことは間違いないであろう[4]。

しかし、発展の段階で歴史を区分して疑わなかった時代は終焉を迎えつつある[5]。日本の歴史学者がそのことにはっきりと気づいたのは、一九九〇年代以降のことではないだろうか。もちろん、研究史的にはマルクス主義の退潮と、一九七九年の山本武夫『気候の語る日本の歴史』の公表など、自然科学分野の研究の精度が歴史学の議論と照合できるほど飛躍的に向上してきたことの影響が大きい(6)。しかし、実際のきっかけは、現実の大凶作であり、現実の大地震であったと論者はみている。さらに経済の急激な縮小、人口の減少や集落の消滅といった現実が追い打ちをかけた。歴史は自然の克服によって発展し続けるといった思想を基調とした歴史観は、苦しい現実を生きる人々からは無視されるか、冷笑をもってしか受け入れられないであろう。

では、現実に暮らしを組み立てている人々、そうした人々の暮らしを支えている自治会やＮＰＯなどの諸団体、あるいは行政を含む諸機関が希望をもって前へ進む指針とするために必要な歴史観はどうすれば築くことができるのであろうか。

本書はその手掛かりを、一九九〇年代以降の「環境史」と称される研究潮流を受け止めつつ、網野善彦の非農業民論・海民論と藤木久志の村落論・テリトリー的領有論を批判的に検討するなかで探してみたい。あとでもふれるように、網野の非農業民論は多くの批判を受けている。しかし、自然と関わる「非農業」の生業の実態を本格的に解明した功績は計り知れない。また、藤木の村落論、本書ではこれを「自力の村」論と呼ぶが、これもまた少なからぬ批判を受けている議論である。しかし、村落論を権力論から解放した功績は計り知れないと考える。

無論、網野の議論も藤木の議論もいわゆる「戦後歴史学」の枠のなかから生まれたものであり、その制約から自由ではない(7)。したがってその検討は戦後歴史学の枠組みそのものを問うものでなければならないだろう。そこで、本章では、まず近年批判を浴びるまでに成長してきた環境史という研究潮流について検討し、そのうえで、日本中世史分野に限定して本書の核となる網野と藤木の議論の検討を中心に議論を進めて行く。そして、その過程で、自然の主体性と人間の主体性とをともに重視する新しい歴史観を創造する手掛かりについて考えてみたい。

第一節　環境史という潮流

そもそも環境史とは、一九七〇年代にアメリカ合衆国で興った新しい研究潮流である「environmental history」の訳語である[(8)]。用語としては定着した感もあるが、じつは世界的にも日本でもいまだ定義が定まっていない。しかし、その研究動向については、すでに日本語の優れた研究史整理があり、研究の手掛かりを得ることができる。

たとえば、石弘之は、地理学を中心としたその開始から、生物学や社会学などまで含みこんで研究が組織化されていく動向を紹介したうえで[(9)]、環境史の最大公約数の定義を次のようにまとめている。

二〇万年におよぶ人類史のなかで、人類が自然環境をどう改変し、その結果人類はどのような影響を被ったのかを時間・空間的に追究する学問領域。人類活動から環境の変化を捉える人文社会科学的な側面と、環境変動を人類史に投影する自然科学的な側面があり、裾野を大きく広げる学際的な分野でもある[(10)]。

これは環境史を構成する自然諸科学の領域の研究と人文諸科学の領域の研究をバランスよく整理したものといってよいとは理解しているが、人文諸科学の領域については不十分で、それをもっとも包括的にくわしく整理したのが佐野静代である[(11)]。

佐野は、環境史の共通認識を「人間と自然との関係を歴史的視点から考察しようとする立場」であると大くくりにし、一九七〇年代以降の世界的な環境史の潮流を「歴史生態学」[(12)]へといたる動向を中心に整理した。そして、日本の社会学、民俗学、歴史学、歴史地理学による環境史研究を順々に丁寧に検証して、そこにおいては、世界的な環境史において主要な位置を占めている「歴史生態学」の視点と成果の吸収が欠けているために生業やそれによって形成される景観について関心が乏しいと批判し、どこまでが自然でどこからが人為か二分できない「二次的自然」の分析の必要性を主張している。

また、高橋美貴は、環境史の研究潮流を、①人々の自然観のほか、自然保護思想や環境思想の歴史的源流と展開過程をたどろうとする思想史的な研究動向と、②西洋文明の帝国主義的拡大を可能にした条件やそれが植民地や本国にもたらした結果を環境や生態をキーワードとして読み解く研究動向の二つに整理している。そして、そのうえで、日本の歴史学における環境史に先行する動向として、ローカルな生業や生活に着目しながら人間と自然との関わりの中身や変遷を明らかにしたものとして、社会学の生活環境主義論や民俗学の生業研究を極めて高く評価している[13]。

このような整理に学びながら環境史の研究史的意義を論ずる前に、論者が第一に確認しておきたいのは、池谷和信が指摘しているように、環境史が歴史学の一分野であるのか、学際的な研究領域であるのかについては議論が分かれていることである[14]。「歴史学の営みとしての環境史」と「歴史学を含む学際的な研究領域としての環境史」とが現状では相並んでいるのである。この点については民俗学の篠原徹や卯田宗平が辛辣で、歴史学における環境史の動向を篠原は「環境の問題をいかにして歴史学のなかに取り組むかということだけに腐心しているようにみえる」と述べ[15]、卯田は「環境という名のもとでの単なる歴史の読み直し作業という印象を受け、とりたてて「環境史」と銘打つ必要性を感じない」と批判している[16]。「環境史を歴史学の革新という程度の問題に矮小化してはならない」というのである[17]。しかし、後述するように「歴史学の営みとしての環境史」は歴史観を根底から転換しようとするものであり、矮小な議論と決めつけるのも乱暴であろう[18]。その一方で、歴史学による歴史学のための環境史という立場だけでなく、新しい研究領域を確立させるために、歴史学がどう貢献できるかという発想とスタンスも求められているといえよう。

ここで、環境史を「分析概念」ととらえる見方にふれておかなければならない。アメリカ合衆国における環境史の研究動向を初めて日本に紹介した中山茂は、環境史を異なった新しい視野から歴史を書き直そうとするものと位置づけたのであるが[19]、高橋はこれを受けて環境史を分析概念であるとした[20]。また、大黒俊二は、環境史を特徴づけるのは、対象ではなくアプローチ、問題への取り組み方であると述べているし[21]、篠原の議論を受けた春田直紀は、「環境史は歴史全体を読み直す方法的視点であって、歴史学のひとつの対象領域ではない」と述べている[22]。また、盛本昌広も、植物学や生態学の成果の援用を「異なる学問領域の成果を取り入れることで異なる角度から文献を読み取り、新たな論点が発見できる」ととらえている[23]。いずれも新たな視点による歴史の書き直しを目指すものが環境史であるとするのである。論者はこれらの議論を否定するものではまったくないが、それは環境史の一面を示しているに過ぎないと考えている。環境史は、単なる歴史学の分析概念ではなく、また、特定分野の学問的発展を目指したものでもなく、分野を超えた協業によって、歴史観を転換させ、そのことによって「近代」から自由になることだと考えている。

第二に確認しておきたいことは、環境史の背景には、現実の環境問題に対する危機意識があり、その危機意識こそが学際的な研究の原動力となっているということである。環境史は、単なる過去の復元研究ではなく、いわゆる環境問題を抱える現在を長期の視点でとらえる営為であると考える。ただし、これについては、留意すべき点も多い。それは、大黒が指摘するように、「危機意識からのアプローチは単純なステレオタイプと化しやすい」からである[24]。また「環境史の目的・位置づけをめぐっては、すでに混乱が生じている」と批判する水野章二も、「中世の実態に即した研究として評価できるかどうかは別問題である」として現代的課題を強く押し出した中世史分野の研究に対して懸念を表明している[25]。確かに、現在の環境問題と関わりそうな都合のよい過去の事実だけを切りとって歴史を叙述することは慎まなければならないだろう。

しかし、戦後歴史学もまた現実の社会に対する強い危機意識を基盤としたものだったのではないだろうか。国家主義、全体主義の復活に対する危機意識こそ戦後歴史学を牽引してきたように思う。環境史は根底にある危機意識の内容が異なるだけで、新たな危機意識をもとに新たな歴史観を模索しようとするものであると考えている。もちろん、環境史によって現実の環境問題の解決がただちにはかられるわけではないが、大黒が述べるように、「真の危機意識には過去を異化する力」があり、「異化された過去は、逆に現代を異化してくれるであろう」ことを信じている。[26]

以上の二点を確認したうえで、環境史はこれまでの研究とどこが本質的に異なるのであろうか。定義さえ定まらない環境史の神髄はどこにあると考えればよいのであろうか。この点を考えるために参考となるのは、一九九八年に高木徳郎が環境史の目的として、環境決定論とその裏返しとしての「自然克服」の史観から相対的に自由となり、自然環境のなかでの人間活動の総体をとらえ直すことを掲げていることである。[27] また、これは高橋が指摘していることでもあるが、小塩和人が著書『水の環境史――南カリフォルニアの二〇世紀――』のあとがきで、環境史を「人間中心主義でも環境決定論でもない新しい試行錯誤」と簡潔に述べた点、[28] 北条勝貴が「人間の営為の原因を自然環境へ求める環境決定論、自然主義論」と「環境を改変してゆく人間の能力を重視する主体主義論、人間主義論」とどちらへ与するのも適当でないと述べている点[29]がもっとも端的にその研究史的意義を示していると考える。

ここでいう人間中心主義とは、あとで検討する戦後歴史学が依拠してきたマルクス主義の思想がまさにそれにあたろう。それに対し、環境決定論とは、自然環境の変化を動因として歴史を語ろうとする議論に対して浴びせられる一種の烙印である。安田喜憲の整理によれば、環境決定論者として批判される代表はアメリカ合衆国のエルスワース・ハンチントンである。[30] ハンチントンは、一〇〇年から一〇〇〇年単位で気候が脈動的に変化するという気候動脈説を提唱し、気候の変動と文明の盛衰との関わりを論じたのであるが、その議論の背景には気候の優劣が人種や民族の優劣を生むとの人種的偏見があり、それが侵略戦争を擁護する理論となった。その結果、戦後地理学においては、自然環境の変動を動因とする議論自体が禁忌（タブー）となったという。これは歴史学においても同様であったのではなかろうか(31)。論者は、この環境決定論を克服して歴史における自然環境の規定性という問題を改めて考察することこそ環境史の最大の研究課題であると認識している。

じつは、近年の文明論のなかには、自然環境の変動が文明の盛衰をもたらした動因のすべてであるかのような粗雑な議論も目立つようになってきた(32)。こうした議論は、けっして人種的偏見にもとづくものではないが、人間の主体性を軽視した議論であり、そのまま容認することはできない。新たな環境決定論といってさえよいのではないだろうか。しかし、後述するように自然諸科学による自然環境復元の精度は飛躍的に向上しており(33)、また、人為的自然（二次的自然）の生態系も解明されつつある(34)。のちにふれる網野善彦が指摘した「自然そのものの「論理」」を具体的に組み込んだ新たな歴史像を描くための条件がようやく整ってきたのである。自然諸科学と歴史学を含む人文諸科学とが連携して、前近代における自然環境の規定性という問題を改めて主題とし、試行錯誤しながら、戦後歴史学の枠組みを転換させ、新たな歴史観を創造する時期に来ているのではないだろうか。論者は、まさにこの点にこそ環境史のこれまでにない研究史的意義があり、歴史学にはこの試行錯誤に本格的に参画する責務があると考えるのである(35)。

では、このような立場に立つとき、日本の歴史学では、こうした環境史の潮流をどう受け止めようとしているであろうか。高木を始めとする日本中世史の動向については後述するが、たとえば、保立道久のように、「「戦後歴史学」の経済史の構想には、開発による自然破壊やその弱者へのしわ寄せを重視しつつ、史料分析の方法を発展させるという点で大きな弱さがあった」ことを認めつつ、「「戦後歴史学」が目ざしたものの中に入り込み、それがもっていた未発の契機を発掘することが重要なのではないだろうか」とする受け止め方が一般的ではないだろうか。[36]

しかし、論者はそうしたなかで近世史の水本邦彦のような研究が歴史学のなかから生まれていることに注目したい。[37] 水本は、近世における草山利用の実態を解明し、近現代と同様に「人間による自然改造の進行と、その結果抱え込んだ矛盾・難問が、連鎖し循環する社会」であったと結論づけたのであるが、それを「人類の歴史すべてに通貫する人と自然との関係構造」としたのである。これは、高木が「中世末期以降の植林技術の獲得をはじめとする新たな技術と知識によって、近代にいたるまで、列島上の深刻な環境問題は回避され続けたものと考える」と述べているのと比較すれば、[38] その画期性が明らかであろう。つまり、水本は、人間による「自然改造」を議論に組み込みつつも、人間が次第に自然に優越していくといった歴史観とは異なる歴史観を提示したのである。論者はこれを目指すべき環境史の一つの方向性として評価したい。

このように、第三の道への模索はもう始まっている。「歴史学の営みとしての環境史」は、生業のあり方についての実証的な成果を積み重ねる段階へとすでに移行しているのである。各時代での「関係構造」の実態解明を急がなければならない。では、日本中世史分野においてはこれまでどのように研究が進んでおり、どのような研究を急がなければならないのであろうか。以下、日本中世史分野に限定して、これまでのいくつかの議論を批判的に検討するなかでこの点を考察してみたい。

第二節　日本中世史分野における自然環境理解

人間と自然との関係についての重大問題（あるいはブルーノ式にいえば（一一〇ページ）「自然と歴史における諸対立」――こういうと、まるでこれらが互いに分離した二つの「事物」であり、人間は必ずしも常に歴史的な自然と自然的な歴史を眼前にしているのではないかのようだが――ということさえ）――実はこの問題から、「実体」と「自己認識」に関するありとあらゆる「底知れず高遠な諸著作」が生じてきたのだが——、当の大問題は、次のことを洞見すればおのずと砕け散る。すなわち、かの大評判の「人間と自然との統一」なるものは、産業の場面で昔から厳存しており、産業の発展の高低に応じて時代ごとに別様な在り方で厳存してきたということ、同じくまた人間と自然との「闘争」も、人間の生産力が相応の土台の上で〈十分に〉発展を遂げるまでは厳存し続けるということ、これの洞見である。(39)

水野が強調するように、人と自然環境との関係に対する関心は、これまでの歴史学が底流としてもち続けてきたものである。(40)そのことについては、いささかの疑いも抱いていない。それは、前近代における基礎的な経済関係はあくまでも自然と人間との関係にあるというマルクス主義の理解を前提としていたことも自明のことである。(41)したがって、たとえば、大山喬平は、「中世農村史の主要なテーマの一つは、日本の諸地域で遂行された人間の自然に対する闘い、すなわち自然改造の過程を具体的にあとづけることにあると思う」と述べているし、(42)また、著名な「中世村落における灌漑と銭貨の流通」において「自然と社会の環境が稲作経営以外の生業を強制するような地域と階層が、銭貨をまず最初に吸引する」と述べているように、大山が自然環境に深い注意を払っていたことは疑いない。(43)しかし、「自然改造の過程」という表現が端的に表しているように、自然環境は人間によって改造される対象として理論的に設定されていただけではないだろうか。

また、河音能平も歴史的発展の基礎にある「きびしい自然とのたたかい」を強調する。(44)しかも、河音は、日本の歴史学者がほとんど反応しなかった梅棹忠夫の文明の生態史観を批判の対象とした。しかし、河音の批判は、「生態学的構造」という梅棹の議論、すなわち、世界を悪魔の巣である「乾燥地帯」と「めぐまれた森林地域」とに区別する議論の是非自体にはおよんでいない。(45)

では、戸田芳実はどうであろうか。戸田は前近代の「自然規定性」という問題を真正面からとりあげた。(46)戸田の自然についての叙述は具体的で豊かである。「かたあらし」の解明に代表されるように、「自然とのたたかい」のありようを具体的に明らかにし、(47) しかも、「非農業」という用語を初めて用い、山野河海での生産を本格的にとりあげたのも戸田である。(48)

戸田は、「中世文化形成の前提」において、文化というものを理解するために、アンリ・ルフェーブルの議論から出発している（以下、傍線は橋本）。

人間の自然との関係、すなわち自然にたいする人間の力が、人間の自然からの相対的独立の、人間が自然を享受する仕方としての人間の自由の条件をなすのである。

この自然理解、というより西洋における近代的人間理解こそが戸田の自然理解の根底をなすものであろう。しばらく戸田の主張をみてみたい。

近代以前の社会そのものの特質――その「自然規定性」

前近代社会では、自然は生産者たる人間にたいして相対的に優位にあり、人間労働による生産の成果は、まだ原始以来の自然との力関係を逆転させるまでにはいたっていない（前近代社会のもっとも主要な産業である農業が、盲目的な自然にいかに依存せざるをえないかは、あらためていうまでもないことであろう。近代機械制大工業の段階にいたって、人間と自然との相対的な力関係は逆転する）。そして、そのことによって、前近代的な社会諸関係と社会的意識も、自然に規定された形態をとらざるをえないのである。

前近代社会では、自然にたいする人間の劣位という基本条件のもとで、「自然の紐帯」・「自然関係」が社会関係と社会意識のなかに浸透し、その意味で自然と社会とは近代と異質の有機的な結びつきをもっている。

「人間と自然との相対的な力関係」という表現が、自然と人間との関わり方についての戸田の理解を象徴的に示している。戸田にとっても自然は、人間によってやがて克服されていく対象として位置づけられており、人間と自然との「力関係」が逆転し、人間が自然を享受し、自然から自由になれた近代こそが人間にとって理想の社会であったのである。これこそが戦後歴史学に共通する認識ではないだろうか(49)。しかし、近代の人間はほんとうに自然から、相対的にではあれ、独立しているのであろうか。二一世紀からみると、戦後歴史学には近代というものへのなにかしらの賛美ないしは過大な評価があったように見受けられる。

では、人間の主体性をしっかりとふまえつつも、自然の規定性をも軸に据えた新しい歴史観の構築はどこから出発すればよいのであろうか。本来はルフェーブルに代わる人間と自然との関係性の哲学的な理解を基礎にしたものでなければならないが、それは論者の遠く手の届かない領域であり、本書でそれを論ずるだけの力量はない。そこで、本書では、早くにこの問題に気づいていたと受け止められている網野善彦の自然認識の検証に進みたいと思う。

第三節　「網野史学」

網野善彦の議論、いわゆる「網野史学」は、膨大な史料に裏づけられた広大な裾野をもつ議論であり、しかも網野の学説は段階的に深化を遂げている。したがって、全体を俯瞰して議論することは、論者の力のおよばぬことであり、また、かえって本書の議論を拡散させることになると考える。そこで本節では、戦後歴史学を批判する網野がいかなる自然理解をしていたのか、それは前節で検討した戦後歴史学の認識とはどう異なるのかという問題に絞り、網野に対する批判とあわせて議論したい。したがって、本書の論点に直接関わるのは無縁論と非農業民論・海民論である。そして、主に検討の対象となる自然環境は水面となる。

網野の提起した無縁論の本質は所有論であり、「「前近代的所有」の多様なあり方を、単に人間相互の共同体との関わりからだけでなく、自然との関係からも生ずる呪術的・宗教的な制約をもふくめて、広く人類史的な視野から研究を進めてみることは、今後のきわめて興味深い研究課題となりうるであろう」という問題意識にもとづいたものである。[50]「無縁」は、現在では桜井英治によって関係概念として位置づけ直され、資本主義に相通じるものと理解されて議論が継承されている。[51] しかし、網野は最後まで実態概念としてこだわった。

保立が「境界的所有」と整理し直した私有にも共有にもどちらにも属さないような所有形態について、[52] 網野は「「縄張」といいかえてもよい「所有」の形態」と説明している。[53] それは、「自然をさまざまな人間活動に即して「庭」と捉えるかかわり方」であり、無縁の場とは、自然的（ないし社会的）なテリトリー的領有の「場」であったというのである。

この無縁論は非農業民論・海民論とも当然連動している。非農業民を「農業以外の生業に主として携わり、山野河海、市・津・泊、道などの場を生活の舞台としている人々」と定義し、海民を「湖沼河海を問わず水面を主たる生活の場とし、漁業・塩業・水運業・商業から略奪にいたるまでの生業を、なお完全に分化させることなく担っていた人々」と定義しているように、網野は生活の営まれる「場」というものを重視している。[54] なぜなら、「山野河海、市・津・泊、道等々の場に対する関わり方の違い」にこそ農業民と非農業民との根本的な差異があると考えたからである。では、この網野が再三強調する「場」は、現実の自然環境とはどう関わっていたのであろうか。この「場」は、自然環境と置き換えることができるものなのであろうか。

そこで注目したいのが、水面の位置づけをめぐる網野と保立との論争である。[55] 論者は、この論争のなかで保立が「棹立」「加志立」[56] と呼ばれた水域に注目し、その環境を史料にもとづいて具体的に明らかにしたことを重視している。それは、棹や杵《かし》が届く水深の水域であり、具体的には「潮の干満に洗われる地先の磯・藻場・浅瀬・干潟や、水際・渚・浜など」であって、「陸と水との接点として、人間の開発領有行為が最も及びやすい身近な水の世界」であった。この保立の議論は、自然環境そのものをとらえようとするものであり、この議論により、おなじく水面といっても、その自然環境によって人間との関わり方が異なっていたことが明らかとなった。これは質的な差異といってよかろう。

保立の批判に対し、網野は激しく反論している。それは、供祭人の広域的な漁業権は個々の浦の領有の統一的集合のあり方として理解できるとする保立の議論が、網野海民論ひいては無縁論の根幹を否定することになるからであるが、そこで残念なことは、諸国の供祭人が保障された自由通行権などの特権が「あくまでも河海・湖そのものに即した特権だった」とする考えに固執した網野が、せっかく保立が明らかにした上記の水面の自然環境の差異、人間の関与の仕方の差異には注意を払おうとしなかったことである。網野は結局のところ、生活の営まれる「場」を論理上は重視するものの、その「場」がいったいどういった自然環境であったのかについては、じつは無関心であったのではないだろうか。

そして、この無関心は、非農業民の理解とも関わってくる。先にも述べたとおり、農業民と非農業民との根本的差異を「山野河海、市・津・泊、道等々の場に対する関わり方の違い」と網野はするが、ではその違いとはどのような差異なのであろうか。網野は次のように述べる。

もちろん非農業民がそうした境界領域ともいうべき場で生活し、生業を営むためには、そこをなんらかの形で管理、領有しなければならないので、これを「所有」の一形態とみることもできるが、それは否応なしに自然そのものの「論理」にできるだけそったものとならざるをえないのであり、田畠など耕地の私有とは全く次元の異なる「所有形態」というべきであろう。(57)

つまり、非農業民の農業民に対する異質性の根源は、自然の所有のあり方、自然との関係のあり方が「自然そのものの「論理」」にそったものなのかどうかが鍵であると網野は認識していたのである。これまでの研究史ではあまり注目されていないが、ここに網野無縁論および非農業民論・海民論の核心があると考える。

ところが、その無縁論、非農業民論・海民論の核心である「自然そのものの「論理」」とはなにか、網野は一切説明しようとはしない。あくまで抽象的に措定されているだけであり、その具体的なあり方については無関心のようにみえる。むしろ、保立が「「海」は「板子一枚下は地獄」ともいわれるように、無所有の自然が生活と労働の中に直接に影響する世界である」と補足しているほどであるが、[58]では、田畠などの耕地は「自然そのものの「論理」」に直接影響されない「場」であるといえるであろうか。結局「自然そのものの「論理」」とはなにかについてはいまだ説明されないままである。

晩年、網野は「農業・工業等の生産の発展を基軸に組み立てられた社会構成の発展段階は、もはや根本的に成り立ちえない」などとして、独自の「時期区分」の構築を目指した。[59]そこでは、「列島外の地域との交流」とともに「列島の自然と社会との関係」が指標とされている。ところが、網野の「試案」は、文字や言葉の問題、計算能力の問題などによる「時期区分」で、自然との関わり方は問題とされず、むしろ「自然の関係の飛躍的発展」が強調されているのである。いったいこの「試案」のどこが「列島の自然と社会との関係」にもとづく時期区分であろうか。一見自然との関係が強調されたかにみえた「網野史学」もまた、理論的要請にもとづいて「自然そのものの「論理」」や「自然と社会との関係」を措定しただけで、「自然そのもの」については無関心であったといわざるをえない。

網野は、一九九〇年に次のような問題を提起する。

これまでの歴史学が専ら開発の対象と見てきた自然をあらためて見直すことによって、自然と人間との多様な関わり方を追求し、自然の限りない奥深さと、それを感じとり、開発による支配・管理とは異なる対処の仕方をしてきた人間の細やかさと、開発とは異質の積極性とを、さまざまな角度から明らかにすることも、新しい歴史学の重要な課題である。[60]

では、「開発による支配・管理とは異なる対処の仕方」「開発とは異質な積極性」とはなにか。そして、それはいったい誰によって担われていたのか。網野のこの問題提起は、網野によっては具体化されず、次の世代に託されたのである。

以上、網野が批判する戦後歴史学と「網野史学」の自然認識をみてきた。「無所有」という自然との関わり方を見出して戦後歴史学を批判し、非農業民・海民の社会的存在の大きさを強調する「網野史学」においても、自然環境はその理論的前提に過ぎなかった。これが、一九九〇年代までの日本の歴史学全体の状況ではないだろうか。(61)

第四節　「自力の村」論とテリトリー的領有論

では、私たちはいったいどこから次の段階へと前進すればよいであろうか。本書は、最終的に網野のいう「開発による支配・管理とは異なる対処の仕方」「開発とは異質な積極性」がはたして存在したのか否かについての答えを、生業論、とりわけ生業複合論を核にして地域社会のなかに求めていくことになるが、そのもっとも重要な歴史的主体として中世村落をとりあげたい。(62)なぜなら、高度経済成長を経た現在においてすら、地域社会においては中世に形成された村落（コミュニティ）が自然環境と関わるうえでの中心的主体であることは変わっていないとみているからである。(63)

そこで、中世村落がどのように自然環境と向き合い、その関係性はいかに変化したのかを明らかにすることを本書の主題としたいが、そのさい、重要なのは次の二つの村落論である。第一は、峰岸純夫らによって提起され、榎原雅治によって継承されている二重構成論であり、第二は、藤木久志の「自力の村」論である。

最初にとりあげるのが、中世後期村落の二重構成論である。これは、中世後期村落の実態解明のなかから仲村

研らが提起し[64]、峰岸によって理論的に整理されたものである。[65] 峰岸は、一九七〇年に、

中世後期の惣の二重構成とは、鎌倉末期以来の生産力発展と小百姓層の成長を基礎に形成された単位村落（垣内集落）における土豪・一般農民の結合である惣村と、多分に前期村落の特権的秩序を残した惣村の代表者としての土豪層が、その土地所有の広域性を基礎に形成する惣郷とが土豪層を媒介として有機的に結合することによって成立したもの

とみごとに整理しているが、これは一五世紀における生産力の発展（二毛作可能乾田の開発）を理論的前提に据えた村落論で、さらに付け加えれば、「名主層によって村落共同体から排除されていた小百姓層が山野・畠の商品生産によって経済基盤を補強しつつ、耕地における所有権を確保し、政治的・経済的な自立を達成し、村落共同体成員に転化してきた」という理解がその中心にある。

これこそが戦後歴史学の中世村落論の到達点であり、この時点の峰岸の自然環境理解が、先に検討した戦後歴史学の理解と同様のものであることは明らかであろう。そして、この理解は現在の二重構成論の水準を示す榎原雅治の一九九八年の議論においても継承されていると考えている。[66] 榎原は、惣庄・惣郷と惣村（本書では上位の村落を「庄郷」、下位の村落を「ムラ」と表記する）[67] の機能の違いに注目し、祭礼、検断、戦闘、イエの維持など日常的な生活の単位として「村」（本書のムラに相当）が機能していたのに対し、その「村」が庄域を越えて地域社会のなかで行動する時には、惣庄（本書の庄郷に相当）という枠で登場するという枠組みを示したのであるが、榎原が惣庄を解体させ、「村」の分立を招いた要因として措定したのは、有徳人の登場に象徴される庄内の階層変動であった。結局のところ中世村落の二重構成の要因が、自然環境との関わりで説明されたことはない。

以上のような状況のなかで、中世村落論として論者がもっとも重視するのが藤木久志の「自力の村」論である。[68] それは、稲葉継陽によって次のように研究史に位置づけられている。[69]

「自力のムラ」論の最大の提起は、村落とそれを構成する諸階層の営為を、多元的に把握する視座を提供したことにあるといえる。中世の百姓は、そのエネルギーをどのような課題に投入せねばならなかったのか。階級闘争は、勿論その一つであり、本書の重要な論点でもあるが、それが唯一のものではないことを認めなければならない。同じ地域の村どうしが生産手段をめぐる深刻な武力対立を引き起こし、それを止揚することがいかに困難であったかという重い問題を、階級闘争を唯一の価値とする立場に依存して副次的なものとすることは、もはやできない。階級闘争、村どうしの紛争、戦争への動員と防衛、自然との格闘、公権力の存立を前提とした訴訟など、民衆生活のエネルギーが注がれるあらゆる面を、価値選択的な態度を可能な限り排除して、同等に歴史の対象としなければならないのが現状であろう。

論者は、これは重要な前進であると考える。もちろん、ここでとりあげられた「自然との格闘」がこれまでも「主要なテーマの一つ」とされてきたことはすでに述べてきたことである。また、藤木の「自力の村」論は習俗論であり、その議論の中心は自力救済論である。したがって、「自然との格闘」の具体像が描かれることはない。しかし、藤木によっていったん権力論、領主制・地主制論のタガが外されたことによって、村落の自律的な姿が豊かに描かれたことを論者は高く評価したい。この自律的な村落像こそが、自然の主体性と人間の主体性とをともに軸に据えた新しい歴史観にもとづく村落論の容器としてもっとも相応しいと考えるのである。

ただ、本書の視角からすれば、習俗論を基調とする「自力の村」論には課題が多い。第一に、それは習俗論であるためにやむをえないが、中世村落の二重構成論がふまえられていない点であり、第二に、下位の村落であるムラに規制されない領主（在地寺院・神社も含む）が自然と関わる主体として地域社会を構成することを捨象している点である。中世における地域社会は単なるムラの連合体であった訳ではない。そして第三に、村落を「生命維持の装置、つまり（農民自身が――橋本註）生き延びるための仕組み」とした点である。先に述べたように、藤木が村落を単なる支配の装置でもなく、単なる抵抗の砦でもないと位置づけたこと自体は評価している。しかし、村落が「生命維持の装置」であったというのはなにも中世に限らない超歴史的な村落の理解ではないだろうか。これでは、中世村落の歴史的意義を議論できなくなるであろう。中世に固有の村落の自然との関わり方とその歴史的な意義を議論することが重要である。

そして、最後に問題点を指摘したいのは、ナワバリ＝テリトリー的領有論である。藤木は、山野河海を「肥料・飼料・燃料・食料・衣料・染料・薬種・用材・用水・用土・動物・鉱物など多様な資源ごとに、さまざまな用益慣行が生業や権益と深く結びついて一つの空間に分化錯綜する、いわば棲み分け的な共同の場」であり、「一つの山野の空間にさまざまな階層のさまざまな利用の形が同時に成立」していた「田畠とは峻別される」領域とする。(70) そして、人間が関わったこの領域を「区画された特別の区域、ないし静態的な領域の占有とは峻別されるべき、実力によってのみ保持される、いわば動態的な勢力圏としてのテリトリー」と理解するのである。(71) これが網野の理解と相通ずるものであることは瞭然である。

とすれば、問題となるのは、「田畠とは峻別される」山野河海がいったいどのような自然環境であったかという点になる。ところが、山野河海の自然環境について、あるいはその自然環境が田畠とはどこがどう峻別されるのかについては、具体的な議論はまったくない。藤木の議論も網野と同じように自然そのものには視線が向かないのである。

峰岸は一九九五年に、「中世の村落（農民）が、もっとも多くのエネルギーを費やしてたたかったのは、必ずしも領主との階級闘争ではなく、自然災害（冷・旱・風・水・虫害など）への対応、近隣村落との水論・山論・境論、そして戦乱のなかで侵攻してくる軍隊からいかに身を守るかということであった」と述べ、それを「生産闘争、共同体間闘争、そして生命維持闘争」と位置づけている。(72) こうした理解が定着したのは藤木の功績であり、自然環境との関わりを分析するための容器としての中世村落論は前進した。しかし、自然環境と村落との具体的な関係についての議論は次の段階を待たなければならなかったといえよう。そして、その次の段階こそが環境史であると考えている[73]。

第五節　日本中世史分野における環境史の研究――生業論を中心に――

以上をふまえて、論者が専攻している日本中世史分野における環境史の研究を跡づけたいと考えるが、これについてもすでに高木による整理がある[74]。高木の整理の特徴は、環境史を三つの潮流に整理したところにある。それは、「災害史研究から気候変動論へ」という潮流と「荘園史・村落史から「人と自然の関係史」へ」という潮流、そして「精神（メンタリティー）史ないしは心性史という潮流」である。これらのうち、「災害史研究から気候変動論へ」という潮流について高木は、「人間社会や人間の活動に与える自然からのインパクトを論じる視角」と位置づけ、「荘園史・村落史から「人と自然の関係史」へ」という潮流を「そのインパクトを人間の知恵や闘争によって克服し、やがてこれを領有するに至ったことを論じる視角」と位置づけている。

（1）　自然諸科学への接近

論者はこの労作に敬意を表するものであるが、二〇一四年の段階において、今後の研究の進展のためにいくつか提案がある。その第一は、戦後の歴史学と環境史との連続性・継続性を強調するのではなく、むしろその画期性、跳躍性を重視してはどうかというものである。なぜなら、環境史における歴史学は、考古学、民俗学、歴史地理学といったいわゆる隣接諸科学への接近と協働から跳躍して、自然諸科学にみずから接近し、その成果を積極的に吸収したうえで、協働しようとする方向性をもつもので、この跳躍は、歴史学の自然理解を抽象的、観念的、概説的なものから科学的なものへと質的に転換させることによって、自然固有の運動を歴史の一つの軸として位置づけようとするものであると理解しているからである。そして、その対象としている自然諸科学の中心は、地球科学と、漁撈史研究[75]に軸足をおく本書の立場からすると、生態学となる。

地球科学への接近というのは、地震、火山噴火、気候変動に関する研究成果の吸収で、転機として一九七七年の峰岸純夫の論考が重要であると論者は位置づけている。[76]そこで峰岸は、中世後期における自然条件の「悪化」という事態に目を向け、そうした事態と従来の学説が強調してきた農業生産力の発展とを統一的に理解するため、「中世後期農民は、自然災害の波状的な襲来という困難な状況下にあって、というよりはそれ故に、農業技術面での発展によって、その危機を切り抜けようとした。そして、その保障を村落共同体(物)の結合に求めたものと考える」とする見解を提示した。そして、ついに二〇〇一年には、「一四～一五世紀の生産力発展を重視し、それによって成立した余剰の争奪過程として戦国動乱を考えたことがあったが、この考え方は誤りとして撤回したい」と述べるにいたったのである。[77]気候変動に関する研究は日々精度が向上しており、[78]峰岸の議論の妥当性も今後再検討されていくであろうが、ともかく歴史把握に転換を迫ったのであり、そうした画期性を論者は重視したい。[79]

一方、生態学の成果の吸収は、「里山」や「棚田」と呼ばれている二次的な自然に関する研究もあるが、[80]強く推進しているのは漁撈史研究であるといってよい。この点で論者が画期とみるのは二〇〇二年の春田直紀の論考である。

魚類の生態や海底地形に注目した漁撈史研究は、真鍋篤行が瀬戸内海沿岸域や宇和海での漁撈を対象に精力的に進めていたが、[81]そうした研究について、春田は、「自然」の側面から漁場用益形態を分析することの重要性を提起したと高く評価し、「海底地形の違い（平坦か起伏があるか）が魚の行動を左右し（魚道形成の有無）、魚の動きに則した形で漁具・漁法が選択され、漁場の制度も整備していく、という道筋を示した」研究と整理した。そして、それを受けて春田は、漁撈における自然と人との関わりを、自然（海底地形）と魚類（生き物）と人間との三者の関係として論じたのである[82]。

この春田の議論のなかでもっとも注目したいのが、春田が「自然の主体性」という問題を提起し、「魚という自然物自体が、河海の地形や水の流れ、風向きや潮の干満といった「自然」の諸要素との関連のなかで行動する主体」であると位置づけた点である。しかも、中島経夫の議論で補足すると、魚類は人間に利用される存在であるばかりではなく、人間が創った自然を利用する存在でもあった[83]。これは戦後歴史学はもとより網野や藤木らでさえもまったく想像もしていなかった新しい視点であり、ここに「自然そのものの「論理」」を一方の軸とする歴史観を創造するための新たな展望がみえてきたと考えている。

こうした視点を受け継いだものとして、自然生態にも注目する歴史地理学の橋村修の議論があるが[84]、具体的な自然環境を議論に組み込んで考察したのが歴史地理学の佐野である[85]。佐野は次のように主張する。

地域に生息する動植物を資源とみなし、それを利用することによって自然との交渉史が始まる。したがって、分析されるべき「自然環境」には、地質などの基盤構造に加えて、その上に展開している生物相、すなわち地域の「生態系」が含まれるはずである[86]。

こうした主張にもとづいて、佐野は琵琶湖におけるフナやアユの生態を整理し、湖底地形のあり方や河川の流路の変遷に注意を払いつつ、漁獲技術・漁法と生業のあり方との関わりを追究して、多彩な資史料の利用によって環境史を一人で体現し、けん引している。歴史地理学者の佐野によるアプローチを「歴史学による生態学への接近」という範疇でとりあげるのは妥当ではないかもしれないが、どうしてもふれておかなければならない重要な成果であり、これが現在の研究の到達点を示すものとなっている[87]。

以上のように、自然諸科学の成果を議論に組み入れることによって研究史は跳躍し、「自然そのもの」までが歴史学の議論の対象となった。これは、自然に対する理解がただ深まったというだけの問題ではない。「自然そのものの「論理」」、自然の主体性を一方の軸とする、人間中心主義でもない、環境決定論でもない新しい歴史観の創造を迫っている点が重要なのである。主体である自然と、自然の一部でありながら主体である人間とが、互いに影響しあいながら変化していくという、「「近代になる」という「大きな物語」」とは異なる新たな「物語」がいま新たに描かれようとされつつある。この画期性を重視してはどうかというのが第一の提案である。(88)

(2) 生業概念の先鋭化

第二の提案は、生業論の意義づけをめぐる問題に関わるものである。高木が二〇〇八年に述べたように、「日本中世史研究における環境史研究では、荘園史・村落史研究とそこから展開した荘園調査などの成果にもとづく景観論が大きな発展をみせたのにくらべ、一部を除いて生業論の蓄積が十分ではない」(89)。したがって、現在は傍流の位置にとどまっている生業論を環境史の核として重視しようとする高木の主張に賛成である。

日本中世史分野における生業論の展開については、春田が手際よく整理している。(90)それを参考に論者なりにまとめなおすと、まず、白水智による初期の生業論の功績は、一つには山村や海村の多様な生業の存在を文献史料から抽出したことであり、一つには、たとえば若狭国名田庄における林業のような、権力がまったく把握していない生業、しかも市場と結びついて富を生み出した生業が存在していたことを論証したことにある。(91)そして、白水の議論は、立地環境を重視する「生活文化体系」論へと展開する。(92)「山という場の属性」に注目し、山村には山村独自の、平地とは異なる「生活文化」の体系があり、(93)山村を平地の基準にもとづいて発展からとり残された後進的な地域とみるのは誤りであるとする白水の主張は、「地域環境の規定性を捉えた歴史分析」と総括されるように[94]、第三の道を模索する環境史の基盤となるであろう[95]。

そうしたなかで、とりわけ本論にとって重要なのは、山野河海の「資源の輻輳性」を指摘する白水が[96]、「さまざまな生業の進展、発生による空間利用の濃密化」という視点を提示している点である[97]。また、肥前青方氏による漁業を分析し、技術的発達が複雑な操業規定を生み出して一族・諸氏結合を緊密化させたとする議論も論者にとっては重要な指摘である[98]。複合し、また競合する生業の盛衰を歴史学的に分析する視点を示していると考えるからである。

こうした白水の議論をふまえて、同時並行的に生業論を先鋭化させたのが春田である。春田は、一九九五年に生業を「自然のもつ多様な機能から労働・生活に役立つ様々な価値をひきだす」行為と定義づけた[99]。通常、民俗学においては、生業は次のように定義されている。

生業とは生計を維持するために行われる生産活動のことで、職業や家業が指し示す所得形成を念頭においた活動よりも幅広く、現金収入に直接結びつかない活動でも日常生活を支える上で欠くことのできない活動をも含んでいる。また、個人や家を単位とした労働行為をいう場合が多く、この点でも産業と区別されるものである[100]

これをみれば、春田の定義する生業概念がいかに偏ったものであるか明らかであろう。論者は、これを春田による生業概念の意図的な先鋭化と呼びたい[101]。

この春田の定義がいかに研究史上画期的であるかは、黒田日出男の「広義の開発史」の定義と比較することによって鮮明となる。

開発は、辞書的な語義では「ひらく」こと、「ひらきおこす」ことである。このような一般的な意味では、田畠の開墾・再開墾だけではなく、山地開発・漁場開発・交通開発などさまざまなレベルでの自然に対する人間の能動的な働きかけ、人間社会の活動領域拡大の諸行為が含まれる。自然を人間の生活・生産に役立てるための諸実践の総体が開発行為とみなされる。このような諸開発の解明を私は広義の開発史として課題化した。[102]

黒田は、耕地の開発だけでなく、山地、漁場、交通などの開発も分析の視野に入れた点で戦後歴史学による日本中世史分野の開発史研究の到達点を示しているが、その黒田が「開発」と位置づけていた「自然に対する人間の能動的な働きかけ」を春田は「開発」ではなく「生業」ととらえ直したのである。これにより、日本中世史は、開発史を軸とした歴史観から自由になる可能性を見出した。網野が指摘しつつも具体化しなかった「開発とは異なる積極性」という問題について具体的な議論をする道が開かれたのである。[103]したがって、この春田による「生業」の定義を本書では継承したい（以下、引用を除いて、論者の用いる生業は春田の定義にしたがうこととする）。

また、論者がもう一つ注目しているのが、民俗学の安室知による生業複合論である。[104]安室の生業複合論の特徴は、一つには、単に複合する生業の総体を静態的にとらえるだけではなく、歴史的視点をもって動態的に生業の展開を論じている点であるが、論者がとくに重視しているのは、聞きとりによって記録には表れない微細な生業まで把握する一方で、生業選択への市場の関与を的確にとらえている点である。したがって、安室の生業複合論は、「いつの時代においても民衆が生き抜くために積み重ねてきたミクロの歴史を考察する」[105]程度の議論にとどまらないダイナミズムをもつものである。自然環境の規定性のみを重視する環境決定論的な議論を克服するためには、市場とも結びついた生業の選択性や戦略性をも視野に入れることができる複合生業論は極めて重要な視点である。そして、この議論はやがては（都市）消費論と連動していくはずである。

このようにしてみると、高木が「荘園史・村落史から「人と自然の関係史」へ」という潮流を「その（自然の）インパクトを人間の知恵や闘争によって克服し、やがてこれを領有するに至ったことを論じる視角」と人間中心主義的な発想をする点には頷けないものがある。生業論が環境史の中核たりえるのは、水域から畠地へ、畠地から田地へ、といった一方向の単純な発展だけではなく、たとえば、水域と陸域とが短期的、中期的に推移する自然環境のなかでの、農耕と漁撈との組み合わせによる生業の柔軟な転換をも把握することができると考えるからである。その点で、佐野が強調する歴史生態学的視点を受け止めることができるのが生業論であると考える[106]。白水や春田や安室の生業論を基盤に、自然の克服、自然の領有に視座を置く開発史から自由になるべきではないだろうか。これが第二の提案である[107]。

（3）消費論の可能性

第三の提案は消費論に関わるものである。消費論の重要性については、以前簡単に研究史を整理し、要点を述べたので[108]、ここでその論旨をごく簡単にまとめなおすと、マルクス主義歴史学自体は消費という問題を論理のなかに組み込んでいた[109]。しかしながら、戦後の歴史学が消費という問題を軽視してきたことは間違いないだろう[110]。

そうしたなかにあって、桜井によって主導される贈与論や信用経済研究が消費研究を切り開くものとして注目されるのであるが[111]、この研究動向のなかで本書が重視するのは、春田が環境史の一つの方向性として消費論をとらえた点である。とくに春田が「モノに対する価値観」が歴史的に変遷する点に焦点をあて、その変化を実証的に明らかにした点が重大である[112]。なぜ「モノに対する価値観」や嗜好は変化するのか、どのようなプロセスで変化するのか、生業のあり方が「モノに対する価値観」の変化を誘導するのか、それとも「モノに対する価値観」の変化が生業のあり方を変化させるのか、これから明らかにしなければならないことはあまりにも多いが、家政学などに接近しつつ「食生活の様式変化が食品の流通条件と関わり、新たな需要動向が漁撈の変質、延いては環境利用のあり方にも影響を及ぼす」側面を解明していく必要がある[113]。

このように、消費動向の実態解明は、環境史のひとつの核となりうるのであり、消費の変化と生業の変化とを一体的にとらえようとする消費論を環境史の新しい潮流の一つとして推進してはどうであろうか。これが第三の提案である。

(4) 生業と宗教

最後に、生業をめぐる宗教の機能について指摘したい。高木は、「精神(メンタリティー)史ないしは心性史という潮流」を「第三の潮流」とするが、中山が環境史の第一の課題として「人間の自然に対する態度の変化」を挙げているように[114]、自然観の変遷という問題はそもそも環境史の中心的研究課題である。そして、日本中世史分野においてその焦点となるのが不殺生を戒律の第一とする仏教的世界観、自然観の受容という問題であろう。

この問題に本格的に取り組んだ義江彰夫は、律令国家以前と以後の自然観を分析したうえで、中世に入ると「自らが祭る神を仏教に帰依させたり、死に瀕した生類を買い取って自然に帰す放生会などを行なうことで、贖罪意識を仏教的次元に高めた上で、仏が許すような開発、即ち個別的・私的に、可能な限り自然環境破壊を押え、律令国家と逆の方向、つまり地形に沿った田畠・用水池・水路・道路等の造成を行い、そのように開発された場に二次的自然を植生して、耕地・水利の安定化と集約化を目指し始めた」とした[115]。

また、飯沼賢司も中世における「自然観の転換」を同じように強調する[116]。その転換とは、古代のあらぶる神が「仏教を通して、人との共生の道を求めた」神仏習合が進む平安時代に、「人の方もまた画一的な条里開発や直線の路を求める方向を修正し、実態にあった開発を進めていくようになる」というものであり、その結果、「仏教の流入による放生会や殺生禁断の思想の定着は、自然へ挑戦的であった古代の人びとの自然観を大きく変化させ」、「人間が作り出した二次的自然であるが、人と自然の生き物が共生する世界」である里山が成立するとする。

このように、義江、飯沼ともに中世成立期における仏教の受容による自然観の変化を強調する。そして、義江は、「自然地形に合わせ、気候の変化に合わせながら、高い生産力を引き出す農業の集約化は、贖罪としての犠牲献上や放生会の限界を破り、自然に逆らわない形の開発によって、恒常的な自然の再生を実現している点で、より積極的に自然との共生を具体化したものと見ることができます」と述べ[117]、飯沼も、「中世以来の人と自然の共生の心が今も生きている」とするように[118]、中世が自然と人間が共生していた原点のように評価するのであるが、二〇〇〇年前後のこのような議論、日本中世の文化を仏教的自然観に裏打ちされた共生的な自然との関係の模範と位置づけるような議論を「歴史的事実を無視した〈エコ・ナショナリズム〉」と強く批判するのが北条勝貴である[119]。

北条は、神仏習合の言説形式が列島社会固有のものではなく、東アジア世界に共通のものであるとの研究にもとづいて「複雑な自然観の重層」を説くのであるが[120]、そうした北条の議論で注目されるのは、仏教的言説が耕地開発を正当化する言説として利用されたことを指摘した点である[121]。耕地開発を正当化する論理は次第に強化され、「種々の儀礼により神祇に祈願し許容を乞う段階」から「天皇の権威や仏教を利用して耕地を奪い取る段階」へと移行したという。この北条の指摘により、仏教には一切の生命に序列を設けないとする発想があるとしても、仏教＝共生的といった言説は極めて単純な議論であることが明確となった。とすれば、仏教的自然観がどのように受容され、生業にどういった影響を与えたのか、具体的に解明する必要があるだろう。これが提案の第四である。

そうした観点から論者が注目しているのが、殺生禁断による空間的な生業規制である。中世の殺生禁断についてもっとも重要な議論を展開している平雅行によれば[122]、古代国家の殺生禁断は殺生罪業観にもとづくものではなかったが、九世紀後半から一〇世紀前半になり、浄土願生や逆修が登場し、穢れの観念が肥大化するといった動向とならんで殺生罪業観が貴族社会のなかに定着し、殺生禁断令に殺生罪業観が付加されていく。そして、殺生を事としていた武士に対する抵抗などを契機としてそれが民衆世界にまで定着するという。

しかし、「民衆ですら、もはや仏教と無縁な中で生きて行くことのできない時代が到来」したにせよ、[123]殺生禁断のなかで漁撈や狩猟など殺生をともなう生業を成り立たせるためには、何らかのからくりが必要だったのではないだろうか。この点で注目しているのが、苅米一志の殺生観をめぐる議論である。[124]苅米は在地における殺生禁断について分析し、殺生禁断の焦点が特定の空間における生業規制にあることを明らかにした。そして、殺生罪業観と神祇のための供祭の論理（殺生仏果観）にもとづく漁撈・狩猟とが現実社会においていかに折り合いをつけていたか、苅米の用語を用いれば、「妥協の回路」をあぶり出したのである。[125]

苅米は、仏教思想と自然保護との関わりについての科学的な究明の必要性を訴えつつ、現代社会の殺生をめぐる思想である「供養や禁猟・禁漁という行為は、狩猟・漁撈にたずさわる人々が殺生禁断策という社会的な抑圧と格闘してきた結果」であるとの長期的見通しを示している。[126]これを結論づけるためには、近世以降における実態解明も必要不可欠であるが、日本中世史分野においても、殺生罪業観が付加された殺生禁断がいかに実行され、そのなかでいかに生業が限定されてきたのか、その心理的葛藤の具体像を実証的に明らかにしていく必要があろう。

むすびに――本書の視角と研究対象――

以上、高木の労作に学びつつ、環境史を確立させるために、日本中世史分野において自然諸科学との協働、生業論の先鋭化、消費論の開拓、心性史の解明を目指すべきだという四つの提案を行った。「戦後歴史学」「網野史学」「自力の村」論では追究されなかった「自然そのもの」を問う環境史が、より高い精度の議論を求めてさらに自然諸科学へと接近するのは当然のことであり、これらの研究によって網野が提起した「自然そのものの「論理」」とはなにか、ようやく議論が可能となってきたといえる。

中世琵琶湖漁撈史研究を基盤とする本書は、生業論と消費論を中心として生態学への接近を明確に意識しており、補論として心性史にも若干ふれたいと思う。ただ、こうした視角をある程度明確に自覚化することができたのはごく最近のことであり、本書はそれまでの過程を示したものである。

「生業と村落」と題した第一部は、中世琵琶湖漁撈の研究を通じて主に網野善彦の非農業民論・海民論と向き合ってきた成果である。本論中でふれた通り、二〇〇一年には、「琵琶湖総合開発の進行に伴って諸分野の研究が飛躍的に進展していくなかで、残存記録資料の分析に偏り、魚の生態や生息環境とそれに応じた漁獲技術までも捉える視点を持たなかった歴史学は、網野氏でさえも「漁業史」研究の延長線上にとどまり、考古学、民俗学、社会学と視野を共有する歴史像を描くまでにはいたらなかった」と述べたが[127]、二〇〇九年には、「現在では逆に、網野氏であったが故に視野の共有ができなかったのではないかと考えるまでに至っている。それは網野氏が、「自然そのものの「論理」」を強調しながら、「海民」の一方的主張に依拠するのみで実際には自然そのものを捉えようとする視点をもたなかったことに一因があったのではないだろうか」と述べている[128]。網野に対する評価は一八〇度転換したが、中世村落にとっての漁撈の歴史的意義を問う課題認識では一貫している。

「庄郷とムラ」と題した第二部は、若狭国太良庄、備前国豊原庄、近江国兵主郷、同国奥嶋庄・津田庄を対象として、主には藤木久志の「自力の村」論と向き合ってきた成果である。二〇〇四年に、「藤木氏は、これまで「わけもなく安定した村落像を描きすぎてきたことを、深く反省しようとしている」という。同感である。一方で「自力の確かな手ごたえ」があるのも中世村落であることに間違いはないが、所与のものとして「自力の村」

を設定するのではなく、もう一方で自立できない、いうなれば「非力の村」の存在にも着目しなければ、中世村落ひいては中世社会を理解したことにはならないのではないだろうか」と述べている。[129]一貫しているのは、藤木による研究史の転換を高く評価しつつも、中世村落を固定的なものとしてとらえてはいけないという主張で、そのなかから現在の大字に直接系譜するムラがなぜ「確立」できたのかという課題意識である。

そして、最後に、本書の「歴史学の営みとしての環境史」の手法と対象についてふれておきたい。地球科学や生態学の成果を吸収したうえで立論する新しい歴史観の創造という大きな作業にとって、新しい史料の発見、発掘、これまで利用されてこなかった史料の開拓はもちろん必要ではあるが、大切になるのはこれまで利用されてきた史料の読み直しであると思う。[130]本書では、具体的な地域にそくして、厳密な史料批判を心がけながら、わずかな史料から丹念に自然環境と村落との関わりを抽出するという手法を心掛けた。回り道であっても、これが新たな歴史観創造のための基盤を構築する作業になると思う。

次に、考察の対象であるが、網野と藤木がともに注目した琵琶湖とその集水域を主な研究対象とした。琵琶湖は日本列島最大の湖であり、約二三五キロもの「湖岸」を有している。[131]この水域と陸域とを分断する「湖岸」は一九七二年から一九九七年まで実施された琵琶湖総合開発などの開発によって造成されたもので、それまでは内湖[132]を含めて陸域と水域とが推移する地帯、生態学でいうエコトーンが広大に広がっていた。[133]本書ではこの陸域と水域とのエコトーンを「水辺」と表現する。「水辺」は、陸域、水域のそれぞれの生物種が生息するとともに境界部のみにおいて成育する種も存在することから、種の多様性が高い環境である。[134]それに加えて、面積約六七〇平方キロメートル、最大水深一〇三・五八メートルの琵琶湖には、沖合（表層から深層、底層まで）、沿岸（岩礁帯、植生帯、砂礫帯）など水平的にも垂直的にも多様な環境が存在し、それに応じて多様な生物が生息している。[135]しかも、琵琶湖の特徴はただ大きくて深いというところだけにあるのではない。現在の琵琶湖の姿になるのは約四〇万年前であるが、水塊としては約四〇〇万年という長い歴史をもつ湖であるため、琵琶湖にしか生息しない固有種が存在しているのである。水生動植物では六一種の固有種（亜種・変種を含む）が報告されている。したがって、琵琶湖の「水辺」は日本列島のなかでも極めてユニークな地域であるといってよいだろう。

しかし、このことはけっして琵琶湖地域研究の価値を低めるものではないと考える。たとえば、雨量が少ない奈良盆地であっても、大和川、富雄川、佐保川、布留川、初瀬川、寺川、米川、飛鳥川、曾我川、葛城川、高田川など中小河川は流れており、洪水、すなわち陸域の一時的水域化がなかったわけではない。(136)「水」だらけ(137)であった日本列島は、各地に大小さまざまな「水辺」を抱えていた。ところが、そうした小さな「水辺」の生業は通常では史料には残りにくい。したがって、「水辺」とそこにおける村落の中世的特質がより先鋭的に史料から抽出できる琵琶湖地域の「水辺」研究が日本列島各地の「水辺」研究の手掛かりを与えてくれるのである。そして、その上に立てば、アジアモンスーン地帯の「水辺」との比較も可能となり、世界的な規模で環境史を推進していく基盤をつくることができるであろう。

（1）キャロル・グラッグ「戦後史のメタヒストリー」（『岩波書店　日本通史　別巻一　歴史意識の現在』岩波書店、一九九五年）。
（2）平雅行『日本中世の社会と仏教』（塙書房、一九九二年）。
（3）勝俣鎮夫『戦国時代論』（岩波書店、一九九六年）。勝俣は、この転換を「呪術的観念の支配する社会から合理主義的観念の支配する社会への移行」ととらえている。
（4）峰岸純夫『中世　災害・戦乱の社会史』（吉川弘文館、二〇〇一年）。
（5）桜井英治は、信用経済などの経済システムの突然の崩壊という歴史的事実を根拠に、発展段階論的モデルよりも興隆と衰亡をくり返す文明論的モデルのほうが適合的ではないかとさえ述べている（「中世史への招待」『岩波講座　日本歴

史　第六巻　中世I』岩波書店、二〇一三年)。また、早島大祐「発展段階説と中世後期社会経済史研究」(『首都の経済と室町幕府』吉川弘文館、二〇〇六年、初出は二〇〇五年)も参照のこと。

(6) 山本武夫『気候の語る日本の歴史』(そしえて、一九七九年)。この点については、峰岸純夫「自然環境と生産力からみた中世史の時期区分」(『中世　災害・戦乱の社会史』吉川弘文館、二〇〇一年、初出は一九九五年)を参照した。

(7) 戦後歴史学を定義するのは困難であるが、網野善彦の議論の再検討を一つの核としている本書では、網野が主に批判の対象とした戦後の歴史学・日本中世史分野の諸議論を「戦後歴史学」と位置づけることとする。

(8) 中山茂「環境史の可能性」(『歴史と社会』一、リブロポート、一九八二年)。

(9) 石弘之「いまなぜ環境史なのか」(『ライブラリ　相関社会科学六　環境と歴史』新世社、一九九九年)。

(10) 石弘之「地球環境問題と環境史の将来」(池谷和信編『地球環境史からの問い――ヒトと自然の共生とは何か――』岩波書店、二〇〇九年)。

(11) 佐野静代「日本における環境史研究の展開とその課題――生業研究と景観研究を中心として――」(『中近世の村落と水辺の環境史――景観・生業・資源管理――』吉川弘文館、二〇〇八年、初出は二〇〇六年)。

(12) 生態人類学から派生した時間軸を重視する人類学的研究で、市川光雄は、「人間と自然の相互作用の歴史、すなわち人間―自然関係の歴史的変化と展開に関する探求であり、具体的には自然のなかに刻印された人為と文化の跡を読むこと」と述べている(「環境問題に対する三つの生態学」池谷和信編『地球環境問題の人類学――自然資源へのヒューマンインパクト――』世界思想社、二〇〇三年)。また、池谷和信「近年における歴史生態学の展開――世界最大の熱帯林アマゾンと人――」(水島司編『環境と歴史学――歴史研究の新地平――』勉誠出版、二〇一〇年)も参照のこと。

(13) 高橋美貴「環境史研究の課題と共生論」(矢口芳生・尾関周二編『共生社会システム学序説――持続可能な社会へのビジョン――』青木書店、二〇〇七年)。また、同「環境史研究の意義と課題――環境文化史と生業民俗学――」(『ESD・環境史研究』四、二〇〇五年)も参照のこと。

(14) 池谷和信「アフリカを対象にした環境史研究の動向――イギリス保護領ベチュアナランドの社会史――」(『歴史科学』一七八、二〇〇四年)。

(15) 篠原徹「環境史は可能か」(『歴史評論』六五〇、二〇〇四年)。篠原自身は、「環境と人間の関係性あるいは自然と人間の関係性の共時的および通時的ありよう全体を環境史」と位置づけ、「人と人の関係性の先にある自然であり、その中心は人が人を支配することの延長線上にある資源としての自然をめぐる環境史」、「人が生活するうえで自然と対峙して食料などを得る人と自然の直接的な関係をめぐる環境史」、「人間によるインパクトを含めて自然（環境）それ自身の構成要素間の関係をめぐる環境史」の三つに整理している。

(16) 卯田宗平「いま、なぜ環境史か――魚と人をめぐる比較環境史――」（安室知編『歴史研究の最前線　二　環境史研究の課題』（吉川弘文館、二〇〇四年）。

(17) 編集委員会「特集にあたって」（『歴史評論』六五〇、二〇〇四年）において、篠原論文の要旨をまとめた部分。

(18) 中山は、環境史のねらいについて、歴史を異なった新しい視野のもとに見直し、書き直そうというものと指摘したうえで、それは唯物史観が既成の歴史叙述に対して要求したのと同程度のクレイムを突きつけようとすると主張している（中山茂「環境史の可能性」前掲註8）。環境史は、従来の歴史観を揺るがす可能性を秘めている。

(19) 中山茂「環境史の可能性」（前掲註8）。

(20) 高橋美貴「環境史研究の意義と課題」（前掲註13）。

(21) 大黒俊二「環境史と歴史教育――究明、貢献、退屈――」（『歴史評論』六五〇、二〇〇四年）。

(22) 春田直紀「文献史学からの環境史」（『新しい歴史学のために』二五九、二〇〇五年）。

(23) 盛本昌広「資源管理をめぐる研究と課題」（『中近世の山野河海と資源管理』岩田書院、二〇〇九年）。

(24) 大黒俊二「環境史と歴史教育」（前掲註21）。

(25) 水野章二「日本中世における人と自然の関係史」（『中世の人と自然の関係史』吉川弘文館、二〇〇九年）。

(26) 大黒俊二「環境史と歴史教育」（前掲註21）。

(27) 高木徳郎「環境史への視座――日本中世史を中心に――」（『民衆史研究』五五、一九九八年）。

(28) 小塩和人『水の環境史――南カリフォルニアの二〇世紀――』（玉川大学出版部、二〇〇三年）。高橋美貴「環境史研究の課題と共生論」（前掲註13）の引用から学んだ。

(29) 北条勝貴「自然と人間のあいだで――〈実践〉概念による二項対立図式の克服――」（増尾伸一郎ほか編『環境と心性の文化史　下　環境と心性の葛藤』勉誠出版、二〇〇三年）。

(30) 安田喜憲「二〇世紀の開拓者達」(『気候と文明の盛衰』朝倉書店、一九九〇年)、同「日本文化風土論の地平」(『日本文化の風土』朝倉書店、一九九二年、初出は一九九〇年)。

(31) この点についても篠原は辛辣で、「従来の自然を排除した歴史学」と述べている(「環境史は可能か」前掲註15)。これは極端な批判であるが、ほかの分野からこのように評価されてしまうような傾向があったことは受け止めなければならない。

(32) たとえば、伊東俊太郎「文明の画期と環境変動」、安田喜憲「地球と文明の画期」(いずれも『講座　文明と環境二　地球と文明の画期』朝倉書店、一九九六年)。伊東はわざわざ自分の議論は環境決定論ではないと弁明しているが、自然環境変動の事実とその時期のちょうど都合の良い人間活動の変化の事実とを短絡的に結びつけてそれが変化の要因のすべてであると主張しているように論者にはみえる。

(33) たとえば、中塚武「気候と社会の歴史を診る——樹木年輪の炭素同位体比からの解読——」(和田英太郎・神松幸弘編『地球研叢書　安定同位体というメガネ——人と環境のつながりを診る——』昭和堂、二〇一〇年)、同「気候変動と歴史学」(平川南編『環境の日本史I　日本史と環境——人と自然——』吉川弘文館、二〇一二年)。これらの文献については、琵琶湖博物館の林竜馬氏のご教示を得た。

(34) たとえば、水田における生態系を解明したものとして、大塚泰介「水田に魚を放すと、生物間の関係が見えてくる——多面的機能を解き明かすための基礎として——」(『日本生態学会誌』六二、二〇一二年)を挙げておく。この文献については、琵琶湖博物館の大塚泰介氏のご教示を得た。

(35) 環境史の論点が錯綜していることは、水野による批判の通りである(水野章二「日本中世における人と自然の関係史」前掲註25)。また、西川広平も、「必ずしも総体として研究手法や研究の論点が共有化されておらず、一つの研究領域として十分に確立されているとは言い難い」と述べている(「中世史研究における開発・環境の視点と本書の構成」『中世後期の開発・環境と地域社会』高志書院、二〇一二年)。しかし、いまさまざまな可能性の芽を摘む必要はない。現時点で重要なのは、歴史学の学問的立場を堅持しつつ、戦略的に参画して環境史を確立する中心的主体となることであると考える。本書は、二〇年の歳月をかけてようやく「歴史学の営みとしての環境史」の入り口へ到達した段階に過ぎないが、将来的にはさらに飛躍させたいと考えている。

(36) 保立道久「地震・原発と歴史環境学――九世紀史研究の立場から――」(歴史学研究会編『震災・核災害の時代と歴史学』青木書店、二〇一二年)。
(37) 水本邦彦『草山の語る近世』(山川出版社、二〇〇三年)、同「近世の自然と社会」(『日本史講座　第六巻　近世社会論』東京大学出版会、二〇〇五年)。
(38) 高木徳郎「中世における環境管理と惣村の成立」(『日本中世地域環境史の研究』校倉書房、二〇〇八年、初出は二〇〇三年)。
(39) マルクス・エンゲルス著/廣松渉編訳/小林昌人補訳『新編輯版　ドイツ・イデオロギー』(岩波書店、二〇〇二年)より引用した。マルクスが自然と人間とを分離させて理解していなかったことについては、服部健二『歴史における自然の論理――フォイエルバッハ・マルクス・梯明秀を中心に――』(新泉社、一九九〇年)を参照した。
(40) 水野章二「日本中世における人と自然の関係史」(前掲註25)。
(41) 保立道久「解説」(『河音能平著作集　第三巻　封建制理論の諸問題』文理閣、二〇一〇年)を参照した。
(42) 大山喬平「日本中世農村史研究の課題」(『日本中世農村史の研究』岩波書店、一九七八年)。
(43) 大山喬平「中世村落における灌漑と銭貨の流通」(『日本中世農村史の研究』前掲註42、初出は一九六一年)。
(44) 河音能平「農奴制についてのおぼえがき――いわゆる「世界史の基本法則」批判のこころみ――」(『河音能平著作集　第三巻　封建制理論の諸問題』前掲註41、初出は一九六〇年)。
(45) 白石隆は梅棹の思考の一つを、文明を考えるさいに生態系をその基礎において考えたものと整理している(「梅棹忠夫をどう読むか」『文明の生態史観ほか』中央公論社、二〇〇二年)。この世界認識自体をどう評価するべきかという議論が当時の歴史学の議論にはなかったようにみえる。
(46) 戸田芳実「中世文化形成の前提」(『日本領主制成立史の研究』岩波書店、一九六七年、初出は一九六二年)。
(47) 戸田芳実「中世初期農業の一特質」(『日本領主制成立史の研究』前掲註46、初出は一九五九年)。
(48) 戸田芳実「山野の貴族的領有と中世初期の村落」(『日本領主制成立史の研究』前掲註46、初出は一九六一年)。
(49) 日本史を対象とする戦後日本の歴史学が、自然を領有や克服の対象としてしか描けなかった側面があったことは、高木徳郎も指摘している(「日本中世環境史研究の軌跡と本書の位置」『日本中世地域環境史の研究』前掲註38)。

(50) 網野善彦『網野善彦著作集　第一二巻　無縁・公界・楽』(岩波書店、二〇〇七年、初出は一九九六年)。

(51) 桜井英治「解説　「無縁」論――「老マルキシスト」の警告――」(網野善彦『日本中世都市の世界』筑摩書房、二〇〇一年)など。

(52) 保立道久「網野善彦氏の無縁論と社会構成史研究」(『年報中世史研究』三二、二〇〇七年)。

(53) 網野善彦「中世「芸能」の場とその特質」(『網野善彦著作集　第一一巻　芸能・身分・女性』岩波書店、二〇〇八年、初出は一九八四年)。

(54) 網野善彦『網野善彦著作集　第七巻　日本中世の非農業民と天皇』(岩波書店、二〇〇八年、初出は一九八四年)。

(55) 保立道久「中世前期の漁業と庄園制――河海領有と漁民身分をめぐって――」(『歴史評論』三六六、一九八一年)。網野善彦『日本中世の非農業民と天皇』(前掲註54)。

(56) 「加志」とは、船をつなぐために水中に立てる杭または棹のことである。船に用意しておいて停泊地で水中に突き立てて用いる(『日本国語大辞典　第二版』小学館、二〇〇三年)。

(57) 網野善彦『日本中世の非農業民と天皇』(前掲註54)。

(58) 保立道久「解説――研究史をぬりかえた仕事のエッセンス――」(網野善彦『日本中世に何が起きたか――都市と宗教と「資本主義」――』洋泉社、二〇〇六年)。

(59) 網野善彦『網野善彦著作集　第一七巻　「日本」論』(岩波書店、二〇〇八年)。

(60) 網野善彦「歴史と自然・河海の役割――『そしえて21』の発刊によせて――」(『無縁・公界・楽』前掲註50、初出は一九九〇年)。

(61) ここで本来であれば、「社会史」または「全体史」と呼ばれる研究動向についてとりあげておかねばならないが、力がおよばなかった。ただ、保立道久「日本中世社会史研究の方法と展望」(『歴史評論』五〇〇、一九九一年)をみる限り、社会史は「動物と植物の歴史から家族・親族・血統の歴史、子供史・老人史・女性史・死の歴史から呪術や精神・宗教史、年中行事や通過儀礼の歴史、土地の境界の歴史から風土や風俗の歴史、様々な生業の歴史から「物」の歴史・衣食住の歴史、村落社会・近隣社会から宮廷社会・職能団体の歴史などなど。それは歴史における生物・自然と人間、肉体と精神、時間と空間、物質と生活、共同体と集団などに関する百科全書的・総合的な学問」として紹介されており、自然環境という問題は無数にある社会史のテーマの一つとして位置づけられていたに過ぎなかったのではないだろうか。

(62)　このことは、自然と関わる主体としての大小の個別経営の存在、在地領主、都市領主の存在を否定するものではもちろんない。領主制の問題も重要であると考えている。

(63)　鳥越皓之『環境社会学の理論と実践――生活環境主義の立場から――』（有斐閣、一九九七年）などから学んでいる。また、このことは近年流行のコモンズ論からも明らかである。

(64)　仲村研「中世後期の村落」（『荘園支配構造の研究』吉川弘文館、一九七八年、初出は一九六七年）。

(65)　峰岸純夫「村落と土豪」（『日本中世の社会構成・階級と身分』校倉書房、二〇一〇年、初出は一九七〇年）。

(66)　榎原雅治「地域社会における「村」の位置」（『日本中世地域社会の構造』校倉書房、二〇〇〇年、初出は一九九八年）。

(67)　これを「惣村」としないのは、「惣村」という概念には収まらない、領主が主導する村落の存在も措定する必要があると考えているからである。本書第一部第七章参照。

(68)　藤木久志『村と領主の戦国世界』（東京大学出版会、一九九七年）。

(69)　稲葉継陽『戦国時代の荘園制と村落』（校倉書房、一九九八年）。

(70)　藤木久志「村の境界」（『村と領主の戦国世界』前掲註68、初出は一九八七年）。

(71)　藤木久志「村の当知行」（『村と領主の戦国世界』前掲註68、初出は一九八九年）。

(72)　峰岸純夫「自然環境と生産力からみた中世史の時期区分」（『中世　災害・戦乱の社会史』前掲註6、初出は一九九五年）。

(73)　ここで、田村憲美、水野章二による村落領域論についてふれておかなければならないが、力がおよばなかった（田村憲美『日本中世村落形成史の研究』〈校倉書房、一九九四年〉、水野章二『日本中世の村落と荘園制』〈校倉書房、二〇〇〇年〉）。ただ、水野は、「村落成員が自然に対して能動的に働きかけ、獲得した、生産と生活のための諸条件は、客観的には村落の領域という形をとって現象する」と述べるが、たとえば水田漁撈に注目すれば、必ずしも村落領域という形で現れない自然への働きかけもある。したがって、自然環境と人間の営みとの関係の総体をとらえるうえでは村落領域論にも限界があるといえるのではないだろうか。

(74) 高木徳郎「日本中世環境史研究の軌跡と本書の位置」(前掲註49)。

(75) ここで「漁業史」ではなく「漁撈史」とするのは、産業としての漁業(水産業)だけではなく、権力によっては把握されることがない複合する生業の一つとしての小規模で素朴な漁撈をも視野に入れる必要があることを主張せんがためである。

(76) 峰岸純夫「中世後期の二つの歴史像――飢饉と農業の発展――」(『中世 災害・戦乱の社会史』前掲註4、初出は一九七七年)。

(77) 峰岸純夫『中世 災害・戦乱の社会史』(前掲註4)。

(78) 中塚武「気候と社会の歴史を診る」、同「気候変動と歴史学」(ともに前掲註33)。

(79) 気候変動論は、磯貝富士男による積極的な気候変動論の導入と西谷地晴美らによるそれへの批判のなかで前進してきた。磯貝富士男『中世の農業と気候――水田二毛作の展開――』(吉川弘文館、二〇〇二年)、同『日本中世奴隷制論』(校倉書房、二〇〇七年)、西谷地晴美『日本中世の気候変動と土地所有』(校倉書房、二〇一二年)など。また、地殻変動にもとづく地震については矢田俊文の一連の研究が挙げられる。矢田俊文「明応地震と港湾都市」(『日本史研究』四一二、一九九六年)、同『地震と中世の流通』(高志書院、二〇一〇年)など。

(80) 水野章二「里山・棚田の歴史と利用――成立過程を中心に――」(『日本の原風景・棚田』一一、二〇一〇年)など。

(81) 真鍋篤行「網漁業技術史に関する若干の問題――伊予日振島の船曳網漁業――」(『瀬戸内海歴史民俗資料館紀要』一二、一九九九年)など。真鍋が到達した「自然は人間の操作の対象でなく、それ自身固有のロジックを持って運動し、人間自身も本来は自然存在で、長い進化の過程の中で産出された全自然の共同の労作であるとする自然観を構築する」という視点は、環境史の視点そのものだと考える。こうした視点を獲得することにこそ文理融合の学際的研究の意義がある。

(82) 春田直紀「自然と人の関係史――漁撈がとり結ぶ関係に注目して――」(『国立歴史民俗博物館研究報告』九七、二〇〇二年)。なお、福澤仁之ほか「二一世紀の琵琶湖――琵琶湖の環境史的解明と地球科学――」(『月刊地球』二六四、二〇〇一年)にこの三者関係の図が描かれているが、これは春田の発案である。

(83) 中島経夫「淡海の魚から見た稲作文化」(守山市教育委員会編『弥生のなりわいと琵琶湖――近江の稲作漁労民――』

サンライズ出版、二〇〇三年）など。

(84) 橋村修『漁場利用の社会史――近世西南九州における水産資源の補採とテリトリー――』人文書院、二〇〇九年）。

(85) 佐野静代「湖の御厨の環境史――近江国筑摩御厨における自然環境と生活形態――」（『中近世の村落と水辺の環境史』前掲註11、初出は二〇〇六年）、同「琵琶湖の自然環境からみた中世堅田の漁撈活動」（『史林』九六―五、二〇一三年）。

(86) 佐野静代「湖の御厨の環境史」（前掲註85）。

(87) 佐野の業績については、橋本道範「「環境史」研究の可能性について――佐野静代氏の業績の検討から――」（『歴史科学』一九六、二〇〇九年）で検討した。

(88) では、それは具体的にどのような歴史観なのか。その試みの一つとして、琵琶湖博物館の総合研究「東アジアの中の琵琶湖：コイ科魚類の展開を軸とした環境史に関する研究」（代表中島経夫）を挙げたい。これは、いくつもの波長の自然のサイクルのなかで、コイ科魚類が、ヒマラヤ造山運動の結果生まれたアジアモンスーン気候に適応しながら放散し、日本列島の形成のなかで絶滅・進化し、人類と出会い、一部の種が絶滅する一方で、水田という人為的な自然環境を利用しながら繁栄するという壮大な物語を描こうとしたものである（中島経夫ほか「総特集　二一世紀の琵琶湖――琵琶湖の環境史解明――」『月刊地球』二六四、二〇〇一年）。

(89) 高木徳郎「日本中世環境史研究の軌跡と本書の位置」（前掲註49）。

(90) 春田直紀「生業論の登場と歴史学――日本中世・近世史の場合――」（国立歴史民俗博物館編『生業から見る日本史――新しい歴史学の射程――』吉川弘文館、二〇〇八年）。

(91) 白水智「ある山間荘園の生業と外部交流――若狭国名田荘の場合――」（『民衆史研究』三九、一九九〇年）、同「中世海村の百姓と領主」（『列島の文化史』九、一九九四年）など。

(92) 白水の「生活文化大系」論については、『知られざる日本――山村の語る歴史世界――』（日本放送出版協会、二〇〇五年）、同「山村と歴史学――生活文化大系という視座から――」（『民衆史研究』六九、二〇〇五年）など参照。

(93) 白水のいう「生活文化」とは、「生業や生活（労働・衣食住・交通・信仰など）の諸側面に顕れるその土地で生活していくための知識・技能・心性・慣習などの要素」のことを指す（「山に人が住むということ――「限界集落」への来

歴――」『月刊自治研』五九〇、二〇〇八年）。

(94) 春田直紀「歴史学的山村論の方法について――民衆史研究会二〇〇四年度大会シンポジウムによせて――」（『民衆史研究』七〇、二〇〇五年）。

(95) 白水の「生活文化体系」論は、春田が指摘するような「やや平板な立地環境による文化類型論といった印象」もある（「歴史学的山村論の方法について」前掲註94）。ただ、白水が早くから「山の村の生業はさまざまに変化する」と述べていることについて論者は評価している（「文献史学と山村研究」『日本史学集録』一九、一九九六年）。

(96) 白水智「前近代日本列島の資源利用をめぐる社会的葛藤」（湯本貴和編『シリーズ日本列島の三万五千年――人と自然の環境史――第一巻　環境史とは何か』文一総合出版、二〇一一年）。

(97) 白水智「書評　米家泰作著『中・近世山村の景観と構造』」（『日本史研究』四九四、二〇〇三年）。

(98) 白水智「肥前青方氏の生業と諸氏結合」（『中央史学』一一、一九八八年）。

(99) 竹内静子「森林・山村の労働社会学――自然との関係における――」（内山節編『〈森林社会学〉宣言』有斐閣、一九八九年）をもとに、春田が「中世の海村と山村――生業村落論の試み――」（『日本史研究』三九二、一九九五年）において定義した。

(100) 小島孝夫「生業Ⅰ（農業・漁業・林業・狩猟・その他）複合生業論を超えて」（『日本民俗学』二二七、二〇〇一年）。この点については、野本寛一「生業民俗研究のゆくえ」（『生業から見る日本史』前掲註90）より学んだ。

(101) 春田によれば、この生業概念の提案は、「それまでの生業論の分析軸が人と人との関係に傾き、生業の本質に関わる人と自然との関係への踏み込みが弱いと感じていたから」であるという（「生業論の登場と歴史学」前掲註90）。

(102) 黒田日出男「日本中世開発史の課題」（『日本中世開発史の研究』校倉書房、一九八四年）。

(103) なお、本論には組み込めなかったが、戦後歴史学のなかから開発を問い直そうとする機運が生まれていたことは高く評価している。たとえば、黒田日出男は、開発史がゆがみをもっているのではないかという批判を重く受け止め、「否定的な開発ないしは開発の否定的側面を意識的に捉える視点を、我々は民衆史的視座のうちに見いだしうるであろう」と述べている（「広義の開発史と「黒山」」『日本中世開発史の研究』前掲註102、初出は一九八〇年）。黒田は開発史の内実をより豊かにすることによってその批判を受け止めようとしたのである。これは研究者として極めて真摯な姿勢であり、学ばなければならないが、結局のところ開発という行為を相対化することができなかったという点で戦後歴史学の限界を示すと考えている。

(104) 安室知「複合生業論」(香月洋一郎・野本寛一編『講座日本の民俗学　第五巻　生業の民俗』雄山閣出版社、一九九七年)、同『水田をめぐる民俗学的研究――日本稲作の展開と構造――』(慶友社、一九九八年)、同『水田漁撈の研究――稲作と漁撈の複合生業論――』(慶友社、二〇〇五年)など。

(105) 井原今朝男「生業から民衆生活史をふかめる」(『生業から見る日本史』前掲註90)。

(106) 日本中世を対象としたこれまでの環境史の研究が人類学、とくに歴史生態学から学ぶことがなかったことは佐野が指摘する通りであり、社会学への接近もいまだ乏しいと思う。

(107) なお、生業論と関わる議論として、資源管理論というべき議論がある。資源管理とは、盛本昌広によれば、「資源の利用を継続的に行えるように行動する段階に進めば、それは資源管理といっても差支えない」とされており(盛本昌広「資源管理をめぐる研究と課題」『中近世の山野河海と資源管理』岩田書院、二〇〇九年)、高木徳郎は、「持続的利用を前提とした自然環境の保全」を「環境管理」としている(高木徳郎「中世における環境管理と惣村の成立」前掲註38)。ここで高木が、荘園制には多様な資源を多様な主体がそれぞれに占有するために相論を生み出すという構造的矛盾があり、その克服のために環境管理の主体として惣村が登場するとしている点にふれておきたい。この議論は、村落住民こそが「環境に対し最も保全的な立場にあり、なおかつその課題に深刻に向き合っていた」という基本認識にもとづくもので、鳥越皓之や嘉田由紀子が唱える生活環境主義を背景にもつものであろう(鳥越皓之『環境社会学の理論と実践』前掲註63、嘉田由紀子『生活世界の環境学――琵琶湖からのメッセージ――』農山漁村文化協会、一九九五年など)。これは、生業の中心的主体としてのムラの自立を論ずる本書の視点と共通する点もあるが、高木自身がとりあげているように、近江国葛川の相論は、村落住人による「恒常的かつ限度を超えた商業的な山林伐採」によるものであった。これはもちろん都市消費をターゲットにしたものである。はたして、高木の主張するように村落住人をいつも保全的であるとすることができるであろうか。論者は本書において別の視角を提示して批判を仰ぎたいと思う。

(108) 橋本道範「日本中世の魚介類消費研究と一五世紀の山科家」(『琵琶湖博物館研究調査報告書　第二五号　日本中世魚介類消費の研究――一五世紀山科家の日記から――』滋賀県立琵琶湖博物館、二〇一〇年)。

(109) 武田隆夫ほか訳『マルクス　経済学批判』(岩波書店、一九五六年)。
(110) 川北稔「歴史学はどこへ行くのか――二一世紀にむかって――」(『七隈史学』創刊号、二〇〇〇年)。
(111) 桜井英治『日本中世の経済構造』(岩波書店、一九九六年)、同「日本中世の贈与について」(『思想』八八七、一九九八年)、同「折紙銭と十五世紀の贈与経済」(勝俣鎮夫編『中世人の生活世界』山川出版社、一九九六年)、同「「御物」の経済――室町幕府財政における贈与と商業――」(『国立歴史民俗博物館研究報告』一一三、二〇〇四年)、同「中世史研究と贈与論の射程」(『九州史学』一四五、二〇〇六年)、桜井英治・中西聡編『新体系日本史一二　流通経済史』(山川出版社、二〇〇二年)。また、桜井英治編『古代・中世の都市をめぐる流通と消費』(『国立歴史民俗博物館研究報告』九二、二〇〇二年、同編『古代・中世における流通・消費とその場』(『国立歴史民俗博物館研究報告』一一三、二〇〇四年)が重要である。なお、註(108)の前稿で見落としていた研究成果として、志田原重人「中世における水産物の流通と消費」(『比治山大学短期大学部紀要』三六、二〇〇一年)がある。
(112) 春田直紀「モノからみた一五世紀の社会」(『日本史研究』五四六、二〇〇八年)。
(113) 春田直紀「文献史学からの環境史」(『新しい歴史学のために』二五九、二〇〇五年)。
(114) 中山茂「環境史の可能性」(前掲註8)。
(115) 義江彰夫「日本史における開発と環境修復」(『歴史学の視座――社会史・比較史・対自然関係史――』校倉書房、二〇〇二年、初出は一九九九年)。
(116) 飯沼賢司「環境歴史学序説――荘園の開発と自然環境――」(『民衆史研究』六一、二〇〇一年)。
(117) 義江彰夫「人間と自然の歴史――日中古代・中世の比較を通して――」(『歴史学の視座』前掲註115、初出は一九九八年)。
(118) 飯沼賢司「環境歴史学序説」(前掲註116)。
(119) 北条勝貴「中村生雄・三浦佑之・赤坂憲雄編『狩猟と供犠の文化誌』」(『民俗文化』二〇、二〇〇八年)。
(120) 北条勝貴「神仏習合と自然環境――言説・心性・実態――」(『アジア遊学一三六　環境と歴史学――歴史研究の新地平――』勉誠出版、二〇一〇年)。

(121) 北条勝貴「耕地開発を正当化する心性／言説の出現」(『環境と心性の文化史　下　環境と心性の葛藤』勉誠出版、二〇〇三年)。
(122) 平雅行「殺生禁断の歴史的展開」(大山喬平教授退官記念会編『日本社会の史的構造　古代・中世』思文閣出版、一九九七年)、同「殺生禁断と殺生罪業観」(脇田晴子ほか編『周縁文化と身分制』思文閣出版、二〇〇五年)。
(123) 平雅行「殺生禁断と殺生罪業観」(前掲註122)。
(124) 苅米一志「日本中世における殺生観と狩猟・漁撈の世界」(『史潮』新四〇、一九九六年)。
(125) ただし、平は、「殺生功徳論」について、殺生罪業観一般を否定したものではなく、権社の隷属関係にある民衆の殺生の罪を否定したもので、荘園制的イデオロギーの一形態であるととらえている(平雅行「殺生禁断と殺生罪業観」前掲註122、同「専修念仏の歴史的意義」『日本中世の社会と仏教』前掲註2、初出は一九八〇年)。
(126) 苅米一志「猟人・漁人・武士と殺生・成仏観」(井原今朝男編『環境の日本史三　中世の環境と開発・生業』吉川弘文館、二〇一三年)。
(127) 橋本道範「中世における琵琶湖漁撈の実態とその歴史的意義――湖辺エコトーンの漁撈を中心に――」(『月刊地球』二六四、二〇〇一年)。本書第一部第二章。
(128) 橋本道範「日本中世における水辺の環境と生業――河川と湖沼の漁撈から――」(『史林』九二―一、二〇〇九年)。本書第一部第三章。
(129) 橋本道範「近江国野洲郡兵主郷と安治村――中世村落の多様性・不安定性・流動性・階層性について――」(『琵琶湖博物館研究調査報告書　第二一号　琵琶湖集水域における中世村落確立過程の研究』滋賀県立琵琶湖博物館、二〇〇四年)。本書第二部第七章。
(130) 春田直紀「自然と人の関係史――漁撈がとり結ぶ関係に注目して――」(前掲註82)が参考となる。
(131) 内藤正明ほか『琵琶湖ハンドブック　改訂版』(滋賀県、二〇一二年)などを参照した。
(132) 内湖とは、本来琵琶湖の一部であったが、沿岸流の作用や琵琶湖への流入河川から運ばれた土砂の堆積などによって生じたラグーン(潟湖)である。「ほんらい琵琶湖の一部であった水域が、砂州や砂嘴、浜堤あるいは川から運ばれた土砂等によって琵琶湖と隔てられ、独立した水界となったが、水路等で琵琶湖との水系のつながりは保ったままの水域」と定義されている（西野麻知子ほか「内湖の特性と保全の方向性について」『滋賀県琵琶湖研究所所報』二〇、二〇〇三年など）。

(133) 琵琶湖の「湖辺域」は湖側の沿岸帯と陸側の沿岸帯よりなるが、その範囲は、便宜的に、水深七メートルの水草が生息している地帯から明治二九年（一八九六）の大洪水の浸水域（琵琶湖基準水位＋三・七六メートル）までとされている（国土庁大都市圏整備局ほか『琵琶湖の総合的な保全のための計画調査報告書　本編』国土庁大都市圏整備局ほか、一九九九年）。

(134) 浜端悦治・西川博章「貴重植物の現状と保全」（西野麻知子・浜端悦治編『内湖からのメッセージ――琵琶湖周辺の湿地再生とその生物多様性保全――』サンライズ出版、二〇〇五年）。

(135) 琵琶湖の多様な環境とそこにおける生物相については、友田淑郎『琵琶湖のいまとむかし』（青木書店、一九八九年）が概説している。この文献については、琵琶湖博物館の藤岡康弘氏のご教示を得た。

(136) 奈良盆地の水環境については、さしあたり宮本誠『奈良盆地の水土史』（農山漁村文化協会、一九九四年）を参照されたい。たとえば、東大寺の北に位置する佐保川流域の大和国河上庄では、健保年間（一二一三～一九年）の洪水により河原が形成されている（文永九年〈一二七二〉四月五日、経王丸田地流状、『大日本古文書　東大寺文書』一七―九〇〇(三))。

(137) 網野善彦『歴史と出会う』（洋泉社、二〇〇〇年）。

〔付記〕

本章は、学位論文提出後の二〇一三年一二月二五日に「戦後における歴史学の自然環境理解と村落論」と題して、裁許状研究会で報告させていただいたのち、全面的に改稿したものである。厳しくご指導いただいた大山喬平氏をはじめとする裁許状研究会の方々に深く感謝したい。再校後、網野氏が昆虫少年であったことを知った。非礼をお詫びしたい。

第一部　生業と村落

第一章　琵琶湖における一三世紀のエリ漁業権の転換とそこにおける村落の役割

第一節　問題の所在

琵琶湖は、遅くとも縄文時代以降、漁撈の舞台となってきた。一九五一年の『滋賀県漁具譜』に、網具だけで二〇種、釣具四種、雑漁具八種が紹介されていることからもわかるように、大型のものから小型のものまで、個人で利用するものから集団で利用するものまで、多種多様な漁具による漁法が用いられてきており、その結果、湖や内湖、河川などには、複雑で緻密な漁撈についての権利が設定されてきた(1)。そうした漁業権は、歴史的に村落を中心に維持され、現在では漁業協同組合に継承されている(2)。では、そうした複雑で緻密な漁業権は具体的にどのようにして設定されてきたのであろうか。なぜ人々は、村落を中心的主体として琵琶湖と関わってきたのであろうか。

日本列島においては、漁場という形での一定水域自体の使用権が一三世紀後半以降に成立し、各地で漁場を基礎とする一定の組織が形成されたことがすでに明らかにされている(3)。ここで注目すべきは、権利関係は地域により、琵琶湖のように村落によって組織されるケースと特定個人によって組織されるケースとがあることが指摘されている点である(4)。日本中世史研究においては、人間が自然に働きかけるさいに主導的な立場に立って新しく社会の構造を規定した中心的主体として、在地領主を措定するべきか、それとも村落を措定するべきかという問題をめぐって議論が行われてきた。[5] 漁場に関する権利関係の組織化の二類型という問題は、日本中世社会の構造とその形成をめぐる論争とも密接に関わる極めて重要な問題なのである。したがって、琵琶湖において漁撈の秩序が村落を中心的主体として編成されたのはなぜなのかについて、生業の具体的展開過程との関わりにおいて明らかにすることがいま求められている。

幸い、琵琶湖では八世紀以降の人間の諸活動の記録が残されており、約一二〇〇年にわたる漁撈を含む人間と湖との関わり合いを考古資料からだけでなく、記録資料からも跡づけることができる。しかも、特徴的なことに、湖と関わる主体となってきた村落自身が、一三世紀より意図的に記録資料、いわゆる古文書を残してきた。これらを分析すれば、上記の課題を明らかにすることができるのではないだろうか。

そこで本論は、琵琶湖東部の奥嶋の村落が守り伝えてきた古文書を利用し、琵琶湖のいわゆる「伝統的漁法」の一つとされてきたエリに注目して、一三世紀にエリの漁業権が新たな展開をしたことを具体的に解明する。そして、その結果得られた知見をもとに、その過程で村落が果たした役割について議論したい。これにより、琵琶湖地域における文化の固有性も明らかになると考える。

第二節　エリの特徴と歴史的展開

最初に、エリについて、必要な範囲でその特徴を紹介し、あわせて、なぜエリに注目したのかを述べておきたい。

エリとは、定置漁具の一つで、河川、湖沼などの魚の通路に、竹などで編んだ簀を渦巻き型や迷路型などに立て回し、魚を自然に囲いのなかに誘導して、最後の囲い（ツボと呼ばれる陥穽装置）に集まったところを手網ですくいとる仕掛けである。[6]

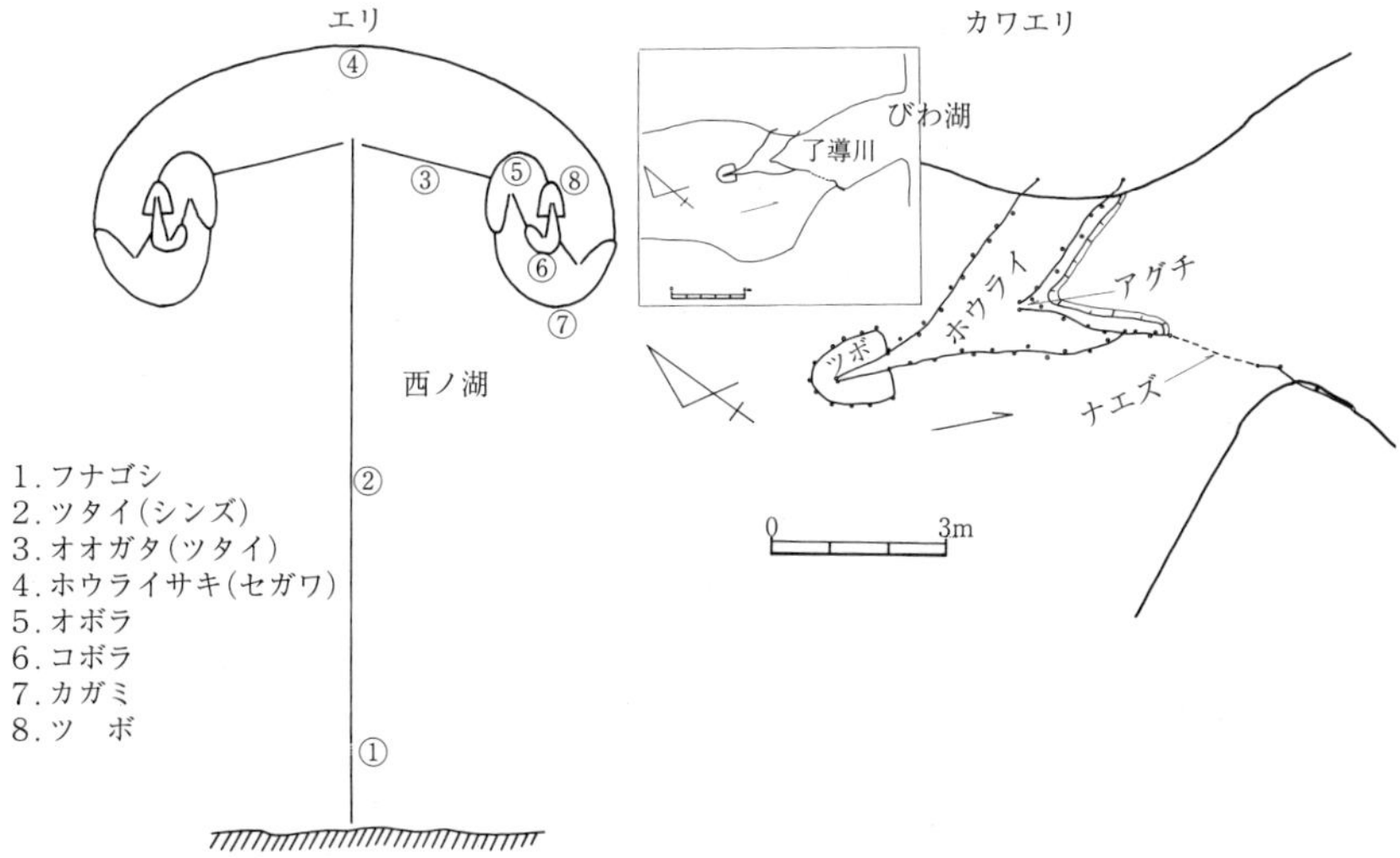

図1　エリの2類型

琵琶湖のエリの特徴を把握し、さらにその歴史的展開を考察するためには、おなじくエリと呼ばれているとしても、「エリの原初的形態を示唆する」[7]とされるカワエリなどのいわば「simple type のエリ」と、複雑な構造に発達した「involuted type のエリ」との違いに着目し、両者を区別して議論することが重要であると考える（以下、「simple type のエリ」と「involuted type のエリ」とをあわせた概念として「エリ型漁具」と呼び、古文書などに記載されているエリのみをエリと表記する）[8]。

まず「simple type のエリ」であるが、図1右は、琵琶湖西部の、琵琶湖へと流入する了導川という小河川の河口近くに設置されたカワエリの実測図である。カワエリなどの「simple type のエリ」は、河口や水路や入江の葭生地や水田に設置されたもので、規模も比較的小規模で、基本的にエリツボを中心として簀を竹杭に結んで魚を誘導してはいるが、ただ魚を単線的に導くだけのごく単純な構造となっている。そのため、「simple type のエリ」は、四月から六月頃に産卵のため川を遡上するフナなどや岸辺のヨシ場などへ接岸するフナなどを捕獲することしかできない。たとえばフナが産卵のため遡上するのはその季節のなかでも大雨の日であるので、時期的には極めて限られた漁法といえる。

それに対して、図1左が「involuted type のエリ」である。これは琵琶湖の東部に位置する西の湖という内湖にあったエリの概念図である。「simple type のエリ」と比較して、湖や内湖の回遊する魚の通り道に設置され、魚の習性を利用して最終的にツボに追い込むために、岸より沖に簀を延ばしており、迷路のような構造になっていることに最大の特徴がある。このことによって、産卵のために遡上する魚ばかりでなく、湖水の流れにのって回遊している魚をも捕獲対象とし、湖が穏やかでありさえすれば、ほぼ一年中、魚の動く時期には漁獲することが可能となった。したがって、漁獲効率は格段に上昇することになる。ここに、「simple type のエリ」と「involuted type のエリ」との漁法としての決定的な質的差異があると考える。

したがって、いずれも一定水面を排他的に占有するためほかの漁撈とのあいだで緊張関係をもつが、占有が産卵時期のみに限定される「simple type のエリ」に対して、場合によってはほぼ一年中湖面に簀が突き出ており、回遊している魚まで捕獲してしまう「involuted type のエリ」は、場所的にも、面積的にも、時期的にも、量的にも、ほかの漁撈、とくに回遊している魚の捕獲を目標とする網による漁撈とのあいだでより強い緊張関係を発生させずにはいられない。「simple type のエリ」と「involuted type のエリ」とを区別して議論する必要があるのはこの点にもよる。また、琵琶湖における漁業権の展開過程を解明するために、まずエリに注目したのはまさにこの理由からである。

さらに、「simple type のエリ」は日本列島各地に分布していたが、「involuted type のエリ」は日本列島においては琵琶湖においてのみ特殊化したものである(9)。したがって、琵琶湖における人間活動の固有性について議論する素材ともなりうると考えている。

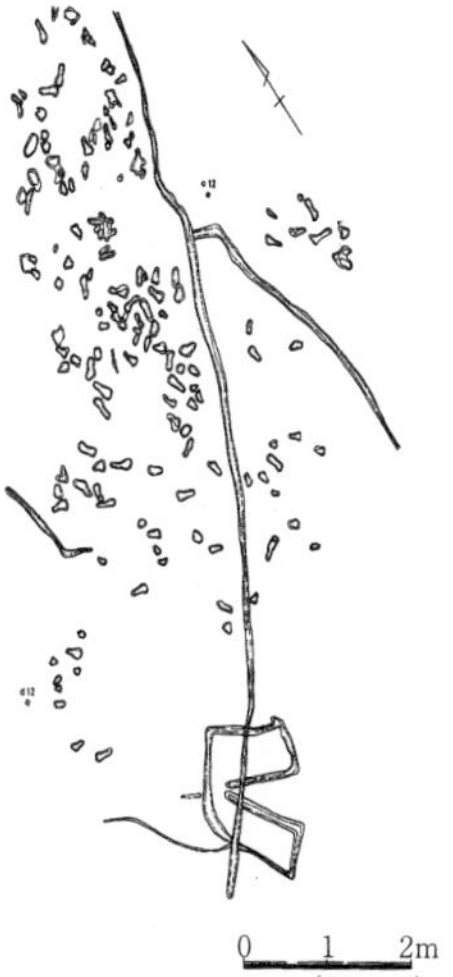

図2　古墳時代のエリ跡遺構図

では、「involuted type のエリ」は、いったいいつ琵琶湖に登場したのであろうか。

図2は、琵琶湖南部の赤野井湾遺跡から発掘されたエリ型漁具の遺構である。幅〇・一メートル、深さ〇・〇五メートルほどの溝が、外径縦一・二メートル、横約一・四メートルのハート型のような形をつくっているが、これこそがエリツボの跡であると考えられる。また、そのエリツボから北の方向にも溝が伸びているが、この溝も魚をこのエリツボに導くための簀を立てた跡であると発掘担当者は推定している。この遺構は、周辺から出土した土器などから五～六世紀頃の遺構であると判断されている。

このエリ型漁具の遺構は、天神川という琵琶湖へそそぐ小河川の河口付近にあるかつての湖岸に位置しており、恐らく、産卵のため遡上してくる魚を捕獲するために設けられたまさしく「simple type のエリ」といってよい。琵琶湖周辺でエリ型漁具が発掘された事例はもう一例報告されているが、それは一五、六世紀頃のカワエリであり、残念ながら現時点で考古学的に「involuted type のエリ」がいつ琵琶湖に登場したかを明らかにすることはできない。

一方、記録資料では、寛元二年（一二四四）の成立と考えられている『新撰六帖題和歌』のなかに収録された藤原為家の和歌、「ふなのぼる　はまべのえりの　あさからず　人のしわざの　なさけなのよや」が注目される。この和歌では、「ひとのしわざのなさけなのよ」になったたとえとして、エリの仕掛けが複雑であることをとりあげており、エリ型漁具がより捕獲効率の高い形に複雑化したことが当時の共通認識となっていたと判断するからである。

第三節　奥嶋におけるエリ漁業権をめぐる紛争

（1）奥嶋の位置と支配構造

図3は一八九〇年代に作成された地図で、琵琶湖東部の一部分を抜き出したものである。中央部にあるのが現在は干拓された内湖、大中の湖で、近世には中之湖と呼ばれていた。その西側に本論がとりあげる奥嶋がある。この時点では陸続きのようにもみえるが、かつては文字どおり一つの島であったと考えられる。

奥嶋のほぼ中心部に大嶋神社・奥津嶋神社という神社がある。もともとは二つの神社であったが、現在では二つで一つの神社になっている。この神社には一三世紀以来の古文書が伝えられており、重要文化財に指定されている。この古文書群は、神社が保管してきたものではあるが、その内容から、周辺の村落の共有の文書であると評価できる。

奥嶋は、これから分析する一三世紀には比叡山延暦寺関係者の荘園となっており、在地には下司が置かれていた。一二世紀後半頃、ちょうどこれからとりあげる紛争が起こったときの下司の父親の世代、本佐々木氏が新たに奥嶋に進出し、下司に任命されたと考えられる。そしてこの新たに進出してきた下司と百姓等とのあいだに、エリの漁業権をめぐって紛争が巻き起こるのである。

（2）仁治二年（一二四一）の下文

【史料1】（図4）

下　　奥嶋御庄沙汰人百姓等□（所）

仰下　　二箇条

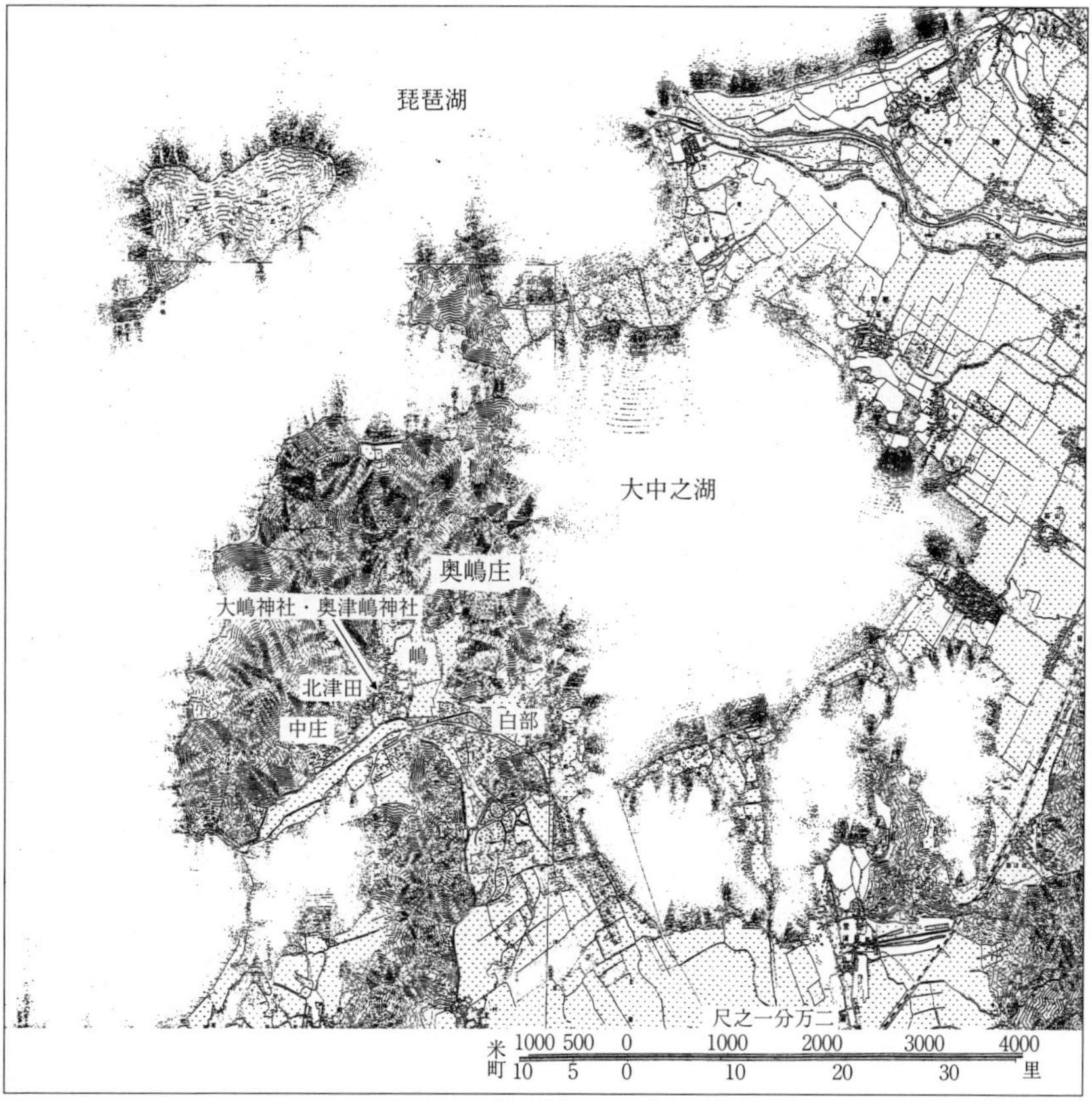

図3　19世紀の奥嶋周辺地形図

図４　仁治２年（1241）の下文（大嶋神社・奥津嶋神社所蔵）

一、当御庄内新江利間事
右、件江利、百姓等者、当下司之時、始令レ□ニ□新儀江利一之間、已断ニ漁網一節□由、訴ニ申之一、下司者、自ニ親父沙弥浄蓮之時一、□□之旨申レ之、仍両方申状参差之故、暗依被□、去八月廿三日被ニ召決一之日、為ニ新江利一之□分ニ明于彼下司之申詞記一也、御領荒蕪之基、土民衰弊之源、尤由レ斯、於ニ自今以後一者、当御領内限□□（限北白部鼻）(10)、任ニ先例一停ニ止新江利之結構一、可レ成ニ土民安堵之思一者、□（後略）

これは、仁治二年九月、預所某が奥嶋庄の百姓等に対して下した下文である。それによれば、百姓等は二項目について下司を訴えている。そのうちの一つが下司の設置したエリについてのものであった。百姓等はそのエリは下司が設置した新規のものであると主張した。それに対し、下司は自分の父親の時から設置されているものであると反論する。そして、法廷で審理した結果、現在の下司が立てた新規のエリであることが判明し、エリの停止が命ぜられた。

このエリの場所については明示されていないが、新規のエリの設置が禁止された範囲の北限が「白部鼻」つまり、白部の地先の突端とあるので、大中の湖の南西部にあったことは確実である。

ここで、二つの点に注目しておく必要がある。一つは、百姓等が、新規のエリが設置されたので、網による漁撈活動を停止した（「始令レ□ニ□新儀江利一之間、已断ニ漁網一」）と主張していることである。そして、もう一つは、下司が、一三世紀になって新規にエリを設置したという事実である。これらについては最後に考察したい。

（3）永仁六年（一二九八）の御教書と起請文

【史料2】（図5）

（端裏書）
「□教書　永仁六年」

大嶋社供祭事、料所破損間、及二神供之退転一之上者、土民等私江利如二先年一可レ被二停止一之由、彼社訴申之間、被レ下二知其旨一之処、供祭欠如、被レ止二私江利一者、速可レ差二出供祭之江利一之由、社家幷村々成二評定一、差二置所々一之処、中庄沙汰人等無レ故切二捨彼江利一之間、既為二神敵一可レ被レ行二罪科一之由、社家頻訴申候間、被レ召二決両方一之処、切二江利一之条、承伏（後欠）[11]

これは、永仁六年の御教書である。後欠で裁許者の名前も、発給の日付もわからないが、端裏書から永仁六年のものであることがわかる。

この史料2には以下のように書かれている。大嶋神社の供祭の「料所」が損なわれ、神供を捧げることができなくなった。そこで、神主が訴え、先年のごとく「土民等私江利」を撤去することが認められた。そこで、神主と北津田と奥嶋（以下、大字の奥嶋、現在の島町については「嶋」と表記する）の二つの村落とが協議して「私江利」を撤去し、そのかわりに、供祭の費用を拠出するためのエリを所々に設置した。ところが、隣村の中之庄（図3参照）の沙汰人等がそのエリを破壊した。そ

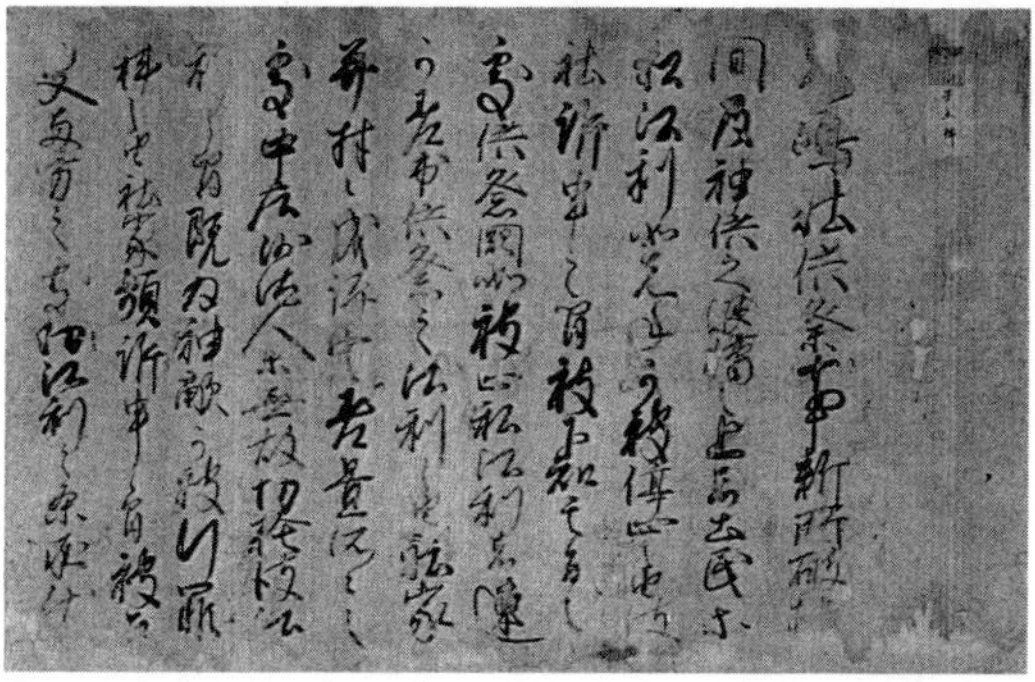

図5　永仁6年（1298）の御教書（大嶋神社・奥津嶋神社所蔵）

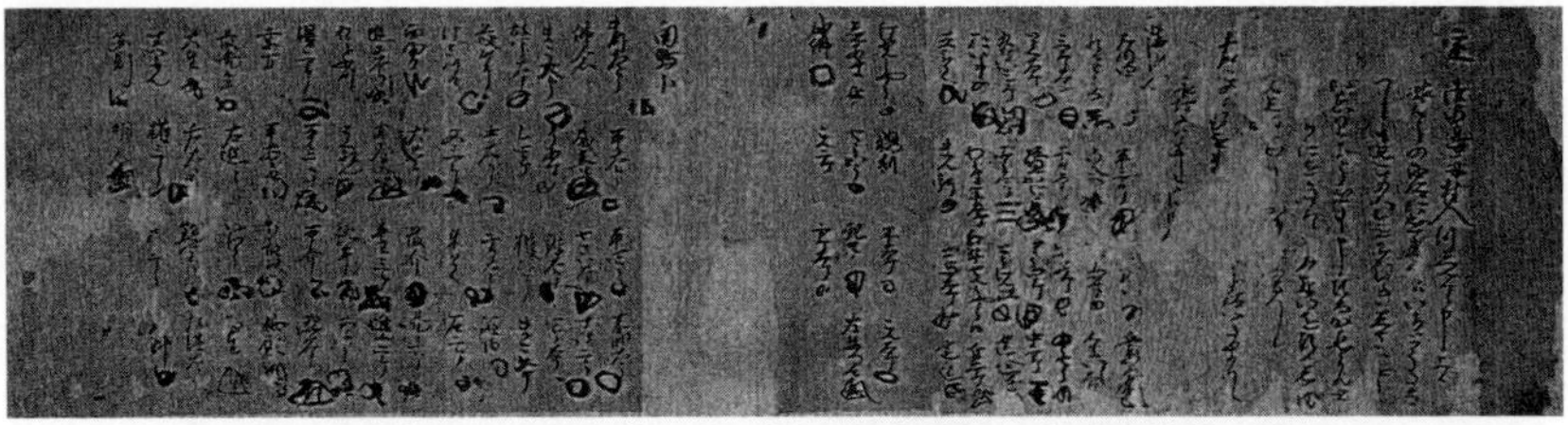

図6　永仁6年（1298）の起請文（大嶋神社・奥津嶋神社所蔵）

こで、神主が訴えて、法廷で審理が行われ、中之庄側はエリを破壊したことを認めた。

以上の内容は、勝訴したと推測される大嶋神社と北津田・嶋側の主張によって構成された一方的なものである。しかしながら以下の点は確実な事実である。「土民等私江利」を撤去することがいずれかの領主権力によって認められたこと。また、中之庄の沙汰人等が大嶋神社のエリを破壊するという暴力的な行為をとったこと。これは中之庄側も法廷で認めたことであり、確実な事実である。

実は、この時の裁判に関係して、次の起請文が残されている。

【史料3】（図6）

「《端裏書》□もん」

定　津田・嶋両村人つしん《謹》て申上候、

社とう《頭》の沙汰にをきてハ、いちとう《一同》たるへし、もしこのむ《ね脱》をそむき、しさいを□《申》、かゑりちゅう《返忠》をも申したるか、ゐらん《違乱》ともからにをきてハ、庄ないをひんしゅ《擯出》□るへく候、□沙汰いたすへく候、

右このむ《ね脱》をま□

永仁六年六月□

北津田□

はつ四□《郎》（略押）　平三郎（略押）　□（略押）　兵衛允（花押）

（中略）

奥嶋分

衛門太郎（略押）　平大郎（略押）　平四郎（略押）　薬師大郎（略押）
（後略）[12]

これは、史料2・図5の御教書と同じ永仁六年の六月に作成されたものである。現在では三紙がバラバラに保管されているが、図6はそれを本来の姿に合成している。これとは別に、同年六月四日付の大嶋神社と奥津嶋神社の神主と「村人等」とのあいだの起請文も残されており[13]、史料3・図6が、中之庄が神社のエリを破壊したことに関する裁判のための起請文であることは確実である。

この起請文には、以下のことが書いてある。中之庄との裁判は団結して行う。これにしたがわず、異議をとなえたり、敵方への裏切り行為（返忠）をしたりして統一を乱すものは、村落から追放する。

ここで、次の三つに注目しておきたい。一つは、訴訟に対する批判や返忠をことさら恐れている点である。そしてもう一つは、起請文の最後に、北津田の住人三九名と嶋の住人五八名の名前が書き上げられ、それぞれが名前の下に略押を据えていることである。大嶋神社・奥津嶋神社には、日本列島最古のものとされる弘長二年（一二六二）の村掟が残されているが、それには村落の代表者（オトナ）と推測されている一五人が連署したのみであった[14]。それに対して、今回署名した彼らすべてがオトナではなかったことは確実で、オトナを除く二つのムラの構成員（女性や子供は除く）すべての名前が書き上げられていると考えるのが自然である[15]。

最後の一つは、人名は書いてあるのに略押がないケースが見受けられることである。このようなケースは、北津田で二件、奥嶋では一二件も確認できる。比率でいえば、北津田では五パーセント、嶋では二〇パーセントの住人が、何らかの事情で起請文に署名をしなかったことになる。

たい。

第四節　ディスカッション

以上の明らかにした事実を踏まえて、最初に、裁判で争われたエリが、どのようなエリであったのかを議論したい。

仁治二年（一二四一）の下文に記載されたエリは、大中の湖という内湖に設置されたものであった。この紛争では、百姓等が網による漁撈を停止するという行動をとっている。これは、百姓等の漁撈への影響はなかったが、非法行為であるので抗議して漁撈を停止したと考えられるであろうか。そうではなく、百姓等の漁撈に相当の影響を与えたか、与えることが予想されたからこそ、このような行動をしなければならなかったのであり、下司による新規のエリは、実質的に百姓等の網による漁撈を妨害するものであったと考えた方がより蓋然性が高い。

では、百姓等の網による漁撈を妨害してしまうようなエリとはどんなエリであろうか。百姓等の網による漁撈の実態はまったく不明であるので断定したことはいえない。しかし、先に述べたように「simple type のエリ」であれば、網による漁撈に対してそれほど影響を与えるとは考えにくい。「involuted type のエリ」が回遊する魚の通り道をふさぐようなポイントに設置されたからこそ、恒常的な網による漁撈を基盤とした百姓等の生活を脅かし、あえて網による漁撈を停止して、下司に対して訴訟をおこしたと考えるべきであろう。

次に、永仁六年（一二九八）の御教書に記載されたエリについては、「土民等」のエリについても、大嶋神社のエリについても、どこに設置されたものかはまったくわからない。そこで、中之庄の沙汰人等が大嶋神社のエリを破壊するという暴力的手段に訴え出た理由から考えてみたい。

一三世紀の中之庄の生業についてはまったく実態がわからないが、耕地が乏しいという中之庄の集落の立地からして、周辺での漁撈こそが中之庄というムラの存立にとって大きなウエイトを占めていたことは認めてよいだろう。したがって、この紛争は、大嶋神社や北津田・嶋側のエリが中之庄の領域のなかに設置されたことを契機とする単なる境界紛争であった可能性もないわけではないが[16]、中庄沙汰人等の漁撈との関係で発生した紛争とみるのがより自然であろう。

その中庄沙汰人等の漁撈にとって、北津田や嶋の住人らのエリは従来から阻害要因であった可能性もある。しかし、それまで北津田や嶋の住人らと中之庄との紛争は発生しておらず、エリは中之庄の漁撈と共存していた。それに対し、大嶋神社や北津田・嶋側が新たに設置したエリは中庄沙汰人等の漁撈を決定的に阻害したか、阻害することが予想されたのである。中之庄の沙汰人等の漁撈にとって、このエリがいかに阻害要因であったかは、約四〇年後の康永元年（一三四二）二月にも中之庄の住人らが再び同じエリを破壊するという事件が発生している事実からも裏づけられる[17]。とすれば、大嶋神社や北津田・嶋側が設置したエリは、従来と同じエリを同じ場所に設置し直したものではなく、まったく新たなエリであったとみるべきである。

ここで、史料3・図6の起請文は、オトナ以外、恐らくすべての住人らに返忠などをしないことを誓わせ、署判させているという点でそれまでにない特異なものであったことに注目したい。この史料から、村落住人らが結束を強めていたと評価することもできる[18]。しかし、むしろそうではなかったからこそ、こうした起請が必要とされたと考えるべきである。では、なぜこれほど返忠を恐れなければならなかったのであろうか。彼らの訴訟での主張のなかに何らかのトリックがあったとみるのが自然ではないだろうか。

では主張のどこにトリックがあったのか。領主権力が住人らの個別のエリの撤去を命じたということは、当然、神社のエリを同じ場所に置くことを前提にしている。ここにトリックがあったのではないか。つまり、大嶋神社側が設置したエリは実は、領主権力が禁止していた新規の、それまでとは異なるタイプのエリであったのではないか。そのことが外部に漏れることを恐れて、起請文に連署させたのではなかろうか。

以上の点から、それまでの北津田や嶋の住人らのエリと大嶋神社や北津田・嶋側が新たに設置したエリとのあいだには本質的変化があったと考えたい。それはいかなる変化であったのか。ただ単に「simple type のエリ」の位置が移動したり、規模が拡大したりしただけで中之庄との紛争が生まれるであろうか。中庄沙汰人等の漁撈を決定的に阻害するためには、少なくとも回遊する魚の通り道をふさぐようなポイントに設置され、一時的にではなく恒常的に機能するものである必要がある。とすればそれは、「simple type のエリ」とは決定的に異なるエリ、すなわち「involuted type のエリ」であったとしか考えられない。

以上が認められれば、この変化は、「simple type のエリ」から「involuted type のエリ」への変化と考えるか、「involuted type のエリ」がより中之庄の漁撈を阻害する位置へ移動したか、より阻害する規模に変化したか、それらのいずれかであろう。

ここで、再び史料3・図6の起請文に注目したい。弘長二年のときはオトナだけの署判であったのに対し、今回はなぜオトナ以外の村落構成員、女性や子供を除くにせよ、すべての構成員に署判させる必要があったのであろうか。エリの問題とは直接関係はしないが、氏神である大嶋神社の案件であるので全員に署判させたのであろうか。そうではなく、すべての村落構成員に署判させたのは、ほとんどすべての村落構成員がこのエリの停止と設置によって影響を受けるからと考えるべきではないだろうか。その影響とは、村落構成員による網による漁撈への影響とエリによる漁撈への影響とがさしあたり考えられるが、エリによる漁撈への影響と考えれば、「土民等私江利」とは、「simple type のエリ」と考えるのが自然であろう。権利を失う人々が多く発生していたからこそ、中之庄との裁判に対する批判や返忠をこれほどまでに恐れたと考えるべきではないだろうか。

以上をまとめると、「土民等」が個々に設置していたのは「simple type のエリ」であり、これを停止して新たに設置されたのが「involuted type のエリ」であったと考えるのがもっとも蓋然性が高いと考える。

次に、一三世紀に「involuted type のエリ」が導入された理由について議論したい。

図7は、琵琶湖周辺で土錘が出土した遺跡数を時代ごとに表示したものである。[19] 遺跡数のピークは一三世紀にある。これはあくまで発掘した遺跡によるデータにすぎず、琵琶湖の水位の変動の問題もあり、一三世紀以降の遺跡が発掘されていないためにピークができただけである可能性も高い。しかし、一三世紀における琵琶湖での網による漁撈の隆盛だけは認めてもよいだろう。

ここで、一三世紀において関連して想起される事実は、琵琶湖南部の粟津供御人等が、京都に仮店舗四軒を構え、琵琶湖産の魚介類を直接販売しはじめたのが一三世紀であることである。[20] 彼らは特権を与えられ、次第に京都の流通全般に大きな影響力をもつようになる。[21] このことは琵琶湖周辺の漁撈にも大きなインパクトを与えたと考えるべきであろう。一三世紀における琵琶湖での網による漁撈の隆盛は、背後に京都における商品としての淡水魚の需要の拡大を想定しなければ説明できない現象ではないだろうか。

下司や、北津田と嶋のムラが、新規に「involuted type のエリ」を設置したのも、まさにこの一三世紀であった。奥嶋のエリで捕れた魚がどのように消費されたのかはまったくわからない。しかし、設置の理由が「料所破損」のためといわれていることからもわかるように、捕獲された淡水魚は、単に自己消費されただけでなく商品として周辺の市場《いちば》に送られ、貨幣に交換されたことは間違いない。生鮮なまま市場に送られたか、塩による保存処理が施されたりしていたのか、フナズシなどのように保存加工されたのか、まったく明らかにできないが、いずれにせよ、市場《しじょう》での貨幣との交換こそ、ほぼ年間を通

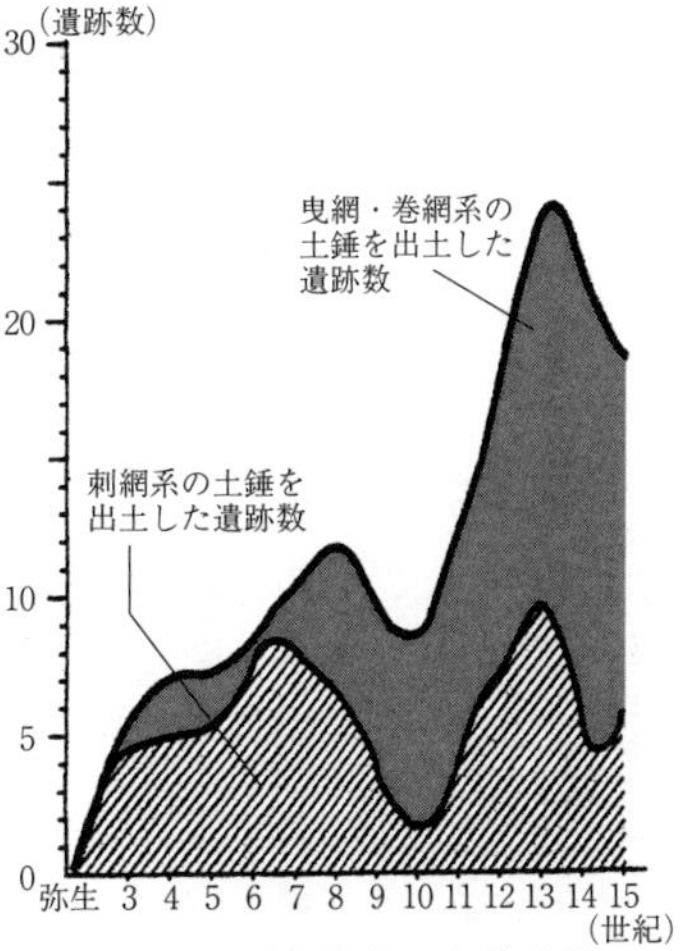

図7　土錘が出土した遺跡数

じて安定的に漁獲でき、より捕獲効率の高く、したがって、商品生産能力の高い漁法として「involuted type のエリ」が着目された理由と考える。

以上の仮説を踏まえて、最後に、村落の役割について議論したい。

図7は、刺網タイプの土錘を出土した遺跡数と曳網タイプの土錘を出土した遺跡数との比率の変化をも表示している。一三世紀の琵琶湖では両方のタイプの網による漁撈が並行して行われていたことがわかる。恐らく、両方のタイプの網による漁撈や「simple type のエリ」による漁撈を含め、さまざまな漁法による漁撈が、村落構成員を含むさまざまな担い手により、すでに秩序づけられていたはずである。明らかにすることはできないが、この時点ですでに、一定度複雑な権利関係が設定されていたとみるべきであろう。こうした多様な湖辺での生業が村落構成員の生活を支えていたはずである。

とすれば、「involuted type のエリ」は、そうしたそれまで行われていた漁撈の秩序のなかに強引に割り込む形でしか設定することができないものであった。「involuted type のエリ」はそれでもあえて設置させるほど生産効率の高いものであり、大嶋神社神主と北津田、嶋の両村落のオトナは、共同して、村落全体の再生産を維持、拡大することを目指したと評価できよう。

しかし、そのためには、隣の村落が行っている漁撈や、同じ村落の成員が個別に設置していた「simple type のエリ」などによる漁撈活動の秩序を破壊し、「involuted type のエリ」を加える形で、新たなる秩序を構築しなければならない。そのために必要だったのが史料3・図6の起請文であった。つまり、従来の秩序を破壊し、新たにより効率的で生産性の高い漁法を加えた秩序が再構築されようとするとき、複雑で緻密な利害を調整し、新たな秩序を構築する何らかの装置が必要となる。その装置として期待されたのがより強固なムラであったのではないだろうか。

複雑な利害を調整することは容易なことではない。史料3・図6の起請文で北津田では約五パーセント、嶋では約二〇パーセントもの住人が、何らかの事情で署判をしなかったことがそのことを端的に表している。しかし、権利関係が複雑であればあるほど、より密度の濃い調整が必要であり、結果としてより強固な村落が必要とされる。権利関係が特定の個人ではなく、村落を中心とする方向性で組織された理由は、権利関係の複雑さ、それはすなわち生業の高度さによるのではないだろうか。

（1）水産庁漁政部漁業調整第二課『内水面漁業資料第一七輯　滋賀県漁具譜』（水産庁漁政部漁業調整第二課、一九五一年）。

（2）KADA,Y. "The Evolution of Joint Fisheries Rights and Village Community Structure on Lake Biwa, Japan", *Senri Ethnological Studies 17 Mari-time Institutions in the Western Pacific*, pp. 137-158, 1984.

（3）網野善彦『網野善彦著作集　第七巻　日本中世の非農業民と天皇』（岩波書店、二〇〇八年、初出は一九八四年）。

（4）春田直紀「漁場と漁村」（『日本中世史研究事典』東京堂出版、一九九五年）。

（5）大山喬平『日本中世農村史の研究』（岩波書店、一九七八年）など。

（6）滋賀県内務部『滋賀県漁具の説明と漁業手続』（滋賀県内務部、一九三四年）、水産庁漁政部漁業調整第二課『内水面漁業資料第一七輯　滋賀県漁具譜』（前掲註1）、『日本国語大辞典　第二版』などを参考にしてまとめた。

（7）橋本鉄男「石田衆のリョウバ――高島郡今津町浜分――」（『琵琶湖の民俗誌』文化出版局、一九八四年、初出は一九八一年）。

（8）この点については安室知の研究を参考にまとめた。安室知「エリをめぐる民俗①――琵琶湖のエリ――《前編》」（『横須賀市博物館研究報告（人文科学）』三四、一九八九年）、同「エリをめぐる民俗①――琵琶湖のエリ――《後編》」（『横須賀市博物館研究報告（人文科学）』三五、一九九〇年）、同「エリをめぐる民俗②――涸沼のスマキ――」（『横須賀市博物館研究報告（人文科学）』三六、一九九一年）、同「エリをめぐる民俗③――木崎沼のガンゴジ――《前編》」（『横須賀市博物館研究報告（人文科学）』三八、一九九三年）、同「エリをめぐる民俗③――木崎湖のガンゴジ――《後編》」（『横須賀市博物館研究報告（人文科学）』三九、一九九四年）。なお、「involuted type のエリ」という用語は、琵琶湖博物館のマーク・J・グライガー氏のご助言により考案した。
（9）安室知「エリをめぐる民俗①――琵琶湖のエリ――《前編》」（前掲註8）。
（10）仁治二年（一二四一）九月日、奥嶋庄預所法眼某下文（『大嶋神社・奥津嶋神社文書』一、滋賀大学経済学部附属史料館、一九八六年）。以下『大』一のように略す。
（11）永仁六年（一二九八）、某御教書（『大』一八）。
（12）永仁六年六月日、津田・嶋両村人連署起請文（『大』一六）。
（13）永仁六年（一二九八）六月四日、両社神官村人等起請文（『大』一五）。
（14）弘長二年（一二六二）一〇月一一日、錦吉弘等連署庄隠規文（『大』二）。
（15）高牧實「中世の宮座と﨟次階梯」（『宮座と村落の史的研究』吉川弘文館、一九八六年、初出は一九八〇年）。
（16）畑井弘「山野湖水の用益と村落共同体」（『守護領国制の研究』吉川弘文館、一九七五年）。
（17）康永元年（一三四二）二月末日、両庄村人等衆議置文（『大』二九）。
（18）田端泰子「中世後期における領主支配と村落構成――惣庄・惣郷の機能と役割――」（『中世村落の構造と領主制』法政大学出版局、一九八六年、初出は一九七八年）。
（19）大沼芳幸「人はそれでもタンパク質を欲した――土錘出土量から見た近江における網漁の展開、特に中世――」（『紀要』五、滋賀県文化財保護協会、一九九一年）、同「魚にみる古代人の食文化」（『湖の国の歴史を読む』新人物往来社、一九九二年）。
（20）網野善彦『日本中世の非農業民と天皇』（前掲註3）。
（21）今谷明『戦国時代の貴族――『言継卿記』が描く京都――』（講談社、二〇〇二年、初出は一九八〇年）。

〔付記〕
本章は、一九九七年六月二四日に、「中世琵琶湖におけるエリの漁業権をめぐる社会関係とその変化」と題して、琵琶湖博物館で開催された「世界古代湖会議――古代湖における生物と文化の多様性――」において報告した内容を改稿したものである。英文で公表したものであり、論証が不十分で、未熟な論考ではあるが、本書の主張の原型があるため、英文の論旨をそこなわないように、日本語原稿をそのまま掲載した。当時の琵琶湖博物館長川那部浩哉氏より、明らかになった事実とそこから推測されることとをきちんと区別して議論することなど、徹底的にご指導をいただいた。また、写真の掲載については、大嶋神社・奥津嶋神社宮司深井武臣氏のご高配を得た。

なお、奥嶋庄の荘園領主は、若林陵一「近江国奥嶋荘の荘園領主と在地社会」（『六軒丁中世史研究』八、二〇〇一年）が解明している。また、エリの展開に関しては、春田直紀「文献史学からの環境史」（『新しい歴史学のために』二五九、二〇〇五年）、佐野静代「近世・近代史料による琵琶湖のエリ発達史の再検討」（『国立歴史民俗博物館研究報告』一六二、二〇一一年）が本論を批判している。さらに、琵琶湖における漁業権の歴史的展開については、佐野静代「内水面「総有」漁業の近世と近現代——琵琶湖の「村エリ」をめぐって——」（『環境の日本史五　自然利用と破壊——近現代と民俗——』吉川弘文館、二〇一三年）を参照されたい。

第二章　中世における琵琶湖漁撈の実態とその歴史的意義

――「湖辺」の漁撈を中心に――

第一節　中世琵琶湖「漁業史」研究の到達点と限界

コイ科魚類と人間との関係を歴史的にとらえようとするとき、その接点としてとりあげる必要があるのはまずは漁撈を通した関わりであろう。琵琶湖漁撈の歴史学的研究は、「漁業史」研究として、三つの資料集の刊行と並行して進められてきた。戦前、渋沢敬三によって主宰されたアチック・ミューゼアム（日本常民文化研究所）が刊行した『近江国野洲川簗漁業史資料』と『江州堅田漁業史料』(1)、戦後、水産庁・日本常民文化研究所・滋賀県・滋賀県漁業協同組合連合会が共同出版した『滋賀県漁業史　上（資料）』(2)である。そして、喜多村俊夫、羽原又吉、伊賀敏郎による包括的な仕事によって、その概要はほぼ明らかにされたといってよい(3)。そのなかで、とくに研究上の焦点となってきたのは、中世から近世にかけて、「いずれの浦にても、往古より恙なく猟漁」（湖のどこでも漁撈ができる）という特権を保ち、「諸浦の親郷」（浦々の親分）と呼ばれた堅田（現大津市）の漁撈であるが、これについても新行紀一によってその特権の実態と獲得過程が明らかにされている(4)。

このような先行研究を踏まえつつ、『近江国野洲川簗漁業史資料』および『江州堅田漁業史料』が『日本常民生活資料叢書』に収録されたさいの「解説」を執筆し(5)、菅浦（現長浜市）の歴史を叙述していた網野善彦は(6)、琵琶湖総合開発事業をうけて一九七八年から五年間実施された琵琶湖総合開発地域民俗文化財特別調査（以下「特別調査」とする）の報告書に菅浦、堅田、船木北浜（現高島市）、筑摩御厨と磯村（現米原市）の歴史的変遷を分担執筆し、[7]その成果にもとづいて堅田と舟木北浜についての専論を発表する。[8]網野の最大の成果は、ともすれば堅田の特権的「漁業」を所与の前提に描いてきた従来の琵琶湖「漁業史」に再考を迫り、漁撈の展開過程をそれぞれの地域で古代から近世まで、可能な範囲詳細に、実証的に明らかにしたうえで、自由な漁撈を特権として認められていた集団（以下「特権的漁撈集団」とする）が全体としては競合していたととらえた点にあると考える。

では、網野のこれらの研究によって、中世琵琶湖における漁撈の実態やその歴史的意義は明らかになったといえるであろうか。

琵琶湖総合開発によって湖岸地帯では多数の発掘調査が実施され、考古学的な研究をうながすこととなったが、[9]それらの成果のなかで、本論では、時代ごとの土錘出土遺跡数の変化を比較し、そのピークが一三世紀にあることを明らかにした大沼芳幸の一連の論考に注目したい[10]（第一章図7）。この数値は遺跡の発掘条件に左右されるため、あくまでも一つの目安でしかないが、中世には曳網と刺網による漁撈活動が広範な地域で活発に展開していたことを示す数値であることは疑いない。

また、特別調査に加えて、環境の激変などにより琵琶湖総合開発再評価の機運が高まるなかで一九八二年に創立された琵琶湖研究所の研究プロジェクトなどから、多様な漁具、漁法による日常的な漁撈が人々の暮らしにとって重要な位置を占めており、琵琶湖の「湖辺」（生態学的にはエコトーンと呼ばれる陸域と水域との推移帯）に暮らす人々は漁撈を含めた生業を複合的に組み合わせて暮らしを成り立たせていたことが次第に明らかになってきた。[11]

ところが網野は、「中世以来の特権を多少とも保持する浦々」に対して、「中世以来の漁猟の伝統を持たぬ村々」

による地先での漁猟が発展するのは一九世紀であるとする。(12) そして、この理解を踏まえて網野は、「土地の延長として水面をとらえようとする荘園側あるいは領主、平民百姓の論理と、河海そのものの独自なあり方のうえに立った自由な漁撈を特権として主張する海民的な供祭人の論理――土地の論理と河海の論理との対立」(13)を強調し、農業以外の多様な生業にたずさわる集団（非農業民）に着眼した独自の日本社会論を展開していくのである。(14)

第二節　「湖辺」の中世村落と漁撈

このように、琵琶湖総合開発の進行にともなって諸分野の研究が飛躍的に進展していくなかで、残存記録資料の分析に偏り、魚の生態や生息環境とそれに応じた漁獲技術までもとらえる視点をもたなかった歴史学は、網野でさえも「漁業史」研究の延長線上にとどまり、考古学、民俗学、社会学と視野を共有する歴史像を描くまでにはいたらなかった。実は網野は、「音羽荘民――必ずしも特権的海民とは思われぬ近隣の荘民が、その網地を保持していた点も、見逃してはなるまい」と述べ、「一般の荘民による引網―漁撈」への注意をうながし、(15) また、安曇川御厨の船木供祭人と争った日吉社領比叡庄（現高島市）の庄民吉直の安曇川での漁撈もとりあげているのである。(16) ところが網野は、彼らを「平民的海民」と位置づけ、しかも、特権が認められた「職人的海民」との紛争における完全なる敗者として描いてしまった。(17) また網野を批判する保立道久(18)も、近江国愛智庄（現彦根市か）の「浜際荒廃」の用益を示す「於二草苅萱菰魚捕之条一者、互不レ可二制止一」という史料をとりあげながら、これも「海民の共同体」の入浜権の一つと位置づけている。(19)

しかし、ここに登場した音羽庄（現高島市）民、比叡庄民、愛智庄民らを果たして「海民」と位置づけることができるのであろうか。琵琶湖でも「海人」(20)や「網人等」(21)として史料上に登場する集団が確認され、網野の指摘するとおり、河海（湖）との関わり方がほかの集団とは異質な「海民」集団が存在していたことは疑いない。しかしその一方で、中世前期における社会的分業は未熟であり、「農業民とふつう考えられてきた人々の場合にしても、（中略）決して水田や定畠の耕作のみにたずさわっていたわけでなく、さまざまな非農業的、非水田的な生業に従事していた」ことは網野自身が指摘していることである。[22]さらにいえば、社会的分業が成熟したとされる中世後期には「農業民」は漁撈にはたずさわらなかったのであろうか。

先に挙げた愛智庄の史料は、庄が二つに分割されたさいに「浜際荒廃」が除かれた下庄の庄民が「草苅菅菰魚捕」を行うことを認めたとりきめである。とすれば、これは、「浜際荒廃」と認定された空間（恐らくは「湖辺」の水草帯）においては、庄域内の用益の一環として入会的な漁撈が、一般の庄民によって日常的に行われていたことを示す史料と解するべきであろう。

ところで、愛智庄よりやや南方に位置している豊浦庄（現近江八幡市）は、庄域の北限が当時「内海」と呼ばれた内湖に接していたが、「年ノ損否ハ、海ノ水ノ引様ニ依テ申入之、其分済ハ水キワニ在レ之、無二其隠一事也」と指摘されている。[23]つまり、豊浦庄域内の一部の水田は内湖の際にあって、税額は湖の水の引きぐあい、水位によって毎年変更されていたのである。このように、「湖辺」のある標高の範囲内の土地は、気候条件などに規定されたその年々の水位によって、水稲耕作が行える状態となったり、湛水して稲や稗さえも水腐する状態になったりすることが常態であったのである。[24]このような庄域内でありながら安定的に耕作が行えない「浜際荒廃」では、耕作が行えない年の生産の比重は、漁撈に移ることになったのではなかろうか。

特権的漁撈集団以外の漁撈についてはほかにも、豊浦庄西方に位置し、同じく内湖に接する奥嶋庄（現近江八幡市）で、網漁や「土民等私江利」[25]といわれた、恐らくは入会的な空間でのエリ漁が確認できる。[26]また、第一章図7が示す一三世紀をピークとする土錘出土遺跡の飛躍的増大についても、たとえば特権的漁撈集団の居住集落とは想定できない横江遺跡（現守山市）からも土錘が出土するなど、個別の遺跡にそくした慎重な検討が必要ではあるが、特権的漁撈集団以外による網漁の拡大を反映している可能性がある。日本中世史研究全体を見渡しても、特権が認められていない集団による漁撈については、保立が「供祭所の特権や殺生禁断の強制を乗越えようとする住人集団の地域的動き」を指摘し[27]、原田信男が「特定の種類の魚を別とすれば、村落レベルでも河川や湖沼において、盛んに淡水魚の捕獲が行われていた」と述べている程度で[28]、その実態はほとんど明らかにされていないが、水域と陸域とが年によって推移する「浜際荒廃」のような環境では、そうした環境を逆手にとって、農耕に支障があるときは漁撈などに比重を移し、条件が変化すれば農耕へと重点を戻すといった柔軟な生業形態であったと考えた方が理解しやすい。したがって、網野の「中世以来の漁猟の伝統を持たぬ村々」という理解はそもそも成り立たず、漁撈は「湖辺」の中世村落の生業にはじめから組み込まれていたと考えるべきであろう。

第三節　漁撈の変質とその歴史的意義

ところで、これまで概説的な紹介にとどまることが多かった琵琶湖の漁具・漁法についての研究のなかでは、エリ漁は比較的研究が蓄積されており、特別調査でも各地の事例が紹介されているが、その研究水準を飛躍的に上昇させたのは安室知である[29]。琵琶湖の風物詩といってもよいエリは、定置漁具の一つで、河川、湖沼などの魚の通路に、竹などで編んだ簀を渦巻き型や迷路型などに立て回し、魚を自然に囲いのなかに誘導して、最後の囲い（ツボと呼ばれる陥穽装置）に集まったところを手網ですくいとる仕掛けである（第一章図1）。安室は、エリを立てるエリ師の技術やその基礎となる自然認識に注目することによって魚の生態や生息環境と漁獲原理との相関を明らかにし、さらには、労働力編成や資本投下のあり方から社会的、経済的条件にまで踏み込んでエリの特質を分析することに成功した。とくに本論では、同じくエリと呼ばれる漁具でも、水草帯に仕掛けて産卵期に遡上する魚を捕獲する小型で単純なもの（本書でいう「simple type のエリ」）と、沖に簀を張り出して、遡上する魚ばかりでなく回遊する魚をも捕獲できる大型化・複雑化したもの（「involuted type のエリ」）とでは漁獲原理が異なることを明確に指摘した点にもっとも注目したい。

その歴史的展開の具体的過程については、三～七世紀に高句麗から若狭経由で渡来した農耕民が伝えたとする見解もあるが(30)、その見解を支持するにたる根拠が提出されていると認めることはできず、また、安室が批判するように、漁獲原理が異なる小型で単純なエリと大型化・複雑化したエリとを区別しない議論をそのまま受け入れることはできない(31)。それに対して論者は、現時点では考古資料がわずかに二例と限られているためその起源や具体的な展開過程を明らかにすることはできないものの、「simple type のエリ」から商品経済にも対応できる「involuted type のエリ」への技術的発展の画期が一三世紀に想定できると主張している(32)。これは、「村々評定」により「土民等私江利」を否定して設置された「供祭之江利」が、周辺の諸集団と紛争を新たに巻き起こしていることなどから想定したのであるが(33)、さらに、同じく一三世紀に、「簀」を張りめぐらせたり、新たに「江」を掘って魚道を人為的にコントロールすることをめぐる紛争が確認でき(34)、用益の一環として入会的な漁撈が行われていた環境へ、一三世紀を画期として、漁獲原理の異なる技術が導入され、場合によっては環境を改変してまで排他的な漁業権が設定されていったことは疑いない。つまり、水域と陸域とが推移する環境を逆手にとった複数の生業を組み合わせる柔軟な構造を基盤にしつつ、商品経済にも対応できる形でそれらの生業を集団的に再編成したのである。このことが、現在の集落（大字）にまでつながる小さな地縁的集団、ムラの分立をうながし、その自立を支えたのではなかろうか。

むすびにかえて――消費の実態解明から――

以上、本論では「湖辺」における漁撈に着目し、一三世紀を画期とする漁獲原理の異なる漁法の導入という漁撈の変質を指摘した。では、この変質は、一万年以上の長期にわたるコイ科魚類と人間との関わりのなかにおいては、どのような意味をもつのであろうか。この問題を解くためには、漁獲されたコイ科魚類がどのように消費されたのかを解明することが有効であると考える。

「やがてわれわれの関心は消費の問題にも向けられてゆくことだろう」という桜井英治の指摘が端的に示しているように[35]、かつて生産構造の分析に著しく偏っていた日本中世史研究は、いまや流通から消費動向の解明に向かいつつある。[36] 琵琶湖の淡水魚の消費についてもすでに大沼が、一〇世紀の『延喜式』や一五世紀以降の料理書、さらには貴族（都市領主）の一六世紀の日記の比較検討から、人々の嗜好がアユとサケから、淡水魚、とくにコイ、そして海産魚へと時代とともに移り変わっているという重要な指摘を行い、これが近江における土錘出土遺跡数増加という考古学的な事象を生んだと述べている。[37]

ただし、「川と湖からとれる各種のきわめて上等で新鮮な魚[38]」が京都に豊富に集積されていたとされるように、淡水魚介類の需要は一七世紀初頭においても高いものがあったと考えられる。そして、中世では「近江の鮒、淀の鯉」と称されたように[39]、首都京都に流通し、消費された淡水魚介類のかなりの部分は、とくに一三世紀に琵琶湖南部の粟津橋本供御人が京都市場へ直接進出して以降[40]、琵琶湖産のもので占められていたのではなかろうか。

一方、村落レベルの食生活については、中世後期には二食制から三食制へと進み、肉食禁忌の浸透のなかで、米と魚と野菜という食生活のパターンが徐々に定着したと考えられているが[41]、都市や地域の領主層の食生活に比して、史料的な制約から復元することはさらに困難である。ただし、一三世紀には村落の神事に「鮨切魚」が用いられていたことが確認できるように[42]、神事や祭礼の分析にその可能性を残している。いずれにせよ、大沼の分析はまったく性格の異なる史料に登場する魚名のみの比較にとどまっているが、今後は、いつ（とくにどの季節に）、どのような場で（都市か村落か、日常か儀礼か）、だれが（どの階層が）、どのように（贈答か売買か）、どのような魚類（種類だけでなく、とくに加工の方法）と関わっているのか、その内容にまで踏み込んで比較検討がなされなければならないだろう。このようにしてコイ科魚類の消費の実態とその変化を明らかにすることができれば、漁撈の変質の意義を議論することも可能となるのではなかろうか。

（1）日本常民文化研究所『日本常民生活資料叢書　第一八巻　近畿篇二』（三一書房、一九七三年）。
（2）伊賀敏郎『滋賀県漁業史　上（概説）』、『滋賀県漁業史　上（資料）』（水産庁・日本常民文化研究所・滋賀県・滋賀県漁業協同組合連合会、一九五四年）。
（3）喜多村俊夫『近江経済史論攷』（大雅堂、一九三八年）、羽原又吉『日本漁業経済史　中巻一』（岩波書店、一九五三年）、伊賀敏郎『滋賀県漁業史　上（資料）』（前掲註2）。
（4）新行紀一「中世堅田の湖上特権について」（『歴史学研究』三四九、一九六九年）。
（5）網野善彦『網野善彦著作集　第七巻　日本中世の非農業民と天皇』（岩波書店、二〇〇八年、初出は一九八四年）。
（6）網野善彦「湖の民と物の自治――近江国菅浦――」（『網野善彦著作集　第一〇巻　海民の社会』岩波書店、二〇〇七年、初出は一九七三年）。
（7）滋賀県教育委員会『琵琶湖総合開発地域民俗文化財調査報告書一〜五』（滋賀県教育委員会、一九七九〜八三年）。
（8）網野善彦『網野善彦著作集　第一三巻　中世都市論』（岩波書店、二〇〇七年、初出は二〇〇一年）。
（9）滋賀総合研究所『びわ湖と埋蔵文化財』（水資源開発公団琵琶湖開発事業建設部、一九八四年）。近畿地方建設局琵琶湖工事事務所・水資源開発公団琵琶湖開発事業建設部『淡海よ永遠に』（近畿地方建設局琵琶湖工事事務所・水資源開発公団琵琶湖開発事業建設部、一九九三年）。
（10）大沼芳幸「人はそれでもタンパク質を欲した――土錘出土量から見た近江における網漁の展開、特に中世――」（『紀要（財団法人滋賀県文化財保護協会）』一九九一年）、同「魚にみる古代人の食文化」（『湖の国の歴史を読む』新人物往来社、一九九二年）。
（11）橋本鉄男『琵琶湖の民俗誌』（文化出版局、一九八四年）、大槻恵美「水界と漁撈――農民と漁民の環境利用の変遷

――」（『風土に生きる・場所に生きる――地域の変容と再編成に関する地理学的研究――』ナカニシヤ出版、二〇一〇年、初出は一九九一年）、安室知『水田をめぐる民俗学的研究――日本稲作の展開と構造――』（慶友社、一九九八年）。

(12) 網野善彦「びわ湖をめぐる堅田のうつりかわり」（『びわ湖の専業漁労――琵琶湖総合開発地域民俗文化財特別調査報告書二――』滋賀県教育委員会、一九八〇年）。

(13) 網野善彦『網野善彦著作集　第九巻　中世の生業と流通』（岩波書店、二〇〇八年、初出は二〇〇一年）。

(14) 網野善彦『網野善彦著作集　第一七巻「日本」論』（岩波書店、二〇〇八年、初出は二〇〇〇年）。

(15) 音羽庄のこの時期の領主については、『国史大辞典』や『京都市の地名』は「賀茂社古代荘園御厨」「賀茂御祖皇太神宮諸国神戸記」により賀茂御祖神社（下鴨神社）とする。しかし、これらにはしたがえない。本書第一部第三章参照。

(16) 網野善彦『中世都市論』（前掲註8）。

(17) 網野善彦『中世の生業と流通』（前掲註13）。

(18) 貞永二年（一二三三）四月日、明法勘文、『鎌倉遺文』七―四四七五。

(19) 保立道久「中世前期の漁業と庄園制――河海領有と漁民身分をめぐって――」（『歴史評論』三七六、一九八一年）。

(20) 『今昔物語集』一七―二六など。

(21) 寛治四年（一〇九〇）三月二四日、鴨御祖社司等解文写、『平安遺文』四―一二八七など。第一部補論3参照。

(22) 網野善彦『日本中世の非農業民と天皇』（前掲註5）。

(23) 『大乗院寺社雑事記』長享元年（一四八七）一〇月二四日条。

(24) 高谷好一「琵琶湖とのかかわり――その歴史と現状――」（『日本文化のかなめ――つがやま市民教養文化講座二十年の記録――』サンライズ出版、二〇〇一年）。

(25) 永仁六年（一二九八）、某御教書、『大嶋神社・奥津嶋神社文書』一八（滋賀大学経済学部附属史料館、一九八六年、以下『大』一八のように略す）、『鎌倉遺文』二六―一九九二二。

(26) 畑井弘『守護領国体制の研究――六角氏領国に見る畿内近国的発展の特質――』（吉川弘文館、一九七五年）、HASHIMOTO Michinori "A 13th-Century Turning Point of Fishing Rights and Endemic Fish-trap（'Eri'）Technology in Lake Biwa, in Relation to the Role of Village Communities", *ANCIENT LAKES : Their Cultural and Biological*

Diversity, KENOBI PRODUCTIONS, 1999. 本書第一部第一章。

(27) 保立道久「中世前期の漁業と庄園制」（前掲註19）。

(28) 原田信男『中世村落の景観と生活』（思文閣出版、一九九九年）。

(29) 安室知「エリをめぐる民俗①――琵琶湖のエリ――《前編》」（『横須賀市博物館研究報告（人文科学）』三四、一九八九年）、同「エリをめぐる民俗①――琵琶湖のエリ――《後編》」（『横須賀市博物館研究報告（人文科学）』三五、一九九〇年）、同「エリをめぐる民俗②――湖沼のスマキ――」（『横須賀市博物館研究報告（人文科学）』三六、一九九一年）、同「エリをめぐる民俗③――木崎湖のガンゴジ――《後編》」（『横須賀市博物館研究報告（人文科学）』三九、一九九四年）。

(30) 倉田亨「水産物」（『講座・比較文化　第五巻　日本人の技術』研究社、一九七七年）。

(31) 安室知「エリをめぐる民俗①――琵琶湖のエリ――《後編》」（前掲註29）。

(32) HASHIMOTO Michinori "A 13th-Century Turning Point of Fishing Rights and Endemic Fish-trap ('Eri') Technology in Lake Biwa, in Relation to the Role of Village Communities"（前掲註26）。本章第一部第一章。

(33) 永仁六年（一二九八）、某御教書（前掲註25）など。

(34) 年未詳三月一六日、年預承慶書状、『大』一五〇など。年月未詳一九日、西塔院主尊雲御教書断簡、『長命寺古文書等調査報告書』二九九（滋賀県教育委員会、二〇〇三年）、『鎌倉遺文』七―四七〇一。本書第二部第八章参照。

(35) 桜井英治『日本中世の経済構造』（岩波書店、一九九六年）。

(36) 吉岡庚暢編『国立歴史民俗博物館研究報告　第七一集　中世食文化の基礎的研究』（国立歴史民俗博物館、一九九七年）。

(37) 大沼芳幸「人はそれでもタンパク質を欲した」（前掲註10）、同「魚にみる古代人の食文化」（前掲註10）。

(38) ジョアン・ロドリゲス『大航海時代叢書Ⅸ　日本教会史』（岩波書店、一九六七年）。

(39) 石川松太郎校注『東洋文庫二四二　庭訓往来』（平凡社、一九七三年）。

(40) 網野善彦『日本中世の非農業民と天皇』（前掲註5）。

(41) 原田信男『中世村落の景観と生活』（前掲註28）。

(42)　弘安六年（一二八三）六月一五日、規文、『大』一一、『鎌倉遺文』二〇―一四八七五。

〔付記〕

本章は、琵琶湖博物館の総合研究「東アジアの中の琵琶湖：コイ科魚類を展開の軸とした環境史に関する研究」の初期の成果である。研究代表者の中島経夫氏をはじめとする共同研究者の方々の刺激的な議論に触発されて完成させることができた。総合研究全体については中島経夫ほか「総特集　21世紀の琵琶湖――琵琶湖の環境史解明――」（『月刊地球』二六四、二〇〇一年）を是非とも参照されたい。

第三章　中世における「水辺」の環境と生業——河川と湖沼の漁撈から——

はじめに

本論の目的は、自然環境要因を組み込んだ生業論を構築するために、日本中世の「水辺」という環境に注目して、そこでの漁撈の実態を明らかにすることにある。

いわゆる戦後歴史学について川北稔は、「一国史観・進歩史観（それに関連して発展段階論）・ヨーロッパ中心史観・生産重視・農村偏重などの傾向」をその欠陥として挙げているが、(1)さらに自然環境要因の著しい軽視もしくは無視をつけ加えることができる。(2)しかし、環境問題が人類共通の課題として提起され、戦後歴史学が依拠してきた進歩史観そのものが揺らごうとしているいま、歴史学の議論のなかに自然環境要因を内在化させることは避けて通れない課題となっている。そうした観点から本論が注目するのは自然環境要因を視野に入れた生業論である。

たとえば、春田直紀が生業を「自然のもつ多様な機能から労働・生活に役立つ価値をひきだす行為」と定義しているように、(3)生業論は、それまでの社会的分業論ではとらえきれなかった人間による自然への働きかけの全体構造を把握する議論として有効であり、なおかつ、変化する自然環境への人間の適応もあわせて問題とできる点で今後の自然と人間の双方向的な関係史を議論するさいの重要な核となりうる。(4)とくに、民俗学を専攻する安室知によって提起された生業複合論は、聞きとりによって記録には現れない生業まで把握する一方で、生業選択への市場の関与を正確にとらえている点で高く評価できる。(5) 歴史学の立場からはさらに権力による編成と保障の問題も考慮しなければならないものの、自然環境の規定性のみを一方的に重視する環境決定論的な議論を克服するためには、生業の複合性のみならず柔軟性や選択性、戦略性をも視野に入れることができる複合生業論は極めて重要な視点である。

ところで、生業という観点から日本中世の自然と人間との関係を歴史学的にとらえようとするとき、網野善彦の非農業民論を避けて通ることはできない。(6) 網野は「山野河海」を田畠とは異質な「無縁の場」ととらえ、そこにおける農業以外の生業の解明を精力的に推し進めた。網野の議論の根底には、原始以来の根源的自由を論じる無縁論があり、網野は、私有でも共有でもない「無所有」という自然との関わり方を軸に、私的所有の発展史ではない人類史を描こうとしたのであるが、(7) その議論の一つの柱となったのが、水面を主たる生活の場とする人々を論じた海民論と琵琶湖などを対象とした中世漁業史研究であった。(8)

ここで、本論が直接の出発点としたいのは、網野の議論だけでなく、それに対する保立道久との一連の論争、とくに水面との関わり方の理解をめぐる大きな対立である。(9) 保立は、「人間労働の対象となる水辺の自然は一つの全体として現れる」として、「土地」から「水」のみを抽象的に分離して問題としてはならないと網野を批判する。そして、中世的水面領有（テリトリー的な領有）を縁辺の土地と切り離せないものとして荘園制的土地所有体系のなかに位置づけた。それに対し網野は、「自由な通行と漁撈の特権」をもつ海民の水面との関わり方は、「河海そのものの独自のあり方」のうえに立ったもので、土地の延長として水面をとらえようとする荘園・領主・百姓等のあり方とは質が異なると反論して譲ろうとはしなかった。

両者の論争は、水面との関わりのあり方を実証的に論じた点で高く評価できるものであるが、本論が重要であると考えるのは、保立が、「棹立《かしだて》」という棹が立つ程度の水深の水域をとりあげ、「潮の満干に洗われる地先の磯・藻場・浅瀬・干潟や、水際・渚・浜などは陸と水面の接点として、人間の開発領有行為が最も及びやすい身近な水の世界」であったと述べている点である。この「陸と水面との接点」は、近年、陸域と水域との推移帯（エコトーン、以下「水辺」とする）として重要視されるようになっている環境である。[10]「水辺」は、生物の多様性に富んだ空間であり、佐野静代が明らかにしたように、人間にとって有用性の高い空間であった。[11]しかし、網野も保立も、生業の舞台となった「水辺」や「地先」という環境そのものの自然的、歴史的特質を理解しようとする視点は乏しいといわざるをえない。網野が強調する「河海そのものの独自なあり方」も十分に説明されているとは言いがたいのである。では、日本中世の「水辺」とはどのような環境として認識され、どのように生業が営まれていたのであろうか。また、それは生業の全体構造のなかにどのように位置づけられていたのであろうか。

「水辺」という視点に立って環境と生業に関わる研究史を紐解くとき、その対象が海面や海辺の漁業史研究に著しく偏り、内水面とその周辺をとりあげた論考はその重要性に比較して数少ないことに気づく。[12]海水面と内水面は潟湖などを媒介に連続しており、分離して論ずることはできないのではあるが、[13]基本的に急峻な山地からなる日本列島は、平地は小規模とはいえ河川密度が高く、大中小の河川が扇状地を形成しつつ乱流し、氾濫原をともなう沖積平野が形成されている。[14]網野が印象的に「中世まで日本列島は「水」だらけだった」と述べたように、[15]そこにおいては、河川、湖沼、沼沢地や低湿地の広がりが大きな特色となっていた。そこで本論では、こうした点を考慮し、どのような立地であっても自然の構成要素に必ず含まれる河川と湖沼を中心とする内水面の「水辺」に焦点をあて、史料を用いて、できるだけそこでの生業の実態に迫りたい。ただし、内水面の「水辺」で展開した多種多様な生業のすべてをとりあげることは困難であることから、複合的な生業のあり方を念頭におきつつも、本論では中世前期の漁撈に絞って検討を加えることにしたい。また、池、溝、堀などの人工水系での漁撈、とくに池と堀の漁撈は内水面の生業を考えるうえで極めて重要な論点となると考えるが、本論ではふれることができなかったことをあらかじめお断りしておきたい。

第一節　「水辺」の認識

本節においては、「水辺」という環境での生業を論ずる前提として、中世前期において「水辺」という環境がどのように認識され、把握されていたかについて確認しておきたい。そこで、史料に登場する「水辺」をめぐる三つの環境認識に注目する。

(1)　河川と湖沼の変動

最初に確認しておきたいのは、河川そのものの把握のされ方についてである。これまで河川については、国衙領・守護領として国土高権の支配下にあったことが注目されているが[16]、保立がこれに反論し[17]、また、それまでに小山靖憲が指摘している通り、一一世紀後半頃より荘園が立券されるさいには耕地のみでなく、山野とともに「河」や「河原」も四至内に囲い込まれていた[18]。

そのうえで、「水辺」との関係でまず注目しておきたいのは、荘園制における耕地把握と関わって史料に登場する河成（川成）である。一般的に中世前期までの河川は、河道が固定化された状態とは程遠く[19]、複数の河道が流動するのが常態であったとしてよい。

表1の①は寛喜元年（一二二九）の山城国上野庄（上桂庄）の検注目録に記載された河成を抜き出して年表としてまとめたものである[20]。これは桂川の事例であるが[21]、建保四年（一二一六）以降の河成が控除されている。これによれば、一四年間に六回というかなりの頻度で不定期的な河道の流動が把握されている。しかも惣田数一六

表1　「河成」認定の頻度

年	西暦	①山城国上桂庄（桂川）＊1	②備前国南北条村（吉井川）＊2
建保4年	1216	河成	
5年	1217	河になる	
6年	1218	河成	
承久元年	1219		
2年	1220		
3年	1221		
貞応元年	1222	□（河成ヵ）	
2年	1223		
元仁元年	1224		
嘉禄元年	1225		
2年	1226	河成	
安貞元年	1227		
2年	1228	□（河成ヵ）	
寛喜元年	1229	【検注目録作成】	
⟆	⟆	⟆	⟆
年未詳			本河成
文永7年	1270		流
8年	1271		
9年	1272		
10年	1273		
11年	1274		
建治元年	1275		
2年	1276		
3年	1277		
弘安元年	1278		
2年	1279		
3年	1280		
4年	1281		
5年	1282		
6年	1283		
7年	1284		
8年	1285		
9年	1286		
10年	1287		流
正応元年	1288		
2年	1289		
3年	1290		流
4年	1291		
5年	1292		
永仁元年	1293		
2年	1294		
3年	1295		
4年	1296		
5年	1297		
6年	1298		
正安元年	1299		
2年	1300		
3年	1301		
乾元元年	1302		
嘉元元年	1303		
2年	1304		新流ヵ【内検目録作成

＊1：本論註20より
＊2：本論註22より

町半二〇歩のうち河成の総計数は二町八段九〇歩になり、おおよそ総田数の一八パーセントの河成が掌握されている点に注目しておきたい。

また、表1の②は、嘉元二年（一三〇四）の備前国南北条村の堀田・畠田の内検目録から除分とされた河成を抜き出して年表としてまとめたものである。[22]南北条村は、東大寺を再建した俊乗房重源の干拓によって生まれた村で、現吉井川下流の左岸に位置していた。この目録によれば、本河成のほか、文永七年（一二七〇）以降の流路と恐らくは嘉元二年に新たに流路となった部分が除分とされている。総田数四二町八段二五代のうち、除分とされたのは八町三段一八代で、上桂庄と同様おおよそ総田数の二〇パーセントの河成が、三四年間に四回認定されている。

この河成は、あくまで荘園領主によって河道と認定されたものであり、その周辺には水域と陸域との区別が曖昧な「水辺」が広がっていたに違いない。しかも、「水辺」は河道の流動によって常に再形成がなされていたはずである。さらに、ここで留意しておきたいのは、この河成が単純に一本の河道が流れを変えたことによって発生したとは限らない点である。

鴨社（上賀茂神社）領安曇川御厨は近江国比叡庄と漁撈をめぐって相論となり、貞永元年（一二三二）安曇川御厨勝訴の官宣旨が下されている。[23]この漁撈紛争については、次節で検討することとしたいが、この紛争のなかで比叡庄側が「件河建保之比、流二比叡庄一之条、僅十余年」と主張しているように、紛争発生の契機が琵琶湖に流入する安曇川の河道の流動であった可能性は高い（後掲史料9傍線ⓔ）。ただし、この河川について安曇川御厨側が「彼河新古余流」と称しているように、本流と余流とは区別して認識されていた（傍線ⓑ）。しかも、「建保之比」というように、新しい河道の形成年も記憶されていたのである。これは、土地帳簿類に現れた、本河成と某年の河成が併存するような環境認識と同一の認識であったといえる。流動する河道を中心とする「水辺」は荘園の四至のなかに、場合によっては積極的に、場合によっては否応なく、組み込まれていたのである。
そして、それはまた湖沼の場合も同様であったといってよい。保立が荘園の四至表示の「棹立」、つまり棹という船具が届く水深の範囲内である「渚の水域」の荘園制的土地所有形態について論じているように(24)、湖沼においても水位が変動する「水辺」の環境を取り込んで荘園が成立していた(25)。たとえば琵琶湖では、園城寺の東の四至が「東限海棹立」とあって、湖辺の一定範囲を取り込んでいたことがわかる(26)。では次に、変動する河川や湖沼の「水辺」そのものはどのような環境として認識されていたのであろうか。

（2）河原

河原は、市の立つ場としてなど、境界としての性格がこれまで社会史的な観点から関心を集めてきた(27)。しかしながら、河原が河とともに荘園制的土地把握の枠のなかに組み込まれたことは先に述べた通りである(28)。『方丈記』に、「河原近ければ、水の難も深く」とあるように、河原が流動する水域と陸域の境界領域に位置していることは改めて説明するまでもない。この河原の成立について、高橋学は古代後半から中世初頭にかけて、河床の低下により「完新世段丘Ⅱ面」と高橋が呼ぶ段丘が形成され、その段丘涯の下の現氾濫原に洪水が集中し、現氾濫原は「河原」と認識されるようになったと述べている(29)。

【史料1】

件用水者、源受二美濃河余流一、致二耕作一之処、依二去年永仁六七八両月大洪水一、切二井堤一、流二通于大河庄内一之間、作物等皆以成二河原一畢(30)

これは美濃国茜部庄の地頭代が、水害による損免を要求した重言上状の一部である。これにより茜部庄の用水が「美濃河」の「余流」より取水されていたことがわかるが、大洪水により大河が庄内を流れて作物などがみな

「河原」になったというのである。一見すると新たな河道の発生にともなってそれに沿った河原が形成されたようにも受けとれる。しかし、次の史料に着目したい。

【史料2】

右、件仏聖田者、行康知行十三町内也、而為㆓塔内之□□□房沙汰㆒、於㆓彼仏聖田㆒、無㆑故依㆑祝㆓神木㆒、然《ママ》然寺□□作之地上、近年為㆓大洪水㆒成㆓河原㆒之条炳然也、仍㆑于今仏聖負所米、令㆓欠如㆒者也(31)

これは大和国小東庄の事例である。延慶三年（一三一〇）、仏聖田の負所米について東大寺より神木による強制的な催促を受けた河井村住人一王次郎行康は、「近年為㆓大洪水㆒成㆓河原㆒之条炳然也」との弁明を行っている。ここではこれが事実かどうかではなく、「河原になる」ことによって不作となったという弁明がなされていること自体に注目したい。『日本国語大辞典　第二版』に、河原とは「川辺の水がかれて、砂、小石の多い平地。川沿いの平地」とあるように河原とは川沿いの地形を指す用語であるが、中世的な認識では、単に河に沿う水がかれた地帯を指すだけではなく、洪水によって砂地となった状態を指した可能性がある。このことを裏づけるのは、水野章二がとりあげた「白川原」の事例である(32)。

【史料3】

一　大井川原片畠二町已白川原
一　兄国川原同畠一町五段已中五段桑畠已白川原
一　大川原畠三町一反半已中一反半桑畠已白川原
（中略）
右件田畠、或崩失、或流失、或土高二三尺許置埋、或砂石流居、成㆓白川原㆒、永所㆓損亡㆒也(33)

これは、伊勢国大国庄で、保安二年（一一二一）八月二五日の洪水によって流失したり、土砂で埋没したりした状況を注進したものである。河原に「片畠」といわれる不安定耕地や桑畠が営まれていたことがわかる点でも注目されているものであるが、それらが一部は河中に、一部は「白川原」となっている。この「白川原」は河原にのみ形成されたものではない。

一三世紀の『発心集』に掲載された武蔵国入間川の洪水に関わる説話は、「入間川のほとり」で築堤をしてその内側で生活を成り立たせている人物の説話である。(34) ところが、その堤防が決壊し、「二三町ばかり白みわたりて、海の面とことならず」という状況となり、「三〇余町白河原となりて、跡だになし」という状態となったとされている。これにより、「白河原」とは単に河に沿う水が枯れた地帯のみならず、耕地なども含めて洪水により一時的に水域となったあとの状態を指すことは明らかである。

以上、河道に沿った地帯のみならず、水域の移動によって一時的に水域になったあとの砂地の状態もまた河原と認識されていたことが確認できた。中世史料に登場する「河原」はこうした視点からも理解しなければならない。『日葡辞書』の「川の流れに沿った乾いた所、あるいは、砂地」という説明は、築堤により河道の固定化が一般的となった一七世紀段階の状況を示したものと考えたい。

（3）河辺

次にとりあげるのは、河辺である。伊勢国大国庄が「河辺」といわれているように、(35) 河川の辺《ほとり》は、「河辺」や「川辺」と表現されていた。

【史料4】

往古本田数三百丁云々、雖レ然、或依レ為二阿賀川辺地一、年来之間毎年□(流カ)失了、或依二旱損一、為二荒廃一(36)

これは九条家領越後国白河庄の治承三年（一一七九）から建久七年（一一九六）までの作田数（損田数と得田

数）の推移を注進した史料として注目されているものである。(37) 作田の減少は流失によるためと旱ばつによるためであると主張されているが、その流失の要因は、「阿賀川辺地」であるためと認識されていた。阿賀川とは阿賀野川のことで、白河庄はその右岸に位置していたと思われる。

この川辺の地という環境認識を理解するうえで参考となる史料がある。これも水野がとりあげている『今昔物語集』に収録された説話である。

【史料5】

今昔、美濃国ニ因幡河ト云大ナル河有リ。ⓐ雨降テ水出ル時ニハ、量リ无ク出ル河也。然レバ其ノ河辺ニ住ム人ハ、水出ル時ニ登テ居ル料トテ、家ノ天井ヲ強ク造テ、板敷ノ様ニ固メテ置テ、水出レバ其ノ上ニ登テ、物ヲモシテ食ナドシテゾ有ナル。男ハ船ニモ乗リ、游ヲモ掻ナドシテ行ケドモ、幼キ者・女ナドヲバ其ノ天井ニ置テゾ有ケル。下衆ハ其ノ天井ヲバ□トゾ云ケル。

而ルニ、ⓑ此テ卅年ニ成ヌ。其ノ因幡河、量无ク出タリケル時、其ノ天井ノ上ニ女二三人・童部四五人ヲ登セ置タリケル、家ノ水ノ宜キ時ニコソ、柱ノ根モ不浮デ立テリケレ、天井モ過テ遥ニ高ク水上ニケレバ、残ル家无、皆流レテ、多ノ人皆死ニケル中ニ、此ノ女・童部ノ登タル家ノ天井ハ、此ノ家共ノ中ニ強ク構タリケレバ、柱ハ不浮デ、屋ノ棟ト天井トノ限リ壊レ不乱シテ水ニ浮テ、船ノ様ニ流レテ行ケレバ、

（中略）

水ニ流レテ行ク間ニ、火ニ焼テ死ヌル、奇異ク難有キ事也」ト見繚ケル程ニ、其ノ中ニ十四五歳許ナル童ノ、火ヲ離テ水ニ踊入テ流レテ行ケレバ、見ル者、「彼ノ童ノ、火、難ヲバ離ヌレドモ、遂ニ可生キ様无シ。彼ノ童人、遂ニ水ニ溺テ可死キ報コソハ有ラメ」ナド云ケル程ニ、童流テ行ケルニ、水ノ面ニ、草ヨリハ短クテ、青キ木ノ葉ノ有ルヲ手ニ障ケルマヽニ引タリケレバ、其ニ被引テ不流リケルニ、此ノ引ヘタル木ノ葉ノ

強ク思ケレバ、其ニ力ヲ得テ捜ケレバ、「木ノ枝也ケリ」ト思ヘケレバ、其ノ枝ヲ強ク引ヘテ有ル程ニ、其ノ河ハ出ルカトスレバ疾ク水落ル河ニテ、漸ク水ノ干ナルマヽニ、此ノ引ヘタル木ノ只出来ニ出来ケレバ、枝ノ胯ノ出来タリケレバ、其ノ胯ニ直ク居テ、「水落畢ナバ、此レニ助カルベキ」ナムド思ケル程、日暮テ夜ニ成ニケレバ、ツヽ暗ニシテ物モ不見ヘリケレバ、其ノ夜ハ明シテ、「水落シテコソハ木ヨリモ下リヌ」ト思テ、夜ノ遅ク明ルヲ、イツシカト待程ニ、夜明テ漸ク日出ラム程ニ、見下リシケレバ、目モ不及雲居ニ為タル心地ノシケレバ、「何ナル事ゾ」ト思ニ、吉ク見下セバ、遥ナル峯ノ上ヨリ深キ谷ニ傾テ生タル木ノ、枝无クテ十丈許ハ上タラムト見ユル木ノ、細キ小枝ノ有ルヲ引ヘテ居タル也ケリ。[38]

美濃国の因幡川（長良川）は「雨降テ水出ル時ニハ、量リ无ク出ル河」であり（傍線ⓐ）、「出ルカトスレバ疾ク水落ル河」であったと認識されている（傍線ⓒ）。これを〝水害〟という人間の側に立った視点をはずして考えれば、絶えず水域と陸域とが不定期的な時間間隔で、しかも急速に入れ替わる地帯ということができるが、ここで重要なことは、「河辺」に住むとされた住人（二重傍線部）が、出水に備えてあらかじめ対策をとっていることである。先にみた『発心集』の事例も、「入間川のほとり」で築堤により生活を成り立たせていた小規模な領主の説話であった。とすれば、「河辺」はもちろん河のほとりを意味する一般名詞ではあるが、洪水に覆われる可能性が常にある地帯は「河辺」と認識されていたとすることができるのではないだろうか。[39]『日葡辞書』では、川辺とは「川べり」、川の辺とは「川の縁、または、川に沿った低地」とされているのみである。しかし、そればかりではなく、河川の洪水で不定期的に水域となる可能性がある地帯は広く「河辺」と認識されていた可能性を指摘しておきたい。

（4）浜際

最後にとりあげたいのは、湖沼の「水辺」の環境である。湖沼の「水辺」は、「浜辺」「浜際」などと認識されていた。

承暦三年（一〇七九）の某庄の立券文案に、「□□浜・河流末・湖辺生地之空閑年久間」とある。[40]「湖辺生地」の具体的な環境は不明であるが、「空閑年久」とあることより、未開発の状態の「水辺」のことを認識した表現ではないだろうか。また、次のような史料もある。

【史料6】

日吉定　愛智御庄両方田地事、合肆百捌拾町弐段陸拾歩、神主成房方弐百拾玖町陸反、禰宜友永方弐百陸拾町在坪、右件御庄沙汰、両方依二相分一、為レ停二止向後之相論一、所二定置一也、抑有久下方領主友永之仮名之方、依二本田増一、於二ⓐ浜際荒廃一者、所二免募一也、ⓑ雖レ然於二草苅菅菰漁捕之条一者、互不レ可二制止一者、将来守二此旨一、可レ令二沙汰一状如件[41]

この史料は、近江国愛智庄が上方と下方の二人の荘園領主に分割されたさいの契状である。のちに開発によって増加した田地の帰属をめぐって争ったさいに答申された明法勘文に引用されている。ここで注目したいのは、この契状のなかに「浜際荒廃」とあることである（傍線ⓐ）。際とは、現代語彙では接するところという意味が強いが、『日葡辞書』によれば水際とは「水のほとり」、浜際とは「浜辺」とあることから、空間的広がりをもった認識としてよかろう。日吉社領愛智庄のくわしい位置関係が不明で、しかも浜には「河浜」という用例もあり、[42]必ずしも琵琶湖に面した浜とすることはできないが、ここでは琵琶湖もしくはその内湖の辺と考えるのが妥当と考えておきたい。[43]

未開発の空閑地が広がる「水辺」は、「海辺湖浜者、敢無二地利益一」といわれたように、[44]耕地としての課税対象から除外されている場合ももちろんある。しかし、興福寺大乗院領であった近江国豊浦庄の事例ですでに指摘したように、琵琶湖やその内湖に臨む荘園では、その年の「海ノ水ノ引様」によって年貢を「損」として免ずるかどうかが決定されていた(45)。つまり「水辺」の特色である年によっては水域に傾き、年によっては陸域に傾くことを前提として耕地が把握されたのである。

(5) 小括

以上、「河尻」など、「水辺」として位置づけられるにもかかわらず検討できなった環境もあるが、本節では、内水面の「水辺」が「河原」「河辺」「浜際」などとして認識され、把握されていたことをみてきた。陸域と水域とが不定期な周期で可逆的に変移する「水辺」は、「河原に成る」という表現をとってみても、「河辺」の認識のされ方をとってみても、河道が固定化していく一七世紀以降の段階よりもかなりの広がりをみせていた可能性が高い。「水辺」という環境を組み込まなければ領域型荘園は成立しえなかったのであり、それらがすべて荘園制的土地所有体系の埒外におかれることはなかったと断言しておきたい。

第二節　「水辺」の漁撈

次に、本節では、前節でとりあげた「水辺」という環境での漁撈の実態を追究したい。はじめに中世の漁撈の特質について考察しておく。

(1) 中世漁撈の主体

最初に確認しておかなければならないことは、漁撈の主体の問題である。網野は、漁撈を行う主体として「海民」を措定した。海民とは、「湖沼河海を問わず水面を主たる生活の場とし、漁業・塩業・水運業・商業から掠奪にいたるまでの生業を、なお完全に分化させることなく担っていた人々」のことであり、「これらの生業を担っていた人々の生活・生産の様式は、本来、農業民とははっきり異なっており、その世界はあくまでそれとして独自に取りあげられなくてはなるまい」というのが網野の見解である。(46) そして、海民として浪人、職人（職能にそくした特権を保証された自由民）、下人・所従、平民（百姓）の諸階層を措定するのである。こうした網野の海民理解でまず問題としたいのは、在地の領主層の漁撈をさほど重視していない点である。これまで、武士の狩猟については注目されてきたもの(47)、武士の漁撈についてはあまり注目されてこなかったのではないだろうか。しかし、中世の漁撈を考えるうえで、武士の漁撈は重要な位置を占めていた。

そのことを物語る格好の素材が再び『今昔物語集』である。一二世紀前半に成立した『今昔物語集』には、海人の漁撈など網野氏がいうところの「職人」的海民を示すと考えられる説話も収録されていないわけではないが(48)、特徴的なのは武者の漁撈である。たとえば、讃岐国多度郡の源大夫は、「心極テ猛クシテ、殺生ヲ以業ス。日夜朝暮ニ、山野ニ行テ鹿鳥ヲ狩リ、河海ニ臨テ魚ヲ捕ル。亦、人ノ頚ヲ切リ足手ヲ不折ヌ日ハ少クゾ有ケル」とされている(49)。ここで登場する漁撈は、狩猟と分離していないうえに、同じく殺生として人間に対する暴力とも同一線上に位置する行為であった。

また、「弓箭ヲ以テ朝暮ノ翫トシテ、人ヲ罸シ畜生ヲ殺スヲ以テ業トス。夏ハ河ニ行テ魚ヲ捕リ、秋ハ山ニ交ハリテ鹿ヲ狩ル」といわれた陸奥国の壬生良門という「武キ者」や(50)、「朝ニハ山野ニ出デ、鹿・鳥ヲ狩リ、夕ニハ江河ニ臨テ魚・貝ヲ捕ル」といわれた近江国の兵平介という「武キ者」の説話(51)、さらには、「亦河共ニ簗ヲ令レ打テ、多ノ魚ヲ捕リ、亦多ノ鷲ヲ飼テ生類ヲ令レ食メ、亦常ニ海ニ網ヲ令レ曳、数ノ郎等ヲ山ニ遣、鹿ヲ令レ狩ル事隙无シ」という著名な源満仲の説話(52)など、こうしてみると、『今昔物語集』に登場する漁撈は、けっして海民による専業的な漁撈が中心とはいえず、むしろ殺生そのものを生業とする武者による漁撈が目を引くのである。これはあくまで仏教説話上のことであり、殺生の悪行が強調されているゆえではあるが、のちの地頭・御家人層や荘官層による漁撈という問題と直接的にかかわると考える。

【史料7】

一　御庄内殺生禁断事

右、高野山之庄々之習、以二殺生禁断一為レ先、而兼隆・光家等、動背二法例一、狩二猪鹿一、害二魚鳥一之条、甚以不当也、為二現世一為二将来一、罪科難レ遁歟(53)

これは、備後国大田御庄の下司兼隆・光家等が荘園領主である金剛峰寺根本大塔長日不断両界大法供僧等により訴えられた訴訟内容の一部である。地頭・御家人層による漁撈を確認できる事例として貴重である。ここでも「狩二猪鹿一、害二魚鳥一」とあるように狩猟と漁撈はセットで認識されている。

【史料8】

一　当御庄内新江利間事

右、件江利、百姓等者、当下司之時、始令レ□二□新儀江利一之間、已断二漁網一節□□□□由、訴二申之一、下司者、自二親父沙弥浄蓮之時一、□□之旨申レ之、仍両方申状参差之故、暗依被□□、去八月廿三日被二召決一之日、為二新江利一之□分二明于彼下司之申詞記一也(54)

これは、琵琶湖の東部奥嶋に位置した近江国奥嶋庄の下司と百姓等とのエリ漁という定置網漁法をめぐる紛争の裁許であるが、ここでも下司の奥嶋氏が新規のエリを設けて紛争が発生したと認定されている。このように、地頭・御家人層や荘官層の漁撈は広範囲に展開していた。むしろ中世漁撈の基軸の一つとして措定するべきであると考える。

次に庄民の漁撈について考えてみたい。とりあげるのは、網野が「河海の論理」、すなわち「河海そのものの独自なあり方のうえに立った自由な漁撈を特権として主張する海民的な供祭人の論理」(55)を主張するさいの大きな根拠となった貞永元年（一二三二）の官宣旨案である。この官宣旨は、上賀茂神社の御厨である安曇川御厨に所属する船木北浜の供祭人と近江国比叡庄の庄民吉直との紛争を裁許したものである。

【史料9】

左弁官下

応下任二嘉応・元暦宣旨一、停二止比叡庄民当時向後濫妨一、就二賀茂社領当国安曇河御厨漁進一、全中日別供菜料上
間事、

右、得二彼社司等今月廿六日解状一偁、重検二案内一、件安曇河御厨者、令レ漁二河海之魚鱗一、備二進朝夕之御贄一、所レ無二退転一也、寛治聖代被レ下二官符一以降、神人五十二人々別引二募国領公田三町一、以二官物一弁済、択レ以二雑事一、所レ漁二進毎日二度之御贄一、継レ踵無レ絶、如レ申二忠宗朝臣一者、依レ減二寄人幷神用等之員数一、日供忽闕レ之、社家経二奏聞一之処、宣下延引之間、国司俄率（卒）去畢、仍任二天永・永久両度免状等一、寄人五十二人神田百五十六町、無二相違一可レ勤二社役一之由、忝被二宣下一畢、大治元年宣旨是也、其後如ⓐ二嘉応宣旨一者、依レ被レ尋二下神事違例一、注二申子細一之刻、安曇河流、上者限二滴水一、下者迄二于河尻一、不レ可レ有二他人希望一之由、厳制重以如レ此、宜レ従二停止一云々、如二元暦宣旨状一者、件安曇河御厨漁二河流一、冬所レ釣二海浦一也、停二止河上幷善積庄及国中権門勢家庄園妨一、可レ漁二進賀茂日別供祭一云々、前格厳制其文明然之間、彼ⓑ河新古余流南北遠近之江海、一向停二止甲乙之濫妨一、皆悉被レ止二他人希望一畢、仍船木北濱供菜人等、可レ全二漁進一、是則只以二河内一被レ充二置供祭料一之故、其河縦雖レ流二入何庄公一、任二宣旨状一、可レ不レ漁二進日供御贄一哉、依レ之或雖レ有二権門勢家之御領一、或雖レ多二山門日吉之庄園一、於二河漁一者、更非二其所之成敗一、只付二流水一、

併為二御厨之成敗一者也、但漁簗者、専以二河尻一為レ本之間、比叡庄中、自二年来一至二今年四月一、供祭人等引レ網致レ漁之最中也、ⓒ而自二去五月三日一始為二吉直魚猟一、押二領彼河尻一之間、於二其外河上之漁一者、雖二数万町一、更所二無用一也、ⓓ又雖レ有二何所之末流一、往古供祭人等、尋二魚入之便水一、所レ致二漁簗一也、ⓔ而日吉禰宜大蔵権少輔成茂宿禰等奏状偁、件河建保之比、流二比叡庄一之条、僅十余年也云々、ⓕ然則其条縦雖レ為二建保之比一、已十余年之間、供祭人等無二異儀一、於二比叡庄中一致レ漁畢、迄二昨今一始彼濫妨出来之条、其理可レ然哉、新儀無道、可レ備二賢察一也、吉直違二背代々宣旨一、打二留当社供祭一之条、違勅之科尤以不レ軽之上、ⓖ当時綸言頻下二和尚御坊一、又任二道理一、不レ可レ有二供祭妨一中（由歟）、御請文及二度々一畢、雖レ然吉直更不二敍用一、弥乗レ勝企二悪行一、ⓗ供祭人等於レ来二臨比叡庄中河辺一者、忽及二喧嘩一、御厨僻事由、可レ致二訴訟一之旨結構云々、未曾有之所行、不レ可レ説之猛悪也、仍不レ被レ召二禁吉直一者、狼藉更不レ可二断絶一歟、夫公家忝以二当社祭祀一、専為二日本第一之神事一、日供即為二寛治勅願一、豈非二朝家無双之礼奠一哉、今忽依二吉直新儀之濫妨一、既擬レ廃二一百余歳之供膳一、啻匪二社家之愁歎一、争無二朝底（延）之僉議一哉、彼比叡庄濫妨者、指無二一紙勅言一、只今年五月三日、始所二巧出一之猛悪也、御厨漁簗者、苟帯二代々宣旨一、年来於二比叡庄中一、漁二進供祭一之条顕然也、是非之至尤在二明察一、裁報之処、偏仰二憲政一、凡当御厨在無、只期二今度之裁報一者也、式数有限之御贄、忽闕二御厨之課役一者、社家廻二何秘計一、可レ致二無足弁備一哉、不レ被レ止二吉直之濫妨一者、永可レ闕二有例之神菜一也、尤依二勅裁左右一、宜レ存二日供之勤否一也、望請天裁、早且任二嘉応・元暦宣旨状一、且依二近行・友次之例一、被レ召二禁吉直之身一者、永断二当時向後之牢籠一、奉レ祈二万歳千秋之御願一者、権中納言藤原朝臣家光宣、奉レ勅依レ請者、国宜二承知一、依レ宣行レ之、

貞永元年六月卅日　　大史小槻宿禰（季継）判

少弁藤原朝臣（信盛）(56) 判

紛争の内容については次節でくわしくとりあげるが、ここで問題とするのは比叡庄民吉直の漁撈の性格である。この時比叡庄の領家は、「綸言」を下され請文を提出したのが「和尚御坊」とされていることからも（傍線ⓖ）、双輪寺であったことが確実で、[57]比叡庄は延暦寺青蓮院門跡領であった。

ところが、これまでまったく注目されていないが、上賀茂社に対抗して反論しているのは領家双輪寺でも青蓮院でもなく、「日吉禰宜大蔵権少輔成茂宿禰等」であった（傍線ⓔ）。また、庄民吉直が供祭人等を実力で排除しただけでなく、「御厨の僻事」として訴訟を企図しようとしている点も見逃せない（傍線ⓗ）。つまり、吉直にとっても日吉神社禰宜等にとっても、漁撈はまったく正当なものと理解されていたのである。とすれば、庄民吉直の漁撈は日吉社の祭祀への魚類の貢納と関わっていたと推測するのが妥当であろう。したがって、この紛争は網野が理解したように「土地の論理」と「河海の論理」の対決を示すのではなく、神社祭祀と関わる特権を主張する集団相互の紛争として位置づけ直さなければならない。

しかも、網野が「河海の論理」と呼ぶ論理の根拠とした「安曇河流、上者限二滴水一、下者迄二于河尻一、不レ可レ有二他人希望一」という論理は、実は、嘉応年間（一一六九～七一）の官宣旨の引用として現れている（傍線ⓐ）。つまり、御厨が成立した「寛治の聖代」、寛治四年（一〇九〇）に初めから特権として付与されたものとは認め難く、それから約八〇年後の嘉応年間に、上賀茂神社側によって、恐らくは初めて主張された論理と考えるべきである。嘉応年間の宣旨は現在残されておらず、その紛争の実態を推測することはできない。しかし、そうした論理がわざわざ主張されなければならなかったのは、漁業権を主張するほかの経営体や集団による漁撈との競合と紛争が具体的に発生したためであり、この論理はむしろそうした競合と紛争を前提としなければ理解できないことは強調しておきたい。

次にとりあげるのは、琵琶湖西部の堅田浦の鴨社供祭人等と音羽庄住人等の相論の史料である。

【史料10】

鴨社貢祭人堅田浦神人等謹陳申、

於二預所御菜事一者、無二先例一上、一法妨知行尅、雖二件由下知□□仕一、依下無二先例一之由答申上、免除畢、何虚言訴哉、於二ⓐ庭地・片地両網地一者、往古鴨社網地也、依レ之ⓑ海堺榊計也、ⓒ而庄民網地也訴申条難レ量二神慮一、且可下垂二御遷遠（迹）一経中沙汰上、ⓓ五位椿網地夜中網緹切之由申、斯則御厨網地盗曳故、雖二自今已後也一、為レ停二止狼藉一、切上処也、但ⓔ網盗取之由訴申事、以外大虚言也、任二我意一如レ此令二言上一、各非法第一基也、網曳乍六箇日貢祭闕如条、件音羽御庄住人等彼片網解去故、懈怠仕処也、帯二弓揃一於下好二殺害一結中構悪事上者、網地盗曳未見実否料随二便宜一少船罷寄計也、全以不レ可レ及レ訴者歟、□□前条々事大略以解、但於二庄等申状一者、偏恣大虚言次第凡言語未曾有不レ可レ為二勝計一者也、

建久七年二月　日　堅田貢祭神人等[58]

本論がここでもっとも注目したいのは、この相論の本質は「庭地・片地両網地」がどちらに帰属するかにあり（傍線ⓐ）、堅田側は音羽庄住人等の網地である「五位椿網地」（傍線ⓓ）の存在自体は否定しておらず、「自由な漁撈」の特権もまったく主張していないという点である。また、堅田側が「五位椿網地」の網を盗みとっていないと抗弁していることから音羽庄住人等が網を所持していたことも疑いない（傍線ⓔ）。このように、音羽庄住人等と堅田供祭人等とが対等に相論していた事実は、琵琶湖漁撈の展開を考えるうえばかりではなく、中世漁撈の展開を考えるうえでも極めて重要であると考える。

以上みた事例は、網野が述べるような自由漁撈の特権を中心軸とした中世漁撈の理解が、ある特定の集団の一方的な主張のみにもとづいた一面的な理解であることを示している。地頭・御家人や荘官層から庄民まで、網野が提示する「海民」という概念ではとらえられないさまざまな階層、集団による漁撈が競合しつつも併存してい

たのが中世漁撈の特徴であったことをまずはおさえておきたい。そして、そのせめぎあいの場となったのが「水辺」という環境である。

では、前節でみた「河原」「河辺」「浜際」などと認識されていた「水辺」という環境における漁撈はどのようなものであったのであろうか。

（2）「水辺」の漁撈

①大規模で高度な漁撈

まず、再び史料10の堅田浦の供祭神人等と音羽庄住人等との相論に戻ろう。ここで注目するのは音羽庄住人等の漁撈である。音羽庄住人等は「網」を所有し、「五位椿網地」を占有していた。網地とは、網場のことと考えてよいと思われるが、これは網野が指摘する通り、「榊」を立てることによって堺を限られていた（傍線ⓑ）。音羽庄の四至には「東限海」とあり、音羽庄が琵琶湖に面していたことは疑いない。[59]とすれば、網地はまさに「榊」が立つ浜際の「水辺」に設けられたと考えてよかろう。

この網地の「網縒」を堅田浦神人側が夜中に切ったというのが音羽庄住人等側の訴訟内容で（傍線ⓓ）、御厨の網地を盗み曳いたための制裁であると反論していることから堅田浦神人側もこの行為自体は認めたことになる。「網縒」が夜中に切られたという史料の内容だけでは漁撈や漁法の実態を推測することは困難であるが、夜間にも張ることができる刺網の系統に属する可能性が高い。[補註1]

次に、史料9でみた安曇川での比叡庄民吉直の漁撈をみてみよう。対立した上賀茂神社側（以下、御厨側とする）が非難している比叡庄庄民吉直の行動は次の二点である。

・五月三日に河尻を押領して漁撈を始めたため、河上の漁が数万町にわたってできなくなった（傍線ⓒ）

・供祭人等が比叡庄の「河辺」に来臨するさい、喧嘩におよび、御厨の僻事であると訴訟を企てようとする（傍線ⓗ）

また、この二つに追加して、「件河建保之比、流二比叡庄一之条、僅十余年也」（傍線ⓔ）という日吉社側の反論に対して、御厨側が「縦雖レ為二建保之比一、已十余年之間、供祭人等無二異儀一、於二比叡庄中一致レ漁畢」（傍線ⓕ）と再反論している点も重要である。

貞永元年五月三日はグレゴリオ暦に換算すると一二三二年六月一日に相当する。これは安曇川をアユやウグイが遡上する時期である。[60] 数万町が無用となったと御厨側が主張していることについて、にわかには事実とすることはできないが、上流域の漁撈を大規模に困難にさせたという比叡庄民吉直の漁撈は、簗漁以外は想定しにくい。

しかし、ここで河川が流路を変えて以降、十数年のあいだは紛争が発生していないことにも目を向けておく必要がある。「雖レ有二何所之末流一、往古供祭人等、尋二魚入之便水一、所レ致二漁簗一也」（傍線ⓓ）という御厨側の漁撈に対して、建保の頃（一二一三～一九）から貞永元年まで十数年紛争がまったく発生しなかったのは、日吉社の供祭漁と鴨社の供祭漁とが棲み分けられていたからに違いない。それは漁法の違いによる棲み分けというより、前節でみたような新旧の余流が並走する流動的な「水辺」という環境が棲み分けを可能としていたのではないだろうか。紛争の場が「河辺」とされていることは、そうしたことを示唆すると考えるのである。

以上、河川や湖沼を中心とした「水辺」では、網漁や簗漁など漁獲量の多い大規模な漁撈が競合しつつも棲み分けていたことをみてきた。しかし、「水辺」の漁撈の特質はそうした大規模な漁撈にのみあるわけではない。

②小規模で素朴な漁撈

次に、史料6に戻りたい。先にみた近江国愛智庄の「浜際」は、愛智庄が上下二つに分割されるさい、上方にくらべ下方の田数が少なかったため下庄には組み入れられず、上庄領とされたものとみられる。しかし、傍線部

ⓑでは「於二草苅萱菰魚捕之条一者、互不レ可二制止一」とされ、上庄のみならず下庄の庄民の利用が行われていた。問題はこうした漁撈がどのような漁撈であったかという点である。

【史料11】

ふちはら《（藤原）》のもろよし《（師能）》に譲わたす、ちうたい《（重代）》相伝の所領、こゐて《（小井弖）》・ふたよし《（二吉）》のし四《（四至）》さかい《（堺）》のことハ、宮藤《（工藤）》右馬大輔子たゝつな《（忠綱）》の譲状に見へたり、

（中略）

たゝし、かくはしゝ《（四至）》さかい《（堺）》をわけたりとも、立林は地頭にいはてきりたらハ、ひか事也、一日のうちの木かや《（萱）》をきり《（切）》、かわら《（河原）》のうを《（魚）》をなとをとらう《（捕）》とするをは、あなかちせい《（成敗）》はいすへからす(61)

この史料は、信濃国伊奈郡小井弖《こいで》郷の地頭工藤能綱がその子師能に所領を譲渡した建長三年（一二五一）の譲状である。傍線部では、「一日のうちの木かや《（萱）》をきり《（切）》、かわら《（河原）》のうを《（魚）》をなとをとらう《（捕）》とするをは、あなかちせい《（成敗）》はいすへからす」と述べられている。この「一日のうち」の一日には、その日のうちという語義があることから、その日その日の暮らしのための魚を採捕する行為が河原で行われていたことは明らかである。

ここで注目しておく必要があるのは、これが地頭工藤氏所領の四至内の河原であった点である。したがって、地頭工藤氏は、所領内の成敗権を前提として、それを規制しないことを定めているのである。この史料について井原今朝男は、「領主の山野支配と百姓らの日常生活に必要な下草、薪、川魚の獲得のための入会とは共存していた」と述べている(62)。しかしこれは、「あなかちせい《（成敗）》はいすへからす」と述べられているように（傍点橋本）、全面的な共存ではない。論者は、この史料は地頭工藤氏による河川での漁撈を背景に考えなければ理解できないのではないかと考える。地頭工藤氏の漁撈と抵触しない漁撈のみが容認されていたのではなかろうか。その意味で規制を除外された対象が河川そのものではなく、河原と特定されていることは意味があったと考えたい。

③河辺の漁撈

では、このような「一日のうち」の漁撈はどんな漁撈であったのであろうか。この点で参考となると考えたのが、建長六年（一二五四）成立の『古今著聞集』の説話である。

【史料12】

三一二　白河院殺生禁断の時貧僧孝養の為に魚を捕ふる事

白川院御時、天下殺生禁断せられければ、国土に魚鳥のたぐひたえにけり。其比まづしかりける僧の、とし老たる母を持たる、ありけり。その母魚なければ物をくはざりけり。たま〱もとめえたるくひ物もくはずして、やゝ日数ふるまゝに、老の力いよ〱よはりて、今はたのむ方なく見えけり。僧かなしみの心深くして、尋もとむれどもえがたし。おもひあまりて、ⓐつや〱魚とるすべもしらねども、みづから川の辺にのぞみて、衣に玉だすきして、魚をうかゞひて、ⓑはへといふちいさき魚を一二とりて持たりけり。禁制をもき比なりければ、官人見あひて、からめとりて、院の御所へゐてまいりぬ。先子細をとはる。「殺生禁制世にかくれなし。いかでか其由をしらざらん。いはんや法師のかたちとして、その衣をきながら、此犯をなす事、一かたならぬ科のがるゝ所なし」と仰合らるゝに、僧涙をながして申やう、「天下に此制をもき事、みなうけたまはる処也。たとひ制なくとも、法師の身にて、此振舞更にあるべきにあらず。但われ年老たる母をもてり。たゞわれ一人のほか、たのめるものなし。よはひたけ身おとろへて、朝夕の喰たやすからず。我又家まづしく財もたねば、心のごとくにやしなふにちからたへず。中にも魚なければ物をくはず。此比天下の制によりて、魚鳥のたぐひ、いよ〱得がたきによりて、身力すでによはりたり。是をたすけんために、心のをき所なくて、ⓒ魚とる術もしらざれども、思のあまりに川のはたにのぞめり。罪をおこなはれん事案のうちに侍り。但このとる処の魚、いまはなつともいきがたし。身のいとまをゆりがたくは、この魚を母のもとへつかはして、今一度あざやかなる味をすゝめて、心やすくうけ給をきて、いかにもまかりならん」と申す。是をきく人々、涙をながさずといふ事なし。院きこしめして、孝養の志あさからぬを、あはれみ感ぜさせ給て、さまぐ〵の物どもを馬車につみて給はせて、ゆるされにけり。ともしき事あらば、かさねて申べきよしをぞ仰られける。(63)

白河上皇の激しい殺生禁断政策下、貧しく「魚とるすべ」もしらない僧侶が、老いた母親のために禁断を犯して「川の辺」に出向き（傍線ⓐ）、魚を捕獲して捕らえられたが、孝養の志を認められて許されたというものである。この説話は、『古今著聞集』だけではく、『十訓抄』（建長四年〈一二五二〉成立）、『沙石集』（弘安六年〈一二八三〉成立）にも収められており、『十訓抄』や『沙石集』では桂川の河辺での話となっている。

ここで『古今著聞集』が、捕獲魚種をアユやコイ、フナではなく、「はへ」としていることには意味があるかもしれない（傍線ⓑ）。ハエ（鮠）とは、オイカワというコイ科の魚類の呼称であるが、(64)一五世紀には貢納品や贈答品、あるいは商品として確認できない魚種である。(65)単に漁獲技術の問題だけではなく、漁業権が設定されていた桂川での対象魚種による漁撈の棲み分けを示しているのではないだろうか。(66)

このように、この説話が指し示していると考えるのは、漁撈とは、貧しく、魚を市場で購入する財もなく、かといって網や釣り針などの生産手段もなく、「魚とる術」つまり漁撈の技能や知識もない、いずれの共同体にも属さない僧であっても、「川の辺」に赴くことさえできればなんとか成り立つ生業であったということである。白河上皇の強烈な殺生禁断政策下という特殊な状況のなかであったがゆえに美談として説話化されただけで、このような小規模で素朴な漁撈は日常のものとしてほかの漁撈と併存しつつ「河辺」で展開されていたと考える。

④小括

以上、中世の「水辺」での漁撈の実態と特徴を考察した。その結果、「海民」という用語には包摂されない漁撈主体の存在を指摘し、特権を与えられたとされてきた集団による漁撈は必ずしも排他的に貫徹していたわけではなく、さまざまな階層や集団による異質な漁撈が競合しつつ併存していたことを明らかにした。こうした漁撈のあり方は、前節でみた陸域と水域とが不定期な周期で可逆的に変移するという「水辺」の広がりが支えていたと考える。

第三節　「水辺」の漁撈の位置――飢饉と市場――

本節では、前節で確認した「水辺」での漁撈が、生業の全体的な構造のなかではどのように位置づけることができるか、その見通しを述べておきたい。

（1）　飢饉と生業

最初に確認したいのは、環境史を考える手がかりとして気候変動との関わりで説明されることの多い飢饉と生業全般との関係である。[67]

【史料13】

一、田作ニマサル重イ手ハナシ。ⓐ鍛冶屋ハ飢年ニ釜・鉈・古金ヲヤス〳〵ト売ルヲ買留メ、鋤・鍬・鎌・鉈ニシテ、有得ナル人ニ売ルゾ。鎌ハ月々ニ使ヒ失ウテ流行ルゾ。又桶師ハ年々ニ桶ノ側腐リテ、年辛ケレドモ、流行ライデハ叶ハヌモノゾ。又研屋モ、年辛ケレバ、ヨキ刀ヲヤス〳〵ト売ルヲ仕置シ、有得ナル人ニ売ルゾ。又番匠モ年ノ辛イ時、有得ノ人造作ヲ流行ラスル。万ノモノヲ誂ユルハ、分限者ナリ。又ⓑ塩・瓜・米・豆・麦ナドヲ売ル人、万ノ果物、餅・粽・団子・焼餅、万食物ヲシテ売ルモノハ、悲シキ年、餓ヱ死ナヌモノゾヤ。万商物モ、檀那ニ、徳人ヲ持ツハヨキ便リナリ。

一、紺屋・具足屋・糸屋・白銀師、十人連ノ仕手ナラバ、コレラハ飢年ニ大事ノ職ゾヤ。餓ヱ死ヌベシ。[68]

この史料は、近江国堅田の真宗寺院、本福寺の住持明誓が一六世紀前半に記した跡書の一節である。まず「田作」、農業の苦しさを指摘したうえで、鍛冶屋、桶師、研屋、番匠という手工業者の生業が飢饉時に有利であったことを述べているのであるが、その有利な手法とは、たとえば鍛冶屋は飢年に釜、鉈、古金を経営が破綻した人々から廉価で買取り、鋤、鍬、鎌、鉈にして有徳人に売買して利益を得るというものである（傍線ⓐ）。ここで重要なことは、気候変動が原因で農業経営が破壊されたとしても、むしろそれゆえに、有利に働く生業が存在し、富の偏在は加速するということである。この点で、「飢饉の問題は、基本的には社会システムに関わる部分が大きい」とする原田信男の指摘は正しいものと考える。[69] 明誓は、一方で塩・瓜・米・豆・麦など食料品全般を売買するものも飢饉のさいには餓死しないとするが（傍線ⓑ）、こうした飢饉に応じた経済の動向のなかで、淡水魚類をあつかう生業、すなわち「水辺」の漁撈という生業はどのような位置にあったのであろうか。

(2) 飢饉と漁撈

【史料14】

一　止二山野江海煩一、可レ助二浪人身命一事、
諸国飢饉之間、遠近侘傺之輩、或入二山野一、取二薯蕷・野老一、或臨二江海一、求二魚鱗・海藻一、以二如レ此業一、支二活計一之処、在所之地頭、堅令二禁遏一云々、早止二地頭制止一、可レ助二浪人身命一也、但寄二事於此制符一、不レ可レ有二過分之儀一、存二此旨一、可レ致二沙汰一之状、依レ仰執達如レ件、

正嘉三年二月九日　武蔵守判
相模守判

駿河守殿[70]

この史料は、著名な正嘉の飢饉にさいする鎌倉幕府の追加法である。ここでみる対立の構図、すなわち規制をする「在所之地頭」と江海に臨んで魚類を採捕する「侘傺之輩」という対立の構図は、前節でみた地頭工藤氏と河原の魚をとる人々という構図と変わりない。したがって、ここでも「在所之地頭」による「禁遏」とは、地頭の漁撈を前提とするものと考えたい。また、身命を助ける活計のためのこの漁撈は、「一日のうち」の漁撈であって、史料上は「江海」での漁撈とされているが、信濃国小井弖郷の事例でみたように、実際は河原など「水辺」での漁撈であったのではなかろうか。

しかし、飢饉と漁撈との関係をとらえるためには、単に「一日のうち」の漁撈の存在を指摘するだけでは不十分であると考える。

【史料15】

日本国数年の間、打続きけかち（飢渇）ゆきて、衣食たへ（絶）、畜るひ（類）をは食いつくし、結句人をくらう者出来して、或は死人、或は小児、或は病人等の肉を裂取て、魚鹿等に加へて売しかは、人是を買くへり[71]

これは建治四年（一二七八）の日蓮の書状の一節で、人肉を売買して食したというショッキングな内容が注目される史料であるが、本論においては、飢饉のなかで「魚鹿等」、すなわち魚鳥や猪鹿が市場で売買されていたことに注目したい。むしろ飢饉であればあるほど、魚鳥や猪鹿は市場価値の高い重要な商品となったのではなかろうか。

【史料16】

今日本国亦復如レ是、真言師・禅宗・持斉等人を食する者、国中に充満せり、是偏に真言の邪法より事起れり、竜象房か人を食しは、万か一顕たる也、彼に習て人の肉を或は豬鹿に交へ、或は魚鳥に切雑へ、或は

たゝき加へ、或はすしとして売る、食する者不レ知レ数[72]

これも弘安三年（一二八〇）の日蓮書状の一節である。竜象房は日蓮のグループの法敵であり[73]、人を食うという激しい非難は、宗派間の対立の構図のなかで理解しなければならないが、ここでも強調したいのは、「食する者不レ知レ数」といわれているような魚鳥に対する需要の高さである。こうした魚鳥や猪鹿の売買の背後には当然狩猟と漁撈が存在していたのであるが、それは誰が支えたものであろうか。

（3）漁撈と市場

【史料17】

廿六日甲辰　晴、生魚交易可二停止一之由、仰二太神宮并賀茂上下・住吉等社一了、

殺生禁断事、宣下先了、而於二諸社供祭一者、非二制限一之由、所レ被レ載二宣旨一也、因レ茲、漁人等号二供祭一、於二辺土一有二売買之聞一、所行之企、太不レ可レ然、固守二厳制之旨一、可レ停二交易儀一之由、不日可レ召二進請文一、此上令二違犯一者、仰二使庁一、任レ法、可レ搦二取其身一由、所レ有二御下知一也、以二此旨一、忩可レ被レ仰二定世朝臣一者、依二院宣一、執達如レ件、

　　四月廿六日　　　　治部少輔兼仲

　大夫史殿[74]

この史料は、弘安七年（一二八四）に朝廷より出された生魚交易の停止令である。王権によって強力に推し進められた殺生禁断により、神社の供御のため以外の漁撈は禁止されていたのであるが、傍線部に明らかなように、実態として王権が見逃しえないほどに、首都京都周辺の「辺土」の市場で魚介類は売買されていた。この売買は、あくまで伊勢、賀茂、住吉など大寺社に帰属して供御を貢納する漁人等の、おそらく大規模な漁撈の事例であろ

う。しかし、市場を前提とした漁撈は、大規模な漁撈だけであったといえるであろうか。

【史料18】

或催二寺内之百姓等一、取レ鶉狩レ狸殺二狼落之鹿一、於二別当坊一食レ之、或入二毒物於仏前之池一、殺二若干魚類一、出二村里一売レ之、見聞之人莫レ不レ驚二耳目一(75)

これは、駿河国富士下方滝泉寺の院主代平左近入道行智と日蓮の弟子である大衆越後房日弁、下野房日秀らとの弘安二年（一二七九）の相論における日弁ら側の陳状の一節である。「熱源法難」と呼ばれるこの相論の根底には法華経以外の経典を認めるか否かという深刻な宗派的な対立があった。そして行智の行為を非難するなかに、この狩猟と漁撈の記述が含まれている。これはあくまで紛争の一方当事者の主張であり、そのまま事実として確定することはできない。しかし、ここで注目したいのは、行智が寺内の池において毒物を用いて殺した「若干魚類」を「村里」で売買していると指摘されている点である。村里で魚類売買しているという一方の主張が主張として成り立つためには、村落市場の広範な成立が前提となるのではないだろうか。この裁判における主張が事実であれ、偽りであれ、村落での小規模な魚類売買は広範に存在していたと考えたい。とすれば、大規模な漁撈のみでなく、「水辺」での小規模で素朴な漁撈もまた市場を前提としていた可能性が否定できなくなるのである。

(4)　小括

以上、本節では簡単ではあるが、飢饉時の生業と市場との関係解明を出発点に、「水辺」の漁撈と市場との関係について見通しを述べた。漁撈が市場を前提としていたことは自明なことではあるが、「水辺」での小規模で素朴な漁撈であっても市場を前提としていたと考えておく必要があり、食料品の売買と同じように、飢饉にあたっては重要性を増す生業であったといえるのではないかと考えている。

むすびに

本論では、陸域と水域とが不定期な周期で可逆的に変移する「水辺」という自然環境に着目し、そうした自然環境を前提とした生業の一つとしての漁撈の実態をできるだけ史料にこだわって明らかにしようとした。その結果、まず「水辺」は、河川の流動や湖沼の水位変動をうけて広範な広がりをみせており、「河原」「河辺」「浜際」などとして史料上に登場することを確認した。領域型荘園は、「水辺」という環境を組み込まなければ成り立ちえないのであって、河川が公領（国衙領）として主張される事例があることをもってただちにこうした環境すべてを神仏の支配する「無所有」の「無縁の場」とするとはできないことを主張したい。

次に、「水辺」での漁撈の実態に迫り、網野が強調する海民集団による「自由な通行と漁撈の特権」は貫徹していないこと、地頭・御家人層や荘官層から荘園の住人らまで、また、大規模で高度な漁撈から小規模で素朴な「一日のうち」の漁撈まで、さまざまな階層、集団の異質な漁撈が競合しつつ併存していたことを明らかにした。さまざまな主体によるこうした異質な漁撈の棲み分けは、「水辺」という自然環境の特質によって支えられていた可能性が高いと考える。

そして最後に、飢饉という状況のもとでも魚類が売買されていたことに注目した。「水辺」での漁撈も、小規模であっても市場と結びついていた可能性がある。漁撈は、飢饉という状況下ではかえって重要性が増す生業であった可能性が高く、市場と関わる「水辺」での漁撈は慢性的な飢饉状態という中世の時代背景のなかでは生業の複合的構造を支える重要な核であったと考える。

以上の考察により、網野の海民論、漁業史研究が、「海民」の一方的主張の過大な依拠による偏った議論であったことが明らかとなった。「一日のうち」の漁撈は、琵琶湖地域では現在でも営まれている。それはオカズトリと呼ばれているものであるが、[76]こうした複合して営まれている生業の一環としての漁撈を、琵琶湖総合開発地域民俗文化財特別調査に加わりながら網野は重視しようとはしなかった。[77]論者は前章で、「琵琶湖総合開発の進行に伴って諸分野の研究が飛躍的に進展していくなかで、残存記録資料の分析に偏り、魚の生態や生息環境とそれに応じた漁獲技術までも捉える視点を持たなかった歴史学は、網野でさえも「漁業史」研究の延長線上にとどまり、考古学、民俗学、社会学と視野を共有する歴史像を描くまでにはいたらなかった」と述べたが、[78]現在では逆に、網野であったがゆえに視野の共有ができなかったのではないかと考えるまでにいたっている。それは網野が、「自然そのものの「論理」」を強調しながら、「海民」の一方的主張に依拠するのみで実際には自然そのものをとらえようとする視点をもたなかったことに一因があったのではないだろうか。

では、広範な「水辺」という自然環境の本質、そこにおける「自然そのものの「論理」」とはどのようなものであろうか。最後に、生業論を動態的な議論に深化させていく展望を簡単に述べて終わりにしたい。

本論が注目した「河辺」「河原」そして「浜際」という自然環境は、いずれも常時ではなく、一定度周期的に「水の難」（水害）をこうむる環境である。史料5の『今昔物語集』では、大洪水が二〇年後に発生したことになっており（傍線ⓑ）、表1の①の山城国上野庄では一四年間に六回、表1の②の備前国南北条村では三四年間に四回、いずれも不定期的に「河成」が認定されていた。今回はとりあげることができなかったが、漁撈でも不定期的に「不漁」という問題が発生するように、自然と向き合う生業は、長期的な変遷にももちろん影響されるが、一方で自然の周期的変化による影響をうけ、その不定期的な周期性を前提に生業は複合的に組み立てられることとなる。

たとえば、饗庭昌威によれば、琵琶湖北部の現在の高島市に位置する鴨川右岸は、低湿地のため琵琶湖の増水により「三年に一回しかお米が取れない土地」であったという。[79]この「三年に一回」というのはもちろん科学的な統計によるものではなく、そこに暮らす人々の感覚的なものである。また、大熊孝によれば、移化帯と呼ばれる扇状地帯を流れ出た地域の河川における河原は、畑や水田として利用可能であるが、それは、「洪水時に収穫皆無となることは覚悟の上」であったという(80)。

このような自然の周期的変化を前提とした生業の展開のあり方は、歴史学の従来の単線的な時間軸のみではとらえられず、これまでは歴史的に位置づける視角をもたなかったのではないだろうか。しかし、「水辺」の「環境と生業」との歴史的関わりの解明という視点に立とうとするとき、自然の周期性は今後の重要な論点となるのではないかと考える。

自然の周期性については近年急速に研究が進みつつある(81)。このことをいま全面的に議論する用意はないが、重要なことは、自然の変化はスケールの大きく異なる時間軸が輻輳して起こっており、単一の時間軸だけではとらえることができないということである。こうした地球科学による成果は、歴史学の単線的な時間軸を相対化することになるのではなかろうか。単線的な発展史を描いてきた戦後歴史学の危機的状況にさいして、自然諸科学との学際的な協業が避けて通れないことを主張して粗雑な論考を終えたい。

（1）　川北稔「歴史学はどこへ行くのか――二一世紀に向かって――」（『七隈史学』創刊号、二〇〇〇年）。
（2）　この点については、川北稔「自然環境と歴史学――トータル・ヒストリーを求めて――」（『岩波講座　世界歴史一　世界史へのアプローチ』岩波書店、一九九八年）が参考となる。
（3）　春田直紀「中世の海村と山村――生業村落論の試み――」（『日本史研究』三九二、一九九五年）。
（4）　日本の歴史学における生業論の展開については、春田直紀「生業論の登場と歴史学――日本中世・近世史の場合――」（『生業から見る日本史――新しい歴史学の射程――』吉川弘文館、二〇〇八年）参照。
（5）　安室知「複合生業論」（『講座日本の民俗学　第五巻　生業の民俗』雄山閣出版社、一九九七年）、同『水田をめぐる民俗学的研究――日本稲作の展開と構造――』（慶友社、一九九八年）など。
（6）網野善彦『網野善彦著作集　第七巻　日本中世の非農業民と天皇』（岩波書店、二〇〇八年、初出は一九八四年）。
（7）網野善彦『網野善彦著作集　第一二巻　無縁・公界・楽』（岩波書店、二〇〇七年、初出は一九九六年）など。
（8）網野善彦「漁撈と海産物の流通」（『網野善彦著作集　第九巻　中世の生業と流通』（岩波書店、二〇〇八年、初出は一九八五年）、同『網野善彦著作集　第一三巻　中世都市論』（岩波書店、二〇〇七年、初出は一九九六年）など。
（9）保立道久「中世前期の漁業と庄園制――山野河海の漁民身分をめぐって――」（『歴史評論』三七六、一九八一年）。網野善彦『日本中世の非農業民と天皇』（前掲註6）。網野善彦「漁撈と海産物の流通」（前掲註8）。なお、この点については、春田直紀「漁場と漁村」（『日本中世史研究事典』東京堂出版、一九九五年）が整理している。
（10）国土庁大都市圏整備局ほか『琵琶湖の総合的な保全のための計画調査報告書　本編』（国土庁大都市圏整備局ほか、一九九九年）など。なお、「水辺」の定義については、佐野静代『中近世の村落と水辺の環境史――景観・生業・資源管理――』（吉川弘文館、二〇〇八年）を参考とした。
（11）佐野静代「琵琶湖岸内湖周辺地域における伝統的環境利用システムとその崩壊」、「エコトーンとしての潟湖における伝統的生業活動と「コモンズ」――近世～近代の八郎潟の生態系と生物資源の利用をめぐって――」（『中近世の村落と水辺の環境史』（前掲註10、初出は二〇〇三年と二〇〇五年）。
（12）数少ない例外として、原田信男『中世村落の景観と生活』（思文閣出版、一九九九年）を挙げることができる。
（13）高橋一樹「中世日本海沿岸地域の潟湖と荘園制支配」（『日本海域歴史大系　第三巻　中世篇』清文堂出版、二〇〇五年）。
（14）『世界大百科事典　二二』（平凡社、一九八八年）「にほんれっとう」の式正英氏執筆部分を参考にした。
（15）網野善彦『歴史と出会う』（洋泉社、二〇〇〇年）。
（16）石井進『石井進著作集　第一巻　日本中世国家史の研究』（岩波書店、二〇〇四年、初出は一九七〇年）、網野善彦『日本中世の非農業民と天皇』（前掲註6）、同「漁撈と海産物の流通」（前掲註8）など。
（17）保立道久「中世前期の漁業と庄園制」（前掲註9）。なお、戸田芳実「山野の貴族的領有と中世初期の村落」（『日本領主制成立史の研究』岩波書店、一九六七年）も参照のこと。

(18) 小山靖憲「荘園制的領域支配をめぐる権力と村落」(『中世村落と荘園絵図』東京大学出版会、一九八七年)。「河」や「河原」が荘園に組み込まれた事例としては、遠江国質侶庄（『平安遺文』五―二二二九）や遠江国池田庄（『平安遺文』七―三五六九）の事例が挙げられている。
(19) 中世の築堤の状況については、水野章二「中世の災害――水害への対応を中心に――」(『中世の人と自然の関係史』吉川弘文館、二〇〇九年、初出は二〇〇六年）が整理している。
(20) 寛喜元年（一二二九）一一月二五日、山城国上野庄検注目録、「東寺百合文書」カ函一五『鎌倉遺文』補二―九九一。
(21) 上桂庄の河道の変遷については、金田章裕「桂川の河道変遷と東寺領上桂荘」(『京都市歴史資料館紀要』一〇、一九九二年)、同「自然堤防上の村落」(『微地形と中世村落』吉川弘文館、一九九三年）ほか参照。河成については、池田好信「山城国」(『講座日本荘園史七　近畿地方の荘園Ⅱ』吉川弘文館、一九九三年）参照。
(22) 嘉元二年（一三〇四）、備前国南北条村内検目録、「京都大学所蔵東大寺文書」『鎌倉遺文』二九―二二〇七五。
(23) 貞永元年（一二三二）六月三〇日、官宣旨、「賀茂別雷神社文書」『鎌倉遺文』六―四三三七。
(24) 保立道久「中世前期の漁業と庄園制」(前掲註9)。
(25) 湖沼の「水辺」については、琵琶湖を対象とした宮本真二・牧野厚史「琵琶湖の水位・汀線変動と人間活動――過去と現在をつなぐ視点――」(『地球環境』七―一、二〇〇二年）参照。
(26) 『薗城寺縁起』(『図書寮叢刊　伏見宮家九条家旧蔵　諸寺縁起集』諸寺縁起二二)。
(27) 網野善彦「都市のできる場」(前掲註7『無縁・公界・楽』所収、初出は一九八一年)。
(28) 小山靖憲「荘園制的領域支配をめぐる権力と村落」(前掲註18)。
(29) 高橋学「古代後半～中世初頭における河原の出現」(『人間活動と環境変化』古今書院、二〇〇一年)、同『平野の環境考古学』(古今書院、二〇〇三年）ほか。
(30) 正安元年（一二九九）一一月二六日、美濃国茜部庄地頭代沙彌迎蓮重言上状案、「東大寺文書」『鎌倉遺文』二七―二〇三〇二。
(31) 延慶三年（一三一〇）一一月日、行康陳状、「東大寺文書」『鎌倉遺文』三一―二四一二四。
(32) 水野章二「中世の災害」(前掲註19)。

(33)保安二年（一一二一）九月二三日、伊勢国大国庄流失田畠注進状、「東寺百合文書」カ函八『平安遺文』五―一九二三。写真帳により一部改めた。
(34)『発心集』巻四第九話。
(35)年未詳一〇月二一日、内膳正資清書状、「東寺百合文書」と函一二七『平安遺文』五―二〇九一。
(36)建久八年（一一九七）五月日、越後国白河庄作田注文案、「九条家文書」『鎌倉遺文』一―八〇一。
(37)川合康「治承・寿永の内乱と地域社会」（『鎌倉幕府成立史の研究』校倉書房、二〇〇四年、初出は一九九九年）。
(38)『今昔物語集』巻二六第三。
(39)似たような事例として、『今昔物語集』第一九巻第二七を挙げることができる。
(40)承暦三年（一〇七九）三月一〇日、某庄立券文案、「宮内庁書陵部所蔵文書」『平安遺文』三―一一六六。
(41)貞永二年（一二三三）四月日、明法勘文、「大安神社文書」『鎌倉遺文』七―四四七五。
(42)久安三年（一一四七）五月日、山城国賀茂御祖社司等請文、「東南院文書・東大寺文書」『平安遺文』六―二六二八。元亨三年（一三二三）五月一二日、備前国金岡東庄預所義幸・地頭代政綱和与状、「額安寺文書」『鎌倉遺文』三七―二八四〇〇。
(43)平凡社地方資料センター『日本歴史地名大系二五　滋賀県の地名』（平凡社、一九九一年）。
(44)久安三年（一一四七）一一月八日、官宣旨、「東南院文書」『平安遺文』六―二六三三など。
(45)橋本道範「中世における琵琶湖漁撈の実態とその歴史的意義――湖辺エコトーンの漁撈を中心に――」（『月刊地球』二六四、二〇〇一年）。本書第一部第二章。
(46)網野善彦『日本中世の非農業民と天皇』（前掲註6）。
(47)入間田宣夫「守護・地頭と領主制」（『講座日本歴史三　中世一』東京大学出版会、一九八四年）など。
(48)たとえば、『今昔物語集』巻第一七第二六には、琵琶湖の海人が登場する。
(49)『今昔物語集』巻第一九第一四。
(50)『今昔物語集』巻第一〇四第一〇。
(51)『今昔物語集』巻第一七第四〇。

(52)『今昔物語集』巻第一九第四。
(53) 建久元年（一一九〇）一一月日、金剛峯寺根本大塔長日不断両界大法供僧等申状案、「高野山文書宝簡集」『鎌倉遺文』一―四九五。
(54) 仁治二年（一二四一）九月日、奥嶋庄預所法眼某下文、『大嶋神社・奥津嶋神社文書』一（滋賀大学経済学部附属史料館、一九八六年）。本書第一部第一章、第二部第八章参照。なお、この史料に登場する下司奥嶋氏については、若林陵一「近江国奥嶋荘の荘園領主と在地社会」（『六軒丁中世史研究』八、二〇〇一年）参照。
(55) 網野善彦「漁撈と海産物の流通」（前掲註8）。
(56) 前掲註(23)貞永元年（一二三二）六月三〇日、官宣旨。
(57) 天福二年（一二三四）八月日、慈源所領注文、「華頂要略五十五」『鎌倉遺文』七―四六八七。
(58) 建久七年（一一九六）二月日、堅田供祭神人等陳状写（東京大学史料編纂所所蔵謄写本『賀茂御祖皇太神宮諸国神戸記』を底本として、内閣文庫本と西尾市岩瀬文庫本により対校した）。本書第一部補論3参照。
(59) 長久三年（一〇四二）一二月二〇日、寂楽寺宝蔵物紛失状案、「高野山文書」『平安遺文』一〇―補一六六。
(60) 安曇川の漁については、さしあたり近藤雅樹「漁具・漁法」（『湖西の漁撈習俗――琵琶湖総合開発地域民俗文化財特別調査報告書――』滋賀県教育委員会、一九八二年）を参照されたい。また、この点については、琵琶湖博物館の秋山廣光氏のご教示を得た。
(61) 建長三年（一二五一）二月五日、「工藤家文書」『鎌倉遺文』一〇―七二七二。
(62) 井原今朝男『増補　中世寺院と民衆』（臨川書店、二〇〇九年、初出は二〇〇四年）。
(63)『古今著聞集』三二一。
(64) 滋賀県立琵琶湖文化館編『湖国びわ湖の魚たち』（第一法規出版株式会社、一九七五年）など。
(65) この点については、琵琶湖博物館総合研究「東アジアの中の琵琶湖：コイ科魚類の展開を軸とした環境史に関する研究」の成果である「中世魚介類データベース」を参照した。橋本道範編『琵琶湖博物館研究調査報告　第二五号　日本中世魚介類消費の研究――一五世紀山科家の日記から――』（滋賀県立琵琶湖博物館、二〇一〇年）および本書第一部第四章参照。

(66) 桂川の漁撈については、網野善彦「鵜飼と桂女」(前註6『日本中世の非農業民と天皇』、初出は一九七三年) 参照。
(67) 磯貝富士男『中世の農業と気候――水田二毛作の展開――』(吉川弘文館、二〇〇二年) など。
(68) 『本福寺跡書』(笠原一男・井上鋭夫校注『蓮如　一向一揆』岩波書店、一九七二年)。
(69) 原田信男「中世の気候変動と災害・飢饉」(『東北学』八、二〇〇三年)。
(70) 正嘉三年 (一二五九) 二月九日、関東御教書案、「新式目」『鎌倉遺文』一一―八三四六。
(71) 建治四年 (一二七八) 二月一三日、日蓮書状、「日蓮聖人遺文」『鎌倉遺文』一七―一二九八三。
(72) 弘安三年 (一二八〇) 正月二七日、日蓮書状、「日蓮聖人遺文」『鎌倉遺文』一八―一三八四七。
(73) 建治三年 (一二七七) 六月二五日、四条頼基陳状、「日蓮聖文遺文」『鎌倉遺文』一七―一二七六四。
(74) 『兼仲卿記』弘安七年 (一二八四) 四月二六日条。
(75) 弘安二年 (一二七九) 一〇月日、瀧泉寺大衆申状、「日蓮聖人遺文」『鎌倉遺文』一八―一三七五五。
(76) オカズトリについては、安室知「低湿地の稲作民における生業複合」(前掲註5『水田をめぐる民俗学的研究』参照。
(77) 網野による琵琶湖総合開発地域民俗文化財特別調査の成果は以下の通りまとめられている。「菅浦の成立と変遷」(報告書Ⅰ、一九七九年)、「びわ湖をめぐる堅田のうつりかわり」(報告書Ⅱ、一九八〇年)、「船木北浜の特権と簗漁の盛衰」(報告書Ⅳ、一九八二年)、「ムラの歴史――筑摩御厨と磯村の変遷を中心として――」(報告書Ⅴ、一九八三年)。
(78) 橋本道範「中世における琵琶湖漁撈の実態とその歴史的意義」(前掲註45)。本書第一部第二章。
(79) 饗庭昌威「湖中の道と三矢千軒」(『近江』三、一九七三年)。
(80) 大熊孝『増補　洪水と治水の河川史』(平凡社、二〇〇七年)。
(81) 小泉格「地球環境と文明の周期性」(『講座　文明と環境　第一巻』朝倉書店、一九九五年) など。
(補註1) 初出では「比較的大規模な地曳網の系統」としていたが、その後の検討により改めた (第一部補論3参照)。なお、この点については、佐野静代「琵琶湖の自然環境からみた中世堅田の漁撈活動」(『史林』九六―五、二〇一三年) もあわせて参照されたい。

〔付記〕

本章は、二〇〇八年四月一九日に、「日本中世における水辺の環境と生業について——河川と湖沼の漁撈から——」と題して、京都大学で開催された史学研究会例会で報告した内容を改稿したものである。また、まったく同じ内容について、二〇〇八年四月一八日に琵琶湖博物館研究セミナーで報告した。報告の機会を与えていただいた藤井讓治先生をはじめとする方々、ご意見をいただいた方々に感謝申し上げたい。

補論1　中世琵琶湖における殺生禁断と漁撈

はじめに

日本中世における漁撈の歴史的特質とはなにかという課題を設定した場合、もっとも重要な問題だと認識するのは、王権が存立の拠り所とし、深く社会に浸透し始めた仏教の第一戒が「殺生戒」、つまり、生き物を殺すことを戒めるものであり、殺生をすれば地獄に堕ちるとする殺生罪業観が、九世紀後半を画期として、次第に貴族層の心をとらえていくことである。(1)では、王権や寺院などによってこの戒律の厳守が企図され、殺生罪業観が社会的に受容されていくなかで、魚介類を殺さなければ成り立たない漁撈はこの殺生罪業観といかに折り合いをつけていたのであろうか。また、そのことはその後の漁撈の歴史的展開をいかに規定したのであろうか。本論では、この問題を全面的に論じた苅米一志の論考を手掛かりに、中世の琵琶湖地域における殺生禁断の展開を概観してみたい。(2)

第一節　寺辺殺生禁断と石山寺

「殺生戒」に由来する殺生禁断は、日本列島においては、古代律令国家が法令で殺生を禁止したことに始まる。(3)たとえば、東大寺の大仏開眼供養が行われた天平勝宝四年（七五二）には、「正月三日より始めて一二月の晦日に迄るまで天下の殺生を禁断す。但し縁海の百姓、漁を以て業と為して、生存することを得ざる者には、其の人数に随て、日別に籾二升を給ふ」とあるように、(4)漁撈によって生計を立てているものに対して補償を行ってでも殺生禁断を行おうという意図がみえる。一方、殺生禁断とは表裏の関係にある放生は、天武天皇五年（六七八）に初めて記録に現れ、やはり国家の主導のもとに諸国で実施される。とくに、石清水八幡宮で毎年八月一五日に勅会として行われたのをはじめ、各地の寺社で放生会がとり行われるようになっていった。こうした殺生禁断や放生会は中世国家にも引き継がれ、鎌倉幕府もまた殺生禁断をたびたび命じている。(5)

しかし、漁撈や狩猟により生計を立てている民衆に対して、全面的に殺生禁断を実行させることは不可能であった。そこで、「折中之儀」(6)、すなわち、妥協の産物として期間もしくは空間を限定しての殺生禁断が実際には命ぜられた。このうち、六斎日殺生禁断(7)など期間を限定したものに対して、空間を限定したものが「寺辺二里」の殺生禁断である。

寺辺二里の殺生禁断は、宝亀二年（七七一）に初めて確認されるもので、祈禱空間の清浄性を確保することを目的としたと考えられる。(8)古代においては一里は約六五〇メートルと考えられるので、法的には約一三〇〇メートルの範囲内が殺生禁断領域とされた。これにより、各地の寺院の境内だけでなく、その周囲も殺生禁断の地とされ、周辺の漁撈従事者などと衝突を巻き起こす。そのことを視覚的に示す資料が、石山寺所蔵の『石山寺縁起』巻二に描かれた殺生禁断の様子である。

石山寺は、琵琶湖から流れ出る瀬田川の右岸に位置する。八世紀に創建され、本尊は如意輪観音である。石山寺が殺生禁断を初めて主張するのは、『石山寺縁起』巻二の詞書および『石山寺年代記録』(9)などによれば、永延元年（寛和三、九八七）二月五日である。これによれば、石山寺の「観音慈眼之前」の瀬田川で「漁人」が「供御」と称して網を張り、釣り糸を垂れているのに対して、石山寺僧侶が制止を加えたが、「漁人」は承知しない。そこで、石山寺は時の政権に対して「南北五畔之内、東西両涯之間」の「漁網」停止を求めたというのである。「南北五畔」とあるが、その範囲を今明らかにすることはできない。(10)しかし、瀬田川の「東西両涯」の幅は一町、約一〇九メートルと認識されている。つまり、法令上では「寺辺二里」とされてはいたが、実際の殺生禁断の領域は漁撈が展開している河川の地形などの自然的条件に応じて設定されていたのであった。現に、文治四年（一一八八）には法令に「寺辺二里」の文言を入れるべきかどうかについて政権内部で議論が起きており、このときは加えることとなったものの、(11)これ以後の法令の文中からは「二里」の文言は消え、たんに「寺社近辺」「寺辺」とのみ表現されているのである。(12)

さらに、『石山寺縁起』巻二によれば、石山寺は建久六年（一一九五）に「東西両岸の間、寺領・他領を謂はず」殺生禁断が認められ、永仁年間（一二九三～九八年）の幕府下知状でも、「仮令、他領たりといふとも、寺領の辺に永く漁猟を禁断すべし」と寺領外でも寺辺であれば殺生禁断が認められている。これらの文脈からは、石山寺領以外の漁撈従事者と石山寺との紛争が背景にあったことを予想させるが、こうした石山寺による殺生禁断が実際に行われている様子を描いたのが図1である。河川の漁撈と山中の狩猟への制裁が行われている様子が同時に描かれており、漁撈への対応でいえば、ヤナの破壊、網の切断、魚の放流と漁撈従事者の追放が描かれている。教化や説得によってではなく、武装した僧侶を中心とした寺自身のもつ武力によって殺生禁断が実行されていることをここでは確認しておきたい。

縁起の製作者は建久六年（一一九五）の殺生禁断の様子として描いたのであろうが、『石山寺縁起』巻二の成立は正中年間（一三二四～二六年）と考えられることから、おそらく一三世紀末から一四世紀初頭の時期に実際に行われた殺生禁断が念頭にあると考えてよいだろう。寺辺殺生禁断とはどのようなものであると認識されていたかを示す、極めて貴重な資料といえる。

図1　『石山寺縁起絵巻』巻二からの殺生禁断の図（石山寺所蔵）

第二節　長命寺寺辺殺生禁断とエリによる漁撈

殺生禁断については、従来から数多くの研究があり、中世においては、主として荘園領主あるいは地頭の領域支配のイデオロギーとして理解されてきた(13)。それに対し苅米一志は、初めて殺生禁断と漁撈従事者との相克の具体的あり方とその心性まで追究している(14)。ここで、もっとも重要な点は、苅米が狩猟・漁撈は民衆の生業として領主も切り落とすことができず、つねに何らかの妥協の回路が存在していたと指摘している点である。その妥協の回路とは、制度的には、神祇供祭が国家的な殺生禁断体制から除外されたことであり、思想的には、命の尽きた生類を放ったとしても生き返ることはないが、これを神に捧げるならばむしろ仏果となるのだ、とする「殺生仏果観」の形成である。

しかし、いつの時代も、自然と人間との関係がどこでも一律に展開していたということはありえない。苅米も述べるように、寺院、荘園領主、神社、武士、庄民という「在地における各因子の比重の差や自然環境によって、さらに複雑な事態が展開していた」はずである(15)。

そこで、寺院側もじつは殺生を容認していたことを示す事例として長命寺の僧侶の供祭エリに対する対応の事例をさらにくわしく検討し、琵琶湖漁撈の基本的な枠組みが、中世社会においてどのように成立していったのかを述べてみたい。

琵琶湖の東部、蒲生郡奥嶋の山中腹に位置する長命寺は、寺伝では武内宿禰の開山で聖徳太子の創建と伝えるが、実際の創建は一〇世紀頃ではないかとされている(16)。延喜一二年（九一二）には、長命寺もその領域内に含まれていたと思われる津田庄が延暦寺西塔院四天王像燈分に施入されており(17)、のちの史料では、一一世紀頃に延暦寺西塔院の別院となったといわれている(18)。

長命寺の殺生禁断に関する史料は、中世においては、一三世紀の六〇年代に二点が残されているのみである。[19]苅米は、寺院側の実力行使の事例として長命寺の僧が大嶋神社の供祭エリを切り放った例を挙げるとともに、その一方で、「大嶋・奥津嶋神社の供祭のエリは、近江長命寺の眼前に存在したが、長命寺の僧侶は「千喉まで魚を捕ることを許す」として、漁撈への合意を表明している」と述べている。[20]この典拠はじつは同じ弘長二年（一二六二）七月の史料で、近江国守護佐々木泰綱が長命寺に対して殺生禁断を認めた下文である。[21]「大嶋神主等」が訴えて長命寺寺僧と争ったこの守護法廷での裁判で、大嶋神社側が「魚千喉になっていないのに長命寺寺僧等がエリを切った」と主張したのに対し、長命寺寺僧側は「千喉になったうえでのことである」と反論している。苅米もいうように、ここでは殺生禁断の領域内にエリが存在すること自体は何ら問題とされていない。魚千喉までは捕獲してよいということは、長命寺寺僧等も認めた大嶋神社側との合意事項であったのである。また逆に、大嶋神社側も、自社の供祭のエリが設置されているところが殺生禁断の領域とされていること自体には異議をとなえていない。「魚千喉」の捕獲という合意が破られない限り殺生禁断と供祭のエリは同じ領域のなかで棲み分けていたのである。これこそが長命寺寺辺殺生禁断の実態であった。

では、具体的に長命寺の殺生禁断領域はどのように設定されていたのであろうか。この弘長二年（一二六二）の史料では、「石津江より以北陸海において、殺生禁断せしむべし」とあり、くわしい論証は別に譲らざるをえないが、現在の近江八幡市大房《おぶさ》集落の北あたりに比定される「石津江」を基点に、それより北に殺生禁断の領域は設定されていた。ここで、南限のみが設定されており、そのほかの東、西、北の境界がまったく問題とされていないことには重要な意味があると考える。長命寺所蔵の一六世紀から一七世紀頃に作製された『長命寺参詣曼荼羅図』[22]をみると、本尊は山の中腹から湖辺をみおろす位置に描かれており、参詣者はそのまさに眼前を船で渡ってきて参詣している。つまり寺辺殺生禁断の領域は、先にみた石山寺がその奏状で「湖は広く魚も多いのに、どうして観音の眼前で殺生するのか」と述べているように、まさしく観音の眼前、現実に寺から眺望できる空間に設定されたのである。また、長命寺の寺僧などが問題としたのも、（現在では木立に隠れてみづらいが）じつは観音の眼前での漁撈であったのである。つまりここでは、「みえる」という視覚性が強調されているように、絶対的な距離や面積とは異なる空間が認識されていたといえそうである。

むすびにかえて——中世における寺辺殺生禁断の歴史的意義——

長命寺の寺辺殺生禁断をめぐる紛争の実証的な検討は紙幅の関係上、全面的に別に譲らざるをえない。寺辺殺生禁断の領域は、実際に漁撈に従事する奥嶋や網人等とそれを支える大嶋神社神主、それに対して殺生禁断を実行しようとする長命寺寺僧、それを裁定する立場の延暦寺や守護佐々木氏という自律的な諸集団・諸勢力が、武力行使と法廷闘争によって激しくせめぎあい、その結果として、領域の範囲と、場合によってはその漁獲量までが確定していた。ここで強調しておきたいことは、必ずしも殺生禁断の論理の浸透によって一方的に寺辺殺生禁断の領域が設定されたわけではなく、寺院の武力による設定に対しては漁撈従事者は激しく抵抗し、その結果、村落結合の強化をうながすことになってさえいることである。(23)

ところで、長命寺周辺の史料を検討すると、長命寺の寺辺殺生禁断の史料が一三世紀の六〇年代に限られていることをはじめ、奥嶋周辺の内湖では、一三世紀に入って漁撈資源をめぐる紛争の史料が多く残されていることがわかる。(24)この事実は、大消費都市京都への流通ルートの確立にともなう琵琶湖産の淡水魚介類需要の増大などを背景としていると考えられ、この時期に漁撈資源をめぐる競争が激しくなり、その競争のなかから現在にまでつながるムラが確立していったと考えたい。(25)また、石山寺においても永仁年間（一二九三〜九九年）に寺辺殺生禁断を認める幕府下知状があるとされていることから、一三世紀における瀬田川での漁撈の活発化を想定してよいだろう。

こうした時期に戒律を重視する律宗が支配者層をはじめとする人々の心をとらえ、寺辺殺生禁断がことさら実施されたことは、資源の分割競争に一定の歯止めを与える結果となったと考えてもよく、資源の「保全」にとってまったく無意味だったとは思わない。しかしながら、石山寺の永延の事例でも、石山寺側の主張する「どうしてわざわざ観音の眼前で生命を殺すのか」という論理に対して「漁人」は、「供御」の論理を盾にけっして殺生禁断を受容してはいない。殺生禁断の論理が漁撈従事者の心性を緊縛して、生業の変更にまで追いやるというようなことはついになかった。では、一三世紀の寺辺殺生禁断は観音の眼前で漁撈をしている人々の心性に、何らの影響も与えなかったのであろうか。

この点で注目したいのは、弘安六年（一二八三）成立の無住の仏教説話集『沙石集』である。このなかには、殺生罪業観にもとづく説話と殺生仏果観にもとづく説話とがあわせて載せられている。二つに分裂していた一三世紀の殺生観を知るうえでたいへん興味深いが、それらのなかには琵琶湖での漁撈に関する説話も含まれている。たとえば、琵琶湖で浦人が捕った鯉を山僧が逃がしたところ、賀茂の贄《にえ》として出離するはずであったのにと夢で恨んだ話(26)や、舟に飛び込んだ鮒を僧侶（延暦寺僧と園城寺僧との両説があるとわざわざ記している）が我腹に入ったら必ず出離できるので、菩提を訪うからと説法したうえで打ち殺して食べたという大変興味深い話を載せている(27)。最初の説話は、一三世紀前半に成立した鴨長明の『発心集』にも載せられており、延暦寺・園城寺のいわば膝下に位置する琵琶湖での漁撈を正当化する論理として普及していたことが想定される。

さらに注目されるのが次の説話である。「大津ノ海人共」が仏事のためたびたび説経師を招いたが、なかなか心に叶う説教をするものがなかった。しかし、ある説経師が心得て「湖は天台大師の御眼であるので、そのチリである鱗を捕るのは功徳である」と説いたところ、海人共は随喜して多くの布施物を与えたというのである(28)。

この説話について林恒徳は、「この話の背後に、魚介を漁りけものを狩ることを生業とし、それを往生の障害と考えその滅罪と救済を願っていた多くの人々がいた、ということに注意しなければならない」と述べたうえで、「この話は、彼等と彼等の気持を敏感に察した機知に富んだ説経師との協同作業の産物と言うべきで、漁師達の願いがストレートに反映されたものであり、彼等はこのような形で、自らの方便による救済を実現しようとしたという風にこの話を把えることが出来よう」と述べている(29)。

林は、「まさか『殺生はおやめなさい』と説いたわけではあるまい」と述べるが、そうではないにせよ、それまでの説経師は殺生罪業観にもとづく説経を行ったのではないだろうか。それに対して海人たちは、みずからの生業を変更しようなどとは毛頭考えていない。しかし、あくまでも生業として選択した漁撈を前提としながらも、やはり心の奥底では葛藤を抱えていたのである。そこにこの説経師が多くの布施をせしめたという話が成立した鍵がある。

宮畑巳年生は、長命寺町について、「長命寺の門前でもあるので、禁漁を守りつづけてきたが、第二次世界大戦後は、漁業従事者も住むようになった」と報告している(30)。さらに、大正四年（一九一五）の滋賀県水産試験場による『琵琶湖水産調査報告　第三巻』によると、明治維新当時にあった禁漁地のひとつとして「蒲生郡長命寺地先」とあり、「古来漁業ヲ禁ジタルモ由来明ナラス」と記されている。寺辺殺生禁断は、由来を忘れ去られたとはいえ、江戸時代を通じて脈々と生き続けていたのである。ところが、今現在の近江八幡漁協での聞きとり調査では、長命寺寺辺殺生禁断の痕跡をうかがうことはまったくできなかった。ただし、門前の西芳寺での魚の法要は毎年行われているという。上記の説話に表れた葛藤を抱えたアンビバレント（両義的）な心性は、漁撈従事者の目を、殺生禁断ではなく、それと表裏の関係にあった放生や供養へと向けさせる動因となったのではなかろうか。いずれにせよ、中世における寺辺殺生禁断は観音の眼前で漁撈をする人々に何らの影響も与えなかったわけではなく、放生会や魚供養の民俗慣行を現在にいたるまで続けさせるなどのかたちで、琵琶湖の漁撈をめぐる自然と人間、人間と人間との基本的な枠組みの基点をつくったと考える。

（1）平雅行「殺生禁断と殺生罪業観」（脇田晴子・マーチン・コルカット・平雅行編『周縁文化と身分制』思文閣出版、二〇〇五年）。
（2）苅米一志「日本中世における殺生観と狩猟・漁撈の世界」（『史潮』新四〇、一九九六年）。
（3）苅米一志「日本中世における殺生観と狩猟・漁撈の世界」（前掲註2）。
（4）『続日本紀』天平勝宝四年（七五二）正月辛巳条。
（5）永井英治「中世における殺生禁断令の展開」（『年報中世史研究』一八、一九九三年）。
（6）文永五年（一二六八）徳大寺実基奏状、『日本思想体系二二　中世政治社会思想　下』（岩波書店、一九八一年）、永井英治「中世における殺生禁断令の展開」（前掲註5）。
（7）とくに身を慎み持戒清浄であるべき日と定められた八日、一四日、一五日、二三日、二九日、三〇日。
（8）平雅行「殺生禁断令の歴史的展開」（大山喬平教授退官記念会編『日本社会の史的構造　古代・中世』思文閣出版、一九九七年）。
（9）『石山寺年代記録』（石山寺文化財綜合調査団編『石山寺資料叢書　寺誌篇第一』法蔵館、二〇〇六年）。
（10）なお、石山寺の寺域については、勝山清次「庄園の展開」（『新修大津市史　二　中世』大津市役所、一九七九年）参照。
（11）『玉葉』文治四年（一一八八）七月九日、一三日条。
（12）建久二年（一一九一）三月二八日、後鳥羽天皇宣旨、『鎌倉遺文』一―五二六。寛喜三年（一二三一）一一月三日、後堀河天皇宣旨、『鎌倉遺文』六―四二四〇。
（13）小山靖憲「荘園制的領域支配をめぐる権力と村落」（小山靖憲『中世村落と荘園絵図』東京大学出版会、一九八七年、初出は一九七四年）。

(14) 苅米一志「日本中世における殺生観と狩猟・漁撈の世界」(前掲註2)。
(15) 苅米一志「日本中世における殺生観と狩猟・漁撈の世界」(前掲註2)。
(16) 武内祐韶・宇野茂樹「長命寺の歴史と信仰」(中島千恵子・武内祐韶『古寺巡礼　近江七　長命寺』淡交社、一九八〇年)。
(17)『叡岳要記』(『群書類従』第二四輯)。
(18) 大永六年(一五二六)九月一四日、学頭内供奉快重書下、滋賀県教育委員会事務局文化財保護課編『長命寺古文書等調査報告書』一三七号文書(滋賀県教育委員会、二〇〇三年)、以下『長』一三七のように略す。
(19) 弘長二年(一二六二)七月日、近江国守護佐々木泰綱袖判下文、『長』一九、『鎌倉遺文』一二一八八三八。文永元年(一二六四)四月一六日、石宗法印御教書、『長』一九、『鎌倉遺文』一二一九〇七五。
(20) 苅米一志「日本中世における殺生観と狩猟・漁撈の世界」(前掲註2)。
(21) 弘長二年(一二六二)七月日、近江国守護佐々木泰綱袖判下文、『長』一五、『鎌倉遺文』一二一八八三八。
(22)『古寺巡礼　近江七　長命寺』(前掲註16)など参照。
(23) 弘長二年(一二六二)十月十一日、錦吉弘等庄隠規文、『大嶋神社・奥津嶋神社文書』二(滋賀大学経済学部附属史料館、一九八六年)は、この相論に関わるものではないだろうか。
(24) 本書第二部第八章参照。
(25) HASHIMOTO Michinori "A 13th-Century Turning Point of Fishing Rights and Endemic Fish-trap ('Eri') Technology in Lake Biwa, in Relation to the Role of Village Communities", *ANCIENT LAKES : Their Cultural and Biological Diversity*, KENOBI PRODUCTIONS, 1999. 本書第一部第一章。また、本書第二部第八章も参照のこと。
(26)『沙石集』拾遺〔五〕(一)。
(27)『沙石集』拾遺〔五〕(二)。
(28)『沙石集』巻第六〔六〕。
(29) 林恒徳「〈殺生放生説話〉の成立と展開」(『国語と国文学』四九―二、一九七二年)。
(30) 宮畑巳年生『近江の祭と民俗』(ナカニシヤ出版、一九八八年)。

〔付記〕

本補論は、一九九九年一一月一九日に、「中世琵琶湖における寺辺殺生禁断の展開」と題して、琵琶湖博物館研究セミナーで報告した内容を改稿したものである。嘉田由紀子氏と連名で「漁労と環境保全——琵琶湖の殺生禁断と漁業権をめぐる心性の歴史から探る——」と題して投稿したが、論者は中世部分を執筆するので精一杯であった。また、写真の掲載については、石山寺座主鷲尾遍隆氏のご高配を得た。

なお、この内容については、一九九八年五月二四日に、嘉田氏により"Social and cultural meanings of sacred closed grounds for lake fishery: Comparison between Ishiyamadera Temple and Chikubushima Island at Lake Biwa, Japan"と題して、ユネスコが主催したInternational Symposium on 'Natural' Sacred Sites-Cultural Diversity and Biological Diversity（フランス）において報告されている。

補論2　寺辺殺生禁断試論——宗教的戒律がつくる心理的景観——

第一節　「寺辺」という不可思議な領域

里山や里海など、自然そのものと人為との相互作用の結果としての景観が注目されている今、景観を読み解き、そこから自然と人間の営みとの関わりのあり方を解明することが強く求められるようになっている(1)。そこで、本論では、資源の利用の仕方が異なるさまざまな領域（テリトリー）から景観が構成されていることに着目し、その実態解明を目指したい(2)。その領域とは、秋道智彌によれば資源の利用が管理された領域、自由な領域、禁止された領域、そして聖なる領域などである。とくに、領域を限って資源の利用が制限された事例が存在することは重要である。それが意図的であったかどうかは別として、「乱獲」を防ぎ、自然の「賢明な利用」、資源の「保全」を支えていた可能性もあるからである。

前近代の日本列島にもまた資源の利用が制限された領域が存在した。殺生禁断の領域である。中世の日本列島の殺生禁断については研究が積み重ねられており(3)、近年では生業保障と資源保全とのせめぎあいという観点から、生業論を構成する重要な論点として整理されるようになっている(4)。論者も本書補論1で琵琶湖地域の長命寺と石山寺の殺生禁断をとりあげ、「寺辺」という不可思議な領域でせめぎあう殺生禁断の具体像と人々の心性を概観した(5)（以下、「前稿」とする）。そこでは、祈禱の空間である寺院の境内は当然のこととしても、「寺辺」という空間までもが殺生禁断とされた理由を、寺院からの一律の距離ではなく、観音菩薩からの視界、つまり、殺生が現実に見えるかどうか、という要因に求めてみた。それは、どうしてわざわざ観音の眼前で殺生をするのかという論理が主張されていたためである（後掲史料7・8）。しかし、その主張がどこまで実態にそくしたものなのか、あくまで心理的な主張に過ぎないのかについては十分な検証ができていない。

そこで、本論ではGISを用いてその検証を試みたい。GIS（地理情報システム）とは、コンピュータ上でさまざまな地理空間情報を重ね合わせて表示するためのシステムのことで、近年、GISを利用した景観研究が進みつつある(6)。GISに寺院を中心とした周辺地形の標高を取り込み、標高から物理的に可視できる部分とできない部分とに区別すれば、少なくとも現在の地形における寺院からの視界を推定することが可能である。とすれば、寺院からの視界と殺生禁断の領域との相関関係について考える手掛かりを得ることはできないだろうか。

本論では、まず、中世の日本列島における寺辺殺生禁断について改めて確認したうえで、GISを用いて琵琶湖地域の長命寺と石山寺からの視界を推定し、史料から確認できる寺辺殺生禁断の領域との関係について検討したい。そして、「寺辺」という心理的な領域の歴史的意義、さらには現代的意義についてもふれてみたいと思う。

第二節　寺辺殺生禁断とは

殺生禁断とは、仏教の戒律のひとつである不殺生戒にもとづき、生き物を殺すのを禁止することである。国王や地方の支配者が、個人として不殺生を実行するだけでなく、功徳として領内の人々にも強制的に守らせた点で大きな歴史的意義がある。日本列島における記録上最初の殺生禁断は、聖武天皇の治世、天平九年（七三七）八月のものであるが(7)、この年は疫病が大流行していた(8)。殺生禁断は、このような天変を除去する呪術的効果が期待されていたものと考えられている(9)。

しかし、九世紀から一〇世紀にかけて次第に殺生は罪業であるという観念、殺生罪業観が浸透し始め、殺生罪業観が付加された殺生禁断が行われるようになる(10)。こうした殺生禁断令は中世の公家政権に受け継がれ、鎌倉幕府も初発の段階から殺生禁断の体制のなかにみずからを位置づけ、むしろ積極的に殺生禁断の実施を求めている[11]。そして、一三世紀後半には叡尊が宇治川の網代《あじろ》を破却するなど、幕府の援助も受けて積極的に殺生禁断を推進した[12]。

ここで本論にとって重要なのは、こうした観念を寺社が領域の支配を行うための手段として利用し始めることである[13]。たとえば、高野山金剛峯寺領備後国大田庄の荘官である下司と金剛峯寺との紛争にあたって、高野山側は「高野山之庄々之習、以二殺生禁断一為レ先」と主張し、下司の狩猟や漁撈を非難している[14]。これは殺生禁断が、武士の活動を抑圧するとともに、山野河海における生業を規制する機能を果たしていたことを意味する。

ただ、社会全体が殺生禁断や殺生罪業観で覆われ、狩猟や漁撈がなくなってしまったわけではもちろんない。とくに重要な点は、伊勢神宮や賀茂社などへの供祭のための漁撈が殺生禁断の適用除外とされた点である。そして、そうした漁撈を正当化する言説、生類を神にささげれば仏果（仏の境地）となるという殺生仏果観も登場し、悪人往生思想とともに漁撈や狩猟に従事する者を救済した。中世においては、殺生を否定する観念と殺生を肯定する観念がせめぎあいながら生業が行われていたのである[15]。

では、そうした殺生禁断の歴史的展開のなかに「寺辺」の殺生禁断はどう位置づけることができるであろうか。

【史料1】

太政官符

應レ禁二断月六斎日幷寺辺二里内殺生一事[16]

これは、宝亀二年（七七一）の太政官符(格)の事書である。月六斎日[17]と寺辺二里の殺生禁断、つまり時間と空間を限定しての殺生禁断が命じられていたことがわかる。記録上はこれが寺辺殺生禁断令の初見であるが、表1にまとめたように、のちの貞観四年（八六二）の官符から、天平勝宝四年（七五二）、承和八年（八四一）にも

表1　寺辺殺生禁断令一覧

年	西暦	月	日	範囲	禁止行為	備考	出典
天平勝宝4	752	閏3	8	（不明）	（不明）	貞観４年官符に引用	『類聚三代格』
宝亀2	771	8	13	寺辺二里内	殺生	月六斎日も禁断・貞観４年官符にも引用	『類聚三代格』
弘仁3	812	9	20	東大寺四面二里内	殺生	天平勝宝の格に準ず	『日本後紀』
承和8	841	2	14	（不明）	（不明）	貞観４年官符に引用	『類聚三代格』
貞観4	862	12	11	寺辺二里内	殺生	月六斎日も禁断	『類聚三代格』
文治4	1188			寺辺二里	殺生	「寺辺二里」を法文にいれるかどうか議論	『玉葉』同年7月9日/8月13日条
建久2	1191	3	28	京中寺社近辺	飼鷹鷂／漁猟鷹鷂		『鎌倉遺文』1-526
寛喜3	1231	11	3	寺辺	殺生	六斎日も禁断	『鎌倉遺文』6-4240

注：本表は、本論註(3)苅米論文（1996年）を参照して作成したものである。

同様の官符が出されたことがわかるので、「寺辺二里」の殺生禁断令が初めて出されたのはおそらくは、天平勝宝四年であろう。

この「寺辺」の殺生禁断を分析した平雅行は、殺生禁断は祈禱空間である寺院の清浄確保の手段のひとつであるとし、寺辺の殺生禁断の基調にあったのは、「寺域の汚穢による天譴への恐れと、寺域の掃除による除災への期待」であったと述べている[18]。寺辺殺生禁断を命じた史料1の事実書にも「三宝浄区、還為漁猟之場」とあり、「寺辺」にも一定の聖域性が認められていたものと考えられる[19]。

では、なぜ「寺辺」のうち、「二里」に限定して殺生禁断とされたのであろうか。貞観四年の官符には次のようにある。

【史料2】

但事不レ獲レ已、施二法於易一、故或避レ之以二月中六斎一、或限レ之以二寺辺二里一[20]

ここで明確に「法を易く施す」ことが目的と述べられているように、「寺辺二里」の設定は、殺生禁断を現実的政策とするための便宜的なものであった。そのことは次の事例からも明らかである。

文治四年（一一八八）七月九日、時の摂政九条兼実のもとに「殺生禁断宣旨案」がもたらされた(21)。ところが、その草案には「寺辺二里」の文字がなかった。そこで兼実は代々の官符にみえている先例は後白河上皇の勅定でなければ変えられないとして、上皇の決裁を仰ぐように指示している。そのさい、次のような意見を述べていることが注意される。

【史料3】

大略大地無二其験一、皆是仏閣也、仍難レ差二寺辺二里一歟、然而代々官符所レ載也、可レ奏二事由一(22)

「だいたい大地には目印はない。それはみな寺院である。よって、寺辺二里を指定することは困難である」というのである。結局、「寺辺二里」の文字は宣旨に書き加えられることとなった(23)。しかしながら、殺生禁断令を発していた権力の中枢も、先例にしたがっていただけで、「寺辺二里」のいわばフィクション性は認識されていたのである。

では、現実の寺辺の殺生禁断は、「験」がない大地の上で、どのような原理で領域設定されていたのであろうか。

第三節　琵琶湖地域の寺院と殺生禁断

(1)　長命寺の寺辺殺生禁断

長命寺は、琵琶湖東部、奥嶋にある標高三三二メートルの長命寺山の中腹に位置している（図1）。創建は聖徳太子、承和三年（八三六）園城寺僧頼智の中興と伝えられるが、中世には延暦寺西塔の別院であった(24)。本尊は平安時代後期、一二世紀の作とされている木造千手観音像で、西国三三所観音霊場の三一番札所となっている。永正一三年（一五一六）、兵火で堂舎を焼失し、現在の本堂は大永四年（一五二四）に再建されたものである。やや西側に振れているが、南向きの配置となっている[25]。

【史料4】

下　長命寺

応㆘任㆓先例㆒致㆗殺生禁断㆖事

（中略）

且任㆓先例㆒、従㆓石津江㆒以北於㆓海陸㆒、可㆑令㆓殺生禁断㆒之状如㆑件[26]

この史料は、弘長二年（一二六二）七月に、長命寺と、同じく奥嶋の大嶋神社とが、「江入」、すなわち、定置網漁であるエリ漁をめぐって争ったさいの、守護佐々木泰綱の下文である。前稿でとりあげたように、殺生禁断の領域内でありながら全面禁漁ではなく、大嶋神社が千喉（匹）までは漁獲してよいという資源の利用制限が行われていたことを示す貴重な史料であるが、本論が注目するのは、殺生禁断領域の四至が問題となっていないということである。守護が認めた殺生禁断の領域は、石津江より以北の陸と海であり、南限が定められているだけである。

図2は、カルロス・レンゾ・セバヨス・ヴェラルデが、国土地理院刊行の「数値地図二五〇〇〇」の五〇メートルメッシュの経度・緯度・標高の数値データをベースに作成した長命寺の視界地図である。長命寺を中心とした不可視域と可視域が示されている。また、長命寺から二里に相当する半径一三〇〇メートルの円内は表示を濃くしている。ただし、過去の植生の問題は今回は捨象せざるをえなかった。

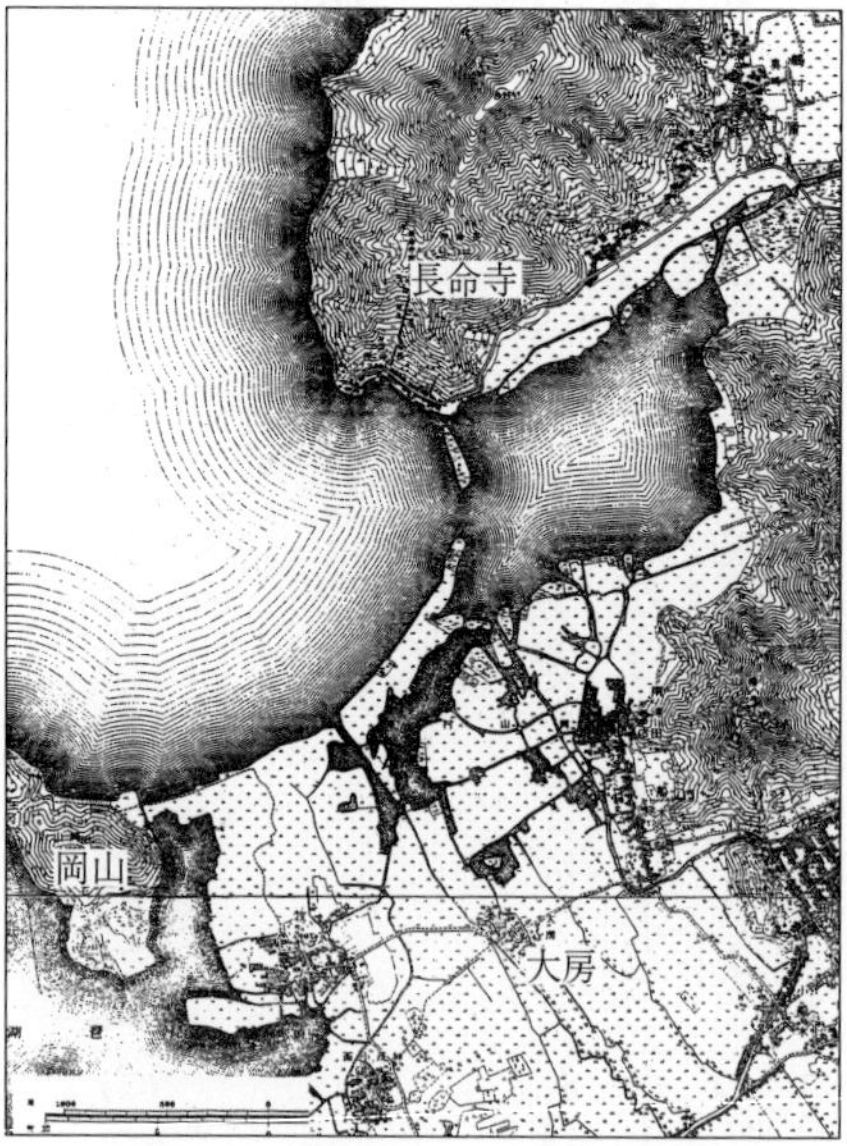

図1　19世紀の長命寺周辺の景観

残念ながら五〇メートルメッシュのデータでは仏像や本堂からの精密な視界を確定することは困難であった。しかし、標高をもとに物理的に視界が計算されているため、逆に大きな傾向を読みとることには適しているともいえる。これによれば、視界が遮られているのはおよそ北東の七〇度程度で、残り二九〇度は開かれている。そして、視界の広がりの中心に視界を遮る岡山が位置している点に注意しておきたい。岡山は長命寺からの視界にまっさきに飛び込むはずであり、視界の中心軸といってもよいであろう。

では、次に、石津江はどこか、ということが問題となろう。このことについては手掛かりが残されている。

【史料5】

（端裏書）「字石津」

奥嶋御庄司土師助正解　申□（奉カ）二施入一先祖相伝畠地事

図2　長命寺視界地図

註：本図は、総合地球環境学研究所のカルロス・レンゾ・セバヨス・ヴェラルデ氏が国土地理院刊行「数値地図25000」（1997年）の50mメッシュの経度・緯度・標高の数値データをベースに作成したものである。ESRI社の AreGIS9.2 を用いて作図し、解析のために付属の Spatial Analyst が用いられている。長命寺の位置は Google Earth によって、経度35.1627625度、緯度136.0627509度、標高207m に設定してある。なお、この作業のために、AutoDesk 社の AutoCAD Map 3D 2008とGoogle Earth 4.3.7191.6508 を用いている。

合漆段[七]

在蒲生下郡船木郷

十二条廿一里卅六坪　十三条廿一里廿五坪卅一両坪者

四至 限東公田　南限公田　限西石津江　限北冷泉院田幷紀是範之地[27]

承保元年（一〇七四）、奥嶋庄司土師助正は相伝の畠地七段を長命寺に施入しているが、その畠地は「石津江」の東側に位置しており、字「石津」と呼ばれていた。所在地は、蒲生下郡船木郷の一二条二一里三六坪と一三条二一里二五坪および三一坪である。

蒲生郡の条里の復元については、これまで研究が積み重ねられており、最新の高橋美久二の成果によれば、該当の三坪、すなわち「石津」は、ちょうど明治二六年（一八九三）の地形図にみえる大房《おぶさ》集落に位置していたことがわかる[28]（図1参照）。蒲生郡の条里は坪の順番を並行して割り振る平行式坪並であるので、該当の三坪は、じつは隣接していた。明治二六年の地形図で大房の西側に「石津江」の痕跡を確認することはできないが、大房には、観応元年（一三五〇）に東寺領近江国三村庄の問丸「尾房源五」がいたことが知られている[29]。源五は当然湖上交通と関わっていたはずであり、現大房集落の西側には「石津江」と呼ばれた入江が展開していたと考えておきたい。

以上のように想定すれば、石津江は、長命寺からみるとほぼ南方に位置していたといってよいだろう。ここは八幡山によって遮られる不可視域と岡山によって遮られる不可視域とのちょうど真ん中付近に相当する（図2）。つまり、視界の中心軸である岡山のちょうど手前側が殺生禁断の焦点となっていたのである。距離は、長命寺本堂よりおおよそ三キロメートル、麓の門前から計算しても「寺辺二里」の二倍ほどあることは明らかである。

このように、長命寺の寺辺殺生禁断は、「寺辺二里」との法文とは大きく異なり、視界の開けた南方を基点としてのみ設定され、しかも二里を大きく超えていた。視界が遮られていた東方はもちろん、北方、西方もまったく問題とされてはいなかった。一三世紀には、石津江の北東に位置した津田入江では漁撈紛争が頻発していたことが確認できる。[30]寺辺殺生禁断の領域として殺生と殺生禁断とのせめぎあいの舞台となっていたのは、長命寺からの視界の焦点であったのである（図3）。

(2)　石山寺の寺辺殺生禁断

石山寺は、琵琶湖南部、瀬田川右岸の丘陵の中腹に位置している（図4）。天平一九年（七四七）創建されたと伝えられ、天平宝字五年（七六一）から翌年にかけて増改築された。開基は良弁とされ、当初は東大寺末の華厳道場であったが、九世紀に聖宝が初代の座主となってからは真言密教の寺院である。本尊如意輪観音は貴族層

図3　19世紀頃の長命寺から見た南方の様子

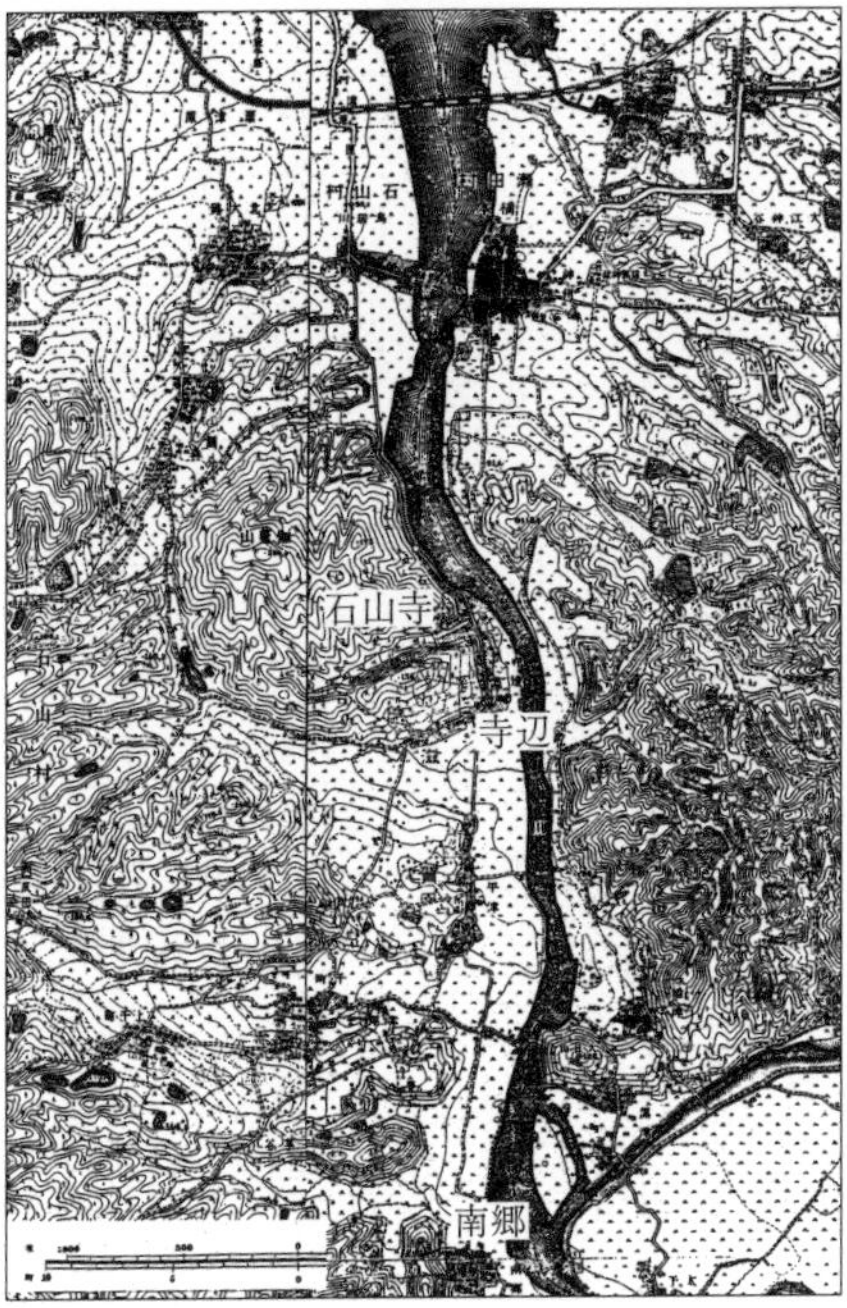

図4　19世紀の石山寺周辺の景観

から庶民層まで幅広く崇敬され、西国三三所観音霊場の一三番札所となっている。承暦二年（一〇七八）の大火で本堂以下が消失し、現在の本堂は永長元年（一〇九六）の再建である。また、本尊如意輪観音も同時期の作とされている(31)。いずれもやや東側に振れているが、南向きの配置となっている(32)。

建武三年（一三三六）正月一〇日夜、石山寺に数万の大軍が三日間にわたって乱入し、寺庫を打ち破って重書以下を掠奪した(33)。この時の紛失状が残されている。そのなかに、

【史料6】

一帖　建久六年□□日(34)
殺生禁断官符・絵図事

とある。建久六年（一一九五）に殺生禁断の官符と絵図が石山寺に下されたことが確認できる確実な基本史料である。このうち、絵図については残されていないが、官符については『石山寺縁起』巻二に引用されている。関連する全文を示したい。

【史料7】

永延の比、寺領のほとりに長く殺生を停むべき由、寺家奏申侍けるに、慶保（慶滋）胤筆を染て曰く、「ⓐ夫れ江海狭きに非ず、鱗類是れ多し。何ぞ必ずしも観音慈眼の前に動もすれば生命を殺し、伽藍堺地の畔の長へに漁潭をトせん」云々。重ねて建久の聖代にも官符を下されて云ふ、「応に先格後符に任るべし。慥に石山寺辺に漁猟の事を停止し従り、華夷遠近、帰依せざるは莫し。是を以て、往古自り以来、当国武勇の輩、寺辺に宛満すと雖も、更に殺生を企てざる者なり。ⓑ東西両岸の間、寺領・他領を謂はず、一条院の御宇に、殊に綸言を降し、永へに殺生を禁断せられ了んぬ。乃至、且つは、彼の倫瀆穴者を破却せんと欲す。権中納言藤原朝臣隆房、勅を奉けて宣す。」云々。しかのみならず、永仁年中に関東下知状にも、「仮令、他領たりといふとも、寺領の辺に永く漁猟を禁断すべし」と侍るとかや（史料中の原史料の引用部には「　」を付した(35)）。

『石山寺縁起』の詞書は、正中年間（一三二四〜二六）に成立したものとされている(36)。したがって、二重傍線部によれば、石山寺で殺生禁断が問題とされたのは、建久年間のほかに、永延年間、永仁年間の計三回と一四世紀には認識されていたことになる。

このうち、永延年間については、永延元年（九八七）の奏状が近世史料である『石山寺年代記録』『石山寺座主伝記』に書き写されている。そこには『石山寺縁起』巻二にはない記述もみられる。

【史料8】

請㆘被㆑降㆓宣旨㆒停㆗止寺前用釣綱《ママ》㆖状

右、ⓐ此寺、後㆓青山㆒面㆓碧海水㆒、去㆓其流㆒不㆑過㆓数歩㆒、到㆓彼岸㆒纔可㆓一町㆒、爰称㆓供御料㆒張㆑網垂㆑釣、僧侶雖㆑加㆓制止㆒漁人曾不㆓承引㆒、ⓑ夫江海非㆑狭、鱗類是多、何必観音慈眼之前、動殺㆓生命㆒、伽藍堺地之畔、長卜㆓漁潭㆒、ⓒ望請南北五畔之内東西両涯之間被㆑降㆓綸綍㆒停㆓止網漁㆒、令㆘彼遊泳之鱗、知㆗遍慈悲之徳㆖、仍注㆓申状㆒謹請如㆑件

永延元年二月五日(37)

この奏状の真偽を確かめる史料はないが、傍線ⓑは『石山寺縁起』巻二（史料7・傍線ⓐ）と一致している。したがって、九世紀に慶滋保胤が起草したとする根拠はまったくないものの、一四世紀段階の寺辺殺生禁断についての認識を示すものとみなすことはできよう。そこで、その内容を検討してみたい。

まず、「去㆓其流㆒、不㆑過㆓数歩㆒」とあるように、伽藍は川幅が「一町」（約一〇九メートル）ほどと認識されていた瀬田川の辺に位置するとされている点に注目したい（傍線ⓐ）。というのも、「供御」のためと称して網漁、釣漁が行われていたのは、まさにその瀬田川であったと解釈されるからである（波線）。石山寺側は、「江海は狭くなく、魚類も多いのに、どうして観音慈眼の前で生命を殺し、伽藍の堺地のほとりで、ずっと漁をしようとする

のか」という論理をもって殺生禁断の実行を政権に対して求めているのであるが（傍線ⓑ）、その範囲は、「南北五畔之内、東西両涯之間」とされており、瀬田川のみが問題とされているのである(38)（傍線ⓒ）。

図5は、図2と同じく、ヴェラルデが作成した石山寺を中心とした視界地図である。石山寺から半径一三〇〇メートルの円内は表示を濃くしている。ここでも精密な可視範囲を確定することは困難であるが、逆に大きな傾向を読みとることには適していると判断した。また、現在は樹木によって遮られている視界がある程度は検討できると考える。

図2の長命寺の事例と比較すれば明瞭であるが、視界は狭く、広がりをみせていない。それは、瀬田川を挟んで西側と東側とに丘陵が位置し、視界の広がりを遮っているためである。しかし、意外にも琵琶湖側、つまり瀬田川の上流側に視界が開けており、下流側とあわせると瀬田川に沿って南北におおよそ二七〇度にもなる。ただ

図5　石山寺視界地図

註：図2とおなじく、総合地球環境学研究所のカルロス・レンゾ・セバヨス・ヴェラルデ氏が国土地理院刊行「数値地図25000」（1997年）の50mメッシュの経度・緯度・標高の数値データをベースに作成したものである。石山寺の位置は、経度34.960427度、緯度135.905305度、標高115mに設定してある。その他については、図2の註を参照のこと。

し、下流側に向けた視界はちょうど一三〇〇メートルの範囲内に限定されている。視界の焦点は、眼下を流れる瀬田川に向けられていたのではなかろうか。

こうした視点でもう一度『石山寺縁起』巻二の詞書（史料７）に戻ると、殺生禁断の対象が、瀬田川の漁撈に絞られていることが改めて注目される。確かに『石山寺縁起』巻二の絵（補論１図１、一二〇頁）では、漁撈と狩猟とに対する殺生禁断が両方とも描かれ、永仁年中に問題となったとされたのも「漁猟」である。しかしながら、永延元年（九八七）に問題となったとされたのは江海での漁撈のみであった。また、建久六年に問題となったとされたのも、「東西両岸の間」の漁撈である(39)。史料８で「南北五畔之内、東西両涯之間」が問題とされていることからも、一四世紀の石山寺の寺辺殺生禁断の焦点が東側を南北に流れる瀬田川での漁撈にあったことは疑いない。これは、石山寺からの視界が瀬田川を中心軸としていることと関わってはいないだろうか。

この点でさらに注目されるのは、「寺辺《てらべ》」というそのものの地名がみえることである（以下、『寺辺』と表記する）。この『寺辺』の範囲を示す史料は残されていないが、前欠史料である建久八年（一一九七）一一月二六日の石山寺領坪付帳は次のような記載となっている。

【史料９】

（前欠・前略）

廿一坪七反　　祐禅

（中略）

注進　同南郷帳事

（中略）

二条五里一坪一反内寺垣　　定心(40)

後半の南郷の部分には二条から四条までの条里呼称が記載されているのに対し、前欠の前半部分には条里の記載がなく、ただ九坪から三六坪まで記載されているだけである。ここには当然『寺辺』の坪付が記載されているはずなので、『寺辺』は一条里の範囲内であったと推定できる。(41) 条里は、一辺約一〇九メートルの正方形の区画（坪）を縦横六個ずつ編成したものであるので、一条、一里は約六五四メートルにすぎない。石山寺南側の丘陵の東麓に寺辺村が存在したことは、慶長六年（一六〇一）には確認される。(42) かつては藤沢と称したというが、この寺辺村が『寺辺』と認識された領域と関わることはまず疑いなかろう。つまり、石山寺の「寺辺」という空間は、最大でも一条里の範囲内という寺辺二里（約一三〇〇メートル）よりもかなり手近な範囲で寺の麓に設定されていた可能性が高いのである。これは、殺生禁断とされた「南北五畔」の範囲を推測する手掛かりとなろう。このように寺辺の範囲がかなり小さく限られていた理由を一概には説明することができないが、図5でみたような視界の狭さと瀬田川流域への偏りという要因が影響していた可能性を捨て去ることはできない。

図6　現在の石山寺からみた瀬田川の様子
註：樹木に遮られて十分には見下ろすことができない。

以上、石山寺の寺辺殺生禁断の領域は、「寺辺二里」よりもかなり狭い範囲で、しかも瀬田川に限って設定されていた可能性が高いことを論証してきた。瀬田川での漁撈の主体については、「供御」と称したとあることから（史料8）、琵琶湖から瀬田川へと流れ出る流出口の粟津・橋本を拠点に朝廷へ琵琶湖産魚介類を納めていた供御人とみるのが自然である。(43) 一四世紀には、供御人の居住地は南の南郷まで広がっていたという。(44) 寺辺殺生禁断の領域として殺生と殺生禁断とのせめぎあいの舞台となっていたのは、ここでも寺院からの視界の焦点であった（図6）。

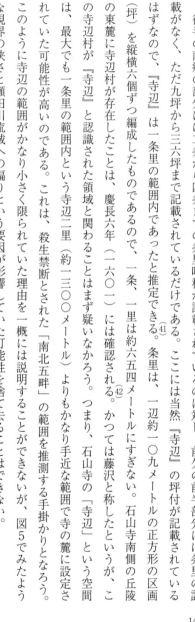

第四節　むすびにかえて――現代と中世――

本論では、ＧＩＳの成果を参考としながら、寺辺殺生禁断という生業の制限領域が寺院からの視界という要素に強く規定されて設定されていた可能性について検討を加えた。その結果、殺生禁断の領域が四方ではなく南方に限り、「寺辺二里」を超えて広がっていた長命寺の場合は、視界が南西方向の岡山を中心軸として大きく開けており、その岡山の手前側が禁断の焦点となった可能性を指摘した。一方、「寺辺二里」よりも狭い範囲で殺生禁断とされたと思われる石山寺の場合は、視界が狭く、南北方向を除いて閉じられており、寺院の眼下を南北に流れる瀬田川が禁断の焦点となった可能性を指摘した。いずれも視界の広がり具合が「寺辺」という領域設定に大きく影響を与えたものと考えた。つまり、殺生禁断とされた「寺辺」とは、寺院の僧侶らと狩猟者たちとのせめぎあいのなかで形成された心理的領域であり、法文上は「二里」とされていたにも関わらず、実際は、寺院からの視界の広がり具合に影響を受けた力関係で成り立っていた、というのが論者の仮説である。

では、最後に、本論でみた中世の寺辺殺生禁断の具体相は、現代からみるとどのように意義づけられるであろうか。

【史料10】

滋賀郡石山村字寺辺ノ内寺津地先勢多川　石山寺々領ニテ禁漁

（中略）

蒲生郡長命寺地先　古来漁業ヲ禁シタルモ由来明ナラス

これは、大正四年（一九一五）の滋賀県水産試験場発行の報告書のうちから、石山寺と長命寺付近の禁漁区の部分のみを抜き出したものである。[45]これらは明治維新当時の禁漁区として報告されているものであり、園城寺領、延暦寺領、滋賀院領、輪王寺領のそれぞれの地先、白鬚神社近傍や竹生島周囲なども禁漁とされている。

この禁漁区が一三〜一四世紀の寺辺殺生禁断の領域と一致するかどうかは不明である。しかし、前稿でも少しふれたように、長命寺の門前は第二次世界大戦まで禁漁区として位置づけられてきた[46]。長命寺の場合は単に「地先」とされていることから、南方の大房への広がりは失われていたと考えるのが自然で、石山寺の場合も、字寺辺のなかの寺津地先のみの禁漁となっている。禁漁区は、歴史的展開のなかで、一三〜一四世紀の領域からはかなり縮小再編成されていたとみるべきであろう。

しかしながら、二〇世紀まで六〇〇年前後にもわたって、ともかくも禁漁が維持されていたという事実は、寺辺殺生禁断の歴史的意義を考えるうえで重要である。そして、その基点は、八世紀から九世紀にかけて律令国家が定めた「寺辺二里」という法的枠組みを乗り越える形で、地形やそれにともなう視界を軸に殺生禁断の領域が設定されていった一三〜一四世紀前後にあった。こうした意味で、現代をより長期の時間スケールでとらえようとするときに、中世と呼んでいる時代を分析することが重要であることを主張したいと思う。

ではなぜ、中世が「寺辺」という領域再形成の基点となったのであろうか。論者は、供祭を名目としつつも、都市の需要と強くむすびつくことを前提として漁撈が展開し始めたことと関わっていると考える[47]。都市需要とむすびついた漁撈域や漁獲量の拡大、漁法の発達こそが、殺生禁断を武力的に維持しようという反作用を生んだのではないだろうか。史料4や史料7などはそうした文脈のなかでとらえている。

ただし、前稿でも述べたように、漁撈の拡大にはそれにたずさわる人々の殺生をめぐる葛藤が存在していたことも見逃してはならない。この「寺辺」という宗教的戒律がつくる心理的景観のなかには、生業としての殺生と信仰上の戒律である不殺生戒、さらには殺生罪業観とのあいだで揺らぐ漁撈従事者の心理的葛藤が織り込まれていた。この葛藤こそが、禁漁区を六〇〇年前後も維持させたひとつの原動力ではないだろうか。と同時に、この葛藤は、一方で贖罪としての放生や動物供養という別の方向性を導き、(48)「殺しておいて供養する」(49)という心性を定着させていったのではないかと考える。景観のなかにじつは潜んでいるこのような心性の歴史的展開過程についてては未解明の点が多い。琵琶湖地域以外の事例の検討や寺院からのより精密な視界の復元などとともに今後の課題としておきたい。

（1）佐野静代『中近世の村落と水辺の環境史──景観・生業・資源管理──』（吉川弘文館、二〇〇八年）。
（2）秋道智彌「資源と所有──海の資源を中心に──」（秋道智彌ほか編『生態人類学を学ぶ人のために』世界思想社、一九九五年）。
（3）小山靖憲「荘園制的領域支配をめぐる権力と村落」（『中世村落と荘園絵図』東京大学出版会、一九八七年）、永井英治「中世における殺生禁断令の展開」（『年報中世史研究』一八、一九九三年）、苅米一志「日本中世における殺生観と狩猟・漁撈の世界」（『史潮』新四〇、一九九六年）、平雅行「殺生禁断の歴史的展開」（大山喬平教授退官記念会編『日本社会の史的構造　古代・中世』思文閣出版、一九九七年）、同「殺生禁断と殺生罪業観」（脇田晴子ほか編『周縁文化と身分制』思文閣出版、二〇〇五年）など。
（4）春田直紀「生業論の登場と歴史学──日本中世・近世史の場合──」（国立歴史民俗博物館編『生業論から見る日本史──新しい歴史学の射程──』吉川弘文館、二〇〇八年）など。
（5）嘉田由紀子・橋本道範「漁撈と環境保全──琵琶湖の殺生禁断と漁業権をめぐる心性の歴史から探る──」（飯島伸子ほか編『講座環境社会学　第三巻　自然環境と環境文化』有斐閣、二〇〇一年）。このうち第二節「中世琵琶湖における殺生禁断と漁撈」を執筆した。本書第一部補論1。
（6）佐藤廉也「森林の人為的作用の解読法」（池谷和信編『地球環境問題の人類学──自然資源へのヒューマンインパクト──』世界思想社、二〇〇三年）。
（7）『続日本紀』天平九年（七三七）八月癸卯条。
（8）『続日本紀』天平九年（七三七）五月壬辰条など。

(9) 平雅行「殺生禁断の歴史的展開」(前掲註3)。
(10) 平雅行「殺生禁断の歴史的展開」(前掲註3)。
(11) 永井英治「中世における殺生禁断令の展開」(前掲註3)。
(12) 苅米一志「西大寺叡尊の殺生禁断活動について」(『史潮』新三五、一九九四年)。
(13) 小山靖憲「荘園制的領域支配をめぐる権力と村落」(前掲註3)。
(14) 建久元年(一一九〇)一一月日、金剛峯寺根本大塔長日不断両界大法供僧等申状案、「高野山文書宝簡集」『鎌倉遺文』一―四九五。
(15) 苅米一志「日本中世における殺生観と狩猟・漁撈の世界」(前掲註3)。
(16) 宝亀二年(七七一)八月一一日、太政官符、『類聚三代格』。
(17) 六斎日とは、インドの民間信仰が仏教に取り込まれて日本に伝わったもので、斎戒して謹慎する日である。八、一四、一五、二三、二九、三〇日を指す。
(18) 平雅行「殺生禁断の歴史的展開」(前掲註3)。
(19) なお、永井英治も、寺辺領が殺生禁断とされた根拠を「三宝浄区」「仏法興隆之地」などいわば聖地性に求めている(前掲註3)。ただし、永井がとりあげた史料は寺山をめぐるものであり、「寺辺」が殺生禁断とされた理由を示すものではない。
(20) 貞観四年(八六二)一二月一一日、太政官符、『類聚三代格』。
(21) 『玉葉』文治四年(一一八八)七月九日条。
(22) 『玉葉』文治四年(一一八八)七月九日条。
(23) 『玉葉』文治四年(一一八八)八月一三日条。
(24) 中島千恵子・武内祐韶『古寺巡礼　近江七　長命寺』(淡交社、一九八〇年)。
(25) 滋賀県教育委員会文化財保護課『重要文化財長命寺本堂修理工事報告書』(滋賀県教育委員会文化財保護課、一九九一年)。
(26) 弘長二年(一二六二)七月日、近江国守護佐々木泰綱袖判下文、『長命寺古文書等調査報告書』一五(滋賀県教育委

員会、二〇〇三年、以下『長』一五のように略す)、『鎌倉遺文』一二―八八三八。

(27) 承保元年(一〇七四)三月二日、近江国奥嶋庄司土師助正畠地寄進状、『長』一『平安遺文』三―一一〇三。

(28) 高橋美久二「東山道」(近江八幡市史編集委員会編『近江八幡の歴史　第一巻　街道と町なみ』近江八幡市、二〇〇四年)。なお、佐野静代は、現船木集落を船木郷の遺称地と考え、現船木集落西北の内湖を石津江と想定しているが(前掲註1)、本論では高橋の条里比定にしたがい大房集落に比定した。

(29) 観応元年(一三五〇)一一月一九日、六角氏頼奉行人連署奉書案、「東寺百合文書」た函三、「宝荘厳院評定引付」文和四年条。本史料の所在については、勝山清次氏のご教示を得た。

(30) HASHIMOTO Michinori "A 13th-Century Turning Point of Fishing Rights and Endemic Fish-trap ('Eri') Technology in Lake Biwa, in Relation to the Role of Village Communities", *ANCIENT LAKES : Their Cultural and Biological Diversity*, KENOBI PRODUCTIONS, 1999.　本書第一部第一章。

(31) 宇野茂樹「石山寺創建時の本尊」(『近江路の彫像』雄山閣、一九七四年)。

(32) 鷲尾遍隆監修・綾村宏編『石山寺の信仰と歴史』(思文閣出版、二〇〇八年)。

(33) 建武三年(一三三六)六月、石山寺文書紛失状案(石山寺文化財綜合調査団編『石山寺の研究——校倉聖教・古文書篇——』法蔵館、一九八一年、一三号文書)。

(34) 年月日未詳、石山寺文書紛失状案(石山寺文化財綜合調査団編『石山寺の研究』前掲註33、一一号文書)。

(35) 『石山寺縁起』巻二　第七段。

(36) 吉田友之「「石山寺縁起絵」七巻の歴程」(『日本絵巻大成一八　石山寺縁起』中央公論社、一九七八年)。

(37) 『石山寺年代記録』(石山寺文化財綜合調査団編『石山寺資料叢書　寺誌篇第一』法蔵館、二〇〇六年)。『石山寺座主伝記』(『大日本史料』第二編之一、永延元年二月五日条)。

(38) なお、「五畔」という単位はまったく不明である。『石山寺年代記録』は、「今五段丈歟」として「五町許」(約五四五メートル)と、『石山寺座主伝記』は「不㆑満㆓二町㆒」と類推しているが、根拠はない。

(39) なお、建久六年の官符の写とされているものに、建久六年四月、後鳥羽天皇綸旨案(石山寺文化財綜合調査団編『石山寺の研究』前掲註33、六二号文書)、建久六年月日、太政官符写(『石山寺座主伝記』)があるが、いずれも正確な写とすることはできない。なお、『石山寺座主伝記』謄写本の閲覧にさいしては、高橋敏子氏のご高配を得た。

(40) 建久八年（一一九七）一一月二六日、石山寺領坪付帳（石山寺文化財綜合調査団編『石山寺資料叢書　史料篇第一』法蔵館、一九九六年）。

(41) なお、志賀郡のこの辺りの条里については復元研究がない（高橋美久二「近江の条里――呼称法の復元と基準線――」高橋美久二編『近江の考古と地理』滋賀県立大学人間文化学部考古学研究室、二〇〇六年）。

(42) 平凡社地方資料センター編『日本歴史地名大系二五　滋賀県の地名』（平凡社、一九九一年）。

(43) 網野善彦『網野善彦著作集　第七巻　日本中世の非農業民と天皇』（岩波書店、二〇〇八年、初出は一九八四年）。

(44) 今谷明『戦国時代の貴族――『言継卿記』が描く京都――』（講談社、二〇〇二年、初出は一九八〇年）。ただし、史料的根拠を確認することができなかった。ご教示いただければ幸いである。

(45) 滋賀県水産試験場『琵琶湖水産調査報告　第三巻』（滋賀県水産試験場、一九一五年）。

(46) 宮畑巳年生『近江の祭と民俗』（ナカニシヤ出版、一九八二年）。

(47) 粟津供御人等は一三世紀より京都六角町に店舗を構えている（赤松俊秀「座について」『古代中世社会経済史研究』平楽寺書店、一九七三年、初出は一九五四年）。また、一三世紀に供祭を名目とした漁撈が市場と結びついていたことについては、『兼仲卿記』弘安七年（一二八四）四月二六日条を参照のこと。

(48) 中村生雄『祭祀と供儀――日本人の自然観・動物観――』（法藏館、二〇〇一年）。

(49) 塚本学『江戸時代人と動物』（日本エディタースクール出版部、一九九五年）。

〔付記〕

本補論は、総合地球環境学研究所プロジェクト「東アジア内海の新石器化と現代化：景観の形成史」の成果である。二〇〇八年八月二二日に、「寺辺殺生禁断試論――宗教的タブーのつくる景観――」と題して研究会で報告し、二〇〇九年八月二一日に、「琵琶湖の寺辺殺生禁断試論――宗教的戒律のつくる景観――」と題して、琵琶湖博物館研究セミナーで報告した内容を改稿した。

ブラジル人技術者カルロス・レンゾ・セバヨス・ヴェラルデ氏との出会いがなければ本補論はなかった。研究代表者の内山純蔵氏をはじめとするプロジェクトメンバーの方々に感謝申し上げたい。

補論2　寺辺殺生禁断試論

補論3　中世前期の堅田漁撈
――『賀茂御祖皇太神宮諸国神戸記』所収　堅田関係史料の紹介――

はじめに

本論の目的は、網野善彦による中世琵琶湖漁業史研究、海民論を再検討するため、琵琶湖全域において展開した堅田の漁撈に関する史料を紹介し、その史料にもとづいて中世前期の堅田漁撈の実像に迫ることにある。

琵琶湖の漁撈史研究は新たなステージへと入っている。魚種ごとの生態や生活史などに注目し、漁法や漁獲技術、湖底地形などとの関連において漁撈のあり方をとらえようとする佐野静代の論考によって、琵琶湖漁撈そのものの理解が一気に深まったためである[1]。そして、佐野はこれまでの中世琵琶湖漁業史研究の到達点であった網野善彦の無縁論を批判し、いわゆるコモンズ論の枠組みのなかで中世琵琶湖漁撈の展開を理解しようとしている。佐野の視角には学ぶべき点が多く、今後は中世史料に登場する漁撈がどのような漁期のどのような漁法によるものであるのか、それは魚類の生態や生活史とどのように関わっていたと考えられるのか、といった視点から改めて史料を丹念に見直す作業が不可欠となってくるであろう。

そこで本論では、そのための前提作業として、これまで本格的には紹介されてこなかった中世前期の堅田漁撈関係史料を紹介し、若干の考察を行いたい。中世の琵琶湖において交通上の要衝に位置した堅田は、漁業権、運送権、関銭徴収権、上乗権よりなる湖上特権を獲得していく[2]。そして、一五世紀頃には「鴨領湖十二郡ヲ知行シテ、日供ヲソナヘ、イマニタヘセス」と豪語するほど強い特権意識を有し[3]、元和元年（一六一五）には「諸浦のおや郷」と位置づけられていた[4]。

こうした堅田の特権について、はるか遠古までさかのぼりうる「本源的権利」と理解したのが網野である[5]。琵琶湖総合開発地域民俗文化財特別調査に参加した網野は、菅浦、堅田、船木北浜、筑摩と次々と論考を重ね[6]、「土地の延長として水面をとらえようとする荘園側あるいは領主、平民百姓の論理と、河海そのものの独自なあり方のうえに立った自由な漁撈を特権として主張する海民的な供祭人の論理——土地の論理と河海の論理との対立」を見出し、供祭人の自由な漁撈特権が貫徹されたと結論づけた[7]。

それに対し論者は、建久年間（一一九〇〜九九）に音羽庄住人等と堅田とが対等に網地をもち、対等に相論をしている事実などを重視し、自由な漁撈の特権をもつと主張する集団を中心軸とした網野の中世琵琶湖漁撈の理解には偏りがあり、陸域と水域との推移帯（エコトーン、以下、「水辺」とする）では「多様な階層による異質な漁撈が競合しつつ併存」していたことを明らかにした（本書第三章、以下、「前稿」とする）[8]。しかしながら、そこでは堅田漁撈に対置する漁撈の抽出は行ったものの、のちに強大な特権を認定され、琵琶湖漁撈の中核に位置したであろう堅田の漁撈がどのような実態であったのかについてはまったく論及ができていない。そこで本論では、この問題を検討する素材として、堅田御厨の領主賀茂御祖神社（以下、「下鴨神社」とする）の所領に関する史料を集めた『賀茂御祖皇太神宮諸国神戸記』[9]（以下、『神戸記』とする）に書写されている中世前期の堅田漁撈についての史料群に注目する。本史料群は、網野がくわしく分析を行いながら、一部しか翻刻されていない史料である[10]。しかし、この史料群の再評価なくしては堅田漁撈の展開を歴史的に位置づけることはできない。本論では、まず『神戸記』の翻刻を行い（後掲）、次に、漁期や漁法などにもできるだけ配慮しつつ、『神戸記』の史料群から読みとれる中世前期の堅田の漁撈の実態にふれてみたいと思う。

なお、堅田は、『本福寺由来記』の記載で周知の通り、北ノ切（宮ノ切・本切）・東ノ切・西ノ切と今堅田の四方に分かれ、廻船業と農業を主体とする北ノ切を除いて、それぞれの集団で漁場や漁法が異なった[11]。ところが、『神戸記』所収の本史料群にはそのような集団は一切登場しない。これは重要な問題である。しかし、この点についてはいったん捨象して後日を期し、本論ではさしあたり、史料群に登場する「堅田供祭人等」（史料1）、「堅田供祭神人等」（史料3）、「堅田浦貢御神人等」（史料4）、「堅田浦神人等」（史料7）、「堅田御厨網人等」（参考史料）による漁撈を一括して「堅田漁撈」としてあつかうこととする。

第一節　『賀茂御祖皇太神宮諸国神戸記』について

『神戸記』所収の堅田漁撈関係史料群の概要をはじめて紹介した網野は、「写がわるく、文意のとり難いところのあるためか、これまでほとんど全く紹介、使用されていないが、みな間違いのない当時の文書の写と思われる」と述べ、全面的な信頼を寄せている。[12] しかし、『神戸記』の諸写本の校訂はなされていないようである。

この『神戸記』諸本の系統に関しては下村效の基礎的な研究がある。[13] 下村によれば、『神戸記』祖本の成立年代は収録文書の下限より天正末年から江戸初期にかけてと考えられ、下鴨神社の神官の編になるものという。また、下村は、社家の泉亭家流の系統の東京大学史料編纂所本、東京教育大学本、神宮文庫本と、同じく社家の梨本家流の系統の西尾市岩瀬文庫本、そしていずれにも属さない内閣文庫本の五本の写本を確認している。[14]

これらの写本群のなかで原文書にない注記が残されているのが東京大学史料編纂所本である。一つは、建久五年（一一九四）の史料2で、奥の署判に「泉亭禰宜祐兼県主」と注記されている。また、建久六年の史料4では、「故泉殿」を「泉亭累祖知行也」と注し、頭注で「故泉殿トハ祐直卿也、文治元年薨了、建久六年当職者泉亭家祐兼県□（主）也」としている。

このうち、「祐兼」については『賀茂神官鴨氏系図』に「禰宜正四位上」として登場し、惟長―惟文―祐季に続く系譜として位置づけられている。[15] 同系図によれば、惟長は天永二年（一一一一）に禰宜に補任され、祐兼の子祐頼は建久九年（一一九八）二月二六日に正五位下に叙せられている。したがって、建久五年（一一九四）の政所下文に署判した人物、建久六年に「当職」であった人物を祐兼に比定することは妥当であろう。

ところが、文治元年（一一八五）に死去したとされる「祐直」については網野が指摘する通り未詳なのである[16]。しかしながらこのことは、あくまで泉亭家による『神戸記』編纂の過程で生じた錯誤と見るべきで、原文書そのものの信頼性を損なう事実ではないと判断したい。

もうひとつ注目したいのは、史料1から史料7までが建久年間のもので、内容的にもひとつのまとまりを感じさせる史料群であるのに対し、史料8から史料10まではまったく異なる系統の史料である点である。『神戸記』の堅田関係史料群は、伝来が同一の史料群とそれ以外の史料群の二群の写よりなると理解され、前者をA群、後者をB群としておきたい。

ここで史料の信頼性の観点から問題となるのはA群である。なぜなら網野も述べるように、とくにA群の史料には「文意のとり難いところ」があるからである。幕府法廷に提出されるような、論旨明快で精緻な論証を展開する訴陳状と比較すれば、相当な違和感がある。しかし、ここではA群が、史料2の政所下文を除き、いずれも供祭人等や下司より鴨社政所や領家・預所へと提出されたもので、権門内部で処理される文書群であることを考慮したい。つまり、この文の乱れはむしろ当時の供祭人等の解状や訴陳状の実情を伝えていると解釈できるのではないだろうか。この点については、堅田関係史料群以外の『神戸記』所収史料の分析が不可欠であるが、本論では一応上記のような前提で論を進めていきたい。

なお、現段階では東京教育大学本と神宮文庫本は未見であるが、東京大学史料編纂所本と同系統であるので今回は校訂の対象外とし、後日を期したいと思う。

第二節　中世前期の堅田漁撈

では、本史料群から明らかにされる堅田漁撈の実態とはいかなるものであろうか。最初に、網野がこの史料を利用して明らかにしたことを確認しておきたい(17)。

史料群を当時の文書の写と認定した網野は、まず、供祭人の集団を下司が統括し、下司を通して預所、領家、大明神に供祭を納めていたことを確認する。そして、米が下行されたこと、つまり貢納に対しては給付があったことに注意を喚起している。さらに、供祭人集団が番に編成されていたことを指摘し、最後に、音羽庄住人等との相論にふれ、堅田が独占的な網地を確保した一方で、「必ずしも特権的海民とは思われない近隣の荘民」がその網地を保持していたことを明確に述べている。そして、数多くの特権的海民や一般の荘民による漁撈の「競合」の可能性を指摘しているのである。

史料から導き出される事実を丁寧に叙述している網野の理解は妥当であり、本史料群の内容を手際よくまとめている。しかも、網野のほかの論考とは異なり、ここでは「必ずしも特権的とは思われない近隣の荘民」の漁撈の存在を認め、「堅田以外の特権的漁撈」との「競合」を想定している。これはバランスのとれた中世琵琶湖漁撈の理解といえよう。

そこで、網野のこの理解を手掛かりとして、貢納や給付の問題、漁期や漁法の問題をいま少し踏み込んで考察してみたい。

（1）貢納の実態

堅田供祭人等の下鴨神社に対する貢納の具体的な形態は本史料群によってよく明らかにできる事項の一つであ

る。まず、建久五年（一一九四）の史料2に注目していただきたい。これによれば相嘗祭《あいんべのまつり》のための召物として一一月二日までに鯉一〇喉、鮒五〇喉、鮨五〇喉、鮑二斗、海老三斗の貢進が命じられている。[18]相嘗祭とは一一月の上の卯の日にその年の新穀を諸神に供え、諸神と天皇とがともに饗宴を行う祭である。[19]『延喜式』（巻二　神祇二　四時祭下）によれば、下鴨神社では絹・糸・綿・調布・庸布、鮑や堅魚、海藻類などの海産物、塩や酒稲などが供えられることになっている。しかし、御厨による供御の体制が整備されたのちの一二世紀には堅田御厨より琵琶湖産の淡水魚介類も調達されていた。[20]建久五年一一月二日はグレゴリオ暦に換算すれば一一九四年一二月二三日で、厳寒期である。この厳寒期に堅田は魚介類を安定的に調達できていたことになる。[21]

また、観応二年（一三五一）の史料10では、四月一五日の「御かけさん」のために、鯉三枚、鮒三〇枚と三〇枚、「焼物」六〇、四月一八日の「御祭」のために、鯉五枚、鮒三〇枚と三〇枚、「焼物」一〇〇の貢進が三月に命じられている。「焼物」は火の上で焼いて作った料理の総称で、日本料理の献立では魚を焼いたものをいうとされる（『日本国語大辞典　第二版』）。この場合は、保存用に魚を焼いたものであろうか。

「御かけさん」とは、葵祭の前儀として、四月の中の午の日に比叡山山麓の御蔭山から下鴨神社まで御生木（神霊）を遷す御陰祭のこと、「御祭」とはいうまでもなく四月の中の酉の日に行われた葵祭のことである。四月一五日はグレゴリオ暦一三五一年の五月一九日に、四月一八日は五月二二日に換算される。琵琶湖のコイ属・フナ属の一年の生態のなかでは、この時期は湖辺に近づいて産卵のために内湖や河川を遡上する産卵期にあたる。[22]つまり、この二つの祭祀のために、ちょうど産卵期で抱卵した雌をも含むであろうコイ属とフナ属、そしてその加工品である「焼物」とが貢納されていたのである。

これら厳寒期と産卵期の二つの時期の貢納は間違いなく恒例のもので、網野が強調するように番編成にもとづいて賦課されていたのであろう（史料4）。しかし、これら恒例の貢納とは別の貢納も存在していたことに注意しなければならない。それは臨時の召物である。史料5は、「臨時之御用」に対して、不漁を理由に断った下司・神人等の書状である。年未詳でありグレゴリオ暦に換算はできないが、七月二〇日付の書状であるので太陽暦では八月下旬頃のものであろうか。とすれば、これは産卵期のものでも厳寒期のものでもない。したがって、恒例、臨時をあわせれば、ほぼ年間を通じていつでも貢納が行われていたとみてよかろう。

さらに、もう一つ重要な問題が明らかとなる。網野も指摘しているが、貢納にあたっては単に量だけでなく、寸法が問題とされていた。建久六年（一一九五）五月の史料4によれば、近来漁獲が一〇分の一になったため、寸法が足りないものであっても備進したという。しかし、そのために領家・預所より譴責されたのであろう。過去の免除の事例を引きながら優免を求めている。残念ながら実際の寸法についての記載はない[23]。しかしながら、一二世紀段階ですでに都市領主から年間を通して一定の寸法以上のコイ属・フナ属などが定められた数量で要求されていたことは、堅田漁撈の実力を示すものであると同時に、堅田漁撈のその後の展開をある程度規定したのではなかろうか。

（2）　漁撈の保障——飢饉と不漁——

本史料群が提起するもう一つの重要な問題は、飢饉と不漁という問題である。建久三年（一一九二）の史料1によれば、今年は去年にはない「大渇」であったという。また、建久五年の史料3によれば、今年は堅田浦ではことに大飢饉で、供祭人等のなかで死者がでているという。

一方、建久六年の史料4では、堅田浦供御神人等が、近来の「海中漁獲」は昔の一〇分の一に過ぎず、身命を保ち難いと述べている。また、史料5の下司幷神人等の書状によれば、近来「漁不㆑仕候」とされている。年未詳ながらこの史料も建久年間の史料と考えてよいだろう。とすれば、Ａ群の史料七点のうち四点までもがじつは飢饉か不漁に直接関わる史料であるということになる。建久年間の飢饉については、路辺に病者・孤児の遺棄を禁じた建久二年の『三代制符』程度しか史料的に確認できない[24]、恐らく史料６・史料７の音羽庄との紛争も飢饉と不漁という背景を抜きには理解できないと考える。

そして、次に重要なことは、これらのうち史料１・史料３で下行米が問題とされていることである。まず、建久三年（一一九二）の史料１によれば、年来は某石下行されていたものが近来減少し、昨年建久二年は二石であったという。堅田供祭人等は、飢饉の今年は三石を下行して身命を助けてほしいと要望している。また、建久五年の史料３によれば、「上代」は下行米が一〇石から二〇石におよんでいたが、昨年建久四年は二石が下されただけであったという。そこで、大飢饉であることを理由に三石の下行を求めている。これらによれば、建久年間の下行米は年二石が標準であったことになる。

網野が述べるように、この下行米を貢納に対する給付と位置づけることは妥当な理解であろう。とくに注目したいのは、下行米が「上代」は一〇石から二〇石とされている点で、一二世紀以前の堅田漁撈は下行米による生業保障を前提とした漁撈であったと位置づけることができる。しかし、それ以上に重要なのは、史料１・史料３にみえるように、貢納に対する給付という問題より深刻な、生存に関わる問題として下行米の増額が求められていたことである。前稿において論者は、飢饉時に魚介類が売買されていた事実から、漁撈を飢饉時には優位する生業と位置づけたが、それは皮相な理解であった。飢饉はまず専業的な漁撈集団を直撃していたのである[25]。とすれば、以上の事実は、中世前期の堅田漁撈の脆弱性を示しているとはいえないだろうか。

（３）　漁期と漁法

史料７の堅田供祭人等と音羽庄住人等との相論については、すでに前稿でふれている。この相論では、堅田自身が「自由な漁撈の特権」をまったく主張しておらず、二つの「網地」をめぐって音羽庄住人等は堅田と対等に争っており、さらに音羽庄住人等の「網地」も存在していた。音羽庄は、網野が堅田の「近隣」としたのは誤りで、安曇川南方の高島郡内に位置し、四至に「東限海　南限志賀堺」とあることから、庄域は琵琶湖辺におよび、志賀郡と接していたことがわかる。(26)その範囲は、享保一九年（一七三四）の地誌『近江輿地志略』によれば、音羽・打下・伊黒・畑・鹿ヶ瀬からなるという説と、打下・石垣・清冷寺・永田・宮野・音羽からなるという説の両説がある。(27)このうち永田の浜辺は紅葉浦といい、網漁で捕獲する紅葉鮒という近世の名産品で著名であったところである。(28)

このように堅田から離れた場所に堅田の「網地」がきちんと設けられていた事実は重要で、中世前期の堅田漁撈が無縁の原理にもとづく「自由な漁撈」といったものではなく、一定の漁業権にもとづいた漁撈であったことを明確に示している。榊で区切られた「網地」の「網」とは、史料6に「あみをふさへてひかせ候はぬハ」とあり、(29)史料7にも「網曳」とあることから、地曳網漁であると想定することもできるが、(30)堅田供祭人等は、音羽庄住人等が「片網」を解き去ったと主張しており、刺網漁であった可能性の方がより高いと考えている。また、音羽庄住人等の網についても、「五位椿網地夜中網緹切」とあり、夜中に設けられていたことから刺網漁であった可能性が高い(31)（史料7）。史料7で「少船」をもって罷り寄せたとみずから認めているように、武装した船を駆使して昼夜湖上を往来しつつ、漁業権が設定された拠点、拠点で刺網を張り、それを曳いて漁撈を行っていたというのが中世前期の堅田漁撈の姿ではないだろうか。(32)

そして、最後に史料6の一二月二〇日付下司光貞書状に注目したい。これは、「かたあち」(片網地)について、今日明日のうちの「沙汰」を求めたものである。この「かたあち」を史料7で争われている「片地」の網地と同一のものと仮定すれば、これは音羽庄住人等との相論に関わるものと考えることができる。年未詳ではあるが、史料7との関連性からその前年の建久六年のものと仮定すると、一二月二〇日はグレゴリオ暦換算で一一九六年一月二九日に相当する。とすれば、先に貢納の項でふれた史料2と同様、厳寒期の漁撈である。

この時期、琵琶湖の固有種・亜種として価値が高いと想定されるゲンゴロウブナやニゴロブナは沖合で生息しており、厳寒期における優良な網地の確保はとりわけ重要であったに違いない。そこで下司光貞は、「沙汰」がなければ貢納ができないと供祭人等が頑強に主張していることを伝達しているのであるが、逆に注目したいのは、「沙汰」がなければ「網地」が確保できず、漁撈も貢納もできないとする堅田漁撈の意外な脆弱性である。史料7が語るように、堅田浦神人等は武力を備えており、音羽庄の五位椿網地の「網緹」を夜中に切っている。しかし、そうした堅田浦神人等でさえ、網地の確保にはあくまで権力による保障が必要であったのである。

むすびに

以上、『神戸記』所収の堅田漁撈関係史料群から中世前期の堅田漁撈の実態を簡単にみてきた。その結果、飢饉に喘ぎながらも下行米を給付されて、厳寒期とコイ属・フナ属の産卵期とを両軸としながら、年間を通じた都市領主への貢納に応えてきた堅田漁撈の実態が、おぼろげではあるが垣間見えてきたのではないかと思う。では、ここでみてきた事実は、網野のこれまでの堅田漁撈の理解とどう関わるであろうか。

繰り返しになるが、網野は、後掲史料紹介の参考史料で、安曇川で漁を行っていることなどを根拠として、琵琶湖を中心とする水域での「自由な通行と漁撈の特権」を堅田網人等が行使していると断じ、その特権を「本源的な権利」として、近世、近代にかけてその「本源的な権利」が「滅びて行く姿」を論じた(33)。史料7から「この時期の堅田供祭人は、決して湖上の特権を独占していたわけではなかった」と明確に述べ、「一般の荘民による引網」の存在をも認めておきながら、堅田が「音羽庄に高圧的」「強硬な姿勢」であったという主観的な印象を根拠に、あくまで「湖における自由な漁撈の保障された供祭人の特権」が貫徹していたことを主張したのである。しかし、論者は、『神戸記』にみられた中世前期の堅田漁撈の意外な脆弱性に注目したい。それは、網地相論で下鴨神社の「沙汰」がなければ漁撈をせず、供御をも供えないと強硬に主張するような、ある意味したたかな一面も含んではいるが（史料6）、もう一面では、飢饉に喘ぎ、わずかばかりでも下行米がなければ生存さえもが成り立たないという差し迫ったものでもある（史料1）。こうした脆弱な中世前期の堅田漁撈の実像は、「鴨領湖十二郡ヲ知行シテ、日供ヲソナヘ、イマニタヘセス」と豪語する中世後期の堅田漁撈の姿とは明らかに異なるのではないだろうか。

では、そうした脆弱な漁撈集団が、中世後期から近世にかけて、特権に支えられたにせよ、琵琶湖全域で漁撈を強力に展開させたのはなぜであろうか。そこにはなにかしらの飛躍があったのではないだろうか。論者は、新行紀一が強調した船の所有の問題や佐野が重視する漁法や漁獲技術の問題とあわせて[34]、堅田産魚介類の首都京都での消費の問題が重要なのではないかと考えている[35]。この点の解明を次の課題として、拙い小論を終えることとしたい。

史料紹介

凡例

一、東京大学史料編纂所所蔵『賀茂御祖皇太神宮諸国神戸記』（謄写本）を底本とし、その原本およびマイクロフィルムの紙焼きにより翻刻した。なお、閲覧にあたっては、同所高橋敏子氏のご高配を得た。

二、本史料に関しては、東京大学史料編纂所所蔵謄写本のほかに、内閣文庫所蔵本、西尾市岩瀬文庫所蔵本、東京教育大学所蔵本、神宮文庫所蔵本の存在が知られている。これらのうち現時点では、内閣文庫本（以下、

「閣本」とする）と西尾市岩瀬文庫本（以下、「岩本」とする）とのみ対校を行った。そのほかは未調査である。なお、校訂にあたっては該当文字に傍点（・）を付し、その下段に校異を掲げた。

三、翻刻にあたっては、史料を一点一点に分けてそれぞれに史料番号を付して掲載する形式とした。そのため、冒頭に「近江国／堅田在滋賀郡」とあるが省略した。また、冒頭に「寛治四年三月二十四日、堅田御厨網人等解状云々事見于同国安曇河下」とあるがこれも省略した。

四、史料8の『発心集』についてはは翻刻そのものを省略した。

五、参考として「近江国／安曇河半割御厨所此河在高島南郡」の項に所収の寛治四年（一〇九〇）堅田御厨網人等解状を掲載し、校訂を加え、『平安遺文』一二八七号文書との読みの異同を注記した。ただし、この文書については、より原形に近い文書が『新撰勘用記』に収録されており、生島暢氏により翻刻されている（「下鴨神社『新撰勘用記』について（紹介）」『国書逸文研究』二六、一九九三年）。したがって、その異同についても注記を加えた。今後この文書の底本としては、『新撰勘用記』が用いられるべきであろう。

六、古体・異体・略体文字は、庄(莊)を除き現在通行の字体に改めた。

目　次

【史料1】建久三年（一一九二）五月一六日、堅田供祭人等陳状写
【史料2】建久五年（一一九四）一〇月九日、賀茂社政所下文写
【史料3】建久五年、堅田供祭人等陳状写
【史料4】建久六年（一一九五）五月日、堅田浦供御神人等解状写
【史料5】年未詳七月二〇日、下司幷神人等書状写

【史料6】年未詳一二月二〇日、下司光貞書状写
【史料7】建久七年（一一九六）二月日、鴨社供祭人堅田浦神人等陳状写
【史料8】『発心集』
【史料9】某日記　正嘉元年（一二五七）一一月九日条
【史料10】観応二年（一三五一）三月日、賀茂社政所下文写
【参考史料】寛治四年（一〇九〇）三月二四日、鴨御祖社司等解文写

【史料1】建久三年五月一六日、堅田供祭人等陳状写

謹言上
堅田供祭人等陳申御米之子細間事、
□件御米年来ハ雖被下行□□石、近来減少、而去年
毛二□(石カ)令下行御座天候、凡各々加□配難堪候、今
年ハ去年ニは□天候大渇ニ天候、垂御優免而□米参
石ヲ令下行、供祭人□加身命ヲ助可御座、仍為御□
蒙録子細状如件、
建久三年五月十六日

《校訂》
六行目第一：岩本は「大」を上に挿入する。
六行目第二：閣本は「座」を消して「□」とする。
七行目：岩本は「文」を上に挿入する。

【史料2】建久五年一〇月九日、賀茂社政所下文写

政所下　堅田御厨下司

可令早進上相嘗召物事
鯉十喉　鮒五十喉
鮨五十喉　鮑二斗
海老三斗
右、件召物以来十一月二日、無懈怠可令進上之状
如件、
建久五年十月九日　在判
在判泉亭禰宜祐兼県主

《校訂》
八行目：閣本・岩本この注記なし。

【史料3】建久五年、堅田供祭人等陳状写

謹言上、
堅田供祭神人等陳申、例給之御米下行御下文子
細愁状□、□件御米上代ハ数及十廿余石、令□給之
来処仁近来武士違乱間、□然仁無音、而去年ハ弐石
被下之畢、凡今年ハ当浦殊大飢饉仕天供祭人等已
以可及死門□於今年者相カマエテ御米参石□
給蒙御優免弥々仰慈悲、殊□事子細言上如件、
建久五年

《校訂》
六行目：岩本は「戸」の横に「カ」を記す。
八行目：岩本はこの下に「此年号不見」と注記する。

【史料4】建久六年五月日、堅田浦供御神人等解状写

堅田浦貢御神人等謹解申請御本社政所裁事、
右事元者、自昔迄至今　大明神供御旨仕天雖懈
怠不仕、近来ハ海中漁僅昔之十分之一分、随難存身
命云トモ、於供菜者寸法ニ不足也云トモ備進之
処、仰下旨実以歎之中大歎也、若　大明神貢菜幷
領家・預所疎略存者、還難量神慮、只不能力故寸法
不足歟、就中（泉亭累祖知行也）故泉殿之御知行之時、如此無術之由
訴申刻、下十二日御料之被番公事御免除蒙畢、且
垂御遼遠任彼例、且為神人御憂愍大慈悲垂給者、
弥仰進正理憲法貴、仍勒子細之状、以解、
建久六年五月　日供御神人等申文

○頭注
故泉殿トハ祐直」卿也、文治元年薨」了、建久六
年当職」者泉亭家祐」兼県□（主）也、

【史料5】年未詳七月二〇日、下司幷神人等書状写

御下文之旨謹拝見仕候了、此間実為方不候、随御

《校訂》
二行目：閣本「大」の上に欠字なし。
五行目：閣本「大」の上に欠字なし。
七行目：閣本・岩本なし。
八行目：岩本は「被」の横に「披」を記す。
九行目：岩本は「遼遠」と記し、その横に「還迹」と記す。
一一行目：岩本は「月」の下に「日」を記す。
頭注：閣本・岩本なし。

料時にて候、如此臨時之御用毋被番之輩調進仕
事仁候、就中、近来は漁不仕候者、凡不及力候、各貢
菜網人等共歎候云トモ不能調進候者也、御召物
魚不令進候条、返々恐思給候、恐々謹言、
七月廿日　　　下司幷神人等上

《校訂》
三行目：閣本・岩本は右寄せとする。

【史料6】年未詳一二月二〇日、下司光貞書状写

御文かしこまりてまいらせ候、さてはさき《先》にも
申うして候かたあち《片網地》の事を、御さた《沙汰》せんとはお
ほせ《仰》たひて候へとも、おゝかたあみ《網》をもふさへ、
いお《魚》ゝもすなとり《漁》、またあみ《網》をふさへてひかせ
候はぬハ、いままて御さた《沙汰》の候はぬゆへ《故》にこそ
候へ、いそき〳〵、（此《けか》ふ《今日》あす《明日》のうちに御さた《沙汰》候へ
し、この御さた《沙汰》候はすは、これらをはそな《供》へ候は
し、かき《欠》候はんと、おの〳〵申候に、とり〳〵いそ
き〳〵さた《沙汰》候へし、かつは大明神の御事ニ候、な
お〳〵とり〳〵さた《沙汰》候へきなり、くはしく《詳》ハ又
〳〵申候へし、
十二月廿日　　　下司光貞上

《校訂》
二行目：岩本は「も」とする。
五行目：閣本・岩本は「ゝ」とする。
六行目第一：閣本はこの直後に「けり」とある。
六行目第二：岩本は「け」とある。
一〇行目：岩本は全角で「は」とする。
全般：岩本は所々ルビを振るが、いずれも省略した。

【史料7】建久七年二月日、鴨社供祭人堅田浦神人等陳状写

鴨社貢祭人堅田浦神人等謹陳申、
於預所御菜事者、無先例上、一法妨知行尅、雖件由
下知□□仕、依無先例之由、答申、免除畢、何虚言訴
哉、
於庭地・片地両網地者、往古鴨社納地也、依之海堺
榊計也、而庄民網地也訴申条難量神慮、且可垂御
還（ママ）遠（迹）経沙汰、五位椿網地夜中網緹切之由申、斯則
御厨網地盗曳故也、雖自今已後也、為停止狼藉、切
上処也、但網盗取之由訴申事、以外大虚言也、任我
意如此令言上、各非法第一基也、
網曳乍六箇日貢祭闕如条、件音羽御庄住人等彼
片網解去故、懈怠仕処也、
帯弓箭於好殺害結構悪事者、網地盗曳未見実否
斫随便宜少船罷寄計也、全以不可及訴者歟、
□□前条々事大略以解、但於庄民等申状者、偏恣
大虚言次第凡言語未曾有不可為勝計者也、
建久七年二月　　日堅田貢祭神人等

《校訂》
二行目：岩本では「刻」の文字が用いられている。
五行目第一：岩本では「柱」と記されている。
五行目第二：岩本では「塚」と記されている。
六行目：岩本では「荘」の文字が用いられている。
七行目：岩本では横に「迹」の注記がある。
九行目：閣本にはない。
一五行目：岩本では「荘」の文字が用いられている。

【史料8】『発心集』

（省略）

【史料9】某日記　正嘉元年一一月九日条

正嘉元年十一月九日、今日貴布禰旧殿皆壊畢、運
置瑞籬東裏可渡堅田社之由、知行氏人伊樹望申
之間、已領状了、

《校訂》

該当なし。

【史料10】観応二年三月日、賀茂社政所下文写

政所下　堅田御くりんと百姓等
可早渡進来月御かけさん并御□（祭カ）召物事
一、十五日御かけさん分
鯉三枚　鮒卅枚　同鮒卅枚　焼物六十
一、十八日御□（祭カ）ふん
鯉五枚　鮒卅枚　同卅枚　焼物百
右、任例、期日以前可沙汰進之状、所仰如件、
観応二年三月日
在判
在判
在判

《校訂》

二行目第一：岩本は「追」とする。
二行目第二：閣本・岩本は「祭」とする。
四行目：閣本は「鯉」とする。
五行目第一：閣本・岩本は上に「同」の文字を挿入する。
五行目第二：閣本・岩本は「祭」とする。

【参考史料】寛治四年三月二四日、鴨御祖社司等解文写

可被置依堅田御厨網人等解状、以近江国高島
庄南郡安曇河半分当社御厨事、

副進

堅田御厨網人等解状一通

右、得彼網人等解状偁、検案内、堅田網二帖被免他
役者、可漁進毎日御膳料鮮魚之由、所申請也、仍被
免他役之後、偏仕御社事之間、以件行向安曇河所
漁進也、而今如伝言者、件河申請賀茂別□（雷）社之由、
有其聞、若為彼社領者、今当社御料更不及其力、若
尚可為彼社御領者、半分可被申請也、無其河者、廻
何方許調備御膳哉者、網人等所申尤可然、仍半分
可被裁許也、抑当社雖有御厨長洲御厨不被行公
家相折之前、私奔営之間、依無其力、副栗栖野神領
田、相伝彼長洲、然而件御厨無有田畠、貢物之便許
也、又堅田者国司免除国役所免進也、仍非公家割
置、而加茂別雷社相折之外、申請御厨、当社何不預
其分哉、就中諸国末社可有当社之分、為御祖社之
故也、何別雷社可申請末社哉、仍言上如件、

《校訂》

一行目：『新撰勘用記』では「可」の上に「一」を記す。
二行目：岩本は「荘」とする。
五行目：『新撰勘用記』には「検」の上に「謹」がある。
六行目：『平安遺文』は「魚」と読む。
八行目：閣本・岩本は「雷」とする。
一一行目：『平安遺文』は「計」と読む。
一二行目：『新撰勘用記』では「公」の上に欠字がある。
一四行目第一：『新撰勘用記』は「博」とする。
一四行目第二：『新撰勘用記』は「魚」とする。
一五行目：『新撰勘用記』では「公」の上に欠字がある。
一六行目：閣本・岩本は「賀」とする。

寛治四年三月廿四日

（1）佐野静代『中近世の村落と水辺の環境史——景観・生業・資源管理——』（吉川弘文館、二〇〇八年）。とくに、本論にとっては「湖の御厨の環境史——近江国筑摩御厨における自然環境と生活形態——」（初出は二〇〇六年）が重要である。また、自然との関わりに注目した中世漁撈史研究の到達点については、春田直紀「自然と人との関係史——漁撈がとり結ぶ関係に注目して——」（『国立歴史民俗博物館研究報告』九七、二〇〇二年）も参照のこと。なお、佐野の業績については、「「環境史」研究の可能性について——佐野静代氏の業績の検討から——」（『歴史科学』一九六、二〇〇九年）において検討を加えた。

（2）新行紀一「中世堅田の湖上特権について」（『歴史学研究』三四九、一九六九年）。なお、中世の堅田に関する先行研究の概略については、まずは網野善彦「近江国堅田」（『網野善彦著作集　第一三巻　中世都市論』岩波書店、二〇〇七年、初出は一九八一年）および横倉譲治『湖賊の中世都市　近江国堅田』（誠文堂新光社、一九八八年）を参照されたい。また、中世後期の堅田については、鍛代敏雄「関所試論——戦国期の新関——」（『中世後期の寺社と経済』思文閣出版、一九九九年、初出は一九九〇年）、永井隆之『戦国時代の百姓思想』（東北大学出版会、二〇〇七年）をあわせて参照のこと。

（3）『本福寺由来記』（千葉乗隆編『本福寺史』同朋舎、一九八〇年）。

（4）元和元年（一六一五）七月日、江州諸浦惣代堅田村言上状、「居初寅夫氏所蔵文書」。この史料については、杉江進「近世琵琶湖水運と「諸浦の親郷」三カ浦の誕生」（『近世琵琶湖水運の研究』思文閣出版、二〇一一年、初出は二〇〇五年）参照。

（5）網野善彦「近江の海民」（『網野善彦著作集　第七巻　日本中世の非農業民と天皇』岩波書店、二〇〇八年、初出は一九八四年）。

（6）特別調査の報告書として、網野善彦「菅浦の成立と変遷」（『びわ湖の漁撈生活　琵琶湖総合開発地域民俗文化財特別調査報告書Ⅰ』滋賀県教育委員会、一九七九年）、同「びわ湖をめぐる堅田のうつりかわり」（『びわ湖の専業漁撈　琵琵琶湖総合開発地域民俗文化財特別調査報告書Ⅱ』滋賀県教育委員会、一九八〇年)、同「船木北浜の特権と簗漁の盛衰」(『湖西の漁撈習俗　琵琶湖総合開発地域民俗文化財特別調査報告書Ⅳ』滋賀県教育委員会、一九八二年)、同「ムラの歴史——筑摩御厨と磯村の変遷を中心として——」(『湖南の漁撈活動　琵琶湖総合開発地域民俗文化財特別調査報告書Ⅴ』滋賀県教育委員会、一九八三年)がある。そして、それらの論考をもとに同「近江国堅田」(初出は一九八一年)、同「近江国船木北浜」(初出は一九八二年)が論述されている(『中世都市論』前掲註2)。なお、堅田については、同「近江の海民」(前掲註5)も参照のこと。また、このほかに菅浦をとりあつかったものとして、同「湖の民と惣の自治——近江国菅浦——」(『荘園の世界』東京大学出版会、一九七三年)がある。

(7)　網野善彦「漁撈と海産物の流通」(『網野善彦著作集　第九巻　中世の生業と流通』岩波書店、二〇〇八年、初出は一九八五年)。

(8)　橋本道範「日本中世における水辺の環境と生業——河川と湖沼の漁撈から——」(『史林』九二—一、二〇〇九年)。本書第一部第三章。

(9)　『補訂版　国書総目録』の統一名称は、「加茂御祖皇太神宮諸国神戸記」となっているが、本論では本文のように統一した。

(10)　網野善彦「びわ湖をめぐる堅田のうつりかわり」(前掲註6)および同「近江国堅田」(前掲註2)。

(11)　東ノ切の漁師は伊崎立場漁師とも呼ばれ、堅田対岸の伊崎(現近江八幡市)で葭巻網漁を行っていたのに対し、西ノ切の漁師は、琵琶湖各地で大網(地曳網)漁・小糸網(刺網)漁・鳥猟を行っていた。また、今堅田の漁師は、小番城漁師とも呼ばれ、琵琶湖全域で延縄漁を行っていた。この点については、さしあたり『新修大津市史三　近世前期』(大津市役所、一九八〇年)参照のこと。また、近世の堅田漁業権の推移については、鎌谷かおる「近世琵琶湖における堅田の漁業権」(『ヒストリア』一八一、二〇〇二年)、同「近世琵琶湖の漁業と漁村——堅田漁師を事例に——」(『歴史と民俗』二九、二〇一三年)を参照されたい。

(12)　網野善彦「近江国堅田」(前掲註2)。

(13)　下村效「「賀茂御祖皇太神宮諸国神戸記」よりみた津野荘と津野氏」(『日本中世の法と経済』続群書類従刊行会、一九九八年、初出は一九六九年)。

(14) なお、これらのほかに京都府立総合資料館所蔵鴨脚家文書(乙)にも七巻から一一巻までの写が所蔵されている。残念ながら堅田漁撈関係史料群は含まれていないが、奥書の最初に、「当社神戸記一一巻祐之三品輯／録為今合冊二本／寛政七年十一月中写畢／従五位下鴨康満」とあることから鴨祐之が校訂した梨本家系統のものであることがわかる。

(15) 『続群書類従　七下』所収。また、『河合神職賀茂県主系図』（『続群書類従　七下』）にも登場する。

(16) 『河合神職賀茂県主系図』（前掲註15）には祐兼の子孫として祐直が登場する。しかし、正応元年（一二八八）に比良木祝に補せられており、該当しないと考えた。

(17) この部分は、網野「近江国堅田」（前掲註2）の叙述による。

(18) 「鮍」について横倉譲治は「はえ」とのルビをあてているが、根拠を明らかにすることができなかった（『湖賊の中世都市　近江国堅田』前掲註2）。(補註1)

(19) 丸山裕美子「斎院相嘗祭と諸社相嘗祭――令制相嘗祭の構造と展開――」（『愛知県立大学文学部論集　日本文化学科編』四八、一九九九年）を参照した。

(20) 下鴨神社における御厨の整備については、さしあたり網野「漁撈と海産物の流通」（前掲註7）を参照されたい。

(21) 琵琶湖における厳寒期の漁撈については、上賀茂神社の安曇川御厨の史料に、「冬所レ釣二海浦一也」とあることも参考になろう（貞永元年六月三〇日、官宣旨案、『賀茂別雷神社文書』）。

(22) さしあたり中村守純『日本のコイ科魚類』（財団法人資源科学研究所、一九六九年）、川那部浩哉ほか編『日本の淡水魚』（山と渓谷社、一九八九年）など参照のこと。

(23) 新木直人『神遊の庭』（経済界、二〇〇七年）に写真が掲載されている年未詳の『御蔭祭大宮、河合社、御蔭社へ献備神饌ノ図』によれば、鮒の注記に「大サ八寸」とあり、二四センチ程度であったことがわかる。

(24) 藤木久志編『日本中世気象災害史年表稿』（高志書院、二〇〇七年）に依拠した。

(25) この点については、東幸代氏のご教示を得た。

(26) 長久三年（一〇四二）一二月二〇日、寂楽寺宝蔵物紛失状案、「高野山文書」『平安遺文』補一六六・一六七。

(27) 宇野健一改訂校註『近江輿地志略　全』（弘文堂書店、一九七六年）。

(28) 『日本国語大辞典　第二版』によれば、紅葉鮒とは、「琵琶湖に産するフナで、秋・冬にひれが紅色になったものをいう」とあるが、生態学的にはよく明らかになっていないようである。さしあたり、高島郡教育会編『高島郡誌』（名著出版、一九七二年）、『高島町史』（高島町役場、一九八三年）、北村眞一「紅葉浦と紅葉鮒」（『湖国と文化』六八、一九九四年）を参照のこと。（補註2）

(29)「ふさへて」については解釈できていない。あるいは塞ぐという意味であろうか。

(30)琵琶湖の地引網漁については、佐野「湖の御厨の環境史」（前掲註1）参照。

(31)「緹」についても未詳である。ご教示を乞いたい。

(32)なお、本論では翻刻を省略した史料8の『発心集』（第八）には琵琶湖の「あみふね」が登場し、同類の説話を載せる『三国伝記』（巻一二―一二）ではそれが堅田の船とされている。この点については、ほかの漁法の検討とあわせて後日を期したい。

(33)網野善彦「近江の海民」（前掲註5）など。

(34)新行紀一「中世堅田の湖上特権について」（前掲註2）、佐野「湖の御厨の環境史」（前掲註1）。佐野は、琵琶湖で堅田のみが保持した小糸網漁と延縄漁の技術こそが、他村のおよばない琵琶湖沖合域を漁場として、湖上を広域的に移動する独自の漁撈形態を生みだしたとしている。沖合の航行技術の問題とあわせて、今後検討してみたい。

(35)魚介類消費研究の重要性については、橋本道範「日本中世の魚介類消費研究と一五世紀の山科家」（『琵琶湖博物館研究調査報告　第二五号　日本中世魚介類消費の研究――一五世紀山科家の日記から――』滋賀県立琵琶湖博物館、二〇一〇年）でふれた。

（補註1）初出後、鮍については、佐野静代「琵琶湖の自然環境からみた中世堅田の漁撈活動」（『史林』九六―五、二〇一三年）が論及している。

（補註2）初出後、紅葉鮒については、櫻井信也「江戸時代における近江国の「ふなずし」」（『栗東歴史民俗博物館紀要』一八、二〇一二年）、齊藤慶一「近世における紅葉鮒」（『野洲市歴史民俗博物館研究紀要』一七、二〇一三年）、佐野静代「琵琶湖の自然環境からみた中世堅田の漁撈活動」（前掲補註1）が論及している。

〔付記〕

本補論は、科学研究費補助金基盤（B）「琵琶湖の歴史的環境と人間の関わりに関する総合的研究」の成果である。二〇〇七年三月一一日に、「中世琵琶湖漁撈の基礎的考察――堅田漁業の再検討――」と題して、滋賀県近江八幡市沖島で開催された研究会で報告した内容を改稿した。研究代表者の水野章二氏をはじめとして、懇切なご助言をいただいた研究分担者の方々に感謝申し上げたい。

なお、中世前期の堅田漁撈については、小糸網（刺網）を用いた水深二五メートル前後の漁業水域の堅田による独占が一二世紀までさかのぼるとする佐野静代「琵琶湖の自然環境からみた中世堅田の漁撈活動」（前掲補註1）が本論を批判しているので、あわせてご参照願いたい。

補論4　年中行事と生業の構造——琵琶湖のフナ属の生態を基軸として——

第一節　消費としての年中行事

本論では、「資源としての自然」という問題を歴史的に考察するためには、資源の消費動向の実態解明、とくに首都京都における実態解明が不可欠であるということを主張する。消費とは、欲求を充足させるために、生産された財・サービス（商品）を消耗することという意味であるが、ここでは贈答、貢納、下賜などの行為を含めて検討する。そして、その検討対象として今回選んだのは、京都に鎮座する賀茂御祖神社（以下、「下鴨神社」とする）の年中行事における神饌であり、なかでも琵琶湖のフナ属である。神社の神饌と神領の生業との関わりを貢納される魚介類の生態を手掛かりに追究し、自然のなかでの人間のありようを歴史的に追究する方法の提示に努めてみたい。

（1）　戦後歴史学と網野史学

自然という要素を歴史学の議論の中心に位置づけようとする本格的な取り組みが始まっている。それは、水野章二が批判するように、論点が錯綜し、混乱が生じている面はあるであろう。(1) しかし、この試行錯誤を止めてはいけないと思う。なぜなら、資源をめぐる問題が人類の生存を脅かすという恐れが現実となった現在、自然そのもののサイクルを軸とした新しい歴史観の創造がどうしても必要だと考えるからである。

水野はまた、「人と自然の関係に対する関心はこれまでの歴史学が底流として持ち続けてきた」と指摘する。

そのこと自体は否定しない。しかし、戸田芳実が自然の規定性を強調したのは、歴史の変革における開発を重視する理論的前提としてであったし、[2] 大山喬平が強調した「人間の自然に対する闘い」も、「自然改造の過程」と位置づけられたものであった。[3] 自然は人間によって克服されていく対象であり、その克服の過程こそが自然との関係の歴史とされてきたのである。

では、網野善彦の非農業民論はどうであろうか。網野は山野河海という自然そのものに注目した。そして、山野河海における人々の自然との関わり方は農業のそれとは本質的に異なっており、それは「自然そのものの「論理」」に沿ったものであったとする。[4] これは、戸田、大山の自然の位置づけとは根底から異なるようにみえる。自然を中心に据えた歴史観を提示しているからである。ところが、網野は肝心の「自然そのものの「論理」」の中身については何ら説明しようとはしない。そして、その説明がないまま、山野河海においては「非農業民」が自然の利用について、原始以来の自由をもっていたと主張するのである。

論者は、この網野が提起した「自然そのものの「論理」」という問題は、大震災を体験したこれからの社会のなかで重大な意味をもっていると考える。「自然そのものの「論理」」とはなにかを学び、それとの関わりのなかでの人間の歴史的なありようを明らかにすることから次の段階へと進むべきではなかろうか。そこで、本論がとりあげるのが、魚介類の一年の生態のなかで都市における消費と地域における生業とがどのように関わっていたのかという問題である。

(2)　環境史と消費研究

日本中世史における消費研究の概要については、すでにふれたことがある。[5] そこにおいては、「爛熟の様相」と表現されるほど、贈与慣行が一五世紀に極大化したことが明らかにされている。しかし、その対象は奢侈品などに限られ、食品としての魚介類についてはさほど注目されてきたわけではない。そこで、滋賀県立琵琶湖博物館では、一五世紀の山科家の日記である『教言卿記《のりときょうき》』『康正三年記』『山科家礼記《やましなけらいき》』『言国卿記《ときくにきょうき》』（以下、「山科家の日記類」とする）から魚介類記事をすべて抜き出し、データベースを作成した(6)。その結果、淡水魚介類一一種類、海水魚介類三五種類が検出でき、種類ごとの消費時期など魚介類消費の詳細な具体像がみえてきた(7)。

ここで問題は、この魚介類の都市消費研究の成果が網野の「自然そのものの「論理」」という議論といかに切り結ぶかという点である。この点について参考となるのが春田直紀の議論である。春田の提起した論点は多岐にわたるが、本論にとって重要なのは、生産、流通、消費を一貫してとらえる視角を明確に提示した点であり(8)、とくに、そのうちの消費の重要性を指摘し(9)、領主を消費者ととらえた点である(10)。春田は、歴史学の議論において漁撈がもっぱら生産手段の問題としてあつかわれ、流通・消費の動向との関連でその存在条件を問われることがなかったことを批判する。そのうえで、食生活の様式変化という新たな需要動向が漁撈のあり方、ひいては環境利用のあり方にも影響をおよぼす、という視角の重要性を主張した。そして、これを「環境史研究の一つの方向性」と位置づけたのである(11)。

この〝環境史を構成する消費研究〟を考えるうえで、もう一つ指摘しておかなければならないのは、消費者である領主の都合に応じた消費財の発注という問題である。この問題は春田よりはやくに保立道久によってとりあげられており、魚介類の賦課形態として、式日の賦課、日次の賦課、不定期の賦課の三つのタイプがあったこと、「贄殿注文」などにより荘園領主による活発な差配が行われていたことが明らかとなっている(12)。消費者である領主の都合に応じた生業という問題は、消費と生業の構造を考察するうえで重要な論点と考える。

ただ、保立や春田の議論にも課題が残されている。それは、保立の指摘した水産物の賦課や春田の明らかにした海村の生業暦が都市の実際の消費と具体的にどのように関わっていたのかという点がいまだ不明確であることである。生業暦に対応するいわば「消費暦」が明らかにされなければならない。そして、その議論の重要な核の一つとなると考えるのが、神社の年中行事における神饌である。

(3)　年中行事の神饌研究

神社における中世の年中行事についてはようやく研究が始まったところであり[13]、神饌の実態と展開に関する歴史学的研究は極めて乏しい。それは、岩井宏實が述べるように、神事、祭礼は「できるだけ古式を踏襲していくという性格[14]」をもっているとの認識が一般的であり、原田信男が述べるように、神饌は「古代の料理方式を残すもの[15]」と認識されているためであろう。

しかし、近年飛躍的に研究が深化した中世神祇史はこの問題についても再検討を迫るのではないだろうか。たとえば、上島享は、王権が主導する仏教政策の展開のなかで、仏教による神祇の取り込みが図られ、神仏習合が推進されていく過程を明らかにし、神社組織が神官と社僧によって構成され、年中行事として諸神事とともに諸法会が行われ、境内に仏教施設をともなう「中世神社」が成立すると論じている[16]。神社が中世的再編を遂げた以上、そこにおける年中行事や神事そして神饌の内容も変容を迫られたと考えるべきではないだろうか。

じつは、岩井も、神仏習合で一体として神事が行われていたところではむしろ仏供が神事のなかへとりいれられて、神饌として伝承されているという一つの流れがあると指摘し、原田も、『日本料理の社会史』のなかで神饌は「それぞれの時代にふさわしい変貌」を遂げたと明確に指摘している。したがって、神社の年中行事(神事)についても、その神饌についても、中世独自のあり方を追究することには意義があると考える。

そこで次節では下鴨神社に注目し、その中世的展開を概観したうえで、編纂された年中行事書をもとに中世の年中行事を復元し、そこにおける神饌の内容を整理してみたい。

第二節　年中行事と神饌──下鴨神社の場合──

（1）中世の下鴨神社と御厨

下鴨神社の成立は天平末年（七四〇年頃）から天平勝宝二年（七五〇）のあいだと推定されている。弘仁元年（八一〇）あるいは弘仁九年には未婚の内親王または女王を配置した斎院が置かれ、その賀茂祭は新嘗祭などと並んで践祚大嘗祭に次ぐ位置を占める。(17) そして、このような国家的な性格を帯びた下鴨神社は、王権を中心とした政治編成への変化、荘園制を中心とした土地支配や社会編成への変化、そして仏教を中心とした宗教秩序への変化のなかでも、重要な政治的位置を占め続けた。そのことを端的に示すのが二二社制のなかでの下鴨神社の位置である。

二二社制とは、国家の大事はもちろん、日常的にも天皇より奉幣が行われる神社を京都やその周辺部の二二の神社に限定した体制で、二二社は「王城鎮守」とも呼ばれた。具体的には、伊勢・石清水・賀茂上下・松尾・平野・稲荷・春日等々のことであるが、そのなかで下鴨神社は、伊勢・石清水に続き序列第三位に位置していた。これは王権より手厚い保護を受けていたことを意味しており、それは荘園と御厨の寄進という形で現れている。

すでに寛仁年間（一〇一七～二一）、山城国愛宕郡内の栗野《くるすの》、蓼倉、上栗田、出雲の四郷が藤原道長によって寄せられているが、寛治四年（一〇九〇）七月、不輸祖田六百余町と御厨が白河上皇によって寄進、設置された(18)（以下「寛治寄進」とする）。この点については、須磨千穎らによってこれまでも指摘されていたが、(19) その具体的過程を詳細に明らかにし、歴史的位置づけを新たな視点で説明したのが川端新である。(20) 川端は、この寛治寄進が祇園社への便補の先例となったことなどを明らかにし、朝廷が主体的に荘園を国家的給付として認定するようになる画期と位置づけた。

表1　寛治四年に寄進されたとされる御厨

播磨国	伊保崎
伊予国	宇和郡六帖網
	内海
紀伊国	紀伊浜
讃岐国	内海
豊前国	江島
豊後国	水津
	木津
周防国	佐河・牛嶋御厨

『賀茂社古代荘園御厨』より

ただし、このとき寄進されたとされる御厨については不明な点が多い。元文年間（一七三六〜四一）に勘進された『賀茂社古代荘園御厨』(21)は、このとき設置された御厨を「九箇所」としており、これが通説となっている（表1）。ところが、この九か所の御厨は、史料的にその後の変遷がまったく追えず、下鴨神社と関わった痕跡もまったく確認できない。寛治寄進で御厨が設置されたことは間違いのない事実ではあるが、この九か所については後世のフィクションである可能性もある。

では、中世下鴨神社を対象に「年中行事と生業の構造」を追究しようとすれば、その構造成立の画期をいつに求めればよいであろうか。堅田御厨については、寛治四年の三月段階で国役免除が申請されているので、同年七月の寛治寄進以前から下鴨神社の御厨であった(22)。網野は『鴨脚秀文文書』(23)の記述を根拠に、承暦二年（一〇七八）の「勅願」による日供の調進を契機として堅田網人の集団がはじめて供祭人になったとしているが(24)、これは二次資料であり、現段階ではこれを確定する材料はない。

とすれば、御厨成立の経緯が史料的に確実であるのは、摂津国長洲御厨の事例のみとなる。常寿院領であった長洲が、栗栖野（栗野）郷田地七町八反余との相博によって下鴨神社領となったのは応徳元年（一〇八四）のことである(25)。それは、社司県主惟季が必ずしも王権に頼らず、主導的に「日次御贄」を供する御厨を求めて働きかけた結果であった。そうとらえてみると、寛治寄進もじつは惟季の解を端緒とする王権への働きかけによるものである(26)。御厨を基盤とした中世下鴨神社の魚介類消費の構造は、一一世紀後半、惟季の時期を画期として整備された可能性がある。

以上が、本論でとりあげる「消費者」の概要である。王権と極めて近い距離にあった点も重要ではあるが、本論では中世下鴨神社による御厨編成の主導性を強調したい。

（2）　中世下鴨神社の年中行事

では、このように王権と密接に関わりながらも主体的に成立した中世下鴨神社において、年中行事はどのように再編成されたのであろうか。この点で最初に分析したいのは、宇佐美尚穂がとりあげている元禄七年（一六九四）二月の『賀茂御祖皇太神宮年中神事』[27]である[28]（表2ⓐ）。これは、下鴨神社より京都町奉行に提出されたものの写で、正月から一二月までの神事が簡略な説明とともに書き連ねてあり、当時の神事執行状況がわかる。表2ⓐで○をつけたものは「無退転にて執行」、△は「形ばかり執行」、×は「退転つかまつり候」とされているものである。

この史料により、一七世紀末の下鴨神社では、年間七五もの神事がかつて執り行われていたと認識されていることがわかるのであるが、そこで本論が注目するのは月によって神事数にかなりばらつきがあるという点である。神事はこれだけあるべきという理念型で計算すれば、一番多い月が旧暦正月で一五件、次いで旧暦四月と旧暦一一月が一〇件、旧暦六月が八件となる。

では、これは実際に中世においてはどうであったのであろうか。そこで次に注目するのは、小山利彦が紹介した『年中行事』[29]である[30]。これは、奥書によれば光敦が作成したものとされており、光敦が応永三四年（一四二七）に従四位上の祝に任ぜられていることから[31]、一五世紀頃の成立と考えられる。

表2ⓑはその『年中行事』に記載されている神事を一覧にしたものである。年間二三件の神事が記載されているが、月別神事数をみると旧暦正月が六件でもっとも多く、次いで旧暦四月と一一月が三件となっている。つまり、一五世紀頃においても旧暦正月と旧暦四月および一一月とが神事数のピークであった。これは神饌という形

表２　中近世下鴨神社の年中行事一覧

＊	月／日	神事名	ⓐ元禄の神事	ⓑ室町の神事
1	1／1	日供御料并若水神事	○	
2		屠蘇白散神事	○	○
3		月次奉幣	○	
4	2	日供御料	○	
5	3	日供御料	○	
6		罷神事	○	○
7	卯	卯杖神事	○	○
8	不定	立春神事	○	
9	6	御鏡開	○	
10	7	御節供神事	○	○
11	14	武射神事	×	
12		御手斧始	×	
		御結神事		○
13	15	御戸開神事	△	○
14	16	後宴	×	
15	下子	燃燈神事	× 15(10)	6
16	2／1	旬之神事	×	
17		月次奉幣	○	
18	14	御戸開神事	×	
19	晦	土毛神事	× 4 (1)	○(土毛祭神事) 1
20	3／1	旬之神事	×	
21		月次奉幣	○	
22	3	御節供神事	△	○
23	4	後宴	× 4 (1)	1
24	4／1	旬之神事	×	
25		月次奉幣	○	
26		鎮祭	×	
27	不定	蒜之神事	×	○(蒜祭神事)
28	午	御蔭山神事	△	○
29	申	国祭	×	
30	酉	葵祭	△	○(賀茂祭)
31		御戸開神事	×	
32	不定	御神楽	×	
33	不定	植御祭	× 10(1)	3
34	5／1	旬之神事	×	
35		月次奉幣	○	
36	4	御菖蒲神事	○	○(御菖蒲フキ神事)
37	5	御節供神事	○ 4 (3)	○ 2
38	6／1	旬之神事	×	
39		月次奉幣	○	
40	不定	御戸代会	×	

41	翌日	後宴	×			
42	20	御手洗会	○			
43	晦	名越祓神事	○			
44		御燈神事	×	7 (3)	○(五登祭)	1
45	7／1	旬之神事	×			
46		月次奉幣	○			
47	7	御節供神事	×		○	
48	8	後宴	×	4 (1)		1
49	8／1	旬之神事	○			
50		月次奉幣	○			
51	晦	小早稲神事	×	3 (2)	○(小早祭)	1
52	9／1	旬之神事	×			
53		月次奉幣	○			
54	9	御節供神事	△		○	
55	10	後宴	×	4 (1)		1
56	10／1	旬之神事	×			
57		月次奉幣	○			
58	亥日	冬季神服神事	×		○	
59	不定	芋祭神事	×		○(芋御祭)	
60	晦日	御神之神事	×	5 (1)		2
61	11／1	旬之神事	×			
62		月次奉幣	○			
63		鎮祭	×			
64	不定	神楽	×			
65	子日	河合社神事	×			
	子日	相嘗会　子日神事			○	
66	丑日	大饗	×			
	丑日	相嘗会			○	
67	卯日	相嘗祭	△		○	
68	翌日	後宴	×			
69	酉日	臨時祭	△			
70	晦日	氏神之神事	○	10(2)		3
71	12／1	旬之神事	×			
72		月次奉幣	○			
	12／29	御備			○	
73	晦日	大祓神事	×			
74		御燈神事	×			
75		御備神事	○	5 (2)		1

ⓐ『賀茂御祖皇太神宮年中行事』（京都府立総合資料館所蔵）にみえる神事。
　数字は月ごとの神事数。（　）内の数字はそのうち当時執行されていたもの。
ⓑ『年中行事』（鴨脚家所蔵）にみえる神事。数字は月ごとの神事数。
＊の欄は、元禄の神事に番号を振ったもの。

なお、「祐直卿年中神事次第幷神殿屋舍之記」（京都府立総合資料館所蔵）は今回の分析対象から省いた。

式での消費のピークと言い換えることが可能であると考える。

しかし、これはあくまで目安に過ぎず、神事数のみで考察を加えるのはあまりに素朴で危険である。それぞれの神事の格が異なるからである。そこで次に、神事の重要度という視点から神社の魚介類の消費暦を検討したい。上下鴨神社の神事として、もっとも著名なのが賀茂祭であることはいまさら説明するまでもない(32)。賀茂祭は、上賀茂神社・下鴨神社の祭礼で、平安遷都以前の奈良時代から記録で確認できるが、先にもふれたように、いわゆる「薬子の変」で勝利した嵯峨天皇は、勝利を祈願した賀茂社に斎院をおき、弘仁一〇年（八一九）には賀茂祭を「中祀」に定めた。一般に葵祭として知られる勅使の参拝は、この時始まったと考えられている。

賀茂祭の一連の神事のうち、『年中行事』がとりあげているのは「四月御蔭山神事」と「賀茂祭」である。「御蔭山神事」とは、葵祭の三日前の二の午の日に祭神を神体山から迎える神事で、現在の御蔭祭にあたる。この「賀茂祭」・「御蔭山神事」こそが中世下鴨神社の神事の中核であり、この神事に神饌という形式での消費のピークがあったと考えてよいだろう。

しかし、本論ではもう一つの神事に注目する。それは、旧暦一一月に行われる「相嘗会」である（表2ⓑ網かけ部分）。中世下鴨神社の相嘗会についての研究はまったくないが、これは律令制下で一一月の上の卯の日に行われた相嘗祭や斎院相嘗祭を中世下鴨神社が独自に継承したものと考えるのが妥当であろう。相嘗祭とは、「当年の新穀を供えることなり(33)」といわれているように、天皇が稲の収穫を祝い畿内の一部の神社に幣帛を奉り、諸神と天皇とがともに饗宴を行う祭である。また、この日は斎院でも相嘗祭が行われ、幣帛が奉られている(34)。

ここで、二つのことに注目したい。一つは表2ⓑにみえるように、相嘗会が子の日、丑の日、卯の日と三日間行われていたことである。『年中行事』によると、子の日は六献、丑の日は七献の饗宴が行われており、卯の日は「九献ニナル事、近年之儀ナリ」と記し置かれたとされている。盛大な神事であったのではないだろうか。

注目したいもう一つの点は、相嘗会が賀茂祭に次ぐあつかいを受けている点である。斎院相嘗祭に関して、「四月祭は重事なり、相嘗は次事なり」[35]といわれており、すでに「賀茂祭を光とすると影のような存在」と評価されている。[36]それに加えて注目したいのは、『賀茂御祖皇太神宮諸国神戸記』[37]（以下、『神戸記』とする）巻四の出雲郷一条北地の項に、「僧尼重軽服汚穢不浄輩」の侵入を禁止する禁制の雛型が二つ収められていることで、その対象は「御祭」と「相嘗会」であった。したがって、相嘗会が賀茂祭に次ぐ比重をもって位置づけられていたことは間違いない。

以上、中世下鴨神社の年中行事における神饌という形式での消費のピークが、数量的にも質的にも、旧暦正月と旧暦四月および一一月とにあったことを明らかとした。ただし、この旧暦四月および一一月というピークはなにも下鴨神社に限ったことではない。すでに柳田国男が寛平七年（八九五）一二月三日の太政官符[38]をもちいて指摘する通り、「先祖の常祭」は旧暦で毎年二月、四月、一一月に行われるのが通例であった。[39]柳田はこれを「二月および一一月」、「四月および一一月」、「四月のみ」という三つのパターンに分けて考え、「四月のみ」の大祭というパターンの事例として下鴨神社を紹介する。しかし、中世下鴨神社においては旧暦一一月の相嘗会もまた重要であり、神饌という形式での消費のピークは、旧暦一一月にもあったと考えるべきである。

（3）　生鮮魚介類の神饌

では、中世下鴨神社の年中行事の神饌はどのようなものであったのであろうか。この点については残念ながら全面的に明らかにできる史料がない。そこで、本論では『年中行事』のなかの正月一五日の「御戸開神事」と一二月二九日の「御備」の項に残された神饌の指図を分析の素材としたい。

表3は、右記の指図の内容を表にまとめたものである。一二月二九日「御備」の方にはそれぞれの膳に「御

飯」「御餅」「干物」「菓子」「生物」と「御下居」の区別が明示されており分析を進めやすい。これらのうち、本論が検討する魚介類の生態と直接関わる神饌が、「生物」と「御下居」である（表3網かけ部分）。これには保存加工品も含まれているが、大きくは生鮮魚介類と位置づけてよいと考えている。そして、澁谷一成の成果(40)によりつつ、神饌として用いられているこれらの生鮮魚介類が、山科家の日記類ではどの月に登場するかをまとめたものが表4である。ただし、旧暦のままでまとめてある。

まず、「生物」のうち「ナマタイ」は、いうまでもなくスズキ目スズキ亜目タイ科の魚類の総称のことである（『世界大百科事典』、『新さかな大図鑑』。以下同じ）。このうちマダイは、日本列島各地に分布している。冬季に

表3　中世下鴨神社の神饌

		『年中行事』正月15日	『年中行事』12月29日
御酒		○	
御粥白		○	
御粥赤		○	
御飯			○
御餅			○
タチバナ	菓子	○	○
モチイ		○	
マカリ	菓子	○	○
フト	菓子	○	○
ヲコシ(ヲコシコメ)	菓子	○	○
大カウシ	菓子	○	○
アマクリ	菓子	○	○
小カウシ	菓子	○	○
クシカキ	菓子		○
ヒサワラ	干物	○	○
ウチアワヒ	干物	○	○
アイキョウ	干物	○	○
ヒタイ	干物	○	○
シオヒキ	生物	○	○
ナマタイ	生物	○	○
ウチミ	生物	○	○
ススキ	生物	○	○
カツヲ	御下居	○	○
大エビ	御下居	○	○
アチ	御下居	○	○
小フナ	御下居	○	○
サハ	御下居	○	○
ヘツソク	御下居	○	○

『年中行事』より

は深みの岩礁で越冬するが、春になると水温の上昇とともに冬眠状態からさめて産卵にかかる。産卵期は地域によって異なるとされており、和歌山県、徳島県では三月下旬から五月上旬とされる。澁谷によれば、タイは年間を通じて記事のみえる魚で、贈答品としての需要が常に見込まれる魚であった。

次に、「ウチミ」は「さしみ、特にコイまたはタイの左側の身」とされている（『日本国語大辞典　第二版』）。ナマタイが別に書きあげられていることから、この場合はコイ目コイ科のコイの刺身のことではないだろうか。

表４　15世紀における生鮮魚介類消費の季節性（旧暦）

	1	2	3	4	5	6	7	8	9	10	11	12
タイ	■	■	■	■	■	■	■	■	■	■	■	■
コイ	■	■	■	■	■	■	■	■	■	■	■	■
ススキ				■	■		■	■	■		■	
カツオ						■			■	■		■
エビ	■	■		■							■	■
アジ	■						■					
サバ	■			■			■	■				
フナ	■	■	■	■	■	■	■	■	■	■	■	■
小フナ	■								■			■

閏月のものについては、省略した。　　山科家の日記類より
■は日記類に記述がある月。

コイは日本列島ではほぼ全土に分布している。山科家の日記類でも年間を通して消費されていたことがわかる。

これらに対し、「御下居」のうち「カツオ」は、スズキ目サバ科の魚で、全世界の大洋の熱帯から温帯域の、沿岸から外洋までの広い範囲に分布する。広く回遊することで知られ、春から夏にかけて北上し、秋から冬に南下する。山科家の日記類には旧暦六月、九月、一〇月、一二月と年の後半を中心に登場している。

また、「アチ」はスズキ目アジ科アジ亜科に属する魚の総称で、日本近海にはムロアジ、オニアジ、マアジなどの各属に属する四〇を越える種が分布している。アジ類は暖海性で暖流に乗って広く日本周辺の沿岸、沖合を回遊する。山科家の日記類には、なぜか旧暦一月と七月にのみ見えている。

最後に、「サハ」はスズキ目サバ科サバ亜科の海産魚の総称

で、日本近海では通常サバといえばマサバとゴマサバを指す。産卵期は長期にわたり、マサバは一月から八月まで、ゴマサバは一一月から六月までである。注目されるのはやはり季節回遊を行うことで、春から夏は北上し、秋から冬は南下する。山科家の日記類では旧暦一月、四月、七月、八月と年の前半に登場し、贈答品として用いられている。

以上、旧暦一二月と一月の下鴨神社の神饌の生鮮魚介類などについて、それぞれの成魚の一年の生態と一五世紀の山科家での消費とを簡単に対比してみた。先に述べた通り、年間を通して首都京都で消費されることがわかる魚が供えられている一方で（タイ、コイ）、消費の季節が限定されるものも供えられていた（カツオ、アジ、サバなど）。魚介類の成魚の一年の生態と神饌という形式での消費との関係はいったいどうなっていたのであろうか。そこで、あえて分析を後回しにしたフナに対象を絞り、この点を深く検討してみたい。

第三節　魚介類の消費と生態、そして生業——琵琶湖のフナ属の場合——

(1)　フナ属の消費暦

フナはコイ目コイ科フナ属の淡水魚の総称である（以下、「フナ属」とする）。その種や生態などにふれる前に、一五世紀の山科家における消費暦を復元してみたい。ただし、消費暦と生業暦とフナ属の成魚の一年の生態との三者の関係を分析するためには、生態学的知見との照合が欠かせない。そこで、消費暦と生業暦についてはグレゴリオ暦に換算して分析を行うこととする。

図1は、山科家の日記類に記されたフナ属の贈答の記事を換算して月別に表示したものである。具体的には、「宮内卿江州ヨリ上来、ミヤケトテフナ持参也」(41)といった記事が含まれている。ただし、加工品であるフナズシの贈答記事は除いた。全面的な分析は別に譲りたいが、図から読みとれるのは、『言国卿記』の記事数に規定さ

れているためではあるものの、「四月から六月」に贈答の季節的ピークがあるということである。

次に、図2は、山科家の日記類に記されたフナ属の貢納の記事を同じく換算して月別に表示したものである。この貢納には、山科家への貢納も、山科家から禁裏への貢納もともに含んでいる。具体的には、「上町もの公事の事にふな五もちきたる」(42)といった山科家への貢納記事や、「今夜御所へ色々うを事、一、たい二まい　ふな十五　たこ二はい　にし十　くる〳〵五　かつをうを三　こたい百　いわし十おけ　ゑそ五こん　かも一番　めち三　きし一番きつ所の也、町の、　にしかつを三　しほひき一尺　いもかしら卅」といった禁裏への貢納記事が含まれてい

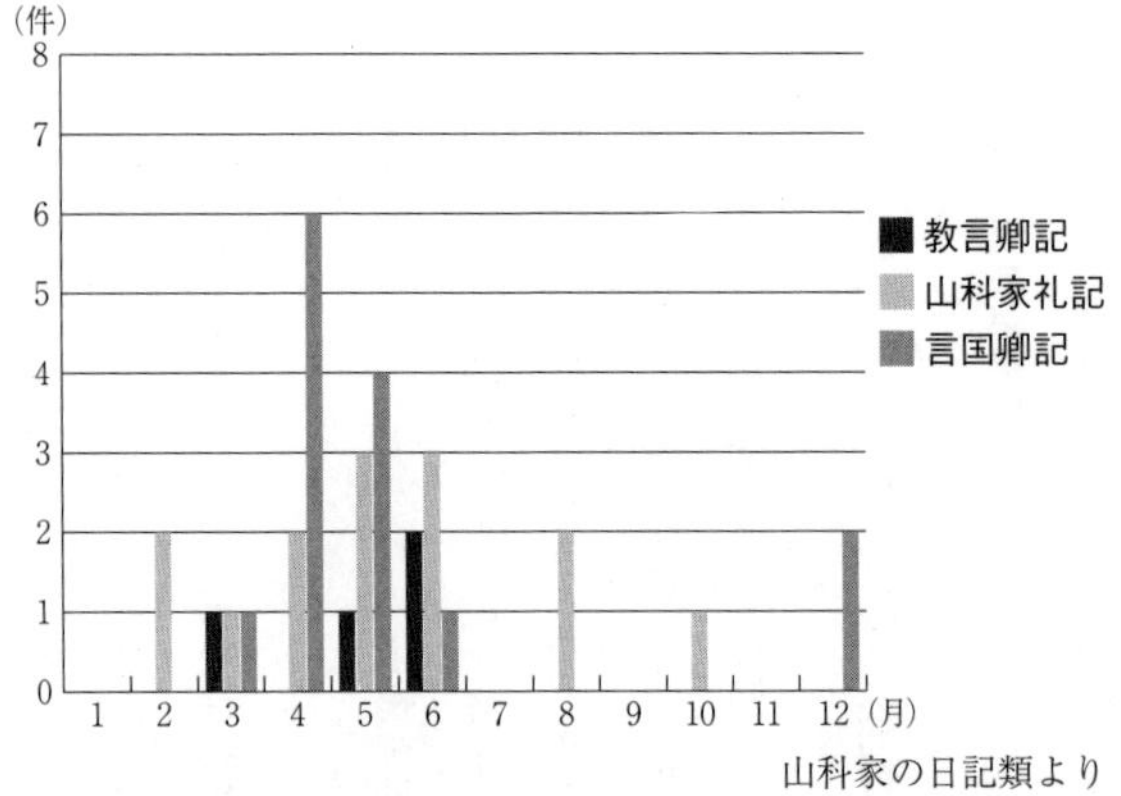

図1　フナ属の月別贈答記事件数（フナズシは除く）

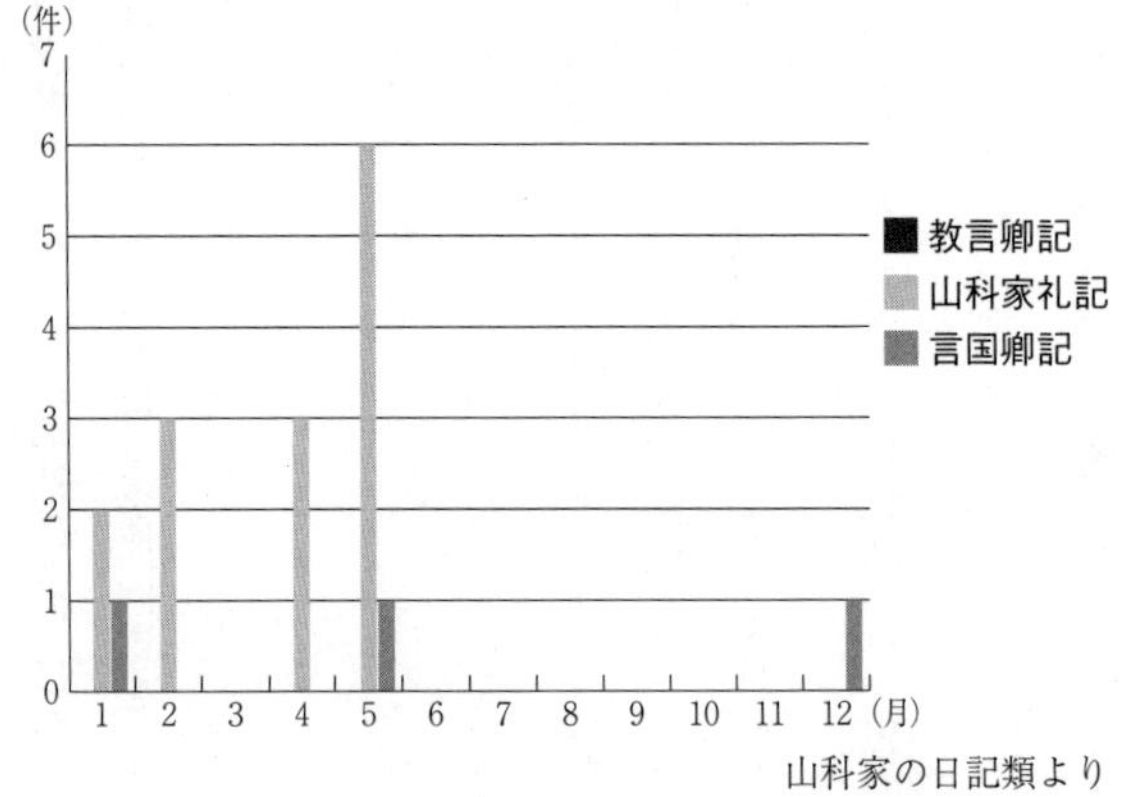

図2　フナ属の月別貢納記事件数（フナズシは除く）

る。(43) 図から読みとれるのは、貢納には二つの季節的ピークがあるという点である。一つは「四月と五月」、もう一つは「一二月から二月」にかけてである。この「四月と五月」というピークは、「四月から六月」という先にみた贈答のピークに包摂されると考え、以下考察を進めて行く。

さて、旧暦によった表4によれば一見年間を通じて消費されていたように思われたフナ属であるが、グレゴリオ暦に換算すると一五世紀の山科家周辺においては、フナ属の消費には二つの季節的ピークがあったことが以上で判明した。一つは、「四月から六月」までの贈答と貢納のピーク。もう一つは、「一二月から二月」までの貢納のピークである。

ここで重要なことは、寛仁元年（一〇一七）に「近江鮒者、早春珍物」（ただし抹消されている）(44)とされるように、厳寒期のフナは「寒鮒」と呼ばれ、「脂肪がのってうまい」（『日本国語大辞典　第二版』）とされるにも関わらず、贈答品としてはあまり用いられていない点である。つまり、一五世紀の山科家周辺では、「一二月から二月」までのフナ属は、ほとんどが貢納品として求められるという奇妙な歴史的状況にあった。では、中世下鴨神社の年中行事における神饌においてはどうであろうか。『神戸記』に所収された二つの史料を掲示する。(45)

【史料1】観応二年（一三五一）三月日、賀茂社政所下文写

政所下　堅田御くりんと百姓等

可㆓早渡進㆒来月御かけさん幷御□(祭カ)召物事

一、十五日御かけさん分

鯉三枚　鮒卅枚　同鮒卅枚　焼物六十

一、十八日御祭ふん

鯉五枚　鮒卅枚　同卅枚　焼物百

右、任レ例、期日以前可二沙汰進一之状、所レ仰如レ件、

観応二年三月日　在判

在判

在判

【史料2】建久五年（一一九四）十月九日、賀茂社政所下文写

政所下　堅田御厨下司

可レ令二早進上一相嘗召物事

鯉十喉　鮒五十喉

鮨五十喉　鮑二斗

海老三斗

右、件召物以来十一月二日、無二懈怠一可レ令二進上一之状、如件、

建久五年十月九日　在判

在判　泉亭禰宜　祐兼県主

まず史料1であるが、これは堅田御厨に対して旧暦四月一五日の御蔭山祭と旧暦四月一八日の賀茂祭の神饌の調達を命じたものである。フナ属は御蔭山祭分として三〇「枚」と三〇「枚」、賀茂祭分として三〇「枚」と三〇「枚」貢納することとなっている。これは琵琶湖産の生鮮なフナ属と考えている。観応二年四月一五日はグレゴリオ暦一三五一年五月一九日に、四月一八日は五月二二日に相当する。つまり、山科家の日記類でみた「四月から六月」というフナ属の贈答と貢納のピークと時期的に重なるのである。

それに対し史料2は、堅田御厨に対して一一月二日までに相嘗会の神饌の調達を命じたものである。フナ属は

五〇「喉」貢納することとなっている。「枚」と「喉」とが使い分けられており、極めて興味深いが、これも琵琶湖産の生鮮なフナ属と考えている。この時建久五年一一月二日はグレゴリオ暦一一九四年一二月二三日に相当する。これは山科家の日記類でみた「一二月から二月」というフナ属の貢納のピークに時期的に重なる。つまり、賀茂祭・御蔭山祭と相嘗会という中世下鴨神社の両極の神事はいずれも、ちょうどフナ属消費の二つのピークに時期的に重なっていたのである。二つの神事の神饌にフナ属が選択されて差配されたのはこうしたフナの消費動向一般と無関係ではありえまい。

では、グレゴリオ暦「四月から六月」と「一二月から二月」という二つの消費のピークはフナ属の成魚の一年の生態のなかではどのような位置にあるのであろうか。

(2) フナ属の生態と漁撈の基本的構図

フナ属の分類については見解が分かれているとのことであるが、日本列島にはギンブナ、キンブナ、ニゴロブナ、ナガブナ、オオキンブナ、ゲンゴロウブナの六種が生息しているとしておく。このうち琵琶湖に生息しているのがギンブナ、ニゴロブナ、ゲンゴロウブナの三種であり、ゲンゴロウブナとニゴロブナが琵琶湖にしか生息していない固有種・亜種である。そこで、琵琶湖のフナ属について友田淑郎や中村守純などの研究(46)、佐野静代の整理(47)を参考にしながら形態的、生態的特徴の概要をまとめてみたい。

まずギンブナ（図3）は、北海道から四国、九州まで広い範囲で分布している。平野部の湖沼や河川の中下流域、そしてそれに通じる用水路に生息しており、雑食性である。回遊を行う習性があり、冬季は湖沼や大河川のやや深みの枯れた水草の陰などに潜んで越年し、早春になるとわずかずつ越冬場所を離れ、彼岸頃になると大群をなして産卵場を目指して移動を開始する。そして、沿岸の浅瀬で夏を過ごしたのち、秋が深まるとともにまた深所へ向かう。琵琶湖では終始岸近くのヨシなどが茂っているあたりに棲んでいると報告されている。

それに対しゲンゴロウブナ（図４）は、ギンブナにくらべて体高が高く、肩（上頭部）がひし形に近いくらい盛り上がっているのが特徴である。成魚は全長四〇センチを超えるという。餌は植物性プランクトンが主である。一般には琵琶湖沖合の表層ないし中層を群で遊泳しているとされるが、「沖合であれ底であれ、季節に関係なく広い水域にわたって多様な餌を求めて敏捷に行動する」[48]という見解もあり、その生態は必ずしも明確ではない。

一方、ニゴロブナ（図５）は、ギンブナにくらべて低い体高で、体幅が厚く、頭部が大きくてずんどうである。成魚はやはり全長三〇センチから四〇センチほどに成長するという。動物プランクトンなどを餌とするニゴロブナは、暖期には沖合の水深約一五～二〇メートルの水域に、水温が低下する冷期には水深約四〇メートルの水域に生息している。

以上が琵琶湖のフナ属三種の形態的、生態的特徴の概要である。ここで本論が重視するのは、この琵琶湖のフナ属三種のいずれもが、およそ四月から六月にかけて、雌が抱卵して湖辺に近づき、雨による増水のさいに一斉に遡上して水草や浮遊物に産卵することである。山科家の日記類や『神戸記』からみた「四月から六月」というフナ属消費のピークは、じつはこのフナ属の産卵期にちょうど重なっていたのである。

図３　ギンブナ（秋山廣光氏撮影）

図４　ゲンゴロウブナ（同上）

図５　ニゴロブナ（松田尚一氏撮影）

一方、「一二月から二月」というフナ属の貢納のピークはどうであろうか。この時期、ギンブナは水位の低下した内湖の泥に埋もれて過ごすとされている点が重要で、(49)ニゴロブナは沖合の水深約四〇メートルの水域で過ごしている。ゲンゴロウブナの生態については明確に断定できないが、あとにも少しふれる冬季の小糸網漁において、捕獲のために水面から一五メートルの位置に刺網を吊るとされていることから、(50)さしあたり沖合の中層を中心に過ごしているとしておきたい。つまり、「一二月から二月」は、フナ属三種それぞれの違いはあるが、いずれもそれぞれの生息域のなかでの深みで越冬する時期に重なっていた。

この成魚の一年の生態は、その年の気候条件や長期の気候変動によって時期のズレは生じるものの、一〇〇〇年程度の短いスパンでは大きくは変わることがない。したがって、本論ではこれを「自然そのものの「論理」」の一つと措定する。では、こうした琵琶湖のフナ属の生態に漁撈はどう対応していたのであろうか。この問題を考える糸口として注目したいのは表5である。

これは、明治期（一八九〇年頃）に作成された『近江水産図譜　漁具之部』(51)のなかから、フナ属を漁獲対象としたことがわかる琵琶湖の漁法とその漁期を抜き出して一覧にしたものである。全部で一一種類の漁法を確認することができた。そのうえで、「四月から六月」までに時期が重なる漁法と「一二月から二月」までに重なる漁法を整理してみると、「四月から六月」までに重なる漁

表5　フナ属を対象とした明治期の漁法の漁期

漁法	漁期	4月―6月	12月―2月
大網	3月中旬―10月下旬	○	
張網	2月―夏土用、土用―12月	○	○
押網	6月―7月	○	
葭巻網	5月―7月	○	
小糸網	2月―7月	○	○
打網	3月―7月	○	
四ツ手網	4月―7月	○	
エリ漁	3月―7月	○	
漬柴	12月初旬―2月中		○
網エリ	3月―10月	○	
胴曳網	10月―3月		○

『近江水産図譜　漁具之部』より

法は全部で九種類で、ほとんどの漁法はフナ属の産卵期を含む漁期の漁法であった。

一方、「一二月から二月」に関わる漁法は、漬柴《ふしづけ》と胴曳網および張網、小糸網の四種類で、明確に越冬時期のフナ属をターゲットにしているのは漬柴と胴曳網のみであった。冬季のフナ漁を考察するうえでは、刺網である小糸網漁が恐らく決定的に重要である。しかし、いまは今後の課題としておき、ここでは「一二月から二月」の消費をターゲットにしている漁法は近代ではごく限られていたという点にのみ注意をうながしておきたい。そして、このことは漁獲量にも反映されている。

図6は川端重五郎が整理した大正期の琵琶湖産フナ属の月別漁獲高の割合を図にしたものである。[52] この図によれば、漁獲のピークは「四月から六月」までと七月にある。大正期の漁獲高が七月になぜ最大なのかについては今後の検討課題とせざるをえないが、本論が注目したいのは「一二月から二月」までの漁獲量の極端な少なさである。つまり、「一二月から二月」までのフナ漁は近代においてはけっして一般的ではなく、ごく限られた漁法により、ごく限られた漁獲高をあげていたに過ぎなかったのである。

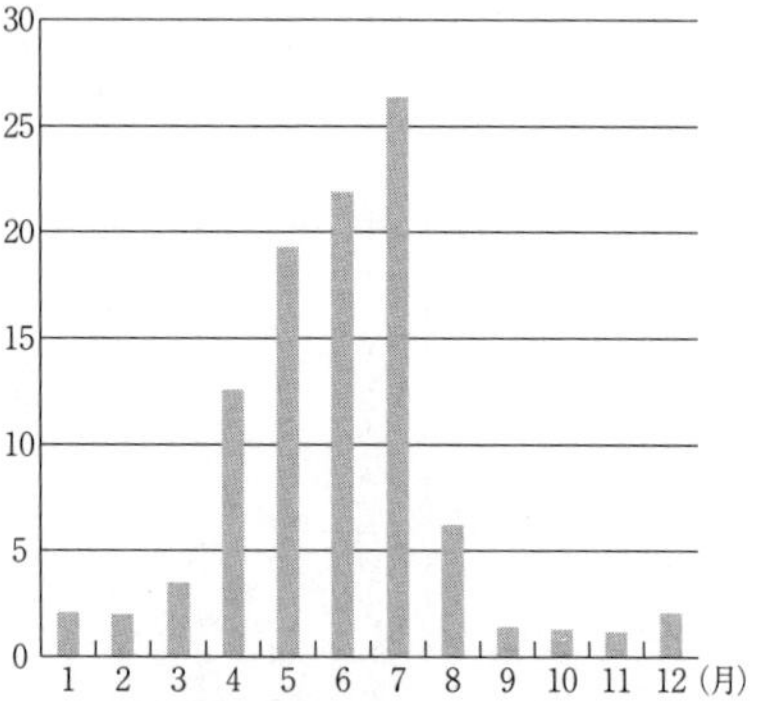

図6　大正期の琵琶湖産フナ属の月別漁獲高割合

本論註(52)川端重五郎書（1931年）より

以上が琵琶湖産フナ属の成魚の一年の生態とそれに応じた近代における漁撈の基本的構図である。産卵期の豊富な漁法と漁獲、そして冬季の希少な漁法と漁獲という基本的構図のみを確認した。では、こうした近代の基本的構図を参照したうえで、中世における消費と生業の構造はどのように理解すればよいであろうか。

（3）都市消費のための生業――「年中行事と生業の構造」――

【史料3】年未詳一二月二〇日、下司光貞書状写

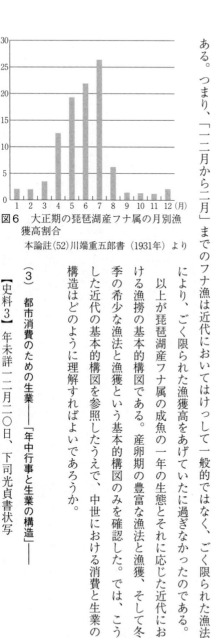

御文かしこまりてまいらせ候、さてはさき《(先)》にも申うして候かたあち《(片網地)》の事を、御さた《(沙汰)》せんとはおほせ《(仰)》たひて候へとも、おゝかたあみ《(網)》をもふさへ、いおゝ《(魚)》もすなとり《(漁)》、またあみ《(網)》をふさへてひかせ候はぬハ、いままて御さた《(沙汰)》の候はぬゆへ《(故)》にこそ候へ、いそき〳〵、此《けか》ふ《(今日)》あす《(明日)》のうちに御さた《(沙汰)》候へし、この御さた《(沙汰)》候はすは、これらをはそなへ《(供)》候はし、かき《(欠)》候はんと、おの〳〵申候に、とり〳〵いそき〳〵さた《(沙汰)》候へし、かつは大明神の御事ニ候、なお〳〵とり〳〵さた《(沙汰)》候へきなり、くはしく《(詳)》ハ又〳〵申候へし、

十二月廿日　　　下司光貞上

この史料は、堅田御厨の下司光貞が、「かたあち」（片網地）をめぐる漁業権紛争について京都での早急な沙汰（訴訟）を求めた書状である。[53]前述の通り、この「かたあち」が建久七年（一一九六）二月日の鴨社供祭人堅田浦神人等陳状写にみえる「片地」の網地と同一のものとすれば、これは音羽庄住人等との相論に関わるものと考えられ、刺網漁をめぐる紛争の可能性がある。建久六年一二月二〇日はグレゴリオ暦換算で一一九六年一月二九日に相当する。先にみた下鴨神社の旧暦一二月の神事の神饌の事例からしても、この網漁の対象としてフナ属が含まれていた可能性は高く、とすればフナ属が越冬している時期の漁撈ということになる。

この下司光貞の書状は、「おの〳〵」（神人等）の主張を下鴨神社にとりついだものであるが、注目したいのはその内容で、「この御さた《(沙汰)》候はすは、これらをはそなへ《(供)》候はし、かき《(欠)》候はん」と、沙汰を懇願するのではなく、下鴨神社側をいわば恫喝していることである。これは御厨神人等が領主に対してその役割をきちんと果たすように要求したことが判明する貴重な史料で、領主と御厨神人等との双務的関係をめぐる議論のなかに位置づける必要があるが、[54]本書補論3においては、権力による漁業権の保障がなければ漁撈ができないと主張しているととらえ、逆に中世前期における堅田漁撈の脆弱性を主張する根拠とした。しかし、フナ属の消費暦を中心として考えると別の位置づけも可能である。

先にみたとおり、「一二月から二月」はフナ属の越冬の時期にあたり、フナ属を対象とした漁撈は、少なくとも近代琵琶湖では希少なものであった。そして、寒鮒は美味しいとされたと思われるにも関わらず、一五世紀の山科家周辺ではフナ属の贈答のピークを「一二月から二月」に見出すことはできなかった。あくまで「一二月から二月」は貢納のピークに過ぎなかったのである。これらからすれば、堅田御厨神人等が旧暦一二月に強硬な態度で下鴨神社に臨めたのは、「一二月から二月」までの漁撈が、市場や贈答を主な前提としたものというよりは、貢納、すなわち日供や歳末の神事の神饌という形式での儀礼的消費を第一の目的としていたためではないだろうか。つまり、この漁撈は消費者である領主の都合に応じた漁撈であった可能性がある。

今回は論ずることができなかったが、論者はこの「一二月から二月」という貢納のピークは、下鴨神社の相嘗会のような旧暦一一月の神事だけではなく、旧暦一二月の「御備」と旧暦正月の「御戸開神事」の二つの神事でみたような、歳末・年始の儀礼とも関わったものであると考えている。この季節における琵琶湖のフナ属の消費は、下鴨神社や天皇・山科家に限らず、近江守護六角・京極氏による「初鮒」の室町殿への献上でも、(55)堅田浦百姓からの地頭への献上でも同様であったと予測される。(56)

主に貢納の史料に依拠して海村の生業暦を復元した春田は、貢納物の納期が「生業暦とは異なる要因」で決定される場合があることを的確に指摘している。(57)このことは、生態とそれを軸とした生業という二つの要素だけでは「資源としての自然」の利用という問題がとらえられないことを端的に表している。春田は「生業暦とは異なる要因」がどういうものかについてはくわしく検討していないが、そのなかには消費者の嗜好や儀礼上の都合という要素が含まれるのではないだろうか。本論は山科家の贈答・貢納を参考にしつつ下鴨神社の神事のごくわずかを検討したに過ぎないが、消費研究の必要性については提示できたのではないかと考えている。

第四節　「自然そのものの「論理」」と環境史

以上、本論ではまず「年中行事と生業」に関わる研究史を整理して消費研究の重要性を主張し、次に中世下鴨神社における御厨の成立が神社の主導によるものであったことに注意をうながした。そして、年中行事書などの分析から、神饌という形式での消費に、旧暦四月（五月頃）の賀茂祭と旧暦一一月（一二月頃）の相嘗会の二つの核が存在していたとの見通しを示した。日供を別とすれば、この象徴的な二つの核を中心として御厨の生業は編成されていたはずである。しかし、神饌に用いられる生鮮魚介類の成魚の一年の生態と神饌という形式での消費とがどう関わっていたのかについてはいま一つ不明確である。そこで、参考として山科家の日記類に登場するフナ属の記事よりその消費暦の概要を把握した。その結果、一五世紀の山科家ではグレゴリオ暦で「四月から六月」という贈答と貢納のピークと、「一二月から二月」という貢納のピークがあったことが明らかとなった。これを琵琶湖のフナ属三種の成魚の一年の生態と対比させてみると、「四月から六月」は産卵期に重なり、湖辺に寄りついた各種を比較的容易に捕獲できる時期であったのに対し、「一二月から二月」は越冬の時期であり、それぞれの生息域のなかでの深みで過ごすフナ属をまとめて捕獲することは難しい時期であった。この「一二月から二月」までの消費はあくまでも貢納のピークであり、漁撈は消費者である領主の都合に応じる目的で展開していた可能性が指摘できる。以上から、「資源としての自然」と人間との関わりを追究するためには生態と生業との関わりだけで考えるのは不十分で、こうした消費研究を積み重ねることがどうしても必要であると主張したい。

ここで、冒頭に指摘した網野の「自然そのものの「論理」」という問題に戻れば、近年の分子時計を用いた研究で、ゲンゴロウブナが進化したのは琵琶湖の成立より古く約五〇〇万年前にさかのぼることが明らかになってきているが、(58)「四月から六月」に遡上して産卵し、「一二月から二月」にかけてそれぞれの生息域のなかでの深みで越冬するというフナ属の成魚の一年の生態そのものは、進化以来約五〇〇万年にわたって恐らく変わることがない。神饌という形式を一つの核とする消費も漁撈もこの生態学的枠組みからまぬがれることはできないのである。これこそが人間の力のおよぶことのない厳然たる「自然そのものの「論理」」である。

しかし、人間は漁撈を通じて「自然そのものの「論理」」に〝沿った〟というような単純な関わり方を自然としてきたわけではない。人間の魚介類に対する嗜好も価値づけも常に変化する。[59]それは、「自然そのものの「論理」」に必ずしも沿ったものとは限らない。一方、自然そのものも複数のサイクルで常に変化している。それは主なものだけでも大気の変動による数年から数百年単位の変動、海洋の変動による数千年単位の変動などがあり、本論がとりあげた地球の公転にもとづく一年というサイクルはその一つにすぎない。[60]こうした、ともに変化する自然と人間との複雑な多次元方程式を、分野を越えた協業により一つ一つ解いていくこと、それが新しい歴史観の創造を目指す環境史にとって必要なことではないだろうか。また、そこにこそ環境史の醍醐味がある。

（1）水野章二「日本中世における人と自然の関係史」（『中世の人と自然の関係史』吉川弘文館、二〇〇九年）。
（2）戸田芳実「中世文化形成の前提」（『日本領主制成立史の研究』岩波書店、一九六七年、初出は一九六二年）。
（3）大山喬平「日本中世農村史研究の課題」（『日本中世農村史の研究』岩波書店、一九七八年）。
（4）網野善彦『網野善彦著作集　第七巻　日本中世の非農業民と天皇』（岩波書店、二〇〇八年、初出は一九八四年）。
（5）橋本道範「日本中世の魚介類消費研究と一五世紀の山科家」（『琵琶湖博物館研究調査報告書　第二五号　日本中世魚介類消費の研究――一五世紀山科家の日記から――』滋賀県立琵琶湖博物館、二〇一〇年）。
（6）橋本道範編『琵琶湖博物館研究調査報告書　第二五号　日本中世魚介類消費の研究』（前掲註5）。
（7）澁谷一成「山科家の日記から見た一五世紀の魚介類の供給・消費」（前掲註5所収）、春田直紀「魚介類記事から見えてくる世界」（前掲註5所収）。
（8）春田直紀「モノからみた一五世紀の社会」（『日本史研究』五四六、二〇〇八年）。

(9) 春田直紀「文献史学からの環境史」(『新しい歴史学のために』二五九、二〇〇五年)。
(10) 春田直紀「海村の生業暦」(『国立歴史民俗博物館研究報告』一五七、二〇一〇年)。
(11) 春田直紀「文献史学からの環境史」(前掲註9)参照。
(12) 保立道久「中世前期の漁業と荘園制——河海領有と漁民身分をめぐって——」(『歴史評論』三七六、一九八一年)。
(13) 鈴木聡子「神社年中行事における基礎的考察」(『国学院大学大学院紀要——文学研究科——』三八、二〇〇六年)。
(14) 岩井宏實「神饌からみた日本の食文化——食文化の源流を求めて——」(国学院大学日本文化研究所編『日本の食とこころ——そのルーツと行方——』慶友社、二〇〇三年)。
(15) 原田信男『日本料理の社会史——和食と日本文化——』(小学館、二〇〇五年)。
(16) 上島享『日本中世社会の形成と王権』(名古屋大学出版会、二〇一〇年)、同「王朝貴族と上賀茂社」(大山喬平監修／石川登志雄・宇野日出生・地主智彦編『上賀茂のもり・やしろ・まつり』思文閣出版、二〇〇六年)。
(17) 上島享「王朝貴族と上賀茂社」(前掲註16)参照。
(18) 『百練抄』寛治四年(一〇九〇)七月一三日条。
(19) 須磨千穎「中世賀茂別雷神社領の形成過程」(『荘園の在地構造と経営』吉川弘文館、二〇〇五年)。
(20) 川端新「院政初期の立荘形態——寄進と立荘の間——」(『荘園制成立史の研究』思文閣出版、二〇〇〇年、初出は一九九六年)。
(21) 『大日本史料　第三編之一』寛治四年七月一三日条。
(22) 新木直人氏所蔵『新撰勘用記』。生島暢「下鴨神社『新撰勘用記』について(紹介)」(『国書逸文研究』二六、一九九三年)参照。
(23) 東京大学所蔵影写本に依った。
(24) 網野善彦『網野善彦著作集　第一三巻　中世都市論』(岩波書店、二〇〇七年)。
(25) 嘉承元年(一一〇六)五月二九日、官宣旨、『東大寺文書』(『兵庫県史　史料篇　古代二』)。
(26) 川端新「院政初期の立荘形態」(前掲註20)。
(27) 京都府立総合資料館所蔵。

(28) 宇佐美尚穂「近世下鴨神社における年中行事」(『史窓』五七、二〇〇〇年)。
(29) 鴨脚家所蔵。
(30) 小山利彦『源氏物語を軸とした王朝文学世界の研究』(桜楓社、一九八二年)。
(31) 新木直人『神遊の庭』(経済界、二〇〇七年)。
(32) 所功『京都の三大祭』(角川出版、一九九六年)など。
(33) 『中右記』天永三年(一一一二)一一月一日条。
(34) 『延喜式』斎院司式。
(35) 『中右記』天永三年(一一一二)一一月一日条。
(36) 丸山裕美子「斎院相嘗祭と諸社相嘗祭――令制相嘗祭の構造と展開――」(『愛知県立大学　文学部論集　日本文化学科編』四八、一九九九年)。
(37) 橋本道範「中世前期の堅田漁撈――『賀茂御祖皇太神宮諸国神戸記』所収 堅田関係史料の紹介――」(水野章二編『琵琶湖と人の環境史』岩田書院、二〇一一年)を参照されたい。本書第一部補論3。
(38) 『類聚三代格』巻一九。
(39) 柳田国男「祭日考」(『定本柳田国男著作集一一』筑摩書房、一九六三年、初出は一九四六年)。
(40) 澁谷一成「山科家の日記から見た一五世紀の魚介類の供給・消費」(前掲註7)。
(41) 『言国卿記』文明八年(一四七六)三月二九日条。
(42) 『山科家礼記』文明九年(一四七七)一二月二九日条。
(43) 『山科家礼記』長禄元年(一四五七)一二月三〇日条。
(44) 『小右記』寛仁元年(一〇一七)一二月四日条。
(45) 橋本道範「中世前期の堅田漁撈」(前掲註37)。本書第一部補論3。
(46) 友田淑郎『琵琶湖のいまとむかし』(青木書店、一九八九年)、中村守純『日本のコイ科魚類』(財団法人資源科学研究所、一九九六年)。
(47) 佐野静代「湖の御厨の環境史――近江国筑摩御厨における自然環境と生活形態――」(『中近世の村落と水辺の環境史

――景観・生業・資源管理――』吉川弘文館、二〇〇八年、初出は二〇〇六年)。
(48) 友田淑郎『シリーズ日本の野生動物一〇　琵琶湖とナマズ――進化の秘密をさぐる――』(汐文社、一九七八年)。
(49) 友田淑郎『琵琶湖とナマズ』(前掲註48)参照。
(50) 友田淑郎『琵琶湖とナマズ』(前掲註48)。
(51) 滋賀県水産試験場所蔵。
(52) 川端重五郎『琵琶湖産魚貝類』(田口長治郎、一九三一年)。この文献については、琵琶湖博物館の金尾滋史氏のご教示を得た。
(53) 橋本道範「中世前期の堅田漁撈」(前掲註37)参照。本書第一部補論3。
(54) 藤木久志『村と領主の戦国世界』(東京大学出版会、一九九七年)。
(55) 『親元日記』文明一三年(一四八一)一月一三日条。
(56) 安楽庵策伝著/鈴木棠三校注『醒睡笑(下)』(岩波書店、一九八六年)。
(57) 春田直紀「海村の生業暦」(前掲註10)。
(58) 大塚泰介「ここだけ琵琶湖の話八～琵琶湖博物館の研究室から～ゆらぐ従来の説明　固有種はどこから?　鍵は「東海湖」」(『毎日新聞』二〇一一年二月三日付朝刊)。
(59) たとえば、『徒然草』一一九段のカツオの話題を想起されたい。
(60) 福澤仁之ほか「21世紀の琵琶湖――琵琶湖の環境史解明と地球科学――」(『月刊地球』二六四、二〇〇一年)。

〔付記〕

本付論は、科学研究費補助金基盤研究(C)「日本中世における内水面の環境史的研究」(研究代表者橋本道範)および科学研究費補助金基盤研究(C)「日本中世における「水辺移行帯」の支配と生業をめぐる環境史的研究」(研究代表者橋本道範)の成果である。二〇一一年一二月一六日に、「日本中世における年中行事と生業の構造――琵琶湖のフナ属の生態を基軸として――」と題して、琵琶湖博物館研究セミナーで報告した内容を改稿したものである。初出後、前畑政善氏、春田直紀氏より懇切なコメントをいただき、力のおよぶ限り修正を加えた。また、初出後に佐野静代「琵琶湖の自然環境からみた中世堅田の漁撈活動」(『史林』九六―五、二〇一三年)が公表されているのであわせてご参照願いたい。

なお、史料調査にあたっては、賀茂御祖神社禰宜(当時)嵯峨井建氏、京都市歴史資料館宇野日出生氏のご教示を得た。さらに、フナ属の形態や生態などについては、大塚泰介氏をはじめとして、琵琶湖博物館の方々より多大なご教示を得た。深く感謝申し上げたい。

第四章　一五世紀における魚類の首都消費と漁撈
――琵琶湖のフナ属の旬をめぐって――

はじめに

消費という問題が、生産力の発展を基点に歴史の動因を説明してきた戦後歴史学の盲点であったことは次第に共通理解となりつつある。(1) 日本中世史の分野では、桜井英治の贈与論を中心に消費の実態とその歴史的特質の解明が進みつつあるが、(2) そうした新たな研究潮流のなかで本論が注目したいのは、春田直紀の一連の研究である。(3) なぜなら、「食品としてのモノ」の社会循環をとりあげた春田が、「モノに対する価値観」の歴史的変化という問題に真正面から切り込み、「食生活の様式変化が食品の流通条件と関わり、新たな需要動向が漁撈の変質、延いては環境利用のあり方にも影響を及ぼす」と指摘した点を高く評価するからである。春田はこうした研究を「環境史研究の一つの方向性」と主張している。つまり、消費研究は、単に消費の実態のみを解明するための研究ではなく、主体である自然と、自然の一部でありながら主体である人間とが、互いに影響しあいながら変化していくという、「「近代になる」という「大きな物語」」とは異なる「物語」を新たに描こうとする環境史を構成する重要な核となる可能性を秘めているのである。(4)

そこで、本論は、社会を横断して移動する具体的な一つの「食品としてのモノ」の価値づけのあり方とその変化を解明して春田の議論をさらに深化させることを目指したい。とりあげるのはフナ、とくに琵琶湖産のフナであり、その旬の変化と漁撈の展開との関連を問題とする。旬とは、厳密には食材、産地、季節、加工形態や調理方法を成立要件としているとされるが[5]、魚類については、食材として身肉を用いる場合には漁場への来遊期および繁殖や越冬に備えた貯蔵脂肪の蓄積期が、卵巣や精巣が商品化する場合には繁殖期直前が旬となる。したがって、魚類の旬について解明しようとすれば、その魚類の生態のあり方を十分に理解しておく必要がある[6]。

本論が注目するフナは、コイ目コイ科フナ属に分類されている淡水魚である。日本列島に生息している種の区別については見解が統一されていないが[7]、本論では、ギンブナ、キンブナ、ニゴロブナ、ナガブナ、オオキンブナ、ゲンゴロウブナの六種とする現在の見解にしたがっておきたい（以下、これらを総称して「フナ属」とする[8]）。そのうち、琵琶湖に生息するのはギンブナ、ゲンゴロウブナ、ニゴロブナの三種で、ゲンゴロウブナとニゴロブナは琵琶湖の固有種と固有亜種である[9]。本論ではまず、一五世紀の山科家の日記類の分析により首都京都における魚類消費の構造的特徴を把握したうえで、フナ属の主な産地と主な消費季節を解明し、フナ属消費に旬が成立していたか否かを検討する。そして、琵琶湖産フナ属のなかでもとりわけ高い価値づけがなされるようになる堅田産フナ属について、その旬と堅田による漁撈の展開との連関性を検討して、消費研究が環境史の一つの核たりえるかどうかの検証を試みてみたい。

第一節　首都における魚類消費と旬

山科家は、一五世紀以降の日記を豊富に残しており、中世後期の経済を理解するうえで不可欠な史料群として数多くの研究の素材となってきた[10]。そこで、中世の魚介類の消費実態とその動向を明らかにするため、『教言卿記』（以下、『教言』とする）と『言国卿記』（以下、『言国』とする）、『山科家礼記』（以下、『家礼記』とする）と『康正三年記』（以下、上記をまとめて「日記類」と総称する）から魚介類記事を抜き出した「中世魚介類データベース」を作成した[11]。基本的に貢納・下賜、贈答、売買、飲食（以上を以下では、「消費」とする）の記事よりなるが、その内容を詳細に分析したのが澁谷一成である[12]。

まず、日記類の記録年代を確認すると表1の通りである。分析に先だって澁谷は、各記録の特質について次のように整理している。『教言』の記主は義満に家礼する公家の一人で、日記は公武の動向にくわしく、また、新たに管掌下においた内蔵寮領の記事を含んでいる。対して、『言国』の記主は応仁・文明の乱のさいに近江坂本に避難していたことが注目され、乱後は後土御門・後柏原両天皇に近く仕えたため、公家社会での酒宴や贈答の記事を多く含む。一方、『家礼記』と『康正三年記』は家司の日記であり、家領・寮領、そして供御人等よりの貢納の記事を含んでいる。では、各日記のこのような性格の違いを踏まえたうえで、このデータベースの作成によってなにが明らかになったであろうか。澁谷の分析は多岐にわたるが、ここで第一に重視したいのは、魚種の構成に関する議論である。表2は、澁谷が作成した日記類における魚類の記事件数を論者が整理し直したものである（ただし、貝類は除いた）。淡水魚、海水魚それぞれに総数の多い順に並べてある。これによれば、淡水魚九種類（これは種ではない）、海水魚二三種類、あわせて三二種類の魚類の記事を検出することができた。『日本産魚類検索』には日本産として三五九科四二一〇種類が収録されており[13]、『日本の淡水魚　改訂版』では、三一二種類の魚類が紹介されていることから[14]、日記類に登場する魚類の種類は、ごくごく限られた少数ということになる。これは登場しない魚種が当時生息していなかった訳ではもちろんなく、貴族社会周辺において消費された魚種が極めて限られていたとみるべきであろう[15]。

そのうえで、次に注目したいのは、それらの魚種のランクと消費の頻度という問題で

表1　山科家の日記類

	開始年	最終年	残存年数
教言卿記	応永12年（1409）	応永17年（1420）	6年分
言国卿記	文明6年（1474）	文亀2年（1502）	11年分
山科家礼記	応永19年（1412）	明応元年（1492）	16年分
康正三年記	康正3年（1457）	康正3年（1457）	1年分

表2　日記類に登場する魚類

海産魚		教言	言国	家礼記(註1)	康正	合計	名産地
1	タイ	25	84	167	1	277	
2	サケ(註2)	4	7	43		54	越後・蝦夷
3	ハモ	3	3	24		30	
4	タラ		9	12		21	
5	カツオ	2		13		15	
6	サバ			15		15	周防
7	イワシ(註3)	1	3	10		14	松浦／伊予
8	ニシン			14		14	
9	スズキ	2	3	7		12	
10	シラウオ	2		4		6	
11	サヨリ		1	4		5	
12	ブリ			4		4	
13	エイ		1	2		3	
14	サワラ			2		2	
15	アジ			2		2	
16	マス			2		2	
17	カナガシラ		1			1	
18	エソ	1				1	
19	カレイ			1		1	
20	トビウオ			1		1	
21	カマス			1		1	
22	ハゼ			1		1	
23	マグロ			1		1	

淡水魚		教言	言国	家礼記(註1)	康正	合計	名産地
1	アユ	9	68	75		152	
2	フナ	4	30	58		92	近江
3	コイ	6	19	50		75	淀
4	アメノウオ	1	8	4		13	
5	カジカ			9		9	
6	ナマズ			3		3	
7	ウナギ			2		2	
8	イサザ		1			1	
9	モロコ				1	1	
淡水魚・海水魚合計		60	238	531	2	831	

本表は、本章註10澁谷論文(2010年)の表3-1～表3-3より魚類のみの記事件数を抜き出して作成したものである。したがって、これには加工品も含まれている。ただし、『康正三年記』については、独自に追加した。
配列は、淡水魚、海産魚ともに総数の多い順に並べた。
名産地については、『新猿楽記』と『庭訓往来』から記載した。ただし、『新猿楽記』が挙げる伊勢の名産コノシロについては、表に含まれていないため除外した。
註1：本章註10澁谷論文(2010年)は、『重胤記』とそれ以外に区別しているが、本表ではこれをあわせている。
註2：カズノコ(鯑)も含む。
註3：ヒシコ(鯷)はイワシに含めた。

ある。

【史料1】

一、美物上下之事、上ハ海ノ物、中ハ河ノ物、下ハ山ノ物、但、定リテ、雉定事也、河ノ物ヲ中ニ致サレドモ、鯉ニ上ヲスル魚ナシ、乍レ去鯨ハ鯉ヨリモ先ニ出コトモ不レ苦、其外ハ鯉ヲ上テ可レ置也、ⓐ鯰又ハザコ以下ノ河魚ニハ海ノ物下ヲクベカラズ（後略）

一、美物ヲ拵テ可レ出事、可レ参次第ハⓑビブツノ位ニヨリテ可レ出也、魚ナラハ鯉ヲ一番ニ可レ出、其後鯛ナト可レ出、海ノモノナラハ一番ニ鯨可レ出也（後略）

これは、長享三年（一四八九）の奥書のある『四條流庖丁書』の一部である。傍線部ⓑのように美物には「位」、すなわちランクがあった。そして、すでに原田信男などによって整理されている通り[16]、中世において最上位にランクされたのはコイであり、『徒然草』一一八段に「鯉ばかりこそ御前にても切らるる物なれば、やんごとなき魚なれ」とあるように、コイのみが天皇の御前で料理されることが許されていた。『言国』にも「前ニテ青侍鯉ヲキラセラル」とあり[17]、一五世紀においてもこれは同様であったと考えてよい。したがって、琵琶湖北湖沿岸に位置する菅浦供御人等が貢納したのがコイであったことも理解できるし[18]、南湖湖岸に位置する粟津の供御人もコイを進上していた[19]。

ところが、表2をみればわかる通り、すべての日記に共通して、タイの記事数がほかの魚種の記事数に対して圧倒的に優越していた。日記類の総数でみれば、コイの記事が七五件であったのに対し、タイの記事は二七七件もあったのである。澁谷はこれを「鯛の優位」と明快に述べている。この事実は、貴族社会周辺における魚類消費全体のなかで、実際にはタイが珍重されていたことの反映ではなかろうか。つまり、料理書などにみえる故実上のランクと実際の消費の頻度とは必ずしも一致していないことが明らかになったのである。

では、魚種の実際の消費頻度はどうなっていたであろうか。淡水魚に限定してみると、すべての日記に共通してアユ、フナ属、コイがほとんどの割合を占めていた点が注目される。このうち、消費頻度がもっとも高いアユは家領の播磨国下揖保庄の年貢や桂供御人の公事などとして山科家にもたらされ、贈答されていたことが澁谷によって明らかにされている。アユがどの程度の「ビブツノ位」に位置していたのかは明らかではないが、アユのスシについては、『四條流庖丁書』に「一、スシノ事、鮎ヲ本トスヘシ」とあり、スシという加工形態のなかでは最上位に位置づけられていたと考えてよい。実際に、アユの総記事件数一五二件のなかで、ほぼ半数にあたる七五件はスシの記事である。[20] したがって、アユのスシは、価値づけも高く実際の消費頻度も高かったと位置づけられよう。

それに対して、コイの記事数はフナ属の記事数さえ下回っていた。しかも重要なのは、菅浦からのコイの貢納が一五世紀までには代銭納化していたことで、この記事数のなかには「鯉代」が含まれている。したがって、それを除けば、『言国』は一七件、『家礼記』は三八件となり、総数は六三件となる。さらに興味深いのは、明応元年（一四九二）にはこの「鯉代」をもちいて宇治でカツオ以下の海水魚が購入されていることである。[21] 一方でコイが市場で購入されて贈答に用いられた事例もあることから、[22] コイのランクが低かったという訳ではないが、高いランクの割には消費頻度としてはそれほどでもなかった。やはり、料理書などに見える故実上のランクと実際の消費の頻度とは一致していなかったのである。

最後に、澁谷が指摘し、春田が整理した重要な問題をとりあげたい。[23] それは魚種、産地、加工形態、消費季節の関係をめぐる議論である。春田はこの問題を二つに整理した。一つは、同じ魚種で、同じ産地であっても季節により加工形態が異なる場合があるという問題である。たとえば、同じ播磨産のタイでも、夏は干物、冬は荒巻で届けられる。もう一つは、同じ魚種でも、供給される季節が産地により異なる場合があるという問題である。

たとえば、ナマコは加賀からは旧暦二月に、播磨からは旧暦四月と六月に到来している。そして、これらの事実をもとに春田は、同じ魚種でも、産地や加工形態（非加工の生鮮な状態を含めて）、季節によって食材としての価値が異なるとし、ここでみられる魚種、生鮮／加工形態、産地、季節の四条件こそ旬の成立要件そのものであると論じた。春田が別に論じている料理法の問題とあわせて考えると、(24)一五世紀の首都京都の山科家周辺において、魚類の旬が間違いなく成立していたことが明らかとなったのである。

以上の澁谷の分析と春田の整理をふまえて、本論がさらに追究したいのは、フナ属の旬という問題である。フナ属は、「鮒又ハザコ以下ノ河魚ニハ海ノ物下ヲクベカラズ」（史料1傍線部ⓐ）とされ、雑魚同様「ビブツノ位」の下位にランクされていた。にもかかわらず、タイ、アユに次ぎ、コイを上回る消費頻度を確認することができた。では、なぜランクの低いはずのフナ属がコイを上回る頻度で消費されていたのであろうか。この点を、まず、産地の問題（第二節）、次に、加工形態・料理法と消費の季節性の問題（第三節）、すなわち旬の問題から考えてみたい。

第二節　フナ属の名産地

(1)　フナ属と近江

中世には魚類にも名産地が成立していたことについては、すでによく知られていることである。一一世紀半ばに成立したと考えられている『新猿楽記』には、フナ（近江）、サケ（越後）、サバ（周防）、イワシ（伊予）、コノシロ（伊勢）が登場し、南北朝期の成立とみられる『庭訓往来』には、フナ（近江）、コイ（淀）、サケ（越後、蝦夷）、サバ（周防）、イワシ（松浦）が登場する。

また、一五世紀成立の『精進魚類物語』には四九種類の魚類が登場するが、(25)それらのうち、越後国住人鮭大介鰆長、大魚（マグロまたはブリ）伊勢守、太刀魚備後守、鯡出羽守、小鮒近江守、白鯇河内守、鰾陸奥守、駿河国高橋庄を知行する尼鯛、近江国住人犬上川惣追捕使鯰判官代については、それぞれの魚類の名産地と対応していると考えてよいだろう。(26)

こうしてみると、一五世紀の料理書においてフナ属はランクの低い魚類と位置づけられているにも関わらず、近江産のフナ属に限っては、その一五世紀においても名産品と位置づけられていたのである。では、実際の山科家周辺ではどの産地のフナ属が消費されていたのであろうか。そこで、「中世魚介類データベース」を用いてこの問題を検討してみたい。

表3と表4は、日記類のなかからフナズシ以外のフナ属の贈答記事とフナズシの贈答記事をすべて抜き出し、次節の分析の都合上グレゴリオ暦に換算したうえで月日順に並び変えて、(27)その贈与者と受贈者を書きだしたものである。この表を用いて産地の推定を試みてみたい。その方法は、たとえば、『言国』文亀元年（一五〇一）一〇月二三日条に「東庄ヨリ彦兵衛尉・筑後、勢州・藤江方へ先礼上云々、然間此方へ樽一・両種〈アラマキ一（フナ）、コフ〉、兵衛尉礼持来、目出々々」とあるが、この記事にみえる贈与者の彦兵衛尉は山城国山科東庄の住人であることから、このフナ属は山城産である蓋然性がもっとも高い。このように仮定していくのである。

その結果、まず、フナズシ以外のフナ属の贈答については、三二件の記事のうちで産地が推定できたのは八件にとどまったが、そのうち七件は近江産のフナ属と推定できた。少ない事例ではあるが、近江産のフナ属の贈答はほかの地域産のフナ属と比較すると卓越していた可能性が高い。また、フナズシについては、次節でくわしく論及するが、その贈答については、三四件の記事のうちで産地の推定ができた一九件のうち、一六件が近江産のフナズシであると推定できた。これは、近江で加工されたものと仮定した。これにより、フナズシについても、近江産のフナ属のフナズシが首都京都において高い価値を与えられていたと考えることができる。

表3　フナズシ以外のフナ属の贈答記事一覧

	西暦年月日	贈与者	推定産地	受贈者	出典	旧暦年月日	備考
1	1478年2月4日	まきのもの	不明	大沢久守	山科	文明9年12月23日条	小鮒
2	1472年2月21日	■殿	不明	大沢久守	山科	文明4年1月4日条	
3	1495年3月4日	東向里	不明	山科言国	言国	明応4年1月28日条	
4	1407年3月17日	筑後将監氏秋	不明	山科教言	教言	応永14年1月29日条	
5	1492年3月21日	セイハン	不明	大沢久守	山科	延徳4年2月14日条	
6	1494年4月5日	坂本寺家侍従	近江	山科言国	言国	明応3年2月20日条	
7	1472年4月6日	不明	不明	大沢久守	山科	文明4年2月19日条	
8	1502年4月9日	兵衛尉	不明	山科言国	言国	文亀2年2月22日条	
9	1498年4月16日	山科言国	不明	花山院御局(上﨟)	言国	明応7年3月16日条	
10	1498年4月17日	三上志方	近江	山科言国	言国	明応7年3月17日条	粟津代官
11	1475年4月28日	宮内卿	不明	中御門	言国	文明7年3月14日条	
12	1493年4月28日	山科言国	不明	花山院政長	言国	明応2年4月4日条	
13	1472年4月30日	御坊御料人	近江	大沢久守	山科	文明4年3月13日条	
14	1476年5月2日	宮内卿	近江	山科言国	言国	文明8年3月29日条	
15	1472年5月13日	御坊宮内卿	近江	広橋殿御方	山科	文明4年3月26日条	
16	1494年5月13日	東向里女中	不明	山科言国	言国	明応3年3月29日条	
17	1472年5月14日	大沢久守	不明	飯賀(飯尾加賀守)	山科	文明4年3月27日条	
18	1481年5月16日	田中(生清)	不明	山科言国	言国	文明13年4月9日条	
19	1502年5月21日	民部卿典侍局御局	不明	山科言国	言国	文亀2年4月5日条	
20	1407年5月25日	紀三品	不明	山科教言	教言	応永14年4月9日条	
21	1488年5月27日	三位入道(斯波義敏)	不明	山科言国	山科	長享2年4月7日条	
22	1494年6月1日	武家(足利義澄)	不明	親王御方(勝仁親王)	言国	明応3年4月19日条	
23	1407年6月13日	山科教言	不明	法印(坂土仏)	教言	応永14年4月28日条	
24	1486年6月13日	津田孫右衛門方	近江	大沢久守	山科	文明18年5月3日条	
25	1486年6月20日	大沢久守	不明	小林	山科	文明18年5月10日条	
26	1405年6月27日	万菊(山科紀季)	不明	山科教言	教言	応永12年5月22日条	
27	1477年6月30日	大沢久守	不明	一宮備後守方	山科	文明9年5月11日条	
28	1491年8月13日	寺家殿(真全)	近江	大沢久守	山科	延徳3年6月29日条	
29	1463年8月28日	京極の宮内卿	不明	大沢久守	山科	寛正4年7月5日条	
30	1488年10月14日	大沢久守	不明	中条内者杉宮松方	山科	長享2年9月4日条	小鮒
31	1501年12月13日	兵衛尉	山城	山科言国	言国	文亀元年10月23日条	
32	1501年12月18日	随蔵主・大ハンシ(判事)	不明	山科言国	言国	文亀元年10月28日条	

表4　フナズシの贈答記事一覧

	西暦年月日	贈与者	推定産地	受贈者	出典	旧暦年月日	備考
1	1503年1月8日	薬師寺次郎	不明	山科言国	言国	文亀2年11月30日条	備前国守護代か
2	1492年2月13日	大沢久守	不明	しろかねや	山科	延徳4年1月6日条	
3	1501年2月15日	坂本執当(真全)	近江	山科言国	言国	明応10年1月18日条	延暦寺寺家執当
4	1501年3月1日	高倉入道(永継)殿	不明	山科言国	言国	明応10年2月2日条	
5	1472年3月7日	江州宮内卿	近江	大沢久守	山科	文明4年1月19日条	
6	1491年3月23日	本所(山科言国)	不明	長橋	山科	延徳3年2月4日条	
7	1472年3月30日	江州宮内卿	近江	大沢久守	山科	文明4年2月12日条	
8	1498年4月26日	坂本寺家新中納言	近江	山科言国	言国	明応7年3月26日条	延暦寺寺家執当関係者
9	1492年4月29日	寺家殿(真全)	近江	大沢久守	山科	延徳4年3月24日条	延暦寺寺家執当
10	1491年5月1日	武衛(斯波義敏)	不明	大沢久守	山科	延徳3年3月14日条	
11	1472年5月12日	御坊大和坊	近江	大沢久守	山科	文明4年3月25日条	延暦寺寺家執当関係者
12	1495年5月25日	山科言国	不明	高倉女中	言国	明応4年4月22日条	
13	1486年5月31日	坂田方(資友)女中	不明	大沢久守	山科	文明18年4月19日条	坂田資友は山科家被官
14	1481年6月9日	一宮(正久ヵ)	阿波	大沢久守	山科	文明13年5月3日条	阿波国国人
15	1488年6月11日	窪田藤兵衛	不明	大沢久守	山科	長享2年4月22日条	
16	1489年6月11日	(鯰江)	近江	大沢久守	山科	長享3年5月4日条	貢納の可能性もある
17	1480年6月12日	三位坊	近江	大沢久守	山科	文明12年4月25日条	延暦寺寺家執当関係者
18	1488年6月15日	桜井方	不明	大沢久守	山科	長享2年4月26日条	白川忠富王家臣
19	1486年6月20日	三郎兵衛	山城	大沢久守	山科	文明18年5月10日条	山科東庄住人
20	1488年6月28日	辻方	美濃	大沢久守	山科	長享2年5月10日条	齊藤丹波守家臣
21	1501年7月1日	津田孫右衛門尉	近江	山科言国	言国	文亀元年6月6日条	
22	1477年7月13日	朽木いはかみ中将女方	近江	大沢久守	山科	文明9年5月24日条	朽木氏かどうか不明(註)

23	1472年8月1日	津田宮内卿方	近江	大沢久守	山科	文明4年6月18日条	
24	1502年8月5日	野洲弾正	近江	後柏原天皇	言国	文亀2年6月22日条	
25	1463年8月11日	あやのかた	不明	大沢久守	山科	寛正4年閏6月17日条	大沢久守妹
26	1477年8月19日	松井方	不明	大沢久守	山科	文明9年7月2日条	備前国守護代薬師寺関係者
27	1491年8月19日	伯殿(白川忠富王)	不明	大沢久守	山科	延徳3年7月5日条	
28	1477年8月20日	大沢久守	近江	飯賀(飯尾加賀守)	山科	文明9年7月3日条	久守坂本より上洛
29	1486年9月1日	朽木中将殿	近江	大沢久守	山科	文明18年7月24日条	朽木氏かどうか不明(註)
30	1491年10月2日	(鯰江)	近江	大沢久守	山科	延徳3年8月20日条	貢納の可能性もある
31	1472年10月17日	御坊(真全)	近江	広橋殿	山科	文明4年9月6日条	
32	1492年10月17日	桜井方	不明	大沢久守	山科	明応元年9月17日条	白川忠富王家臣
33	1502年10月29日	不明	不明	山科言国	言国	文亀2年9月19日条	
34	1492年11月25日	大沢久守	不明	音羽了徳	山科	明応元年10月26日条	

註：西島太郎「室町中・後期における朽木氏の系譜と動向」(『戦国期室町幕府と在地領主』八木書店、2006年、初出は1997年)

しかし、もちろんこれはあくまで仮定にもとづくものに過ぎない。[28]そこで注目したいのは、近江国坂本に居住した延暦寺執当（寺家、堀池家）真全周辺による贈答である。[29]贈与者として登場するのは、「寺家殿」もしくは「坂本執当」「御坊」とも呼ばれる真全、「御坊御料人」、「坂本寺家侍従」と呼ばれた真全の子因全、「坂本寺家新中納言」と呼ばれた真全の子（因全の弟）言直（のち言全）、「御坊宮内卿」もしくは「江州宮内卿」「津田宮内卿」とも呼ばれる人物、「御坊大和坊」、「三位坊」である。下坂守が明らかにしている通り、言国と延暦寺執当（寺家）真全とは家族ぐるみ、主従ぐるみで交際していたのであるが[30]、その交際にとって重要な贈答品がフナ属であった。彼らによる贈答が、フナズシ以外のフナ属では五件、フナズシでは九件も確認できた。そもそも産地が推定できたフナ属はそれぞれ八件、一九件と事例が少ないため断定的なことはいえないが、フナ属の贈答の多くが延暦寺執当真全の周辺からのものであったといってよかろう。そのうえで注目するのは次の史料である。

【史料2】

一、坂本執当ヨリ為二恒例一樽一・荒巻二メスシ鮒スシ送賜畢、使ニ酒ヲノマセ畢[31]

これは、明応一〇年（一五〇一）正月一八日に真全より時国へ恒例の贈答が行われたことを示す記事であるが、その内容は、メズシとフナズシであったことが確認される。[32]このフナズシが近江産のものであることは認めてよいだろう。そして、このフナズシは正月恒例の贈答品であった。つまり、近江産フナズシは確かに名産品であったのである。では、フナズシ以外のフナ属についてはどうであろうか。

【史料3】

一、今日早可二上洛一之由申、今日逗留スヘキノ由色々雖レ被レ申、可レ上由申畢、朝飯急、シヤウハンノ衆、周快・侍者《亭主》・執当・宮内卿・山本坊・侍従等也、朝飯以後ヤカテサウメンニテ酒在レ之、其後上也、阿茶ハ輿申付畢、侍従・新中納言・山本坊以下送、坂中ニテ被レ来、コレハ白川マテ也、坂マテ迎ニ竹阿・彦男

以下来畢、ミヤケニ鮒申付持上、夕飯御汁申付、女中へ被レ参了、周快・侍者此方被レ宿了[33]

これは、明応七年（一四九八）三月一七日に坂本の真全のもとへ下向した言国が、一九日に上洛するさいの記事であるが、本論が注目するのは、そのさい、土産としてフナ属がたずさえられ、京都で即日汁として料理されている点である。これは生鮮なフナ属であったとみてよく、これも確実に近江産フナ属である。こうした点から史料を見直してみると、文明八年（一四七六）に宮内卿が近江から上洛した時の土産もフナ属であった[34]。つまり、近江から帰京、上洛するときの土産の定番はフナ属であったのである。土産そのものの一般的な特性から考えて、これも近江産フナ属であることは確実で、近江産フナ属が名産品として認知されていたことは疑いない。つまり、一五世紀の首都京都の山科家周辺では実際に近江産フナ属が消費されており、その消費はほかの地域産のフナ属より優位していたと推定されるのである。

（2）　琵琶湖のフナ属

では、なぜ近江産のフナ属に限って名産品とされ、ほかの地域産に優位して消費されたのであろうか。ほかの地域産のフナ属とどこが異なるというのであろうか。琵琶湖に生息するギンブナ、ゲンゴロウブナ、ニゴロブナの三種の生態などについては、すでに中村守純らが論及し、佐野静代が整理しているが[35]、本論に必要な範囲で補足しつつ簡単に述べておくと、まず、形態的にゲンゴロウブナは、ギンブナにくらべて体高が高く、肩（上頭部）がひし形に近いくらい盛り上がっている。通常ギンブナは全長二〇センチから三〇センチとなるのに対し、琵琶湖のギンブナやゲンゴロウブナの成魚は全長四〇センチを超えるという。一方、ニゴロブナは、ギンブナにくらべて低い体高で体幅が厚く、頭部が大きくてずんどうである。成魚はやはり全長四〇センチほどにまで成長するという。

また、生態的にも違いがみられる。[36] 雑食性で底生動物などを餌とするギンブナは周年内湖などの浅い水域に生息しているのに対し、ゲンゴロウブナは、植物プランクトンを求めて沖合の表層・中層に生息すると一般にされており、[37] 一方、動物プランクトンなどを餌とするニゴロブナは、暖期には沿岸部の水深約一五～二〇メートルの水域に、水温が低下する冷期には水深約四〇メートルの水域に生息しているとされる。

こうした固有種の形態的・生態的特質が近江産フナ属の名産化の前提条件となったことは疑いないが、これらに加えて本論で指摘しておきたいのは、沖合に生息する琵琶湖のフナ属は泥臭くないという特徴がみられる点である。[38] 進化に十分な時間を有し、[39] かつ、沿岸から沖合まで、あるいは表層から深層まで多様な生息環境が広がる琵琶湖という固有の環境が存在していたがゆえに、フナ属の形態的、生態的固有性が成立し、それが近江産フナ属名産品化の基礎条件となったと考えることができる。では、旬を構成したほかの条件、加工形態と季節については、どのような特徴がみられるであろうか。果たして、フナ属に旬は成立していたのであろうか。

第三節　フナ属の加工形態・料理法と消費の季節性

(1)　フナズシ消費の季節性

現在滋賀県選択無形文化財に選択されている滋賀県のフナズシ（以下、表記は「フナズシ」で統一する）は、魚介類を主に材料として、塩と米飯などの過熱した澱粉とを混ぜることにより乳酸発酵させた保存食品であるナレズシの一種で、[40] フナ属を塩漬けにしたのち、米の飯と相互に桶に漬け込み、重石をして自然発酵させたものである。[41] 時間をかけて十分に発酵させる本ナレズシと発酵期間が短く飯も同じ比重で食べるナマナレ（生成）ズシとがある。[42] 地域により、家庭により製法は異なるが、商業的には産卵期に捕れる抱卵した雌のニゴロブナが美味しいとされている。[43]

この滋賀県のフナズシの歴史的展開について日比野光敏は、元禄二年（一六八九）の料理書『合類日用料理抄』に、「江州鮒の鮨、一、寒の内ニ漬申候」とあることに注目し、これが事実とすれば抱卵したフナ属を夏場に漬け込む現在の滋賀県下の製法とは明確に異なると指摘した。[44] そして、滋賀県の現在のフナズシを日本におけるスシのプロトタイプとしてきたそれまでの通説を否定し、それは抱卵したフナ属を味わうための完成度の高い料理方法であると結論づけた。

このような日比野の論考については、江戸時代前期には春季と秋冬季にフナズシの漬け込みが行われたなどとする櫻井信也の批判があるが、[45] 日比野の議論を受けて中世における抱卵したフナ属の価値について検討を加えたのが春田である。[46] 春田は『家礼記』からフナズシとフナズシ以外のフナ属の記事の出現回数を月別に検出した。その結果を示すのが図1、2である。そのうえで、記事が出現し始める時期が、フナズシ以外のフナ属が旧暦一二月、フナズシが旧暦一月とずれることを根拠に、京都周辺で好んで賞味されていたフナ属は旧暦一二月以降に

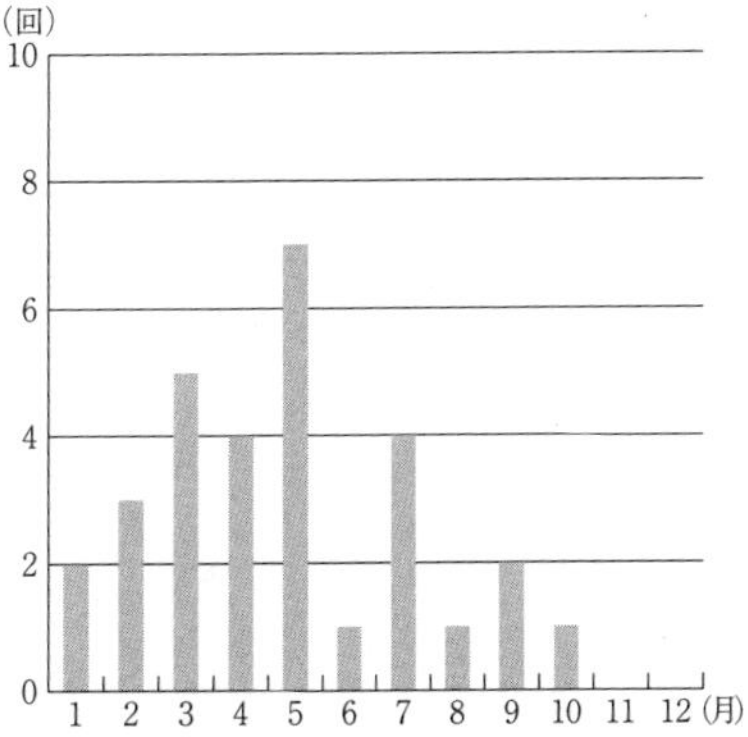

図１　『家礼記』にみるフナズシの記事の月別出現回数

本章註３春田論文④(2004年)にもとづいて作成した。ただし、閏６月は除いた。

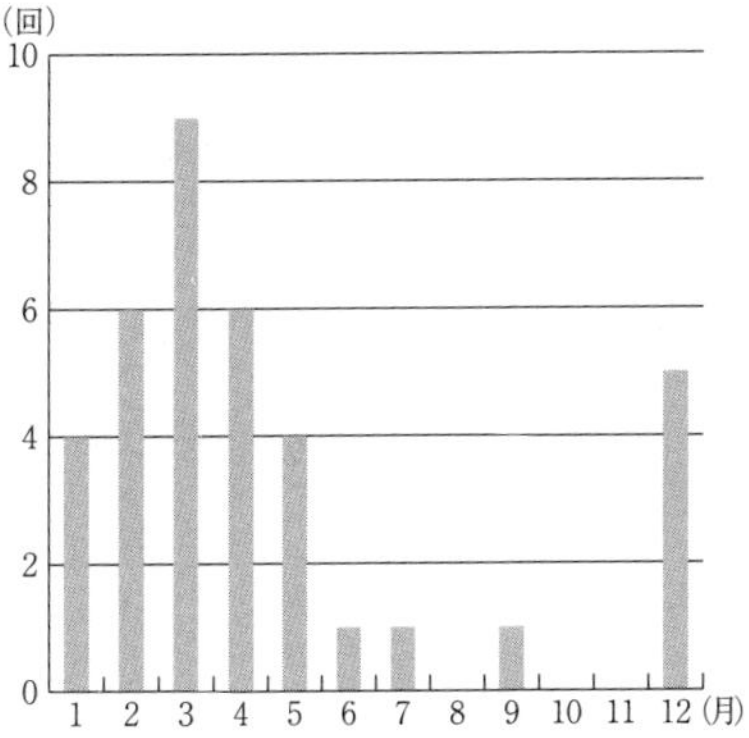

図２　『家礼記』にみるフナズシ以外のフナ属の記事の月別出現回数

本章註３春田論文④(2004年)にもとづいて作成した。

漁獲される寒鮒であると解釈した。そして、もし産卵期を迎える抱卵したフナ属が出回っているのであれば、フナズシ以外のフナ属の出現のピークが初夏に、フナズシの出現ピークが秋冬になるはずであるのに、そのような分布傾向はみられないとして、「子持ちフナの価値付けは中世においては未成立であった」と結論づけたのである。

しかし、ここで注意しなければならないのは、これらの分析がいずれも旧暦でなされている点である。一般に魚類の産卵は水温と日長（日照時間の長さ）の影響を受けて開始される[47]。フナ属についてはこの点は明らかにされていないが、抱卵していたか否かを現行のグレゴリオ暦にもとづく生態学の知見と照合して実証するためには、記事を旧暦のままではなく、グレゴリオ暦に換算して分析する必要があると考える（以下、単に「換算する」とする）。

ここでフナ属の成魚一年の生態について確認しておくと、琵琶湖のフナ属三種はいずれもが四月から六月にかけて湖辺に近づき、雨による増水のさいに一斉に遡上して水草や浮遊物に産卵する。産卵時期は三種のうちギンブナがもっとも早く、それは三月下旬から六月下旬頃で、四月上中旬が盛期とされる。また、ニゴロブナは四月中旬から七月中旬頃までであるが、五月が盛期とされる。さらに、ゲンゴロウブナは三月下旬から七月中旬頃で、六月が盛期とされる。つまり、四月から六月が琵琶湖のフナ属の産卵期であったのである[48]。

そのうえで表4に戻りたい。分析をしやすくするために、月別に記事件数を表示する図3を作成した。この図で本論が問題とするのは、

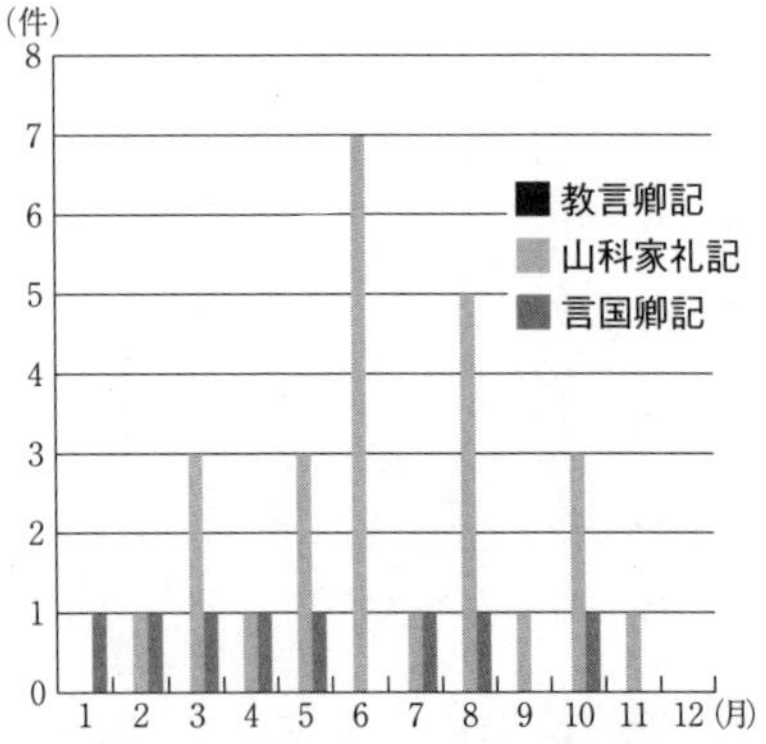

図3　フナズシの月別贈答記事件数

その贈答の季節性である。二つの特徴が明瞭となった。最初に指摘したいのは、一二月を除いて、年間を通じてほぼまんべんなく贈答が行われている点である。たとえば、史料2でみたように、厳寒期である一五〇一年二月一五日（明応一〇年正月一八日）にも坂本の真全より言国のもとへ「荒巻二〈メスシ／鮒スシ〉」が届けられている。(49)これは正月恒例の贈答であった。また、一四七二年一〇月一七日（文明四年九月六日）には、上洛した真全が諸所へ贈答をしているが、庭田殿へ松茸四本が贈られたのに対し、広橋殿へは「ふなのすし五」が贈られている。(50)フナズシは秋季の贈答品としても認知されていたのである。

それらに対し、次に指摘したいのは、六月と八月に贈答のピークがある点である。これはいずれも『家礼記』の記事数に規定された結果であるが、たとえば、もっとも記事が多い六月は七件の記事が検出できる。これらはすべて大沢久守に贈答品としてもたらされたもので、贈与者は、山科家領阿波国一宮の所務を請け負う一宮長門入道（表4-14）、山科家領美濃国革手郷の代官と推定される齊藤丹波守の家臣辻中務（表4-20）、大沢久守と日常的親交のあった窪田藤兵衛（表4-15）と神祇伯の家臣桜井（表4-18・32）、山科家領山城国山科東庄の庄民三郎兵衛（表4-19）であるように、特定された人物からの贈答ではない。また、山科家の領地があったと推定される近江国鯰江からもたらされたものもある（表4-16・30）。そして、残る一件は久守が坂本の真全を訪れたさいに三位坊から贈与された記事である（表4-17）。つまり、いずれも恒例の贈答ではなく、贈与者がまちまちであるにも関わらず、換算すると結果として季節性が見出せるのである。これはフナズシにもじつは旬があったことの反映ではないだろうか。

では、この贈答のピークが六月と八月にあるという事実はいかに理解すればよいであろうか。論者は、このピークが、四月から六月というフナ属の産卵期と重なるか、二ヶ月程度うしろにずれている点に注意を喚起したい。なぜなら櫻井が指摘する次のような史料があるからである。(51)

【史料4】
下のまちのふな十二こん、一間ニこん宛、上廿三こん、一間ニ二こん宛、（中略）、今日出レ之、廿四こん下、十一こん京ニ御座候也、ふな十すしニさせ候也(52)

【史料5】
上町ふな廿こん出レ之、すしにさせ候也(53)

これらの史料を換算すると、史料4は一四八〇年四月九日に、史料5は一四八八年五月一六日となる。これらにより、フナズシへの漬け込みが産卵期にも行われていたことは確実である(54)。そこにおいて抱卵した雌のフナ属が含まれていないとは考えられない。とすれば、六月と八月に贈答されたフナズシもまた産卵期の抱卵したフナ属が用いられていた可能性があり、さらにいえば、漬け込まれて六〇日程度で消費されていた可能性さえある(55)。

もちろん、産卵期以外にも漬け込まれた可能性を否定するつもりはなく、また、産卵期に漬け込まれ、一年以上経過したうえで消費された可能性もあり、日記類からではこれ以上の論証はできないが、一五世紀の貴族社会周辺においては、フナズシに名産地が成立していたばかりではなく、消費に一定の季節性があり、抱卵した雌のフナ属が漬け込まれた可能性は高い。したがって、「子持ちフナの価値付けは中世においては未成立であった」とする春田説に疑念を抱きつつ、次に、フナズシ以外のフナ属の贈答、貢納および上納、そして飲食について検討したい。

（2）　フナズシ以外のフナ属消費の季節性

①贈答の季節性

まず検討するのは贈答についてである。改めて表3に注目したい。これは、日記類のなかからフナズシ以外のフナ属の贈答に関わる記事を検索し、換算したうえで月日順に並べたものであるが、その記事件数を月別に表示したものが図4である。計三二件の記事を検出することができた。その結果はフナズシの記事の出現状況とは様相が異なっている。例外はもちろんあるものの、四月から六月に集中しているのである。これはフナズシ以外のフナ属の消費が季節性をもっていたことを明確に示している。そしてそのピークはフナ属の産卵期であった。

ただし、注意すべき点はある。それは図4で四月、五月の記事が突出してみえるのは、『言国』の記事が突出しているためという点である。そこで、それらの記事を検証してみると、もっとも記事が多い四月、五月の記事にみえる贈与者は、坂本寺家侍従（表3-6）、兵衛尉（表3-8）、三上（表3-10）、宮内卿（表3-11・14）、東向里女中（表3-16）、田中（表3-18）、民部卿典侍局御局（表3-19）と言国自身（表3-9・12）などであり、やはりここでも真全周辺の人物からの贈答が目を引くが、かといって特定の人物からの贈答であったという訳ではない。特定の人物からの恒例化した贈答ではないにも関わらず季節性が見出せた点は重要である。

そして、さらにそのことを裏づける史料がある。

【史料6】

一、鮒魚折節見来之間、十喉遣二法印許一也、於レ今者雖レ不二珍敷一、見来之間遣之処、北山小生来、以レ之可二賞翫一云々

これは、『教言』応永一四年四月二八日条である。換算すると一四〇七年六月一三日に相当する。まさしくフナ属の産卵期である。ここにおける「於レ今者」を「今の季節においては」と解釈すると、フナ属がちょうど到来したので、今の季節においては珍しくないけれども、法印（坂士仏、上池院健叟恵勇）のもとへと遣わしたとい

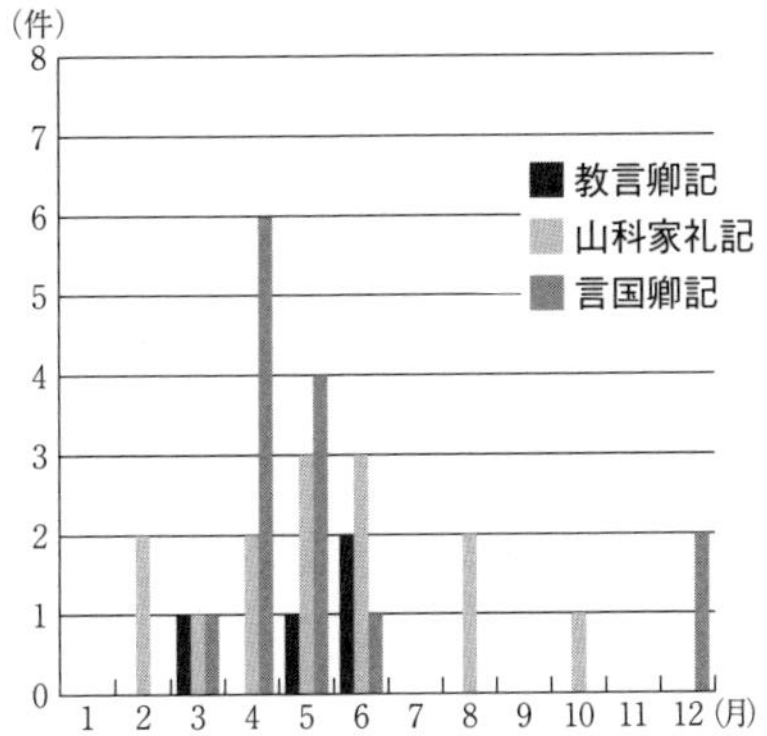

図4　フナズシ以外のフナ属の月別贈答記事件数

うことになる。つまりこれは、産卵期である六月前後にフナ属が豊富に社会を循環していたことを示す史料ではないだろうか。

以上の点から、フナズシ以外のフナ属の贈答が、その産卵期に集中して行われていたことは明白であり、それらには抱卵した雌のフナ属が含まれていたと考えるのが自然である。

②貢納と上納の季節性

次に、山科家へのフナ属の上進（以下、「貢納」とする）と山科家から禁裏への上進（以下、「上納」とする）の季節性を検討したい。

【史料7】

一、上下町

下五間　二月ヒカンシヤウシツキ春鮒ⓐ（○百五十文上百十文　○七月廿八ⓑ）　上百十文　下四十文
八月ヒカン同又一度三度也

上十間　十二月小鯛ⓒ　上町十六カケ　三十二マイ持手六文
ふな廿ⓓ　三月廿五出レ之

七月十二日サハ卅二サシ　当年上之斗(56)

【史料8】

一、上下町　上十間、下五間　二季ヒカンシヤウシツキハ三度也、
春鮒ⓐ当年上五間下三間ⓑ十二月小鯛　七月サハ卅六サシ出レ之
十六
十八こん　又後二こん(57)

これは、宇佐見隆之が紹介した文明一七年（一四八五）と延徳元年（一四八九）の山科家年貢算用状の一部で、上町（今町）、下町（六角町）からの貢納の記録である(58)。ここでもっとも注目されるのは、「春鮒」という記載がみられることである（史料7傍線ⓐ、史料8傍線ⓐ）。この「春鮒」は、「春　鮒」とも「春鮒《はるのふな》」とも読むことが

でき、「十二月小鯛　七月サハ」（史料7傍線ⓒ、史料8傍線ⓑ）との対応関係からは「春　鮒」と解釈することもできるが、史料7傍線ⓐでは「二月ヒカンシヤウシツキ春鮒」とあり、「春鮒」という呼称が成立していたとしか解釈できない。果たしてこの理解は妥当であろうか。また、「春鮒」は春田が指摘する寒鮒であったのだろうか。

表5は日記類のなかからフナズシ以外のフナ属の貢納と上納に関わる記事を検索し、それを換算したうえで月別に並び変えて表示したもので、その記事

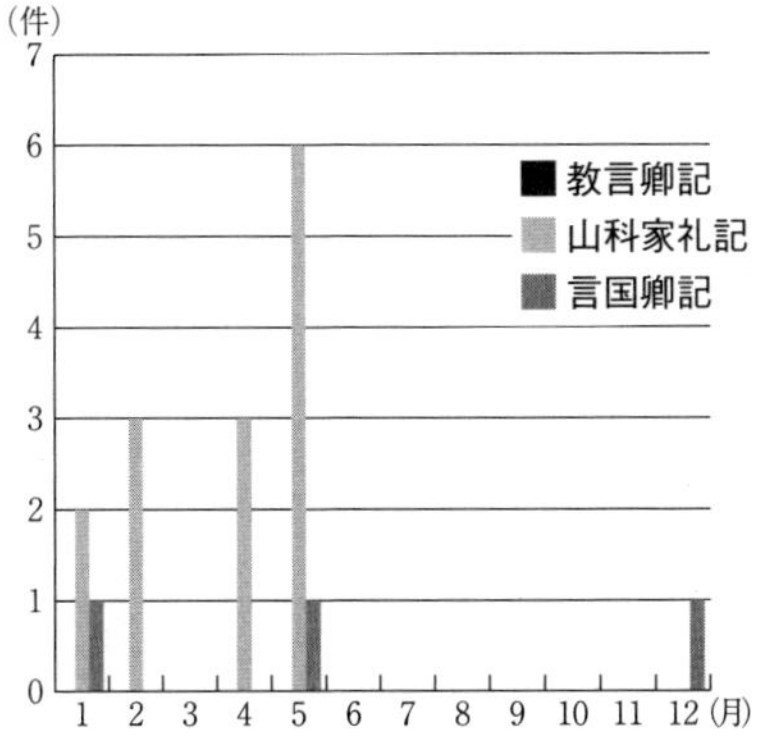

図5　フナズシ以外のフナ属の月別貢納・上納記事件数

表5　フナズシ以外のフナ属の貢納・上納記事一覧

	西暦年月日	貢納・上納者	受取者	出典	旧暦年月日	備考
1	1499年1月1日	山科家	禁裏	言国	明応7年11月11日条	大ナル鮒
2	1458年1月24日	河内(御厨？)	山科家	山科	長禄元年12月30日条	
3	1458年1月24日	山科家	禁裏	山科	長禄元年12月30日条	
4	1463年2月2日	不明	不明	山科	寛正4年1月5日条	
5	1463年2月3日	河内(御厨？)	大沢久守	山科	寛正4年1月6日条	
6	1478年2月10日	上町	山科家	山科	文明9年12月29日条	
7	1480年4月9日	下のまち・上(町)	山科家	山科	文明12年2月20日条	
8	1481年4月20日	しものまち(下町)	山科家	山科	文明13年3月13日条	
9	1481年4月21日	上町	山科家	山科	文明13年3月14日条	
10	1463年5月4日	町	山科家	山科	寛正4年4月7日条	
11	1463年5月8日	六角	山科家	山科	寛正4年4月11日条	
12	1491年5月8日	下町	山科家	山科	延徳3年3月21日条	
13	1491年5月13日	上町	山科家	山科	延徳3年3月26日条	
14	1501年5月15日	町	山科家	言国	文亀元年4月18日条	
15	1488年5月16日	上まち	山科家	山科	長享2年3月26日条	
16	1489年5月26日	まち(上下)	山科家	山科	長享3年4月17日条	
17	1501年12月21日	山科家	禁裏	言国	文亀元年11月1日条	

件数を月別に表示したのが図5である。計一七件の記事を検出することができた。一見してわかるように、貢納と上納には季節的ピークが明確に存在し、論者は、それは「一二月から二月」七件と「四月から五月」一〇件とに区別することができると考える。

このうち、最初にとりあげるのは「一二月から二月」にかけての貢納と上納である。旧暦では一一月から二月にかけての季節で、まさしくこれは寒鮒の貢納と上納である。注目されることは、この季節、河内からフナ属が貢納されていることで、一四五八年一月二四日（長禄元年一二月三〇日）には大小七〇ものフナ属が単独で貢納されている[59]。また、一四七八年二月一〇日（文明九年一二月二九日）には上町からも公事としてフナ属が単独で貢納されている[60]。これらはいずれも歳末の貢納であった。

ただし、ここで留意しておく必要があることは、歳末・年始にはほかの魚鳥類と一括して貢納や上納される場合がある点で、たとえば、長禄元年一二月晦日（一四五八年一月二四日）には、山科家より御所へタイ、フナ、タコ、ニシ（ニシン）、クルクル、カツオ、コダイ、イワシ、エソ、カモ、メチ、キジ、ニシカツオ、シオビキ（サケヵ）、イモガシラが上納されている[61]。また、寛正四年一月五日（一四六三年一月二日）にも、トリ、カモ、シオダイ、ブエン、シオビキ、ツグミ、エビ、スシアヒ、ウルカオケ、ナカクシ、タコ、コイ、ネブカ、サカナ、フナ、ツクミなどが貢納された[62]。つまり、フナ属だけがとくに求められて単独で貢納、上納された訳ではない。したがって、「一二月から二月」に貢納・上納されたフナ属が寒鮒として珍重されたものかどうか、その論拠は見当たらないとしておきたい[63]。

それに対し、次にとりあげるのは「四月から五月」にかけての貢納である。これらはすべて上町・下町より山科家への貢納である（上納は現れない）。旧暦では二月二〇日から四月一八日にわたるが、換算してみると四月三件、五月七件と集中していた。これはまさに産卵期のフナ属である。たとえば、「下町鮒六出レ之」とあるように、[64]フナ属単独で貢納されている点では「一二月から二月」と変わりないが、ほかの魚鳥類と一括されて上納された形跡はない。とすれば、「四月から五月」に貢納が集中したのは、歳末や年始の場合とは異なり、産卵期のフナ属がとくに珍重されて求められたためではないだろうか。

じつは、史料7傍線部ⓓに「ふな廿　三月廿五出レ之」とあることから明らかな通り、文明一七年にも三月二五日に貢納されていた。換算すると一四八五年四月一九日であり、これもまさしく産卵期であった。したがって、貢納された「春鮒」とは、寒鮒ではなく産卵期のフナ属を指していたと断定することができる。やはり抱卵した雌が含まれていたとみるべきであろう。[65]

③料理にみる季節性——「ふなのしる」——

最後に、贈答や貢納されたフナズシ以外のフナ属の料理の季節性についてみてみたい。中近世の料理書からフナ属の料理を検出した山形佳恵の労作によれば、中世までさかのぼる可能性のあるフナ属の料理として鱠、刺身、焼物、煮物、こごり、汁や吸物を挙げることができる。[66]それらのうち、日記類に唯一登場する料理が汁である。

このフナ属の汁に関して注意する必要があるのは、料理書では小鮒の汁を指している場合があることである。たとえば、『貞丈雑記』には「鮒の一こん煮」が登場するが、それは「小鮒を一ツ丸のまゝにて味噌汁にて煮たる吸物の事なり〈式三献膳部記／ニ見、大草流〉」とあるように、「小鮒」を利用したものであった。[67]しかし、もちろん成魚のフナ属が汁に用いられなかった訳ではなく、『りうりの書』に、「ふなをしるにするには、こけをよくはきて、こふ《（昆布）》かわかめ《（ワカメ）》のしをゝ引て、大なるふなをつゝみて、なへ《（鍋）》のはたにしきて、そのうゑに少ふなをつみて、たてみそを入、さけをみそと一度にいれて、いかにも久しくにて、あつきゆをくわへ、しを・さけをそへてりうりて出すへし、そのこふをしるわんの下にしくへし、条々くてん之ありと」とあるように、成魚と小鮒とが同時に用いられている。[68]したがって、抱卵した雌のフナ属がそのまま汁に用いられていた可能性を排除することはできない(69)。

表6は、日記類から「ふなのしる」の記事を抜き出して換算し、月日順に並べたもので、その記事数を月別に表示したものが図6である。一四件の記事が確認できた。そもそも汁の記事自体が一月から六月までと限られているのではあるが、「ふなのしる」が賞翫されているのは三月から六月に限定され、四月にピークがある。これは一目瞭然で議論の余地はない。汁料理に用いられたフナ属は産卵期のものであり、それらには抱卵した雌のフナ属を含むと考えるのが自然である。

以上、日記類を用いて、第二節ではフナ属の産地について、

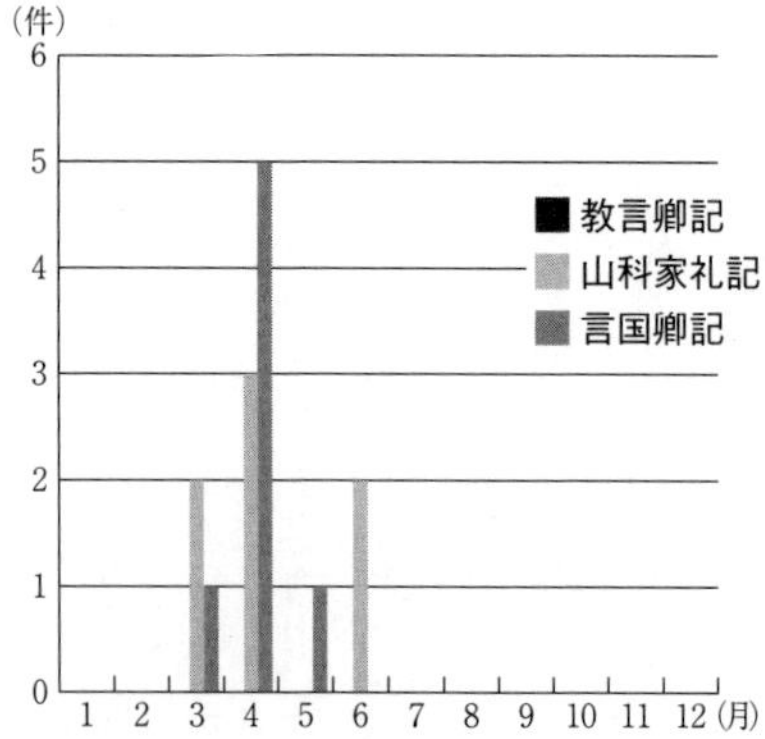

図6　ふなのしるの月別記事件数

表6　ふなのしるの記事一覧

	西暦年月日	賞翫者	出典	旧暦年月日	備考
1	1495年3月4日	山科言国	言国	明応4年1月28日条	
2	1492年3月21日	大沢久守	山科	延徳4年2月14日条	
3	1472年3月31日	大沢久守	山科	文明4年2月13日条	
4	1494年4月2日	山科言国・兵衛尉方(大沢重致)	言国	明応3年2月17日条	
5	1472年4月6日	大沢久守	山科	文明4年2月19日条	
6	1498年4月7日	山科言国・周快	言国	明応7年3月7日条	
7	1480年4月9日	大沢久守・三郎兵衛	山科	文明12年2月20日条	
8	1472年4月12日	御坊・蓮如坊	山科	文明4年2月25日条	
9	1498年4月17日	山科言国	言国	明応7年3月17日条	
10	1498年4月19日	山科言国	言国	明応7年3月19日条	
11	1498年4月25日	山科言国・周快	言国	明応7年3月25日条	
12	1493年5月8日	兵衛尉(大沢重致)・山科言国	言国	明応2年4月14日条	
13	1477年6月28日	松本坊・大沢久守	山科	文明9年5月9日条	
14	1477年6月30日	大沢久守	山科	文明9年5月11日条	

第三節ではその加工形態と消費の季節について検討を加えた。その結果、加工形態と料理法はフナズシと汁以外は見出すことができなかったとはいえ、近江産のフナ属の産卵期のものがもっとも頻繁に消費されていた事実を明らかにすることができた。これをもって論者は、「フナ属は近江産で、春から初夏にかけての、抱卵した雌がよい」とする旬が一五世紀に成立していたと評価したい。「子持ちフナの価値付けは中世においては未成立であった」とする春田説は成り立たないと考える。

では、こうした旬は、一五世紀の首都京都において山科家周辺以外でも一般的に成立していたとみることができるであろうか。じつは、同じく首都京都内でも山科家周辺とは別のところで、近江産フナ属の旬のあり方に大きな変容があった痕跡が残されている。次節においては、日記類から目を転じ、首都京都において消費される近江産フナ属の中核となっていく堅田産フナ属を素材として、消費の変容と漁撈の展開とのダイナミズムに迫りたい。

第四節　堅田鮒と堅田漁撈

琵琶湖の北湖と南湖の境目の西側に所在する堅田は、琵琶湖漁撈の中心的主体として、これまで多くの研究の対象となってきた。従来の中世「漁業史」研究全体が漁業権のあり方をめぐる議論に偏っていたことは否めないが[70]、琵琶湖「漁業史」研究も、鎌倉末期頃以前は「琵琶湖は基本的には堅田専有水面であった」とする新行紀一の議論や[71]、堅田がもつとされる「自由な通行と漁撈の特権」に注目して、その衰退を論ずる網野善彦の議論に代表されるように[72]、堅田の漁業特権の起源と展開を中軸に進められてきた。とくに、網野は、堅田のもつ「自由な漁撈の特権」が琵琶湖水系で貫徹していたととらえ、それを海民（非農業民）の「本源的な権利」と位置づけている。

それに対し、論者は、網野の議論が堅田側の一方的な主張に依拠する点を批判し、堅田神人等と対等に相論する必ずしも特権を主張しない漁撈を抽出して、多様な主体による多様な漁撈が「競合しつつ併存」していたことを論証した[73]。生業は複合的に成り立っているという視点が欠けている網野の議論は極めて一面的であり[74]、漁撈は湖辺の中世村落の複合的な生業の一つとして構造的に組み込まれていたとみるべきである[75]。

では、中世後期に堅田が琵琶湖水系全域で漁撈のヘゲモニーを掌握していたのはなぜであろうか。そこで本論が注目するのは堅田が漁獲した魚類の行方、つまり首都京都における堅田産魚類の消費動向である。

（1）堅田鮒とその旬

『天正本太平記』は、佐々木京極氏周辺の人物が製作にたずさわり、歴史的事実を重視した増補改訂がなされたと評価されている『太平記』の異本である[76]。その巻第三六に次のような内容が記されている。康安元年（一三六一）に南朝方の細川清氏らが京都へ進撃したさい、北朝方の佐々木導誉は、敵方に接収される見込みの自分の邸宅に調度や料理を整えてから撤退したが、そのさい、遠侍には竿を並べて「堅田の鮒、淀の鯉」などの魚鳥類を掛けた（以下、「堅田鮒」で統一する）。

『天正本太平記』の成立年は未詳であるが、この増補改訂において、『庭訓往来』でみえた「近江鮒」ではなく堅田鮒が追加されたことは、近江の特産品が近江産のフナ属一般から堅田産のフナ属に限定して認識され始めていたことを示している[77]。そして、この堅田鮒について決定的に重要な史料が、盛本昌広が指摘した次の史料である[78]。

【史料9】

（前略）近江国に、堅田の浦より、鮒という魚を都にて売りしに、ある時内裏へ持ちて参りしに、折ふし、今出河の局と申す上﨟を拝み奉り、肝魂も消えはてて、あまり思ひやまさりしに、御前の女房たちを頼み参らせて、まことに賤の身として、恐れ多き申し事にて候へども、此魚を今出河の君さまへ奉り候まま、焼かせ給ひて参らせられ候はば、いかばかりかたじけなく思ひ奉らんと申しければ、下﨟の身として、やさしき心ざしかなとて、かの鮒を焼きて参らせければ、鮒の腹の中より、こまごまと書きたる文出でにける。君御覧じて、いとあわれにおぼしめし、かたじけなくも、位をすべらせ給ひ、かの魚売に契をこめ給ひしとなり、されば其の心を、ある歌に、

古へはいともかしこき堅田鮒包み焼たる中の玉章

とよみしも、魚故の事ならずやと申しければ、（後略）

これは、一五世紀に成立したとみられている『猿源氏草紙』のなかの一節で、伊勢国の阿漕浦の鰯売り猿源氏が、京都五条の橋で一目見た上﨟に恋をした。それを舅の海老名の南無阿弥陀仏に打ち明けたところ、鰯売が恋をしたためしはないとたしなめられたのに対して、猿源氏が反論した部分である。(79) 天皇や院は直接登場しないものの、内裏が舞台となっていることから、王権にまつわる物語に準じてよいと考えるが、ここで重要なことは、堅田浦の鮒が振売によって首都京都の市場と直接結びついており、その営業先が内裏にまでおよんでいたということが、違和感なく物語にとりいれられるほど、よく知られた事実であったということである。

一五～一六世紀の京都における魚介類の流通については、これまで次の史料が注目されてきた。

【史料10】

定　魚類振売本座商売物

一、海河魚貝物幷鹽物以下、不レ謂二洛中洛外一、可二商売一事

一、江洲栗津座商売物、任二先規一於二魚棚一対二諸商人一、可二商売一事、付、鹽物新儀共小売可二停止一事、

一、今宮四座商売物、擁劒蛤編海老、此外一切可二停止一事

これは、永正一三年（一五一六）の室町幕府法である。[80]ここでは、三つの座が登場する。「魚類振売本座」、「江州粟津座」（近江国粟津・橋本供御人）、「今宮四座」（摂津国今宮生魚供御人）である。これにより、一六世紀の首都京都における魚類商売は、上記三極を軸に編成されていたことが判明するのであるが、このうち、「魚類振売本座」は、春田や河内将芳によって享禄二年（一五二九）の室町幕府奉行人連署下知状案に記載された「振売六角町・今町等商人」の座であると考えられている。[81]とすれば、人口に膾炙したであろう『猿源氏草紙』に登場する阿漕浦の鰯売りも堅田浦の鮒売りも、「本座」には編成されていない一五世紀頃の新興の勢力という位置づけになるであろうか。

そこで、堅田鮒はいつから京都市場で直接販売されていたのかという問題を検討したいが、この点を類推する手掛かりとなるのが史料9傍線部の和歌である。ここで引用されている和歌は、じつは衣笠（藤原）家良の作で、寛元二年（一二四四）成立の『新撰六帖題和歌』のなかに収められたものである。これが管見では堅田鮒の初見史料である。

この和歌は、『宇治拾遺物語』のなかに登場する壬申の乱に関する説話を素材としたもので、その説話とは、大友皇子の妃十市皇女が父の大海人皇子が殺されるのを悲しんで鮒の包み焼きの腹のなかに文を入れて危険を知らせたというものである。[82]この王権と直接関わる説話が事実かどうかは勿論不明であるが、遅くとも一三世紀前半に成立した『宇治拾遺物語』のなかにはそれが堅田鮒であるとは一言もでてこない。[83]しかし、それを家良は堅田鮒として詠んだ。このことは、堅田鮒が一三世紀前半になって王権との関係を強調しつつ登場した新興の名産品であったことを意味しているのではないだろうか。

以上が正しいとして、では、この堅田鮒にもやはり旬は存在したのであろうか。一五世紀における消費の季節

性を示す史料は確認できないのであるが、この問題を今後検討する手掛かりとして次の史料を提示しておきたい。

【史料11】

△〈哥〉山吹の　咲みたれたる改敷は　かた田の鯽（鮒）の　はら之子のいろ△

と有、此云れによりて、山吹鱠と云は鮒の子附膾也

この史料が収録されているのは、慶應義塾図書館所蔵『行幸式膳部古実之巻』で、嘉永六年（一八五三）に飯尾量仲から甲斐芳介へ伝授されたものである。[84] 掲載されている和歌については作者、作年代ともに未詳であるため、これをもってただちに一五世紀の堅田鮒の旬について論じることはできない。

しかし、本論では、江戸期に近い頃のものと推定されている二次史料ではあるが、『包丁聞書』に「山吹膾というは初夏の鱠也、鮒を作り、山吹の花、改敷の上にもり出すなり」とある点に注目したい。[85] なぜなら、これにより「山吹鱠」自体は中世にまでさかのぼることが確実であるからである。[86] 周知の通りヤマブキは晩春から初夏にかけて開花する。[87] これはちょうどフナ属の産卵期と重なる。したがって、中世の「山吹鱠」に用いられたフナ属は産卵期である初夏の抱卵したものと考えることができる。しかも、『包丁聞書』にみえる「山吹鱠」も、『行幸式膳部古実之巻』にみえる「山吹鱠」も、改敷の上に山吹の花を盛るという趣向でも共通していた。とすれば、『行幸式膳部古実之巻』の和歌が「山吹鱠」の「云れ」を示すとされていることから、堅田鮒の山吹鱠も中世にまでさかのぼる可能性は十分にありうると考える。[88] 一五世紀においても「フナ属は堅田産で、初夏の抱卵した雌の鱠料理がよい」と観念されていた蓋然性は十分高いと判断したい。[89]

では、こうした旬の変化、とくに産地が近江産一般から堅田産に特化していくことは、琵琶湖漁撈の展開とどのように関わっていたのであろうか。

（2）堅田漁撈の展開

菅浦文書のなかには堅田との漁撈紛争の記録がいくつか残されているが、そのなかに堅田による漁撈の実態を示唆する年未詳の一連の文書群が残されている。

【史料12】年未詳四月十一日（安養寺景元→菅浦）

（前略）堅田の物ともあまたにんしやう《（刃傷）》せられ、舟をうちやふられて候よし申候へとも、其ハいるましき所へいかれ候て、如レ此被二沙汰一事にて候間、（後略）[90]

【史料13】年月日未詳（菅浦→樹下氏）

（前略）於二此浦十八丁之内一、堅田人々あみをうたせす候所ニ、去月より夜々ニあみを打候間、若物等無念事申候所ニ、結句今月七日、日中ニ於二浦前一網打候間、（後略）[91]

【史料14】年月日未詳（菅浦→永田氏）

（前略）依二当浦一漁捕之事、自二往古一堅田人々不レ打レ網之所ニ、去月より夜々あミを打候間、若物等無念之由申候所ニ、結句今月七日日中ニ於二浦前一網打候之間、（後略）[92]

【史料15】年月日未詳（菅浦→安養寺氏）

安乗《（養）》寺殿御方より当浦のすなとり《（漁）》の事ニより候て御ねんころニおほせかうふり候、畏入候、このうらの事ハ、わうこより堅田方のあみをうたせぬ所にて候を、此間よなよなあみをうち候ほとに、わかき物とも心へす候よし申候所ニ、けく《（結句）》今月七日、日中ニまゑのうらにてあミをうち候ほとに、（後略）[93]

【史料16】年未月日未詳（菅浦→堅田）

当浦のすなとりの事、先日面々よりあひ《（寄合）》申入候て、かたくさためおき候処ニ、此間よなよなあみをうたれ候間、心へす候よし申候所ニ、けく今月七日、日中ニあみをうたれ候ほとに、わかき物ともせいはう仕候間、

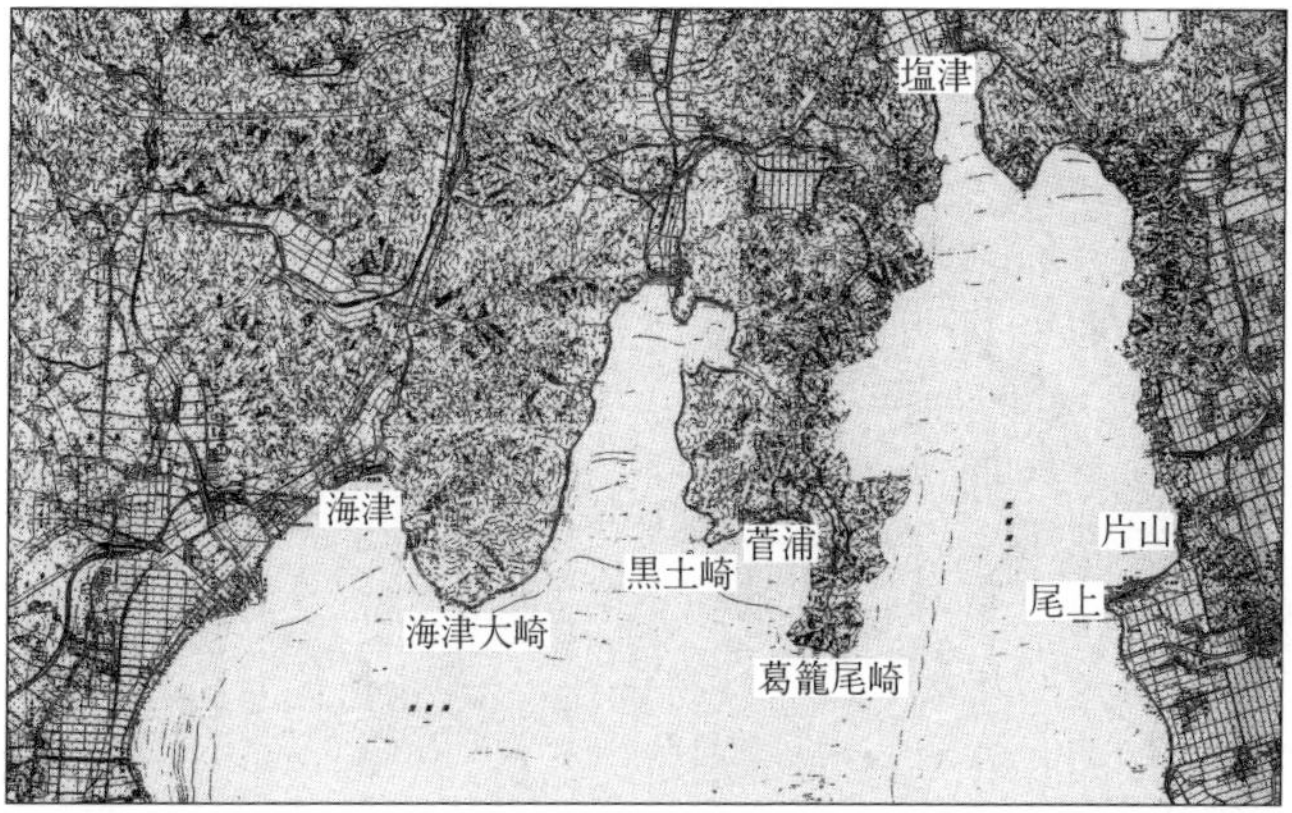

図7　菅浦周辺図

（中略）た丶しこの事ハ、わうこよりさためおかれたる事にて候、そのうゑせんねんさんし候て事をさため申入候うゑハ、（後略）[94]

これらによれば、菅浦の地先である「十八丁之内」（史料13傍線部）に堅田が「去月」より夜間に網を打ち始め、「今月七日」には日中に「浦前」（史料13・14）、「まゑのうら」（史料15）で網を打ったため、とうとう菅浦の若者等が制止し、網の奪取などにおよんだということがわかる。この紛争を年未詳紛争と呼ぶことにする。

この紛争についてくわしく分析した田中克行は、これを応永四年（一三九七）の堅田惣庄契約状写[95]（以下、「応永契約状」とする）の作成からそう隔たらない時期のものと考え、応永五、六年頃に起こったと推測している[96]。しかし、応永契約状にはそもそも疑義があるうえ[97]、応永契約状が菅浦の四至として問題としているのが「塩津口西東幷大崎・同海津前」および「小野江・片山」であり、保立道久が類型化した境界区分の「四至内水面を示す場合」であるのに対し[98]、年未詳紛争では「此浦十八丁之内」（一八丁は約二キロ[99]）が問題とされており、境界の区分方法は、「距離や面積の計測による場合」である。対象も水面の境界区分の方法も決定的に異なるのである（図7参照[100]）。また、田中自身が指摘する通り、応永契約状に登場する海津の地頭は年未詳の文書群には現れない。したがって、応永契約状とこの年未詳の文書群はまったく別の紛争に関わるものであることは明白で、年未詳紛争を応永五、六年頃とする田中の年代比定にしたがうことはできない。

ただ、この文書群に登場する安養寺氏は田中が明らかにしている通り浅井郡安養寺を名字の地とする土豪で、文安二年（一四四五）の大浦との合戦では菅浦に合力している。[101] また、明応八年（一四九九）から領家代官として年貢米等の請取を発給しており、[102] 文亀二年（一五〇二）がその終見である。[103] つまり、安養寺氏が菅浦と直接関係していたことが明確に判明するのは一五世紀から一六世紀初めのことであった。このことからこの史料群も一五世紀前後のものとしてよいと考える。一五世紀前後の堅田漁撈の実態を示す一次史料は管見ではほかに見当たらず、この文書群こそが一五世紀の堅田漁撈の基準史料となる。では、この時期の堅田漁撈はどのような歴史的特質を有するものと評価すればよいであろうか。

この点で本論が注目したいのは次の二点である。第一に堅田が菅浦地先に侵入した季節であり、第二に侵入したのが夜間であったことである。

菅浦側の主張によれば、堅田が夜な夜な網を打ち始めたのは「去月」で（史料13・14）、「今月」七日の日中に「浦前」もしくは「まゑのうら」において網を打ったということであるが（史料13・14・15・16）、この「去月」と「今月」について、田中は「去月」を四月に、「今月」を五月に推定している。しかし、四月一一日の日付をもつ安養寺景元書状（史料12）から衝突がこの書状以前であることは明白で、景元書状を受けて発給されたと考える安養寺宛の菅浦惣庄書状（史料15）に「今月七日」とあることから、堅田が白昼に網を打ったのが旧暦四月七日、夜な夜な網を打ったのは旧暦の三月以降と断定したい。[104] 年未詳のため換算することはできないが、試みに安養寺氏が菅浦文書に登場する文安二年から元亀二年までの四月七日をすべて換算してみたところ、五月一日から五月三〇日までの範囲に収まった。つまり、堅田が菅浦地先内で夜間漁撈を始めたのは、四月から五月にかけてであり、やはりフナ属の産卵期なのである。したがって、「フナ属は堅田産で、初夏の抱卵した雌の鮒料理がよい」とする旬が一五世紀には成立していたとする先の推論から考えて、これは抱卵した雌のフナ属をターゲットとした漁ではないだろうか。

第二に注目したいのは、堅田が夜な夜な網を打っているという事実である。堅田の夜間漁撈といえば、まず次の小歌が想起されるであろう。

【史料17】

人の心と堅田の網とは　夜こそ引きよれ　夜こそ好けれ　昼は人目の繁ければ

【史料18】

堅田の浦に曳く網の、夜こそは引きよけれ、昼は人目の繁ければ

史料17は永正一五年（一五一八）成立の『閑吟集』に掲載されたもので、人の心が夜引きやすいことと堅田の網が夜引きやすいこととをかけたものである[105]。また、史料18は『曲舞集』の「地主」（「水汲」ともいう）に収録されたもので、その類歌である[106]。国文学では人目を避けて夜網を引くのは堅田浦が禁漁地であったためとする説が定説であるが[107]、その根拠はなく、堅田が下鴨神社の御厨であることから考えればこれは明白な誤りといわざるをえない。では、なぜ堅田の漁師は人目を避けて夜に網を引くのであろうか。そして、そうした認識が一六世紀の小歌に歌われるほどよく知られていたのはなぜであろうか。それは、菅浦での事例が示すように、夜間に、自浦ばかりでなく他浦の地先水面まで侵入して網漁をすることが一五世紀の堅田漁撈の常態であったためではないだろうか。

もし、この推測が事実の一端でもとらえたものであるとすれば、最後に問題としたいのは、この堅田の他浦地先での夜間網漁が一五世紀の新たな事態であるのか、それとも中世前期からの原初的な形態であるのかという点である。前稿でみたように、一二世紀の音羽庄住人等との紛争のなかで、堅田は音羽庄住人等の「五位椿網地」

に対して、「夜中網緹(綱)切」という行為を行っている。[108] つまり、張られていた音羽庄住人等の網を夜中に切ることができる夜間操船技術を一二世紀段階で堅田は保持していた。また、貞永元年（一二三二）成立の『洞院摂政家百首』には、藤原定家の「雲の行くかた田の沖や時雨るらんやや影しめるあまのいさり火」という和歌が掲載されている。漁火を用いた堅田の夜間漁撈技術は遅くとも一三世紀には京都でも広く知られていたのである。

しかしながら、夜間操業技術をもつことと他浦地先水面内まで侵入することとは別次元の問題である。ここで論者は、建武二年（一三三五）の菅浦住人等の供御人化の契機が、堅田浦漁人等の「違乱」にあるとされていることを重視している。[109] このとき堅田漁撈は、それまでのあり方とは質的に異なる何らかの新たな展開を示したのではないだろうか。そのゆえに菅浦はそれに対抗せざるをえなかったと考える。

安養寺景元は菅浦の「十八丁之内」を堅田の「いるましき所」と表現している（史料12傍線部）。菅浦側の土豪とはいえ、第三者のこの事実認定は重要である。菅浦地先十八丁内は堅田の漁業権がおよばぬ範囲という認識が一五世紀の地域社会のなかで確定していたことは疑いない。したがって、そうした秩序に反して堅田が侵入したことは、本源的な権利によるのではなく、一四世紀から一五世紀にかけての何らかの要因による新たな事態であったと考えるべきである。では、その要因とは何であったのであろうか。

この問題を考えるさいに重要だと考えるのは、堅田が夜間に菅浦地先内に侵入し始めたのが、堅田鮒の旬と推定した産卵期であった点である。菅浦地先内で漁獲されたフナ属であっても、振売によって首都で販売されたとき、それが堅田鮒とされたことは疑いない。とすれば、その何らかの要因とは、首都京都における堅田鮒の旬の成立とその背後にある鮒売りによる販路の確保にあったのではないだろうか。少なくとも旬の変容と漁撈の展開とが連動していたことは認めてよいだろう。

以上、堅田漁撈の一五世紀段階の歴史的特質が、フナ属の産卵期における他浦地先水面内での夜間網漁にあると措定した。菅浦地先内では菅浦自身による日中の漁撈も当然行われていたと想定してよかろう。少なくとも漁業権は菅浦にあった。とすれば、同じ水面において二つの集団による漁法の異なる漁撈が、季節を限って、日中と夜間とで併存していたとみることができる。これは、保立の「漁場占有の季節的・非通時的形態」という説明だけでは不十分である。(110)そこで、論者はこれを特定の季節に限定した漁場利用の稠密化ととらえ、生業の稠密化の一形態であると考えたい。(111)そして、こうしたあり方こそが「フナ属は、堅田産で、初夏の抱卵した雌の鱠料理こそがよい」とする首都京都での消費を支えたと考えるのである。堅田が琵琶湖水系全域でヘゲモニーを掌握するのは、もちろん造船技術、操船技術、漁獲技術の問題が大きいが、それらの背景として、首都で王権にまつわる物語を創作しながら旬を成立させることに成功し、販路を確保できたことも重大な意義を有したのではないだろうか。

むすびに

以上、琵琶湖産フナ属の旬に焦点をあてて〝環境史を見通す消費研究〟を志した本論では、まず、澁谷や春田の成果に依りつつ、日記類から検出した魚介類の消費記事の分析から、魚種のランクと消費頻度とは必ずしも一致しておらず、最上位のランクであるコイよりもフナ属がより多くの頻度で消費されていたことなどに注意をうながし、同じ魚種でも、加工形態により、また、産地により、季節により価値づけが異なることを確認した。つまり、少なくともある特定の魚種については、一五世紀にはすでに旬が成立していたのである。

そこで、フナ属に絞って日記類を分析し、産地が推定できるフナ属のうちほとんどは近江産のフナ属であると推定できることを明らかにし、それは固有種を含む琵琶湖産のフナ属が、琵琶湖という環境に応じた生態学的特徴を有しているためではないかと推測した。また、日記類の記事と生態学の知見とを照合するためにグレゴリオ暦に換算してフナ属消費の季節性について分析し、フナズシ以外のフナ属については、その産卵期こそが消費のピークであることを解明した。年間を通じて贈答されるフナズシについても、フナ属の産卵期に漬け込まれた事実が確認できる。以上のことから、一五世紀には「フナ属は近江産で、春から初夏にかけての、抱卵した雌がよい」とする旬が成立していたと論じた。

そのうえで、近江産フナ属の旬の変化（対象となる産地の特化）という問題に目を向け、近江産のフナ属のなかでも堅田産フナ属（堅田鮒）だけが王権にまつわる物語と結びつけられて一三世紀には名産化し、振売によって首都で販売されていたことを明らかにして、「フナ属は、堅田産で、初夏の抱卵した雌の鱠料理こそがよい」とする旬が中世にも成立していた可能性を指摘した。そして、一五世紀における堅田漁撈の歴史的特質が、フナ属が産卵のため湖辺に接近する旧暦三月から四月にかけての時期に他浦地先水面内において夜間操業するという点にあったと認定し、そうした漁撈が「フナ属は、堅田産で、初夏の抱卵した雌の鱠料理こそがよい」とする新たな旬の成立と連動していたのではないかと論じた。

ここで、冒頭で注目した春田の問題提起に戻れば、本論が明らかにした首都における旬の変容（対象となる産地の特化）と漁撈との連動、それを背景とした生業の稠密化という問題は、まさに「食生活の様式変化が食品の流通条件と関わり、新たな需要動向が漁撈の変質、延いては環境利用のあり方にも影響を及ぼす」と春田が指摘した点に合致する。漁撈は、自己消費だけではなく、都市における旬を目指して展開したのであり、消費のあり方の変化は資源への関与のあり方に強い影響を与えていたのである。したがって、調理法の変化、運搬容器の変化、漁法の変化など重要な点を論じ残してはいるが、消費研究が環境史にとって有効であるとの見通しは一定提示できたのではないかと思う。今後の消費研究の深化を強く期待して、本論を終えたい。

（1）たとえば、川北稔は、社会史登場以前の戦後歴史学が、消費を悪とし生産を善とする「生産中心主義」の傾向が認められたと指摘している（「歴史学はどこへ行くのか――二一世紀にむかって――」『七隈史学』創刊号、二〇〇〇年）。

（2）桜井英治「日本中世の贈与について」（『思想』八八七、一九九八年）、同編『古代・中世の都市をめぐる流通と消費』（『国立歴史民俗博物館研究報告』九二、二〇〇二年）、同編『古代・中世における流通・消費とその場』（『国立歴史民俗博物館研究報告』一一三、二〇〇四年）など。なお、消費研究の動向については、橋本道範「日本中世の魚介類消費研究と一五世紀の山科家」（『琵琶湖博物館研究調査報告書　第二五号　日本中世魚介類消費の研究――一五世紀山科家の日記から――』滋賀県立琵琶湖博物館、二〇一〇年）で簡単に整理を試みた。

（3）本論と直接関わる春田の論考は以下の通りである。①「中世後期における生鮮海産物の供給――若狭国御賀尾浦の美物を中心に――」（『小浜市史紀要』六、一九八七年）、②「漁業と水運の地域的展開――今宮魚貝商人の京都進出――」（『大阪府漁業史』大阪府漁業史編さん協議会、一九九七年）、③「自然と人の関係史――漁撈がとり結ぶ関係に注目して――」（『国立歴史民俗博物館研究報告』九七、二〇〇二年）、④「文献史学からの環境史」（『新しい歴史学のために』二五九、二〇〇四年）、⑤「モノからみた一五世紀の社会」（『日本史研究』五四六、二〇〇八年）、⑥「魚介類記事から見えてくる世界」（『琵琶湖博物館研究調査報告書　第二五号　日本中世魚介類消費の研究』前掲註2）。

（4）環境史については、橋本道範「戦後における歴史学の自然環境理解と村落論」（本書序章）参照。

（5）近江卓「魚介類の旬――おもな食用魚の海域別漁期と一般的な旬――」（『食材魚貝大百科　第一巻　エビ・カニ類＋魚類』平凡社、一九九九年）。春田⑥「魚介類記事から見えてくる世界」（前掲註3）。

（6）魚介類の生態学的条件を考慮した研究としては、佐野静代「湖の御厨の環境史――近江国筑摩御厨における自然環境と生活形態――」（『中近世の村落と水辺の環境史――景観・生業・資源管理――』吉川弘文館、二〇〇八年、初出は二〇〇六年）が重要である。

（7）川那部浩哉ほか編『山渓カラー名鑑　日本の淡水魚　改訂版』（山と渓谷社、二〇〇一年）は、キンブナ、ギンブナ、ニゴロブナ、ゲンゴロウブナの四群が存在することではほぼ一致するとしている。

（8）大原健一「単性生殖種をともなう分布域形成――キンブナの多様化の歴史――」（『淡水魚類地理の自然史――多様化と分化をめぐって――』北海道大学出版会、二〇一〇年）。

（9）固有種とは、特定の地域に分布が限られる動植物の種のことである。なお、亜種とは、同じ種であるが、地域によって何らかの差が認定されて区別されているものである。
（10）山科家に関する研究の概略については、橋本道範「日本中世の魚介類消費研究と一五世紀の山科家」および澁谷一成「山科家の日記から見た一五世紀の魚介類の供給・消費」（いずれも『琵琶湖博物館研究調査報告書　第二五号　日本中世魚介類消費の研究』前掲註2）参照。以下、澁谷の議論はすべてこれによる。
（11）これは、滋賀県立琵琶湖博物館の総合研究「東アジアの中の琵琶湖：コイ科魚類の展開を軸とした環境史に関する研究」の歴史班（春田直紀・橋本道範）の成果である。『琵琶湖博物館研究調査報告書　第二五号　日本中世魚介類消費の研究』（前掲註2）で全文を公開している。実際の作業は、尾下成敏と澁谷によって行われた。なお、本論の分析は橋本が一部改訂したものを用いている。
（12）データベースでは、「貢納」「上納」「下行」「飲食」「贈答」「購入」「売却」「その他」の八つに分類しているが、本論では上記のように整理し直して考察する。
（13）中坊徹次編『日本産魚類検索　全種の同定　第三版Ⅰ』（東海大学出版会、二〇一三年）。
（14）川那部浩哉ほか編『山渓カラー名鑑　日本の淡水魚　改訂版』（前掲註7）。
（15）であるからといって、これら以外の種が認知されていなかったことにはならないと思う。中世における種の認知という問題については、いずれ論じてみたい。
（16）原田信男『木の実とハンバーガー――日本食生活史の試み――』（日本放送出版協会、一九九五年）など。
（17）文明七年（一四七五）四月一日条。
（18）建武二年（一三三五）八月日、菅浦供御人等供御人役誓約状（『菅浦文書』三九八）など。
（19）『厨事類記』（『群書類従　第一九輯』）。この史料は永仁三年（一二九五）の年記を含むことから、それ以降に成立したものである。
（20）『教言』では九件のうち一件であるが、『言国』では六八件のうち三九件が、『家礼記』では七五件のうち三五件がアユのスシの記事である。
（21）『家礼記』明応元年（一四九二）一二月一五日条。

(22)『家礼記』長享二年（一四八八）八月二三日条。
(23)春田⑥「漁介類記事から見えてくる世界」（前掲註3）。
(24)春田⑤「モノからみた一五世紀の社会」（前掲註3）。なお、本論においては料理法の問題にふれることができなかったが、食材の鮮度を生かして旨味を引き出しダシで味つけする料理法が一五世紀に確立したと春田が整理している点は、中世における魚類消費と漁撈という問題を考えるうえで極めて重大であると考えている。
(25)高橋忠彦ほか編『御伽草子　精進魚類物語　本文・校異篇』（汲古書院、二〇〇四年）。論者の整理するところでは、海産魚としては、サケ、カツオ、タイ、イシモチ、ハモ、マス、ヒラメ、タチウオ、サバ、サワラ、ニシン、スズキ、カレイ、ボラ（スバシリとナヨシ）、コノシロ、イワシ、エイ、マグロ（シビ）、フグ、アンコウ、トビウオ、カマス、ブリ（フクラギ）、サメ、アマダイ、チヌダイ、カナガシラ、ムツ、アジ、イシモチ（クツイリ）、ツエ（クロダイ）、淡水魚としては、アユ（ヒオも含む）、アメノウオ（アメ）、オイカワ、イサナゴ（イサザカ）、ギギ、モロコ、ニゴイ、フナ（小鮒、山吹）、ハス、シラハエ、ナマズ、ウナギ、カマツカ、アブラキ（アブラハヤ）、メイタダキ（メダカ）、ドジョウ、ウグイ、ハエの四九種類である。
(26)春田⑤「モノからみた一五世紀の社会」（前掲註3）。
(27)換算にあたっては、インターネット上の「換暦」(maechan.net/kanreki/：まえちゃんねっと制作）を利用した。
(28)『言国』文亀元年（一五〇一）六月六日条には、「江州ヨリ津田孫右衛門尉上トテ、昨日此方へ柳一荷・両種〈フナノスシ十、／ヒタイ三マイ〉此方へ持来由之間」とあり、フナズシと干鯛とが贈答されているが、この干鯛が近江産ではないことはいうまでもない。
(29)下坂守「坂本の「寺家御坊」と山科家」（『中世寺院社会の研究』思文閣出版、二〇〇一年、初出は一九九五年）。
(30)下坂守「坂本の「寺家御坊」と山科家」（前掲註28）。
(31)『言国』明応一〇年（一五〇一）一月一八日条。
(32)メズシについて篠田統は、滋賀県で初夏に漬けられるハス、ワタカ、オイカワ、コアユ、モロコ、ギギ、イサザ、カワエビなどのナマナレ（後述）と紹介している（『すしの本』岩波書店、二〇〇二年、初出は一九七〇年）。
(33)『言国』明応七年（一四九八）三月一九日条。

(34)『言国』文明八年（一四七六）三月二九日条。
(35) 宮地傳三郎ほか『原色日本淡水魚類図鑑』（保育社、一九六三年）、中村守純『日本のコイ科魚類』（財団法人資源科学研究所、一九六九年）、滋賀県中学校教育研究会理科部会編『滋賀の魚・図解ハンドブック』（新学社、一九八七年）、友田淑郎『地球の歴史をさぐる七　琵琶湖のいまとむかし』（青木書店、一九八九年）、川那部浩哉ほか編『山渓カラー名鑑　日本の淡水魚　改訂版』（前掲註7）、佐野静代「湖の御厨の環境史」（前掲註6）。および琵琶湖博物館の秋山廣光氏らの見解を参考としてまとめた。
(36) 三浦泰蔵「琵琶湖の魚類」（『琵琶湖国定公園学術調査報告書』琵琶湖国定公園学術調査団、一九七一年）。
(37) ただし、友田淑郎は、「このフナは沖合であれ、底であれ、季節に関係なく広い水域にわたって、多様な餌を求めて敏捷に行動する」と結論づけており、今後の研究課題となっている（友田淑郎『シリーズ日本の野生動物一〇　琵琶湖とナマズ』汐文社、一九七八年）。
(38) この点は琵琶湖のフナ属の名産品化を検討するうえで決定的に重要な点であるが、研究がなく、琵琶湖博物館の前畑政善氏、秋山廣光氏、藤岡康弘氏、楠岡泰氏、桑原雅之氏、松田征也氏、大塚泰介氏、金尾滋史氏らの見解を参考に、論者の責任でまとめた。ご批判を仰ぐとともに、研究の開始を望みたい。
(39) ただし、これまでゲンゴロウブナが進化したのは、琵琶湖が現在の形となったおよそ四〇万年以降のことであると考えられてきたが、さらに長い時間のなかで進化した可能性が近年指摘されるようになっている。この点についてはさしあたり大塚泰介「ここだけ琵琶湖の話八～琵琶湖博物館の研究室から～ゆらぐ従来の説明　固有種はどこから？　鍵は「東海湖」」（『毎日新聞』二〇一一年二月三日付朝刊）参照。
(40) 石毛直道ほか『魚醤とナレズシの研究――モンスーンアジアの食事文化――』（岩波書店、一九九〇年）。
(41) 文化財保護課編『滋賀の食文化財』（滋賀県教育委員会、二〇〇一年）など。
(42) ナマナレについては、篠田統『すしの本』（前掲註32）、石毛直道ほか『魚醤とナレズシの研究』（前掲註40）参照。
(43) 滋賀の食事文化研究会『ふなずしの謎』（サンライズ印刷出版部、一九九五年）など。
(44) 日比野光敏「近江のフナズシの「原初性」――わが国におけるフナズシのプロトタイプをめぐって――」（『国立民族学博物館研究報告』一八―一、一九九三年）など。ただし、篠田も『御湯殿の上の日記』『実隆公記』の事例から、「当時フナずしの漬け込みは今日のように夏の土用ではなく、むしろ寒中が主で、場合によれば時を選ばなかったのだろうか」と述べていた（『すしの本』前掲註32）。

（45）櫻井信也「江戸時代における近江国の「ふなずし」」（『栗東歴史民俗博物館紀要』一八、二〇一二年）。なお、同「日本古代の鮨（鮓）」（『続日本紀研究』三三九、二〇〇二年）も参照。

（46）春田④「文献史学からの環境史」（前掲註3）。

（47）清水昭男「魚類の生殖周期と水温等環境条件との関係」（『水産総合研究センター研究報告』別冊四、二〇〇六年）。琵琶湖博物館の桑原雅之氏、大塚泰介氏のご教示による。

（48）以上は、宮地傳三郎ほか『原色日本淡水魚類図鑑』（前掲註35）、中村守純『日本のコイ科魚類』（前掲註35）、川那部浩哉ほか『山渓カラー名鑑　日本の淡水魚　改訂版』（前掲註7）および大塚泰介氏のご教示を参考にまとめた。

（49）『言国』同日条。

（50）『家礼記』同日条。

（51）櫻井信也「日本古代の鮨（鮓）」（前掲註45）。

（52）『家礼記』文明一二年（一四八〇）二月二〇日条。

（53）『家礼記』長享二年（一四八八）三月二六日条。

（54）一六世紀の史料ではあるが、櫻井が指摘した「今日鮒すしする也」との記載がある『北野社家日記』文禄四年三月二四日条も一五九五年五月三日の記事である。

（55）この点を検討するうえで注目したいのは、一五世紀におけるナマナレの登場である（篠田統『すしの本』前掲註32）。ただし、ナマナレについては櫻井によって篠田の理解の見直しが始まっている（櫻井信也「室町時代から織豊時代の鮨（鮓）」『栗東歴史民俗博物館紀要』一九、二〇一三年）。したがって、櫻井の今後の論考を待ちたいが、論者がこの点に関して提起しておきたいのは、フナズシとは頭から尾まで一匹丸ごと漬けられるものだという現在の常識から自由になってはどうか、ということである。正保二年（一六四五）の竹内若校訂『毛吹草』（岩波書店、一九四三年）に「舟木大溝紅葉鮒　同骨抜鮓」がみえることから、一七世紀の時点で骨が抜かれたフナズシが存在していたことは確かである。そして、宮尾しげを『すし物語』（講談社、二〇一四年、初出は一九六〇年）は、近江のフナズシとして、頭部を切りとって、三枚におろして背骨をとり、片身を五切れずつくらいに切りとって漬ける方法を紹介している。この方法によると、夏であれば三日目ぐらいが美味しいというのである。宮尾は現在の方法と同じと判断される「本漬」についてもふれているが、主としてはこの方法を紹介している点は重要である。ほかの文献や聞きとりでは確認できていないが（櫻井信也「江戸時代における近江国の「ふなずし」（補遺）」（『栗東歴史民俗博物館紀要』二〇、二〇一四年）、切り身を漬けたフナズシがあってもおかしくはない。では卵巣はどうあつかわれたのか。謎は解決してはいないが、ここにフナ属のナマナレを解く鍵があるのではないだろうか。

(56)　文明一七年（一四八五）、山科家年貢算用状（宇佐見隆之「東京大学文学部所蔵『文明十七年山科家年貢算用状』」『国立歴史民俗博物館研究報告』一一三、二〇〇四年、所収）。

(57)　延徳元年（一四八九）、山科家年貢算用状（宇佐見隆之「山科家年貢算用帳二点について」『国立歴史民俗博物館研究報告』七七、一九九九年、所収）。

(58)　下町が六角町であることは、『山科家礼記』文明九年（一四七七）一二月三〇日条および文明一二年（一四八〇）正月一一日条参照。

(59)　『家礼記』長禄元年一二月三〇日条。

(60)　『家礼記』文明九年一二月二九日条。

(61)　『家礼記』長禄元年一二月晦日条。

(62)　『家礼記』寛正四年一月五日条。

(63)　寒鮒の消費については、橋本道範「年中行事と生業の構造――琵琶湖のフナ属の生態を基軸として――」（井原今朝男編『環境の日本史三　中世の環境と開発・生業』吉川弘文館、二〇一三年、本書第一部補論4）も参照のこと。そこでふれたように、寒鮒の価値づけを考察するためには、『小右記』寛仁元年（一〇一七）一二月四日条に「近江鮒者、早春珍重」（抹消されている）とあることをいかに評価するかが重要であり、寒鮒が一一世紀段階で珍重されていた可能性もあるが、日記類によれば、「一二月から二月」はあくまで貢納のピークであって、贈答のピークではなかった。

(64)　『家礼記』延徳三年三月一一日条。

(65)　櫻井は近世のいわゆる「大名武鑑」に記載された大溝分部藩より献上される「正月春鮒鮓」を「春鮒の鮓」とし、新春に捕獲されたフナ属を飯に漬け、一か月に満たないで献上されたものと理解している（「江戸時代における近江国の「ふなずし」」前掲註45）。とすれば、一八世紀の春鮒とは寒鮒のこととなり、一五世紀の日記類などを対象とした本論の結論とは異なることとなる。

（66）山形佳恵「中近世料理文献における鮒史料一覧」（『琵琶湖博物館研究調査報告書　第二五号　日本中世魚介類消費の研究』前掲註2）。なお、『今古調味集』は化政期の成立と考えられるため分析から除外した（橋爪伸子ほか「日本中世料理書の研究⑴「今古調味集」第四報」『香蘭女子短期大学研究紀要』三九、一九九七年）。

（67）倉林正次編『日本料理秘伝集成　第一八巻』（同朋舎出版、一九八五年）。

（68）倉林正次編『日本料理秘伝集成　第一八巻』（前掲註67）。

（69）フナ属の汁の料理法については、今田節子「料理書からみた日本料理の変容（6）――『今古料理集』にみる魚料理（汁物）の工夫――」（『ノートルダム清心女子大学　紀要　生活経営学・児童学・食品・栄養学編』一五―一、一九九一年）参照。今田は、フナ汁の基本は、味噌の香気と酒の風味で生臭みを抑え、こくを持たせるというところにあると整理している。

（70）白水智「中世の漁業と漁業権――近世への展望を含めて――」（神奈川大学日本常民文化研究所奥能登調査研究会編『奥能登と時国家　研究編二』平凡社、二〇〇一年）参照。

（71）新行紀一「中世堅田の湖上特権について」（『歴史学研究』三四九、一九六九年）。

（72）網野善彦「近江の海民」（『網野善彦著作集　第七巻　日本中世の非農業民と天皇』岩波書店、二〇〇八年、初出は一九八四年）、同「近江国堅田」（『網野善彦著作集　第一三巻　中世都市論』岩波書店、二〇〇七年、初出は一九八一年）、同「びわ湖をめぐる堅田のうつりかわり」（『びわ湖の専業漁撈　琵琶湖総合開発地域民俗文化財特別調査報告書Ⅱ』滋賀県教育委員会、一九八〇年）。

（73）橋本道範「日本中世における水辺の環境と生業――河川と湖沼の漁撈から――」（『史林』九二―一、二〇〇九年）。本書第一部第三章。

（74）生業複合論については、安室知「複合生業論」（『講座日本の民俗学　第五巻　生業の民俗』雄山閣出版社、一九九七年）など参照。

(75) 橋本道範「中世における琵琶湖漁撈の実態とその歴史的意義――湖辺エコトーンの漁撈を中心に――」（『月刊地球』二六四、二〇〇一年）。本書第一部第二章。

(76) 水府明徳会彰考館所蔵『天正本太平記』（『新編日本古典文学全集』小学館、一九九八年）。また、鈴木登美恵「佐々木道誉をめぐる太平記の本文異同――天正本の類の増補改訂の立場について――」（『軍記と語り物』二、一九六四年）、長谷川端「宮内庁書陵部蔵「管見記・太平記断簡」について」（『日本文学説林』和泉書院、一九八六年）参照。

(77) ただし、一五世紀以降、名産品が近江産フナ属一般から堅田鮒に完全に移行したというわけではない。「大鮒」が登場し、「堅田の浦」まで清水講の道者を案内する狂言『勧進聖』（謡曲『白鬚』の間狂言）には、「それ我が朝に　美物の数は多けれど　中に異なる　近江鮒の　膾の味こそ勝れたれ――」とある（野々村戒三・安藤常次郎編『狂言集成』春陽堂、一九三一年）。一五世紀の日記類に堅田鮒が登場しないことからも明らかなように、堅田鮒はあくまで新興の名産品であり、「近江鮒」全体が名産品であったと考える。しかしながら、「大鮒」が道者を案内したのが「堅田の浦」であったことは示唆的で、「近江鮒」の中心に堅田鮒が位置していたことも疑いないであろう。

(78) 盛本昌広『贈答と宴会の中世』（吉川弘文館、二〇〇八年）。

(79) 『猿源氏草紙』の成立年代は、文中の畿内近国の諸大名の列挙に山名の名がみえないことなどを根拠に文明一〇年（一四七八）前後と推定されている（荒木良雄「庶民文学としてのお伽草子」『中世文学の形成と発展』ミネルヴァ書房、一九五七年）。

(80) 室町幕府追加法三九三〜三九五（『中世法制史料集　第二巻　室町幕府法』岩波書店、一九五七年）。

(81) 享禄二年一二月一四日、室町幕府奉行人連署下知状案、京都大学総合博物館所蔵「古文書集　二」、『室町幕府文書集成　奉行人奉書篇　下』（思文閣出版、一九八六年）三一八二号。春田②「漁業と水運の地域的展開」（前掲註3）。川内将芳「祇園会神輿駕輿丁と今宮神人――室町・戦国期における――」（『祇園祭の中世――室町・戦国期を中心に――』思文閣出版、二〇一二年、初出は二〇〇六年）。なお、史料の読みは川内にしたがった。

(82) 包焼は、フナの腹のなかに昆布、串柿などを詰めて焼く料理である。その腹の詰め物について、『四篠流庖丁書』では、昆布、串柿、クルミ、ケシと栗を入れるとあるのに対し、『包丁聞書』『貞丈雑記』では結昆布、串柿、芥子と焼栗を入れるとある。解説が栗と栗とに分かれているのである。さらに留意されなければならないのは、故実書を除いて近世の料理書にはこの料理は見えないことである。これらの点をあわせて考えれば、これはどちらか一方の料理書の料理法が誤りであるといった次元の話ではなく、早くに廃れ、説話上の料理となっていたことを示しているのではないだろうか。堅田鮒はそうした説話とむすびつけられて成立した名産品といえる。

(83)『宇治拾遺物語』の成立については、治承四年（一一八〇）から建久元年（一一九〇）頃とみる説と一二一〇年代とする説があるという（市古貞次・野間光辰監修『日本古典文学大辞典　第一巻』岩波書店、一九八三年）。

(84)橋爪伸子・山下光雄「四條流伝書の研究一「四條家流故実書」について　第一報」（『香蘭女子短期大学　研究紀要』四四、二〇〇一年）。

(85)『包丁聞書』の成立年代については、川上行蔵編『料理文献解題　シリーズ食文化の発見五』（柴田書店、一九七八年）参照。

(86)鱠料理とは、フナ属を三枚におろして生臭みの強い薄みの部分を取り除き、薄い木口切りか細作りにし、まず酢で身の表面を締めてから煎り酒をかけ、塩で味を調えたものという（今田節子「料理書からみた日本料理の変容(八)――『今古料理集』にみる魚料理（なます）について――」『ノートルダム清心女子大学　紀要　生活経営学・児童学・食品・栄養学編』一七―一、一九九三年）。

(87)牧野富太郎『改訂増補　牧野新日本植物図鑑』（北隆館、一九八九年）など。

(88)俳諧集『いまやう姿　第四上』に掲載された寛文九年（一六六九）の連句のなかには「かくさるゝ恋の山吹色に香に鮒なますしていとしきを待　畳迄堅田の占に思いよせ」とある。このことから、「山吹といえばフナの鱠、フナの鱠といえば堅田鮒」という認識が少なくとも一七世紀には広がっていたことは確実である。この史料については齊藤慶一氏のご教示を得た。

(89)もちろん鱠料理だけが旬のものと考えられていたとは限らない。『本福寺跡書』（笠原一男ほか校注『日本思想大系一七　蓮如　一向一揆』岩波書店、一九七二年、所収）によれば、寛正六年（一四六五）、比叡山との戦闘で傷ついた「イヲケノ慰」をもてなした主の松田は、「鮒ノ汁ニ鮒鮨、鮒ナマスノ飯」を用意している。堅田の住人にとって最大のもてなしは、フナの汁とスシと膾料理であった。

(90)年未詳四月一一日、安養寺景元書状（『菅浦文書』三九二）。

(91)　年月日未詳、菅浦惣庄書状案（『菅浦文書』三九三）。
(92)　年月日未詳、菅浦惣庄書状案（『菅浦文書』三九四）。
(93)　年月日未詳、菅浦惣庄書状案（『菅浦文書』三九五）。
(94)　年月日未詳、菅浦惣庄書状案（『菅浦文書』三九六）。
(95)　応永四年（一三九七）一一月二四日、堅田菅浦契約状写、『菅浦文書』三九七。
(96)　田中克行『中世の惣村と文書』（山川出版社、一九九八年）。以後田中の引用はすべてこれによる。
(97)　まず指摘しておかなければならないのは、花押が同筆で勢いがなく、全体が写と判断されることである。次に、日付が異筆の疑いがあり、しかも署名のうしろに記載されている。そして、もっとも不審なのは、本文中に「ししほうしを定申処如〻此」とあるにもかかわらず、肝心の四至が記されていないことである。その代わり、確認事項というような形式で菅浦の漁業権のおよぶ範囲、すなわち、塩津口西東、大崎、海津前、小野江（尾上）、片山における菅浦漁業権の認定が堅田の三集団（今堅田・西浦・惣領）によってなされている（図7参照）。しかしながらその一方で、堅田側の漁業権がおよぶ範囲についてはまったくふれられていない。つまり、極端に菅浦に有利な文書となっているのである。この文書は菅浦に有利となるように偽作されたものか、少なくとも改作されたものではないだろうか。菅浦の漁業権は慶長元年（一五九六）に山と引き替えに尾上村に譲渡されたことになっているが（『菅浦文書』九四四、尾上区有文書）、東幸代によれば、その文書も年紀が疑わしい（「近世の菅浦」『菅浦の湖岸集落景観保存活用計画報告書』滋賀県長浜市教育委員会、二〇一四年）。したがって、応永契約状は、慶長年間よりのちに菅浦ないしは尾上の漁業権を正当化するために作成された可能性もある。この点については別に検討したい。なお、原文書の閲覧にあたっては、滋賀大学経済学部附属史料館の堀井靖枝氏のご高配を得た。
(98)　保立道久「中世前期の漁業と庄園制——河海領有と漁民身分をめぐって——」（『歴史評論』三七六、一九八一年）。
(99)　菅浦集落より葛籠尾崎までが約二キロであり、葛籠尾崎と黒土崎とをむすんだラインより内側が菅浦の地先漁業権の範囲であったのではないだろうか。
(100)　田中は「堅田は、奥琵琶湖の決められた水域以北での漁を放棄し、菅浦の独占的漁業権を保障したのである。これは「於此浦十八丁之内、堅田人々あみをうたせす候所」（三九三号）という菅浦の主張にまさに合致する」と述べているが、まったく合致しないと考える。この点については別に検討したい。
(101) 文安六年（一四四九）二月一三日、菅浦惣庄合戦注記（『菅浦文書』六二八）。
(102) 明応八年（一四九九）一二月二九日、安養寺等年貢等請取状（『菅浦文書』一一四二）。
(103) 文亀二年（一五〇二）一二月七日、安養寺代官等公事銭請取状（『菅浦文書』一一四八）。銭静怡「戦国期菅浦における領主支配の変遷――年貢・公事銭請取状の分析を通じて――」（『日本歴史』七五七、二〇一一年）。
(104) 田中は史料12が史料15を受けて発給されたものと考えているが、論者は逆に「御ねんころニおほせかうふり候」とある史料15（傍線部）が史料12を受けて発給されたものと考えた。
(105) 浅野建二『新訂　閑吟集』（岩波書店、一九八九年）。
(106) 『曲舞集』の成立年代は明らかではないが、「水汲」に収録された小歌のうち史料18を含む五首は『閑吟集』からとられたものである（正宗敦夫編『日本古典全集　歌謡集　中』日本古典全集刊行会、一九三三年）。
(107) 浅野建二『閑吟集研究大成』（明治書院、一九六八年）など。
(108) 建久七年（一一九六）二月日、堅田供祭神人等陳状写、橋本道範「中世前期の堅田漁撈――『賀茂御祖皇太神宮諸国神戸記』所収　堅田関係史料の紹介――」、水野章二編『琵琶湖の人と環境史』岩田書院、二〇一一年、本書第一部補論3所収。
(109) 建武二年（一三三五）八月日、菅浦供御人等供御人役誓約状（『菅浦文書』三九八）。
(110) 保立道久「中世前期の漁業と庄園制」（前掲註98）。
(111) 「生業の稠密化」という問題については、本書第二部第八章で論ずることとなる。

〔付記〕

本章は、科学研究費補助金基盤研究(C)「日本中世における内水面の環境史的研究」（研究代表者橋本道範）および科学研究費補助金基盤研究(C)「日本中世における「水辺移行帯」の支配と生業をめぐる環境史的研究」（研究代表者橋本道範）の成果である。二〇一〇年二月にフナ属の研究をすることを決意し、一から勉強を始め、二〇一〇年七月二二日（熊本大学大学院教育学研究科社会科合同ゼミ）、二〇一〇年九月二一日（岡山中世史研究会第四四回例会）、二〇一〇年一二月一七日（琵琶湖博物館研究セミナー）、二〇一〇年一二月一九日（共同ワークショップ「東アジアの「水環境」をめぐる社会・経済・文化の歴史的諸相」）、二〇一二年三月一一日（裁許状研究会）、二〇一四年三月一四日（琵琶湖博物館研究セミナー）と報告を重ね、少しずつ作成してきた。不十分な点も多いが、中間報告として公表する。ご助言をいただいた多くの方々に感謝申し上げたい。

入稿後、櫻井信也「江戸時代における近江国の「ふなずし」」（『栗東歴史民俗博物館紀要』一八、二〇一二年）、同「室町時代から織豊時代の鮨（鮓）」（『栗東歴史民俗博物館紀要』一九、二〇一三年）、同「江戸時代における近江国の「ふなずし」（補遺）」（『栗東歴史民俗博物館紀要』二〇、二〇一四年）、佐野静代「琵琶湖の自然環境からみた中世堅田の漁撈活動」（『史林』九六―五、二〇一三年）、同「琵琶湖の「杓の銭」と中近世の堅田・菅浦」（『文化学年報』六三、二〇一四年）、長浜市文化財保護センター編『菅浦の湖岸集落景観保存活用計画報告書』（滋賀県長浜市教育委員会、二〇一四年）が公表された。できるだけ成果の吸収に努めたが、不十分な点はご寛恕願いたい。

第二部　庄郷とムラ

第五章　荘園公領制再編成の一前提──辻太郎入道法名乗蓮とその一族──

はじめに

一三世紀後半から一四世紀前半にかけての一世紀をめぐる議論が再び活発化している。現在の議論の到達点を示す海津一朗は、一三世紀後半を「荘園（公領）制が初発より内包していた本来的な矛盾が、直接には経済的な低成長期に規定され、諸階層のレベルで顕在化した時期」と評価したうえで、「内在的な発展の側面からではなく、地域を取り巻く政治・経済環境の大きなうねりを考える必要がある」とし、蒙古襲来とそれに続く臨戦態勢を強調して、国家権力による強力な荘園公領制の再編成（以下、単に「再編成」とする）の具体像を描き出している(1)。

そこで問題となるのは、果たしてこの再編成が、単なる体制内改革ではなく、海津の述べるような「日本史上の大きな転換」であったのかどうかという点である。そのポイントとして、海津がこの時期に「現代の村・町に直接つながる『惣』が明確な輪郭を現す」と述べている点に注目したいが、惣の登場と再編成とがいかなる関連をもつのかは明確ではないように思う。再編成では、都市と庄家、村落とを結び再生産を支えたいわゆる中間層の再配置が焦点の一つであったと考えるが、この問題と惣の登場とがどう関わっていたかこそ、再編成の歴史的意義を明らかにするさいの鍵となるのではなかろうか。

ところで、再編成以前の実態把握は、再編成の歴史的評価を下すための前提であるが、従来、対モンゴル戦争より前の中間層の編成の問題では御家人と非御家人という枠組みが重視され、一般には固定的な枠組みとしてとらえられてきたように思う。(2) しかしここで、「下からの主従関係の設定」である所領寄進が、一三世紀以後も続いており、なかでも武家に集中していたとする鎌倉期の荘園制についての大石直正の指摘を考慮するならば、(3) この枠組みを固定的にとらえることについては根本から見直す必要がありはしないだろうか。

そこで本論では、対モンゴル戦争より前における畿内近国の中間層の社会編成について再検討することをさしあたっての課題とし、従来の西国御家人制度研究のなかで「自称御家人」との評価を与えられた一老人とその一族の実態を見直すことから始めたい。

第一節　若狭国太良庄末武名名主職相論

若狭国太良庄末武名は、太良庄の開発領主の子孫である御家人丹生出羽房雲厳の所領であったが、雲厳の死後約四半世紀にわたって名主職をめぐる相論が行われた。本論がとりあげるのは、この相論の一方当事者である辻太郎入道法名乗蓮（以下「乗蓮」で統一する）とその息女藤原氏女（以下本文中では「地蔵御前」(4) で統一する）である。

乗蓮は、宮河乗蓮の名でとりあげられることが多いが、越前まで嫁とりにいったと主張していることでよく知られている。(5) また末武名の相論についても、早くに橋本実によって注目され、(6) 黒田俊雄や網野善彦によってくわしくとりあげられている。(7) ただし、行論に必要でもあるので、複雑な登場人物の紹介も兼ねてまず簡単に相論の経緯をいくつかの段階にまとめておきたい。なお、表1は本相論に直接関連する訴陳、手続、裁許文書の一覧である。以下、この表にしたがって考察を進めることとする。

表1　若狭国太良庄末武名名主職相論関係（訴陳・手続・裁許）文書一覧

段	番	年月日	文書名	出　典	鎌倉遺文	備　考
一	1	建長5(1253) 2. 1	六波羅御教書案	「百合」ア11	10-7518	「宮河入道」
	2	建長5(1253) 8.24	六波羅探題北条長時書状案	「百合」そ4	10-7609	「沙弥」
	3	2.10	六波羅探題北条長時書状案	「百合」ぬ4	10-7519	「沙弥」
	4	正嘉2(1258) 3.17	六波羅探題北条時茂書状案	「百合」ヰ7(1)、ノ384(1)、は10(2)	11-8198	「宮河入道」
	5	正嘉2(1258) 4. 8	行遍書状案	「百合」ノ384(2)、ぬ5、は10(3)、ヰ7(2)、ハ2、ア26(1)	11-8209	
	6	正嘉2(1258) 4. 9	六波羅探題北条時茂書状案	「百合」め4	11-8210	「沙弥」
	7	正嘉2(1258) 6. 1	末武名名主職補任状案	「百合」は4(1)、10(4)、め5、ア12、26(2)	11-8258	乗蓮補任
二	8	弘長元(1261)11.16	鳥羽西迎書状案	「百合」り6	12-8734	
	9	弘長2(1262) 2.	中原氏女訴状	「百合」ア14	12-8770	
	10	弘長2(1262) 2.14	行遍御教書案	「百合」ア15(9)	12-8769	
	11	弘長2(1262) 3.16	辻乗蓮陳状案	「百合」ア15(10)	12-8780	
	12	弘長2(1262) 3.	中原氏女重訴状	「百合」ア16	12-8789	
	13	弘長2(1262) 4. 8	行遍御教書案	「百合」ア17、ヰ9(1)、な5(2)	12-8793	
	14	弘長2(1262) 4. 9	末武名名主職補任状案	「百合」は4(2)、な12	12-8794	中原氏女補任
三	15	弘長2(1262) 5. 7	守護使藤原宗数書状案	「教王」65	12-8808	
	16	弘長2(1262) 5. 7	守護使藤原宗数書下案	「百合」ヰ8	未収	
	17	弘長2(1262) 5.16	守護使藤原宗数書状案	「百合」ヰ9(2)	12-8813	
	18	弘長2(1262) 5.19	守護使藤原宗数書状案	「百合」ヰ9(3)	12-8817	［史料一］
四	19	11.29	聖宴書状	「百合」り284	14-10532	
	20	文永7(1270) 5.26	藤原氏女訴状案	「百合」ぬ6	14-10631	
	21	文永7(1270) 6. 5	有慶奉書案	「百合」ア18	14-10633	
	22	文永7(1270) 7. 1	中原氏女陳状案	「百合」ア19	14-10643	
	23	文永7(1270) 7.12	藤原氏女重訴状案	「百合」フ5	14-10645	
	24	文永7(1270) 8.	中原氏女重陳状案	「百合」マ6	14-10685	
	25	8. 2	胁袋範継書状	「百合」り160	(1)	
	26	8.11	胁袋範継書状	「百合」フ201	未収	県史16
	27	文永7(1270) 9. 1	藤原氏女重訴状案	「百合」ア20、ぬ113	14-10686	
	28	9. 6	定仏書状	「百合」ぬ114、ア21	(2)	
	29	文永7(1270)⑨.	中原氏女重陳状案	「百合」ア22	14-10708	［史料二］
	30	文永7(1270)10. 7	藤原氏女申状	「百合」ア23	14-10709	
	31	文永10(1273)	聖宴書状追而書	「東寺文書」無号5	(3)	
	32	文永10(1273)12.28	藤原氏女書状	「百合」ル10	15-11507	
	33	2. 2	聖宴書状	「百合」よ194、「東寺	15-11529	ユ13(1)に

				文書」無号71		案文
	34	2. 3	某(能済カ)書状案	「百合」は120	15-11531	
	35	2. 3	聖宴書状	「東寺文書」無号95・「百合」メ282	15-11530	
	36	2.10	聖宴書状	「百合」メ333、「東寺文書」無号74	15-11537	
	37	2.12	供僧方年行事能済書状	「百合」は122	15-11538	
	38	文永11(1274) 2.	末武名名主職補任状案	「百合」は6、7	(4)	快深補任
五	39	2.14	聖宴書状	「百合」コ51	15-11543	
	40	2.16	脇袋範継書状案	「百合」は124	15-11545	
	41	文永11(1274) 2.25	快深請文	「百合」は8	15-11552	
	42	2.25	聖宴書状	「百合」は126	15-11551	
	43	文永11(1274) 2.26	供僧方年行事能済下知状案	「百合」は9(1)、こ13	15-11554	
	44	2.26	某(能済カ)書状案	「百合」は9(2)	15-11555	
	45	文永11(1274) 2.	脇袋範継訴状	「百合」ル11	15-11561	
	46	2.	某書状案	「百合」は128(1)	15-11560	
	47	3. 4	快宴奉書	「百合」は127	15-11565	
	48	3.28	某書状案	「百合」は128(2)	15-11621	
	49	文永11(1274) 4.	快深陳状	「百合」ル12	15-11643	
	50	4. 4	聖宴書状	「百合」ヒ242	15-11628	
	51	文永11(1274) 4.	瓜生(脇袋)範継重訴状	「百合」ル13	15-11645	
	52	文永11(1274) 4.	快深重陳状	「百合」ル14	15-11644	
	53	4.24	聖宴書状	「百合」ル205	15-11635	
	54	5. 1	某奉書案	「百合」ゑ143	15-11650	快深安堵
	55	5. 1	聖宴書状	「百合」モ157	15-11649	
	56	5. 1	聖宴書状	「百合」は129	15-11651	
六	57	文永11(1274) 5.	脇袋範継重訴(越訴)状	「百合」ト13	15-11664	御家人交名提出
	58	文永11(1274) 6.	藤原氏女申状	「百合」は10(1)	15-11681	
	59	文永11(1274) 7.	藤原氏女重申状	「百合」は11	15-11684	
	60	文永11(1274) 7. 9	藤原師総請文	「百合」レ7	15-11688	
	61	文永11(1274) 7. 9	末武名名主職補任状案	「百合」ア26(3)、ユ13(2)、は12	(5)	地蔵御前補任
	62	7. 9	定宴書状案	「百合」は134	15-11687	
七	63	9. 7	藤原氏女書状案	「百合」エ119	15-11714	
	64	文永11(1274)10. 1	預所定宴書状案	「百合」な20	15-11724	
	65	文永11(1274)10.16	預所定宴書状案	「百合」な21	15-11729	
	66	文永12(1275) 2.	中原氏女重訴状	「百合」京12	15-11838	
	67	建治元(1275) 8.12	中原氏女訴状	「百合」テ6	16-11992	
	68	建治2(1276) 6.	若狭国御家人等重訴状	「百合」メ19	16-12383	
	69	建治2(1276) 7.	中原氏女重訴状	「百合」ヰ11	未収	

	70	建治2(1276)10.	藤原氏女陳状	「百合」イ10	未収	
八	71	6.23	快深書状	「百合」ウ145	未収	
	72	建治3(1277) 7.	中原氏女訴状	「百合」京14	17-12790	
	73	7.16	脇袋範継書状	「百合」な22	17-12773	
	74		鳥羽国茂陳状	「百合」み95	17-12792	
	75	8. 1	預所定宴書状	「百合」ア369、「東寺文書」無号79	(6)	
	76	8.27	法印某奉書	「百合」ア332	未収	
	77	8.28	預所定宴書状	「百合」ア333	未収	
	78	9. 1	国茂書状(挙状)	「東寺文書」書	未収	
	79		鳥羽国茂重申状	「百合」カ234	未収	
	80		鳥羽国茂重申状	「百合」な266	未収	
	81		鳥羽国茂重申状	「百合」フ229	未収	
	82		鳥羽国茂申状	「百合」京152	17-12791	
九	83	弘安元(1278) 9.23	成仏請文	「百合」ユ14	17-13181	
	84	弘安元(1278)12.29	定賀奉書土代	「教王」110	18-13344	
	85	弘安2(1279) 2.30	成仏請文	「百合」ニ6	18-13477	中原氏女補任
	86		藤原氏女訴状	「百合」む152	未収	

凡例：この表は、末武名の相論の関係文書のうち、現存している訴陳・手続・裁許関係の文書のみを抜きだしたものである。訴陳の具書は、手続・裁許にかかわるものは採用したが、それ以外は除くことにした。原則として年代順に配列してあるが、第八段階の鳥羽国茂の申状（79〜82）については、順番は一応の目安である。

このほか、年未詳7月12日、左近将監某書状（「桂文書」、『鎌倉遺文』未収）、年未詳9月18日、定宴挙状（「東寺百合文書」な234、『鎌倉遺文』未収）があるが、時期を特定することができなかった。

段：段階。相論を便宜的に9つの段階に分けたもの。各段階の内容については本章第1節参照。

番：便宜的に付した文書番号。本稿での引用はこの番号を用いる。

年月日：原則として差出日を記しているが、差出日が不明の場合で到来日がわかる場合は到来日を記した。潤月は⑨のように示した。

文書名：訴陳状については下線を引いてある。

出典：東寺百合文書の場合は、「百合」として京都府立総合資料館編『東寺百合文書目録』（吉川弘文館、1976〜79年）の文書番号を記している。また、教王護国寺文書については、「教王」として『教王護国寺文書』（平楽寺書店、1960〜71年）の番号を記した。

鎌倉遺文：『鎌倉遺文』（東京堂出版）の巻数と文書番号を記した。ただし、『鎌倉遺文』では、白河本東寺文書から採取している場合がある。

（1）12－8735と15－11702と同一　（2）14－10687と17－12843の後半　（3）15－11187の追而書部分　（4）15－11539（「百合」は7）、15－11540（「百合」は6）　（5）15－11686（「百合」は12＝土代）、15－11685（「百合」ユ13（2））　（6）17－12843の一部

備考：補任に関わるものについては被補任者の名前を記した。

第一段階の文書で文中に、「若狭国御家人宮河入道乗蓮」とある場合には「宮河入道」、「若狭国御家人沙弥乗蓮」とある場合には「沙弥」と記した。

『福井県史』資料編2中世（福井県、1986年）「近畿地区　京都府　八京都府立総合資料館所蔵文書東寺百合文書」に所収の史料は「県史」として史料番号を記した。

本文中にとくに［史料］として引用した史料については注記してある。

（1）相論の前提（御家人雲厳の没落）

相論の根元は、雲厳が所領を自身の師匠凱雲に預けていたことにある。凱雲の死後、凱雲の弟子とのあいだで相論となり、劣勢の雲厳は若狭国の有力在庁稲庭時定の子時国を頼らざるをえなかった。末武名は本来五町余であったが、そのうちの三町は公文となった時国の母の給田とされたと考えられる。さらに、建保五年（一二一七）に太良庄の領家が実施した検注によって、残りの二町一反一六〇歩もあわせて「除田」とされ、預所名とされた。ここに御家人雲厳は没落し、不遇のうちに死去する。本論であつかう相論は、預所名に編入された二町余を対象にして行われたものである。

さて、その後、寛元三年（一二四五）と建長二年（一二五〇）、若狭国御家人等は旧御家人跡の御家人役勤仕を要求する訴訟を起こしたが、その要求のなかには雲厳跡である末武名の回復も含まれていた。

（2）第一段階（乗蓮の補任）

上記の若狭国御家人等の動きに乗じて、建長五年、末武名を預所が押領しているとして、乗蓮が六波羅探題を通じ訴え出た（表1の番号1文書、以下文書番号のみを記す）。この相論は一問答後（表1-2）、放置される（表1-3）。

一方、乗蓮に対抗して、雲厳より末武名を譲与された稲葉時国の孫娘で若狭国御家人脇袋範継の妻中原氏女が、正嘉二年（一二五八）までに、荘務を握る菩提院行遍を通じて訴え出た（表1-4）。しかし、結局六波羅探題の口入によって、同年、乗蓮が末武名名主職に補任されることになった（表1-4～7）。乗蓮このとき八三歳の夏であった（表1-11）。

（3）　第二段階（中原氏女の補任）

弘長元年（一二六一）、中原氏女との相論が再燃する（表1‐8）。翌弘長二年、中原氏女は証文を整えて再び行遍に対して訴訟を起こした（表1‐9・10）。乗蓮は反論するが（表1‐11）、乗蓮が守護使を庄内に入れたことや未進をしたこともあり（表1‐13）、ついに同年、乗蓮は改易され中原氏女が名主職に補任された（表1‐14）。

（4）　第三段階（乗蓮の死）

中原氏女の名主職補任直後、作麦をめぐって対立が生じ、守護使が点札を立てるという事件が起こる（表1‐15～18）。乗蓮は弘長三年、六波羅祗候人三鴨為国に末武名を譲与し、為国が訴訟を行うが敗訴（表1‐22～24・29）、乗蓮はその後死去する。

（5）　第四段階（快深の補任）

文永七年（一二七〇）、今度は地蔵御前が預所聖宴を頼り訴訟を起こす（表1‐19・20）。訴訟は三問三答まで行われながら放置された（表1‐20～30）。しかし文永一一年、死を目前とした聖宴は再び地蔵御前を推薦する（表1‐33・35）。地蔵御前の補任は認められないが、中原氏女も守護使を引き入れたことにより改易され、同年二月、聖宴の下人快深が「百姓職」に補任された。なお、この過程で百姓等が末武名は預所名とすべきと主張している点が注目される（表2参照。以下引用のさいには文書番号のみを記す）。

（6）　第五段階（快深の安堵）

これに対し、今度は中原氏女の夫脇袋範継が名主として訴訟を起こす（表1‐45）。しかし、二間二答ののち

表2　若狭国太良庄末武名名主職相論関係沙汰人百姓等申状・書状一覧

番	年月日	文書名	連署者	出典	鎌倉遺文
百姓1	文永7(1270)6.晦	太良庄百姓等連署書状	勧心・真利・時連	「百合」ぬ7	14-10642
百姓2	文永7(1270)7.	太良庄百姓等申状（折紙）	観心・真利・時末・宗安・宗綱	「百合」ぬ9	14-10659
百姓3	文永7(1270)7.16	太良庄沙汰人真利・勧心連署書状	観心・真利	「百合」ぬ8	14-10649
百姓4	文永7(1270)8.	太良庄百姓等重申状（折紙）	僧勧心・大中臣真利	「百合」ぬ10	14-10688
百姓5	（文永8）　2.27	真利・勧心連署書状	勧心・真利	「百合」ぬ99	14-10585

凡例：この表は、表１の第四段階において、太良庄百姓等が提出した文書の一覧である。
連署者：日下に連署したものから順に記した。その他の項目については、表１を参照のこと。

（表1―49・51・52）、同年五月、再び快深が安堵された（表1―54）。

(7)　第六段階（地蔵御前の補任）

しかしここで守護所が介入し、守護所の支持を得た脇袋範継は反撃を始める（表1―57）。非御家人である快深は御家人領を知行することができないというのがその主張である。そこで地蔵御前が再浮上する（表1―58・59）。同年七月、初めて地蔵御前が末武名名主職に補任され（表1―61）、その旨が守護所に通知された（表1―62）。

(8)　第七段階（地蔵御前の危機）

ところが守護所は、その地蔵御前までも非御家人であると主張し、末武名には点札が立てられた（表1―63～65）。中原氏女は再び訴訟を起こす（表1―66・67・69）。さらに、建治元年（一二七五）、建治二年には若狭国御家人等が申状を提出して中原氏女を支持した（表1―68）。地蔵御前は同年一〇月になってようやく反論した（表1―70）。

(9)　第八段階（鳥羽国茂の介入）

建治三年、東寺一長者道宝の口入を得て鳥羽国茂が突如この相論に介入してくる（表1―76・77）。国茂は稲葉時国の養子鳥羽国範の子息であり、時国の嫡流であることが介入の根拠であった（表1-74など）。その後の経過は不明だが、国茂は退けられた。

（10）第九段階（中原氏女の勝訴）

そして最終的に中原氏女と地蔵御前とのあいだで訴陳が行われ、弘安二年（一二七九）、中原氏女が勝訴。名主職に補任された（表1-84・85）。中原氏女の死後、地蔵御前は再び訴訟を起こすが（表1-86）、以後末武名は脇袋一族に受け継がれて行く。

以上がこの相論の概略である。ただ、ここで注意しておきたいのは、典拠としてきた史料のなかには、訴陳の過程で具書として提出されたものも含まれていることである。したがって、分析にさいしては、いつだれが提出したものかに留意する必要がある。

第二節　御家人乗蓮

さて、乗蓮父子についてとりあげた田中稔は、「正式の御家人身分であったとは言い得ない」として「自称御家人」との評価を下した(8)。しかし、網野は「凡下の出身でありながら、守護代に結びついて、御家人に成り上がった乗蓮」と述べており(9)、評価は定まっていない。そこでまず本節では、乗蓮父子が御家人身分を「自称」しただけであったのか、「成り上がった」のかについて検討を加える。

（1）凡下乗蓮

従来から指摘されてきたように、乗蓮の出生身分は凡下であった。

【史料1】

ⓐ辻入道殿ハ凡下輩なりといへとん、ⓑ付二御公事ニ一、関東之度々御教書にも、御家人とこそなし下候へ、又此ⓒ末武名候間、仲原氏女御相論候ける時も、自二六波羅殿一本所へ申させ給候御教書にも、御家人とこそ申され候へ、此上ハ御家人之御訴訟をも、いかてかのかれられ申さて候へき

田中も注目したこの史料は、第三段階の守護使藤原宗数書状案（表1-18）である。この文書は、第七段階に敵方の中原氏女によって提出されたと推定されるが（表1-66）、すでに乗蓮が非御家人と非難された段階でありながら、乗蓮を御家人とする内容であることから、作為が加えられた可能性は低いと考える。そこで、傍線ⓐに注目すると、守護勢力は乗蓮を凡下であると明確に認識していた。

加えて、相論の第四段階で、脇袋範継が「彼入道《（乗蓮）》元宮川庄百姓にて候しか」と述べているほか（表1-26）、中原氏女の主張のなかに、

【史料2】

ⓐ於二乗蓮一者、宮河庄百姓名之外、無二知行所領一之間、ⓑ云二乗蓮一、云二息女一、依レ不レ相二交御家人一、不レ知二案内一故仁、如レ此令レ申哉

とあり（表1-29）、傍線ⓐで乗蓮は宮河庄の百姓名を知行していたとされている。

一方、それに対する地蔵御前の重訴状案（表1-27）の挙状である沙弥定仏書状（表1-28）[10]には「（乗蓮は――橋本注、以下同じ）当国賀茂社領辺仁所生所候き」とあり、これらから乗蓮が上賀茂神社領若狭国宮河庄の百姓＝凡下出身であったことは疑いない。

（2）　名字

ところが、この凡下乗蓮が、氏とは異なる「辻」という名字を名乗っているのである（表1-11）。しかも、従

来見落とされてきたが、これは単に乗蓮が自称しただけではない。史料1傍線ⓐにもあったように、「凡下輩」と言いきる守護使も「辻入道殿」と「辻」の名字で呼んでおり（表1-15・17・18）、論敵である中原氏女・脇袋範継・鳥羽国茂でさえもいずれも「辻太郎入道乗蓮」と一貫して名字をつけて呼んでいるのである（表1-9・26・81など）。さらに、太良庄百姓等も「辻入道殿」と記しており、「辻」の名字を認識していた（百姓2）。乗蓮の名字は守護使、国御家人、百姓等によって認知されていたのである。

乗蓮は太良庄内に「家」・「垣内」をもっており、死後は「重代相伝之垣内之墓所」に葬られ、墓には樹木が植えられた（表1-23）。勝田至によれば、このような「屋敷墓」に葬られたのは、その地を開発した先祖に限られることが多く、先祖の魂が樹に宿り子孫の土地継承を守護するものと観念されて、イエの継続性を維持する機能を果たしていたという[(11)]。とするならば、乗蓮はある種の開発者と認識されていたのであり、辻という名字は乗蓮によって新たに創出されたとみるべきであろう。

乗蓮は、所領のあった恒枝保《つねえだのほ》（後述）の苗を末武名内に蒔き置くなど太良庄を経営の拠点としていたと推測される（表1-23・52）[(12)]。そして、地蔵御前が夫とともに太良庄内に居住したことは確実であり（表1-24・26）、乗蓮の「垣内」は継承されている。勝田は墓所と名字の地との関係にはふれていないが、一般に開発地が名字の地とされたことを考えるならば、辻という名字の地も太良庄内にあったのではなかろうか[(13)]。

（3）侍品

ところで、「名字無二其隠一侍也」といわれるように[(14)]、名字は一般に侍身分の指標とされる[(15)]。ところが、侍身分とは「叙位任官する資格を持つ者」[(16)]であるにもかかわらず、生涯「太郎入道」の名乗りであったことからわかるように、乗蓮が叙位任官した形跡はない。また、史料1傍線ⓐでみたように、守護使は「凡下輩なり」と断言している。したがって、名字をもつからといって侍身分とすることはできない。

しかし、史料1傍線ⓐもあるように、刑部次郎を名乗る守護使が「辻入道殿」と「殿」の敬称をつけて呼んでおり（表1-15・17・18）、百姓等も「辻入道殿」と呼んだ例がある（百姓2）。

さらに、第六段階で、非御家人である預所大進僧都聖宴下人（祇候人）快深の補任に対し守護所より異議が出されたさい、預所側は、「於二侍品之仁一者、雖レ為二何輩一、可レ令レ勤二仕当役《御家人役》一歟之由、其沙汰候テ、如レ此御成敗候」と弁明したうえで、地蔵御前を補任している（表1-62）。つまり、預所側は、快深も地蔵御前も「侍品之仁」であるとの前提にたって補任したというのである。

田中は、快深の事例などから、「侍品といわれる者には幕府が公式に認めた侍身分の他に、さらに広い層を含むものと考えるべき」と述べている[17]。乗蓮は、「凡下輩」であり、叙位任官する資格をもつ者とは考えにくいが、名字を社会的に認知され、「殿」の敬称で呼ばれた。したがって、「侍品を自称する者[18]」とはできず、叙位任官する資格をもついわば狭義の侍身分と、一般の凡下身分との狭間にあって、広義の侍品＝侍身分に含まれたと理解してよいのではなかろうか[19]。

（4）御家人乗蓮

そして、次に、もっとも強調したいのは、第七段階にいたるまで、正確にいえば、文永一一年（一二七四）七月に地蔵御前が名主職に補任されるまで、乗蓮が御家人であることを否定する者は、幕府・六波羅・守護勢力や東寺側はもちろん、国御家人や百姓等のあいだにも、だれひとりとしていなかったという点である。

再び史料1に戻りたい。第一に、傍線ⓑにあるように乗蓮は「関東之度々御教書」にしたがって関東御公事を勤仕しており、第二に、傍線ⓒにあるように御家人として六波羅探題の口入により訴訟をしている。そして、いずれの場合も、関東御教書・六波羅御教書には御家人と明記されていた（傍線ⓑⓒ）。

このうち、第一の乗蓮が御公事を勤仕したことについては、地蔵御前が第七段階に提出した棟状に「六通為二御家人役一自二正嘉元年一至二于建治二年一関東御教書案」とみえることによっても間接的に確認できる（表1-70）[20]。鳥羽国茂は、この文書群は末武名に関するものではなく宮河庄・玉置庄の「乗蓮跡伝領之輩」がたまわったものであると地蔵御前を非難しているが（表1-81）、国茂の主張は逆に「乗蓮跡伝領之輩」が御家人役を勤仕したことを裏づけており、乗蓮および「乗蓮跡」が正嘉元年（一二五七）より建治二年（一二七六）まで関東御教書にしたがって御家人役を勤めていたことはこれによって証明されたといえよう[21]。

また、第二の六波羅を通じて訴訟を行っていたことは、論敵も認めているところである（表1-12）。

さらに、第七段階にいたり、守護方より地蔵御前が非御家人であると指摘されたさいには、預所側は乗蓮を御家人としたうえで、地蔵御前についても「乗蓮女子ハ何為二非御家人一候哉」と反論している（表1-64）。荘園領主側も御家人と認定していたのである。

以上、これらをみれば、乗蓮は、第一段階より第三段階まで御家人として社会的に認知されたうえで御家人役を勤仕していたのであり、死後も第六段階までは御家人であったと認識されていたのである。したがって、乗蓮を「自称御家人」とすることはできない。

（5）　新参の御家人

しかし、逆に、地蔵御前が提出できた御家人役勤仕の証拠が正嘉元年のものからにすぎなかったことは、これ以前乗蓮が御家人役を勤仕していなかったことの証拠ともなる。

ここで、乗蓮の名字に再び注目したい。第四段階の訴訟では、地蔵御前は「若狭国御家人沙弥乗蓮息女」と名乗り（表1－20）、訴状の具書として提出した文書中には、単に「若狭国御家人沙弥乗蓮」とあるだけか[22]、「辻太郎家仲」と記されていた[23]。

ところが、第六段階の文永一一年五月の脇袋範継重申状（表1－57）の具書として初めて法廷に提出された建久七年（一一九六）六月付の先々源平両家祗候輩交名案[24]（以下、「建久御家人注文」とする）のなかには、辻の名字を名乗るものは記されていなかったのである。その直後、六月に提出された「御家人由緒」を主張する地蔵御前の申状（表1－58）の具書「故六波羅殿御文案一通」には、「若狭国御家人宮河太郎入道乗蓮」と記されていた（表1－4）[25]。さらに七月には預所定宴も守護所に対し「故宮河太郎入道乗蓮女子藤原女」を末武名主職に補任したことを通告している（表1－62）。建久御家人注文には「宮河権守頼定」と「宮河武者所後家藤原氏」が記載されていた。

しかし、宮河氏と乗蓮との系譜関係はすぐさま示されなかった。ようやく第七段階の建治二年になって、地蔵御前は「先祖自二宮河権守頼成一以降至二于乗蓮一、為二四代相承之御家（人）一」ることを主張する（表1－70）。しかし、これはほかにまったく根拠のみあたらない主張であり、建久御家人注文にも「頼成」の名はなく、「頼成」もしくは「頼定」らと乗蓮のあいだを結ぶ系譜関係はこれ以後も明らかにされることはない。さらに、鳥羽国茂はその申状において、地蔵御前の申状を引用する部分では「宮河太郎入道」としていたのを、自分の主張部分ではわざわざ「辻太郎入道」と書き換えている（表1－81）。辻の名字は認める国御家人にとっても、由緒ある宮河の名字と系譜は到底容認できないものであったのであろう[26]。

従来の研究では宮河と辻との違いに目が向けられることはなかったが、宮河の名字が、地蔵御前と預所側によって建久御家人注文が提出されたのちに意図的に使用されたものであったことはもはや明らかであろう[27]。これこそが「自称」されたものであったのである。そして先に検討した凡下という乗蓮の出自とをあわせて考えれば、乗蓮は建久年間の御家人の子孫ではなかったと断定できる。すなわち、乗蓮は建久年間よりあとの新参の御家人であり、「御家人に成り上がった」のである。

以上、本節では凡下出身の一老人が、単に御家人役を勤仕しただけでなく、名字をもち、御家人として社会的に認知されていたことを明らかにした。従来、「西国御家人者、自㆓右大将家御時㆒、守護人等注㆓交名㆒、雖㆑令㆑催㆓勤大番以下課役㆒」云々という天福二年（一二三四）の追加法以下と諸国の建久年間の御家人注文などによって、西国御家人制度研究の枠組みがつくられ、建久年間に西国御家人制度が完成したととらえられてきた。(28)(29) しかし、乗蓮の事例は、建久年間よりのち、対モンゴル戦争による臨戦態勢下より前においても、新規の御家人編成が広範に進行していたことを予想させる。少なくとも、当該期の畿内近国における六波羅探題以下の勢力を、単純に建久年間に御家人交名に登録された御家人の子孫集団と規定することができないことははっきりしたと思う。ではいったい、凡下乗蓮が、どのようにして御家人となることができたのであろうか。

第三節　御家人化のからくり

(1)　教養報恩

乗蓮は、雲厳の譲状をもち、雲厳の養子であることを主張している（表1-11）。しかし、譲状は偽文書と考えられ、養子であることも疑わしい。そこで注目されるのは、乗蓮が雲厳の「乍㆓養子㆒成㆑聟」り、雲厳「私宅」に同宿して、「見沙汰」し、子息らが「加病」したうえ、死後は教養報恩したと主張している点である（表1-11・28）。

このうち聟であった点については、中原氏女が乗蓮は雲厳の「継聟」であって「実聟」ではないと主張し（表1-24）、鳥羽国茂が乗蓮は雲厳の「後娘之夫」であると述べているように（表1-81）、雲厳と乗蓮との関係を完

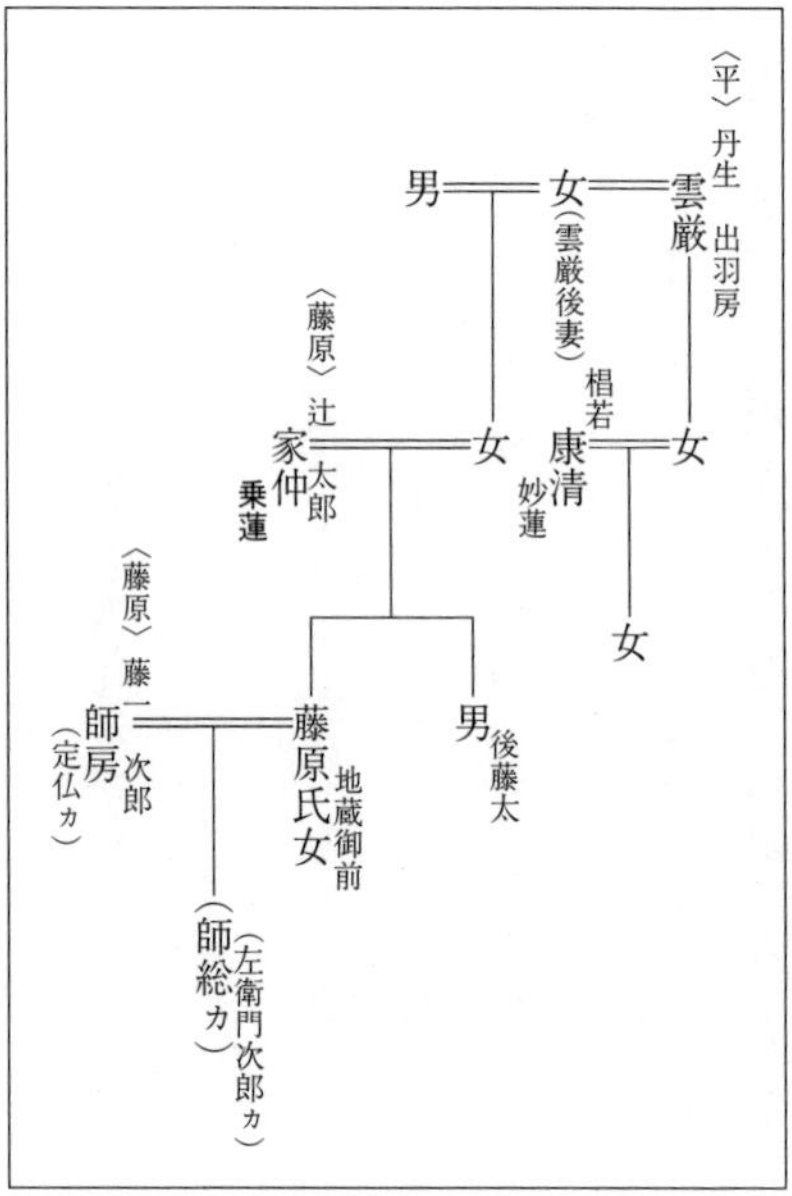

図1　雲厳および乗蓮一族系図

全には否定していない点が注意される。乗蓮は雲厳の後妻のつれ子（娘）の夫であったのではなかろうか(30)（図1）。

次に、後世を弔う教養報恩などについては、第四段階になって、乗蓮は他国にいて雲厳の死期を知らなかったはずであると百姓が報告したので（百姓4）、中原氏女もこれに同調しているが（表1-29）、第二段階では有効な反論ができていない（表1-12）。西谷地晴美は、葬送の執行にもとづく相伝の正当性の獲得という法慣習の存在を指摘している(31)。「祖子之契」（百姓4）を結び「養子」となったという凡下乗蓮の主張が、「可レ被レ付二氏之仁一」（表1-69）とした六波羅探題によって認められた根拠は、後妻の娘聟であった乗蓮とその子らが、死期の迫った雲厳の身近にいてその世話をし、さらに死後の教養報恩をしたこと以外には考えられない(32)。これにより乗蓮は御家人の所領を継承する手がかりを得たのである。

（2）帰属関係の設定

次に注目されるのは、乗蓮が六波羅探題兼若狭国守護北条時茂の代官高橋右衛門尉光重に働きかけたと網野が述べている点であるが、これは正確ではない(33)。

表3に示したように、『若狭国守護次第』によれば、御家人として認知された乗蓮が訴訟を起こした建長五年

（一二五三）当時の若狭国守護は、乗蓮の訴えを受理した六波羅探題北方北条長時（南方欠員）の父である北条重時、守護代は延応元年（一二三九）に補任された「加賀守殿」、その代（以下、「又代」とする）は「平左衛門入道」であり、乗蓮が六波羅探題の口入によって末武名主職に補任された正嘉二年（一二五八）当時も、六波羅探題北方（南方欠員）が長時の弟、時茂に交替してはいたが、守護・守護代・又代には変更はない。

　末武名主職補任の事情について乗蓮は、第二段階の陳状で「去正嘉年中比、如レ此氏女（中原氏女）度々雖レ致二謀訴一、先守護加賀守殿御時、委細有二御沙汰一之処、氏女申状一々為二虚言一之間、任二道理一、可レ令二乗蓮領知一之由、自二領家御方一、賜二御下文一」と述べている（表1―11）。この「先守護加賀守殿」こそ、高棟流桓武平氏、平親範の孫、北条重時夫妻とは従兄弟の関係にあり、六波羅評定衆であったことが森幸夫によって明らかにされた佐分（平）親清にほかならない。[34]森によれば、親清は若狭国土着の佐分氏とは関係なく、守護代として佐分郷の経営に関与したことにより佐分を名乗るようになったのではないかという。乗蓮は、高橋光重ではなく、郷名を名字とするほど若狭との関係が密接であった守護代佐分親清に働きかけることによって六波羅探題の挙状を獲得したのである。

　さらに、第二段階の中原氏女の重訴状（表1―12）には、「於二先守護時一者、氏女全不レ及二武家訴訟一、領家御方訴申許也、而乗蓮依レ令レ吉二属于先守護代手一、付二一方申状一、被レ申二付武家御挙状一之間、不レ及二是非御裁断一、宛二給乗蓮一者也」とあり、乗蓮は「先守護代手」に「吉属」したと指摘されている。「先守護」は佐分親清のことと考えられるので、この「先守護代」とは又代平左衛門入道である（表3）。

　ところで、文永八年（一二七一）のものと推定される百姓等連署書状（百姓5）をみると、「此時乗蓮房出来て、平新左衛（門尉脱）殿付まいらせて、称二御家人之跡一、致二沙汰一之処、六波（羅脱）殿御前ニて、不レ及二問注一之、事切畢て」とあり、乗蓮が付属したのは平新左衛門尉といわれている。ここで表3を再びみると、守護が北条時茂に代わったのちの文永三年、守護代に佐分親清と考えられる「加賀入道殿」が「還補」されているが、その又代として

表3　六波羅探題・若狭国守護・守護代・又代一覧
（寛喜２年＜1230＞から弘安７年＜1284＞まで）

年	六波羅北方	六波羅南方	若狭国守護	若狭国守護代	若狭国守護又代
寛喜２年(1230)	北条重時	北条時盛	北条経時	屋戸矢実永(註1)	
3年(1231)			北条重時	原広家	
貞永元年(1232)				有賀有直	
延応元年(1239)				加賀守	平左衛門入道
仁治３年(1242)		欠員			
宝治元年(1247)	北条長時				
康元元年(1256)	北条時茂				
正元元年(1259)			八郎御曹司	中関三郎	
文応元年(1260)			北条時茂	高橋光重	鳥取寂阿
文永元年(1264)		北条時輔			
3年(1266)				加賀入道	新左衛門入道
7年(1270)	死去･欠員				
8年(1271)	北条義宗		北条時宗	渋谷恒重(註2)	渋谷重尚
9年(1272)		誅･欠員			
建治元年(1275)		北条時国			
2年(1276)	欠員				
3年(1277)	北条時村				

凡例：この表は、北条重時が六波羅探題北方に就任した寛喜２年（1230）から、末武名主職相論が一応終結を見る弘安２年（1279）までの南北六波羅探題、若狭国守護・守護代・守護又代の簡易一覧表である。若狭国守護・守護代・又代については、「若狭国守護職次第」（『新校群書類従』第３巻、内外書籍株式会社、1930年）により記入し、佐藤進一『増訂鎌倉幕府守護制度の研究――諸国守護沿革考証編――』（東京大学出版会、1971年）を参照した。
註１：佐藤進一は前掲書のなかで、『若狭国守護職次第』の北条時氏の項にみえる「治四年」について不明としているが、これは守護代屋戸矢実永にかかると見るべきであろう。とすれば、実永が安貞２年（1228）より寛喜２年まで守護代を勤めたことになる。
註２：文永10年２月20日、平経重施行状（「百合」ア函二五（三）、『鎌倉遺文』15－11192）の自署では「経重」とある。

「新左衛門入道」がみえる。百姓等書状にみえる「平新左衛（門尉）」こそ新左衛門入道その人であり、当時の又代平左衛門入道と新左衛門入道とは名乗りから考えると親子ではなかろうか。

以上が容認されれば、乗蓮が守護代佐分親清に属すことができたのは、その代官、平左衛門入道の子息平新左衛門尉と関係をとり結ぶことに成功したからであったといえる。乗蓮は、平左衛門入道・新左衛門尉（守護又代）―佐分親清（守護代、六波羅評定衆、重時親族）―北条重時・長時・時茂一族（守護・六波羅探題）という糸を手繰ることにより御家人となることができたのである(35)。

（3）御公事

最後に指摘しておきたいのは、前節でもみた御公事＝御家人役の勤仕についてである。ここで注目したいのは、乗蓮が最初に御家人役を勤仕したことが確認できるのが正嘉元年、すなわち、末武名補任の前年という点である。正嘉元年の御家人役の事例として史料的に確認できるのは、管見では鎌倉の大慈寺供養の布施が御家人に命じられていることのみである(36)。この年、鎌倉では大慈寺の修理が行われ、勝長寿院の再建も着手されているが、供養の布施については末端の御家人にも割当てられており、御家人役が都市消費を支えていたことがわかる(37)。残念ながら乗蓮が勤めた御家人役の内容を特定する材料はない(38)。ただいえることは、乗蓮には御公事を勤仕できるだけの経済的実力が、末武名を入手するより前にすでにあったという点である。

では、末武名主職補任以前にどうやって経済的実力を蓄えていたのであろうか。「乗蓮之跡」があった宮河庄や玉置庄ですでに所領を維持していた可能性もある（表1-29・81）。しかし、脇袋範継は、乗蓮は越前へと逃亡し、その後は「不レ持二段歩名田一候」と述べ、これを否定している（表1-26）。

また、雲厳の所領には末武名とともに恒枝保公文職があった。第三段階、弘長二年（一二六二）、乗蓮が末武名主職を失ったときに、恒枝保分の苗を太良庄内に蒔き置いていたことから（表1-23・52）、この時までに乗蓮は恒枝保公文職を確保していたことがわかる。しかし、地蔵御前は「高橋右衛《(門脱)》尉当国守護之時、被レ召二合敵人一、乗蓮証文道理之由、蒙二御成敗一畢」と述べるのみで（表1-27）、高橋光重が守護代となった文応元年（一二六〇）以前の補任は確認できない（表3）。しかも中原氏女の主張によれば、公文職を知行していたのは「一収納」のあいだだけで、雲厳のじつの娘婿椙若氏とのあいだで相論となり、その後は椙若氏に継承されたという（表1-29）。乗蓮が末武名獲得以前に恒枝保から得分を得ることができたとは考えられない。

ただ、ここで注目されるのは、乗蓮が恒枝保公文職に補任されたのは、地蔵御前の子息、すなわち乗蓮の孫が恒枝保の領家に宮仕えしていたからであるといわれている点である（表1-26・29）。恒枝保の領家については不詳であるが、公家側の人物ではないかと想定される(39)。そして地蔵御前の子息については文永七年（一二七〇）頃に「庄家下向」したとされていることから（表1-24）、在京奉公していたのではなかろうか。つまり、乗蓮一族の活動は若狭一国にとどまらず、都鄙間でも展開されていたのである。乗蓮一族の富獲得を考えるうえでは無視できない事実である。

以上、本節では、「継聟」として没落御家人の身辺にいた乗蓮が、教養報恩などにより御家人領の相伝を正当化させ、守護代の被官に帰属することにより御家人化を遂げたことを明らかにした。中世社会における立身について考察した仲村研が紹介した事例からは、立身のさいのキーワードを読みとることができ、乗蓮の身分的上昇を考えるさいの参考となるが、系図の所持、貴族社会との関係などに加え、富の蓄積がその背景に必ずあることが注目される(40)。乗蓮が生きた時代には寛喜、正嘉の飢饉があり、太良庄の百姓等も大きな影響を被っている(41)。そのなかで、なぜ御家人として登場し、末武名獲得以前に御家人役が勤仕できたのか、その背景には必ずや富の獲得があったに違いない。本論では明確にできなかったが、京都との交通に加え、「越前国所々」に「逃亡」し

（表1―26・29、百姓4）、「浪人」（表1―26・28）といわれた乗蓮の交通形態のなかにこそ富蓄積と飛躍の謎を解く鍵があるのではなかろうか。(42)

第四節　乗蓮の限界

乗蓮一族は、対モンゴル戦争のなかで御家人であることが否定されてしまった。これこそ再編成を示す事実であるが、では、その要因はどこにあったとみるべきであろうか。

（1）帰属関係と経営の実態

そこでまず、乗蓮一族と重時一族の被官との関係の実態に注目してみたい。乗蓮が「吉属」した平新左衛門尉との関係の内実は残念ながら不明である。しかし、この後文応元年（一二六〇）より守護代となった高橋光重と乗蓮との関係がその参考になる。

恒枝保公文職をめぐる雲厳の娘婿椙若氏との相論は、守護代光重のもとでの裁判となった（表1―27）。ここで注目したいのは、その公文職について地蔵御前が「恒枝保公文職乗蓮領知之剋、依レ有二子細一、令レ中三分与二守護高橋右衛門尉一畢」（表1―58）と述べている点である。この中分後、弘長元年（一二六一）、「前公文」の沙汰として恒枝保に出作していた太良庄百姓等に光重が年貢足を懸け、守護使が入部しているが（表1―13・58）、このことから、中分は公文の交替直後に行われたとみられる。とすれば、恒枝保を高橋光重と中分せざるをえなかった「子細」とは、前公文椙若氏と対立する乗蓮が、光重に恒枝保公文職を安堵してもらうことにほかならなかったのではなかろうか。この仮定が許されるなら、中分は安堵を得るための寄進行為といえ、実態としては寄沙汰にほかならない。

なお、この年、乗蓮が恒枝保公文職を獲得したとみられる弘長元年、乗蓮は末武名の年貢を完納することができなかった（表1-13）。所領を拡大したかにみえた乗蓮の経営は破綻したのである。

そして、第三段階の弘長三年、末武名を失った乗蓮と地蔵御前の夫師房は、訴訟を行うために六波羅探題北条時茂の祇候人三鴨馬四郎為国に末武名を譲与した(43)（表1-22～24・29）。この点は地蔵御前も否定せず、かえって「訴訟之習、就二強縁一致二沙汰一事、常傍例也」と開き直っているほどである（表1-23）。これはまさしく寄沙汰以外のなにものでもない。

このようにしてみると、乗蓮一族が所領を維持するためには、重時一族の被官に対し所領を託さざるをえなかったことがわかる。このような乗蓮は、御家人として認知されているといっても、実態としては重時一族の被官の被官という位置にあったといえる。また、乗蓮の経済的実力もけっして卓越したものではなかった。

(2)　国御家人と交わらず

次に、再び史料2に注目していただきたい。これは、稲葉時国は青郷地頭に補任されていないとした地蔵御前の主張に対する中原氏女の反論の一部であるが、傍線ⓑで、乗蓮父子はほかの国御家人との交際がなく、国御家人の事情を知らないのだと指摘されている。そこで、実際の婚姻関係を手がかりにこの問題を考えてみたい。

地蔵御前の夫師房は、「藤一」という名字をもち、百姓等から「藤一次郎入道殿」（百姓1・3）と殿の敬称をつけられているように、百姓等と同じ階層ではない。さらに、文永七年（一二七〇）六月に百姓等によって「聊之事候へは、守護方へ訴申て、所を煩わし」と非難されており、守護勢力との強い結びつきを示唆する（百姓1）。この年正月に守護北条時茂は死去しているが、この「守護方」とは守護代佐分親清の代新左衛門入道のことであろう（表3）。師房は乗蓮と同じように守護又代の周辺にいたのである。

しかし、脇袋範継は、師房を段歩も田畠をもたない「浪人」で「懸方」がないので末武名内に住居していると言い（表1-26）、鳥羽国茂は「全非二御家人一、凡下之仁」と述べている（表1-81）。名乗りも「次郎」であって叙位任官した形跡もなく、[44]地蔵御前も御家人であるとは主張していない。さらに、中原氏女は、国御家人小崎太郎一族の「重代郎等」で、小崎氏没落ののちは松永保の地頭太比良能綱の郎等となったと主張している（表1-66）。事実とすれば師房は、乗蓮と同様、狭義の侍身分と一般の凡下身分との狭間に位置する存在で、広義の侍身分には含まれるが、乗蓮とは異なり御家人ではなく、国御家人より一段階下の郎党階層であったといえる。すなわち、乗蓮は国御家人と婚姻関係を成立させることができなかったのである。

そして、このような師房を聟とせざるをえなかった乗蓮は、婚姻圏の階層性を前提とするならば、社会的実態としては国御家人の郎等階層であったといわざるをえまい。乗蓮は御家人となったものの、若狭の国御家人集団の構成員となることはついにできなかったのである。[45]

以上、本節では、乗蓮は確かに御家人ではあったが、さほどの富の蓄積はなく、探題被官の被官というのがその実態であり、地域社会においては国御家人の郎党と同じ階層で、国御家人集団の構成員とはなれなかったことを明らかにした。すなわち、所属集団が身分を決定した中世社会にあって、乗蓮は重時一族への帰属関係によって御家人となったに過ぎず、地域社会の領主集団に帰属するまでにはいたらなかったのである。重時の死後すぐさま国御家人による訴訟が再燃し（表1-8）、守護が重時一族から交替すると（表3）、国御家人等によってとどめを刺す建久御家人注文が提出されてしまったのはこのためである。ここに、再編成のなかで御家人身分を保つことができなかった乗蓮の限界があったのであり、国家権力の強力さだけに没落の要因を求めるべきではなかろう。

むすびにかえて

以上本論では、「自称御家人」と評価された百姓身分出身の一老人の一族の実態を検証することから出発し、対モンゴル戦争より前の時期の西国御家人制度研究の見直しを迫ることができたと考えるが、それだけでなく、この検証の過程で、侍身分の周縁に族生しつつあった階層の実態についで垣間見ることができたのではないかと思う。鎌倉、六波羅への富の集中は、こうした中間層を編成することによっても支えられていたとみるべきであり、荘園公領制再編成の前提の一つとして措定しておく必要がある。

では、再編成のまっただなかにいた乗蓮一族の結末は歴史的にはどのように位置づければいいのであろうか。最後に、荘園公領制再編成の歴史的意義を明らかにする手掛かりとして、村落との関係において乗蓮一族を位置づけ、本論のむすびにかえたい。

(1)　乗蓮一族と百姓等

乗蓮と同じ時期の太良庄でもっとも注目される人物といえば、百姓勧心であろう。(46)寛喜の飢饉を乗り越え、地頭との争いで「百姓之習一味也(47)」といわれたように結合を強めていた百姓等の先頭には勧心がいた。一貫して百姓等の利益を追求するため行動している勧心は、乗蓮とはまったく対照的で、「共同体規制を自らのうちに体現する」とされる村落領主の概念が該当する。(48)

問題は、そうした勧心が構成した村落と乗蓮一族との関係である。先述したように、乗蓮は末武名内に住み、苗代を蒔き置くなど生産の拠点としており、地蔵御前夫妻も、末武名主職を失ったのちも太良庄内に住居し、第五段階では「小百姓」として快深から末武名半分を宛行われて耕作していた（表1－51・52）。とすれば、当然、水利をはじめとして、庄内でのさまざまな利害の調整や共同に迫られたはずである。

しかし、末武名問題で「乗蓮房他国仕之跡、出羽房《（雲厳）》之不レ知二死期一、況不レ及二教養一、祖子之契更不レ及レ見者也」と述べる百姓等に、乗蓮をみずからの村落の一員ととらえる意識をみることはできない（百姓4）。同じ庄内に住みながら、勧心らの村落の構成員となった形跡はまったくないのである。どのような棲み分けがなされていたのかは今後の課題であるが、いずれにせよ、乗蓮一族は、完全に百姓等の村落からは遊離していたと評価できよう。

従来の研究史では、勧心のように村落を基盤にしながら活動をする存在が分析の中心に据えられ、村落外の存在は、流亡者や追放者として把握され、せいぜい零細な散田作人や間人などが体制を補完するいわばネガとして位置づけられてきたにすぎない(49)。しかしここで、立身について考察した仲村が、村落からの離脱こそが立身の出発点であると結論づけている点に注目すべきである(50)。乗蓮の事例は、村落からの離脱をむしろバネにして、寄沙汰などの手段で保護—被保護関係を下から設定していくことにより、イエの存続、発展、継承を目指すような運動が存在し、こうした運動もまた荘園公領制を支えていたことを証明しているのではなかろうか。

（2）　地侍登場の前提

では、このような視点からみた場合、荘園公領制が再編成されなければならなかったのはなぜであろうか。

【史料3】

実円之祖父日替田五郎左衛門尉長範来、至二親父同五郎長弘法師一、為二名越遠州之家人一、遷替之比、名字無二其隠一侍也(51)

侍身分について論じられるさいには必ず引用されるこの史料は、播磨国矢野庄例名是藤名主職相論における一方当事者、僧実円の主張である。実円は勝訴しているものの、にわかに彼の主張を事実と断ずることはできない。ただ、従来見落とされてきたが、実円は親父が奴婢であるとした申状への反論として祖父、親父は侍であると主張しただけであって、みずからが侍身分であることを主張しているわけではないという点に注意する必要がある。仮に父祖が侍身分であったことが事実だとすれば、実円は侍身分から転落したことになる。しかし、実円は村落から飛躍して侍身分へと上昇することを指向するのではなく、あくまで庄家を基盤として活動した。(52) これは、イエの存続、継承を保障する装置としての村落への求心力が、村落からの離脱を前提とした保護―被保護関係設定の運動を上回るものとなっていたことを予想させる事実ではなかろうか。

現在、中世後期の村落を理解する一つの鍵として地侍が注目されている。久留島典子は、地侍は相互の牽制により領主化の可能性はなかったとし、「衆」として自立的村落の形成を推し進め、既存の領主権力を無力化したことにその歴史的意義を求めている。(53) 村落を離脱することによって立身する道は中世後期においてこそあり、実際身分上昇を遂げてイエの継承に成功した場合も数多くあったに違いない。しかし、乗蓮一族の結末や実円の事例は、イエの存続と継承をはかることが、村落の保障を得ることなくしてはいかに困難であったかを示している。そして、やがて侍身分化の運動を埋没させたように、村落への吸着力が、村落からの離脱を前提とした身分上昇運動を抑制し始めたとすれば、その運動によって支えられてきた荘園公領制の構造は揺るがざるをえない。ここにも荘園公領制が再編成されなければ維持できなかった要因があったのではなかろうか。今後の課題として稿を終えたい。

（1）　海津一朗『中世の変革と徳政――神領興行法の研究――』（吉川弘文館、一九九四年）。以下引用は同書による。
（2）　たとえば、田中稔「鎌倉幕府御家人制度の一考察――若狭国の地頭、御家人を中心として――」（『鎌倉幕府御家人制度の研究』吉川弘文館、一九九一年、初出は一九六〇年）。ただし、その一方で笠松宏至の「御家人と非御家人との際目は現実にははなはだ曖昧なもの」というような理解があることにも留意しておきたい（『徳政令――中世の法と慣習――』岩波書店、一九八三年）。

（3）大石直正「荘園公領制の展開」（歴史学研究会・日本史研究会編『講座日本歴史』三中世一、東京大学出版会、一九八四年）。

（4）正元元年四月二一日、沙弥乗蓮所職田畠譲状案、「東寺百合文書」む函二、ア函一三(二)、『鎌倉遺文』一一―八三七一。史料中には藤原氏女として登場するが、わかりやすくするため本文中では地蔵御前とした。

（5）網野善彦『網野善彦著作集　第五巻　蒙古襲来』（岩波書店、二〇〇八年、初出は一九七四年）など。

（6）橋本実『日本武士道史研究』（雄山閣出版、一九三八年）。

（7）黒田俊雄「若狭国太良庄」第一～五章（柴田實編『庄園村落の構造』創元社、一九五五年）。網野善彦『網野善彦著作集　第一巻　中世荘園の様相』（岩波書店、二〇〇八年、初出は一九六六年）。『小浜市史』通史編上巻（小浜市役所、一九九二年）網野善彦執筆分。本章では網野の見解は『小浜市史』のものを採用した。なお、太良庄全般に関することについてはいちいち史料を引用しない。『小浜市史』などを参照されたい。

（8）田中稔「鎌倉幕府御家人制度の一考察」（前掲註2）。

（9）前掲註(7)『小浜市史』三二八頁。

（10）定仏については不明であるが、地蔵御前の夫藤一次郎入道（師房、後述）ではないかと考えている。

（11）勝田至「中世の屋敷墓」（『日本中世の墓と葬送』吉川弘文館、二〇〇六年、初出は一九八八年）。

（12）なお、網野は恒枝保に苗代があったとするが（前掲註7『小浜市史』三二八頁）、これが誤りであることは、前掲註(11)勝田論文を参照のこと。

（13）「辻」という字は、旧宮河庄域内には現在も多く残されている一方、太良庄域内には現存していない。また、管見では中世史料からも太良庄内には確認できなかった。ただし、近世に「下中島辻」「中島辻」がみえることから（「太良庄村明細帳」〈「高鳥甚兵衛文書」三五『小浜市史』諸家文書編四、小浜市役所、一九八七年〉）、太良庄内に辻の字があったとしても不思議ではなかろう。この点については今後の課題としたい。

なお、乗蓮は二三歳より太良保に居住し「雲厳私宅」に同宿したと述べているが（表1‐11）、この「雲厳私宅」と乗蓮の「垣内」との関係は不明である。また、末武名には「往古之末武名屋敷」があったが、中原氏女によって売却されたことが問題となっており（表1‐23など）、地蔵御前は継承していない。乗蓮の「垣内」とは別と考える。

(14) 観応元年（一三五〇）六月日、播磨国矢野庄例名内是藤名主僧実円重陳状、「東寺百合文書」ケ函三六。『相生市史第八巻上』矢野荘史料(二)第二部編年文書一七七（兵庫県相生市・相生市教育委員会、一九九二年）。

(15) 田中稔「侍・凡下考」（『鎌倉幕府御家人制度の研究』前掲註2、初出は一九七六年）。

(16) 田中稔「侍・凡下考」（前掲註15）。

(17) 田中稔「侍・凡下考」（前掲註15）。

(18) 田中稔「侍・凡下考」（前掲註15）。

(19) 田中は前掲註17で引用したように述べ、さらに「郎党もまた広い意味で侍身分＝侍品に属していた」と述べる一方で、「名字を有する若党・郎等がおり、彼等は侍格の者という意味で一般に侍品（或いは『侍品仁』）と呼ばれていたのではなかろうか」と述べているが、これを受けて高橋昌明は、「有力御家人の郎等の中には有位者もあり、これらは侍と同格の者という意味で一般に侍品と呼ばれた」という理解をしている（高橋昌明「中世の身分制」『中世史の理論と方法――日本封建社会・身分制・社会史――』校倉書房、一九九七年、初出は一九八四年）。しかし、凡下か「侍品」かという相論は、広義の侍身分に含まれるかどうかが争われていると理解するべきであり、侍品＝侍格の郎党という理解は採用しなかった。

(20) 弘安一〇年（一二八七）五月二三日、末武名文書目録（「東寺百合文書」エ函一三、『鎌倉遺文』未収）にも「一巻七通　自二正嘉元年一至二于建治二年一、御家人役勤仕副状案」とある。

(21) 乗蓮には後藤太という嫡子がいたことが知られるが（表1‐28・30）、末武名主職相論には登場せず、「乗蓮跡伝領之輩」についても不明である。

(22) 文永七年五月に地蔵御前が提出した訴状（表1‐20）の具書「一通　六波羅殿御教書案」は、中原氏女の陳状によって二月一〇日付の六波羅探題北条長時書状案（表1‐3）であると確認できるが、これには「若狭国御家人沙弥乗蓮申」とある。

（23）文永七年七月、地蔵御前が提出した重訴状（表1-23）の具書、嘉禄二年（一二二六）五月八日付の雲厳譲状案（『鎌倉遺文』五―三四九一）には「辻太郎家仲」とある。なお、網野はこの文書を偽文書と断定している。これにしたがいたい。

（24）「東寺百合文書」ホ函四（五）、『鎌倉遺文』二―八五四。

（25）表1、4号文書の出典のうち、「東寺百合文書」は函一〇（二）が当該申状（表1-58）の具書にあたる。

（26）宮河氏については、田中稔「鎌倉幕府御家人制度の一考察」（前掲註2）参照。

（27）守護所から非御家人と指摘された地蔵御前は、「六はらとのの御ふみのあん」三通を進めている（表1-63）。この三通がどの御教書、書状案に相当するかは現時点で断定できなかったが、この三通も「宮河入道乗蓮」とあったに違いない。第一段階の六波羅探題御教書、書状案には「若狭国御家人沙弥乗蓮」と記されたものと「若狭国御家人宮河太郎入道乗蓮」と記されたものの二種類あるが（表1備考欄参照）、後者は第六段階以降提出されたものであると考えている。

（28）「追加法」六八（牧健二監修『中世法制史料集』第一巻、岩波書店、一九五五年）。

（29）田中稔「鎌倉初期の政治過程――建久年間を中心にして――」（『鎌倉幕府御家人制度の研究』前掲註2、初出は一九六三年）など。

（30）山本隆志は「乗蓮は雲厳の再婚相手の子息」とするが、これでは継子となり継聟とはならない（「太良荘の名主と村落」『荘園制の展開と地域社会』刀水書房、一九九四年）。なお、第七段階以降になって地蔵御前は、乗蓮は雲厳の甥であると主張しているが（表1-70・86）、むろん偽りであろう。

（31）西谷地晴美「中世的土地所有をめぐる文書主義と法慣習」（『日本中世の気候変動と土地所有』校倉書房、二〇一二年、初出は一九八九年）。また、蔵持重裕「名主家族の結合と家の継承」（『日本中世村落社会史の研究』校倉書房、一九九六年、初出は一九八二年）も参照のこと。

（32）なお、百姓等は末武名が百姓名として配分されることを望んでいるので、かれらの主張を全面的に信頼することはできないと考えた。

（33）前掲註（7）『小浜市史』一三一七頁。（補註1）ただし、網野も不正確であることは認めている（前掲註7『中世荘園の様相』第二刷、一九七一年、三八〇頁）。

(34) 森幸夫「六波羅評定衆考」(『六波羅探題の研究』続群書類従完成会、二〇〇五年、初出は一九九一年)、同「御家人佐分氏について」(『金沢文庫研究』二九三、一九九四年)。
(35) 地蔵御前はのちに、「故こくらくしとの(極楽寺殿=北条重時)六ハら殿にわたらせ給候し時、りやうけへ申あハせまいらせられ候て、ちう々の御さたをへて、せうれん(乗蓮)になし給て候」と述べている(表1-32)。重時が六波羅探題であったとき乗蓮が補任されたというのは地頭御前の誤解と考えるが、地頭御前の脳裏には、乗蓮が末武名主職に補任されたのは重時のおかげであるという意識が刻み込まれていたのである。
(36) 『吾妻鏡』正嘉元年(一二五七)八月二三日条。
(37) 『鎌倉廃寺事典』(有隣堂、一九八〇年)参照。勝長寿院供養の布施も関東御教書で御家人に命じられている(『鎌倉遺文』一一―八一九九)。
(38) ここでもう一つ気になるのは、鳥羽国茂が末武名について「範継知行之時流鏑馬役勤仕」と述べていることである(表1-81)。じつは正嘉元年に佐分親清が新日吉社小五月会の流鏑馬を勤めている(『経俊卿記』同年五月一一日条)。国茂は脇袋範継の事例としているが、この「流鏑馬役」が、正嘉元年の新日吉社の流鏑馬と関係がある可能性も捨てきれない。また、同年の勝長寿院五仏堂造営の雑掌を北条重時が勤めていることも指摘し(『吾妻鏡』正嘉元年八月二五日条)、今後の課題としたい。
(39) この時の恒枝保の領家については、弘長三年(一二六三)に小浜の明通寺へ田二反を寄進していることしかわからない。しかしその後、元亨年間までに恒枝保領家は、後嵯峨院の遺骨を納める嵯峨法華堂領となっており、嘉元四年(一三〇六)には室町院領であった(『角川日本地名大辞典一八　福井県』角川書店、一九八九年)。ここで注目されるのは建長三年(一二五一)から後嵯峨上皇が若狭国主となっている点で(『公卿補任』文永六年藤原経任項)、当該期の領家も後嵯峨周辺の人物の可能性が高いのではなかろうか。
(40) 仲村研「中世における立身と没落」(『中世惣村史の研究――近江国得珍保今堀郷――』法政大学出版局、一九八四年、初出は一九七八年)。
(41) 磯貝富士男「鎌倉期の百姓――若狭国太良荘と勧心――」(阿部猛・佐藤和彦編『人物でたどる日本荘園史』東京堂出版、一九九〇年)参照。

(42)　じつは越前へは嫁とりに通っていたのだ、という地蔵御前の著名な主張は、乗蓮は「逃亡」した「浪人」であるという主張に対する反論であった（表1-30）。
(43)　なお、表1-29号文書によれば、為国に譲与したのは「乗蓮聟師房」とある。
(44)　なお、地蔵御前の周辺には左衛門次郎藤原師総という人物がいるが（表1-60・71、『鎌倉遺文』二〇―一五〇七四）、これを恒枝領家に宮仕えしたという地蔵御前の子息と推定した。これが正しければ、「左衛門次郎」という名乗りから、恒枝保領家への帰属関係によって、叙位任官する資格をもつ者となった可能性もある。なお、網野は左衛門次郎を師房とするが（『小浜市史』前掲註7、三三四頁）、還俗したことになり不自然ではなかろうか。また、地蔵御前の子を「仲保」とするが（『小浜市史』前掲註7、三五二頁）、これは「件保領家」と判読した（表1-29）。
(45)　御家人集団の連帯性については、笠松宏至「中世の『傍輩』」（『法と言葉の中世史』平凡社、一九九三年、初出は一九八四年）参照。また、若狭国御家人の婚姻関係については網野善彦「若狭一二宮社務系図――中世における婚姻関係の一考察――」（『網野善彦著作集　第一四巻　中世史料科学の課題』岩波書店、二〇〇九年、初出は一九七〇年）参照。
(46)　勧心については、磯貝富士男「鎌倉期の百姓」（前掲註41）など参照。
(47)　寛元元年（一二四三）一一月二五日、六波羅裁許状、「東寺百合文書」ほ函八、『鎌倉遺文』九―六二五四。
(48)　大山喬平『日本中世農村史の研究』（岩波書店、一九七八年）。
(49)　大山喬平『日本中世農村史の研究』（前掲註48）のほか、永原慶二「村落共同体からの流出民と荘園制支配」（『永原慶二著作選集　第三巻　日本中世社会構造の研究』吉川弘文館、二〇〇七年、初出は一九六八年）。
(50)　仲村研「中世における立身と没落」（前掲註40）。
(51)　前掲註(14)。
(52)　『相生市史』第二巻（相生市・相生市教育委員会、一九八六年）八一～八三頁。是藤名が御家人名であるかどうかも争点の一つであったが、実円はこれを否定している。なお、実円の一族は「奥」という名字を名乗ることになる。
(53)　久留島典子「中世後期の『村請制』について――山城国上下久世庄を素材として――」（『歴史評論』四八八、一九九〇年）。

（補註1）本論が指摘した若狭国守護代の比定に関する小さな誤りについては、網野善彦『海の国の中世』（平凡社、一九九七年）において訂正された。

〔付記〕

本章は、一九九四年七月二四日に、「辻太郎氏入道乗蓮とその時代」と題して、東寺文書研究会で報告した内容を改稿したものである。現在と問題意識は異なるが、中世村落を最初から固定的なものととらえてはならないと主張する論者の村落論の原点がここにあり、掲載することとした。

初出後、若狭国太良荘史料集成編纂委員会によって『若狭国太良荘史料集成』第一巻、第二巻（小浜市、二〇〇一年、二〇〇八年）が、さらに鎌倉遺文研究会によって『鎌倉遺文　補遺編・東寺文書』第一巻、第二巻（東京堂出版、二〇一一年、二〇一三年）が刊行され、追加、訂正すべき末武名に関する史料もあるが、改稿はせず、今後の研究に委ねることとした。なお、河内祥輔「御家人身分の認定について」（『鎌倉遺文研究』七、二〇〇一年）が本論を批判しているので、あわせてご参照願いたい。

第六章　王家領備前国豊原庄の基礎的研究

はじめに

本論の目的は、新たな中世荘園像を構築する研究対象としてにわかに注目されている王家領備前国豊原庄について、その概要を明らかにするとともに、できる限り荘園の内実に迫って、その特質を解明することにある。

中世社会の基礎をなす荘園をめぐっては、多くの議論が積み重ねられてきたが、近年その見直し作業が活発に行われ、新たな中世荘園（成立）像が提示されるようになってきている(1)。その研究対象として注目されているのが、これまで史料的制約から研究が乏しかった王家領荘園群である。それらの王家領荘園群の研究のなかで本論と関わってとくに重要であるのは、高橋一樹が「加納」と呼ばれた「国衙に官物を弁済し荘園領主に雑役を納入する半不輸地」を包摂した荘園の形態こそが「中世荘園の本質」とした点である(2)。そして、その論拠の一つが「王家領荘園の象徴的存在(3)」である王家領備前国豊原庄にほかならない。

備前国豊原庄については、一九八八年の『日本歴史地名体系第三四巻　岡山県の地名』（以下『岡山県の地名』と略す）および一九八九年の『角川日本地名大辞典三三　岡山県』（以下『角川』と略す）による紹介があり(4)、近年では榎原雅治による概説も公表されてはいたが(5)、高橋が新史料の発掘を行うと同時に、ほかの王家領荘園の研究とあわせて概要を示したことによって、画期的な研究の進展がみられた(6)。

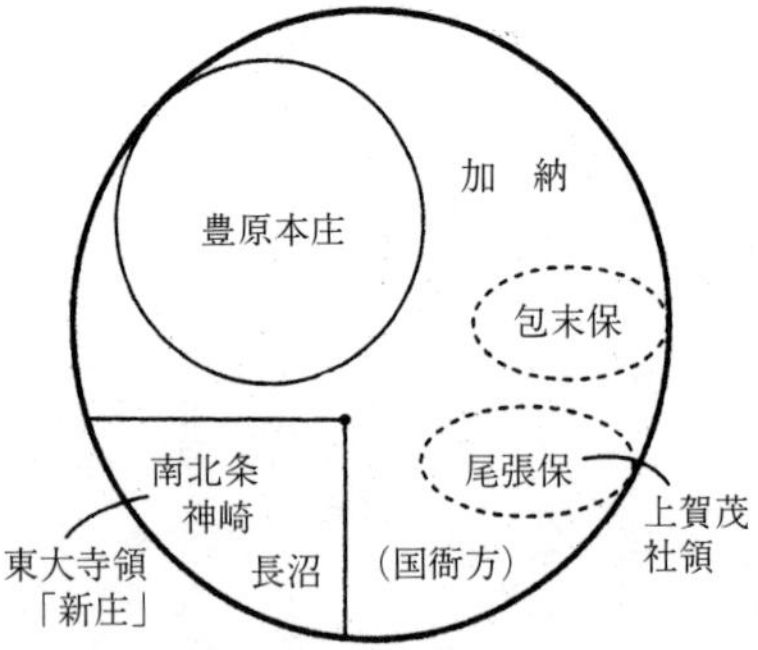

図1　高橋一樹による鎌倉後期の豊原庄の概念図

ただし、高橋の豊原庄研究は自説である「中世荘園制」論を論証するためのもので、荘園の概要が概念図として提示されているにとどまっており（図1）、豊原庄自体の具体的、動態的な分析はいまだ未開拓である。したがって、室町期以降への見通しを含めて、研究を深めていく余地が多く残されている。

そこで本論では、高橋らのこれまでの研究をふまえて、まず公家社会における豊原庄の位置を確認し（第一節）、庄内の東大寺領の成立・確立過程を追うことによって豊原庄の実態を逆照射したうえで（第二節）、その領域と構成について推定を行い（第三節）、最後に室町期への見通しを示したい。

なお、本論の考察は、『邑久町史』編纂の過程で邑久町史編纂室によって収集された史料にもとづいたものであり、本論で使用した豊原庄関係史料はすべて翻刻、刊行されたことをはじめにお断りしておきたい。

第一節　豊原庄の成立とその性格——公家社会のなかの豊原庄——

本節では、豊原庄は公家社会のなかでどのように位置づけられたのか、支配構造はどうなっていたのか、いつ成立したのか、の三点についてみていきたい。

（1）公家社会のなかの位置づけ

王家領荘園群は庁分と御願寺領とに分かれていた。後白河法皇没後、「後院領神崎・豊原・会賀・福地等」が処分されているように[7]、豊原庄は「代々太上天皇御領」とされ[8]、上皇領として、すなわち庁分として伝領されていた。すでに高橋が述べているが、豊原庄は、それらのなかで「王家領荘園の象徴的存在」であったと考えられる[9]。そのことは、慈円が越前国藤崎庄に起請官符や庁御下文が下されたことを述べるなかで、「院庁御領准㆓准（神――橋本注、以下同じ）崎・豊原之両庄㆒」とあることからも端的にうかがえる[10]。

ここでさらに注目されるのは、2「豊原庄解文」がしばしば院方の吉書として用いられていたことが確認できる点である[11]。残念なことに豊原庄解文の内容そのものは残されていないが、ほかの事例から上納米などの納付の解文であったと想定され、それに対して返抄が出されたものと思われる[12]。

以上、豊原庄は王家領の庁分のなかでもとくに中核的な位置を占めていたことを最初に確認しておきたい。

（2）豊原庄の支配構造

豊原庄には、「領主[13]」・「領家[14]」・「給主[15]」・「預所[16]」と呼ばれた、職の体系でいうところの領家が補任されていた。研究上は「預所」とするのが適当と思われるが、その預所によって補任された預所と紛らわしいため、本論では「給主」で統一することとしたい。表1は史料上確認できる給主をまとめたものである。

史料上最初に登場する給主は、「領主」藤原行隆・行房父子であるが、以後一族には継承されない。この給主について本郷恵子は、「豊原荘は修理職の管領者として、朝廷の造営事業に関与する者に与えられる所領となっていたと考えられる」と述べている[17]。しかし、本郷が提示した「鎌倉期修理大夫一覧」と比較した結果、検出された事例のみからでは必ずしも修理職管領者が補任されていたということはできない。この点については、後考を待ちたい。

なお、給主によって預所が[18]、預所によって代官が補任されていたことが確認できる[19]。

表1　備前国豊原庄「給主」一覧

年号	西暦	在任・新任	退任	出典	邑久町史史料編番号	備考
建久六	一一九五	前遠江守行房	故藤原行隆朝臣	堂本四郎氏所蔵文書	7	
建久八	一一九七	領家藤原行房	故左大弁藤原行隆	重源譲状	9	
年未詳			前預所左大弁藤原行隆	国立歴史民俗博物館所蔵『広橋家旧蔵記録文書典籍類』「江家次第第四裏書」紙背文書	128	藤原行隆文治三年（一一八七）卒
弘安六	一二八三	四条前中納言隆行		勘仲記	25	
弘安十	一二八七	洞院権大納言公守	四条隆康	新抄	27	年預右中将藤原実時
延慶三	一三一〇	洞院実泰		早稲田大学所蔵文書	42	出羽守為成奉書
文保二	一三一八			継塵記	44	年預経宣朝臣拝領
元亨四	一三二四	吉田前中納言隆長		安仁神社文書	58	領家
正中元	一三二四	前左大臣洞院実泰		早稲田大学所蔵鳥居大路家文書	59	
正中二	一三二五	洞院実泰		賀茂別雷神社文書	61	出羽守為成奉書
暦応	一三三八―四二	待従中納言油小路隆蔭・葉室大納言入道（長隆）		京都御所東山御文庫記録	68	相論六ヶ郷下地
康永三	一三四七	柳原		安仁神社文書	74	
嘉吉元	一四四一	四条新中納言隆夏		建内記	97	
年未詳			某	建内記紙背文書	100	

（3）　豊原庄の成立

一〇世紀の『和名類聚抄』には邑久郡の郷として、邑久・靭負・土師・須恵・長沼・尾沼・尾張・柘梨・石上・服部がみえるが、豊原の名を探すことはできない。したがって、豊原庄は古代の郡・郷とは別の枠組みで成立したものである。

これまで豊原庄の史料上確実な初見とされてきたのは、『玉葉』建久三年（一一九二）二月一八日条（『邑久町史　史料編（上）』「豊原庄関係史料」五号文書、以下【5】のように表記）で、その成立については、「備前は寿永二年（一一八三）より後白河院の知行国となっているから、このころ尾張保以下の国衙領を集合して成立したのではなかろうか」と推定されてきた[20]。しかし、じつは一〇世紀の『西宮記』に肥前国神崎庄とともに後院領として登場していた。したがって、『小右記』長元二年（一〇二九）八月三日条【1】に登場する「豊原御庄」もこの豊原庄に間違いない。豊原庄は、遅くとも一〇世紀までには成立していたのである。

では、なぜ王家領豊原庄が邑久郡内に成立したのであろうか。このことについて示唆的なのは、同じく王家領の肥前国神崎庄について、瀬野精一郎が「勅旨田となったことが、後に神崎庄が皇室領荘園となる契機となったものと思われる」と述べている点である[21]。また、王家領のうちとくに庁分の成立について検討した伴瀬明美も、勅旨田が王家領形成のひとつの端緒となったことを指摘している[22]。

したがって、豊原庄成立にもなにかそこに契機があったのではないかと推測されるのであるが、残念ながら有力な手掛かりを得ることはできなかった[23]。王家とどのような由緒があり、どのような経緯で王家領となったのか、今後の検討課題としたい。

第二節　重源による開発とその後の相論——南北条・長沼・神崎——

本節では、重源によって開発され、のちに豊原本庄と相論の対象となった南北条・長沼・神崎について、開発と立券の経緯、成立した東大寺領の規模や構造、相論からみえる豊原庄の性格、についてみてみたい。

(1)　南北条などの開発と立券の経緯

俊乗房重源による東大寺の再建と日本列島各地の開発については、すでに多くの先学の指摘がある。(24) 備前国との関係についても藤井駿、前田幹による論考があるが、(25) 豊原庄との関係についてさらにくわしくみていきたい。南北条などの立荘の経緯については、東大寺側の史料である建久六年（一一九五）の官宣旨案と建久八年（一一九七）の重源譲状が根本史料として利用されてきたが、(26) それに加えて、近年高橋によって年未詳の某院庁下文案が紹介され、(27) 王家領豊原庄の立場からも成立の事情を裏づけることができるようになった。

これらの史料が述べることはすべてが一致するわけではないが、照合すると、少なくとも南北条については、左大弁藤原行隆が造東大寺長官のとき、「預所」(28)・「領主」(29)（給主）を勤めていた豊原庄の「加納内国領之最中」(30) を割き分け、東大寺の仏聖燈油料として寄付して成立したという。

また、重源譲状によれば、長沼・神崎については、平頼盛が国司（じつは国主）のさい、庁宣で免除したという。頼盛の国主在任期間は明らかではないが、文治元年（一一八五）にその任にあったことが確認されている。(31)

ここで注目したいのは、重源による開発の具体像である。久野修義の論及にもあるように、(32) 重源は「潮損不熟之常々荒野」を、種子農料を宛がい、「潮堤」を築いて開発したという。(33) 図2は建久六年（一一九五）の官宣旨案よりその四至を想定したものである。(34) 当時は流路が頻繁に変動した吉井川河口の海辺に位置し、海水面が変動して潮が流入する不安定な地域（陸域と水域とのエコトーン）を積極的に開発していった様子をうかがうことができよう。

また、「豊原御庄内造立豊光寺、立湯屋」とあるように[35]、寺院と湯屋とをセットで設けている[36]。これは重源による開発のさいの常套手段である。

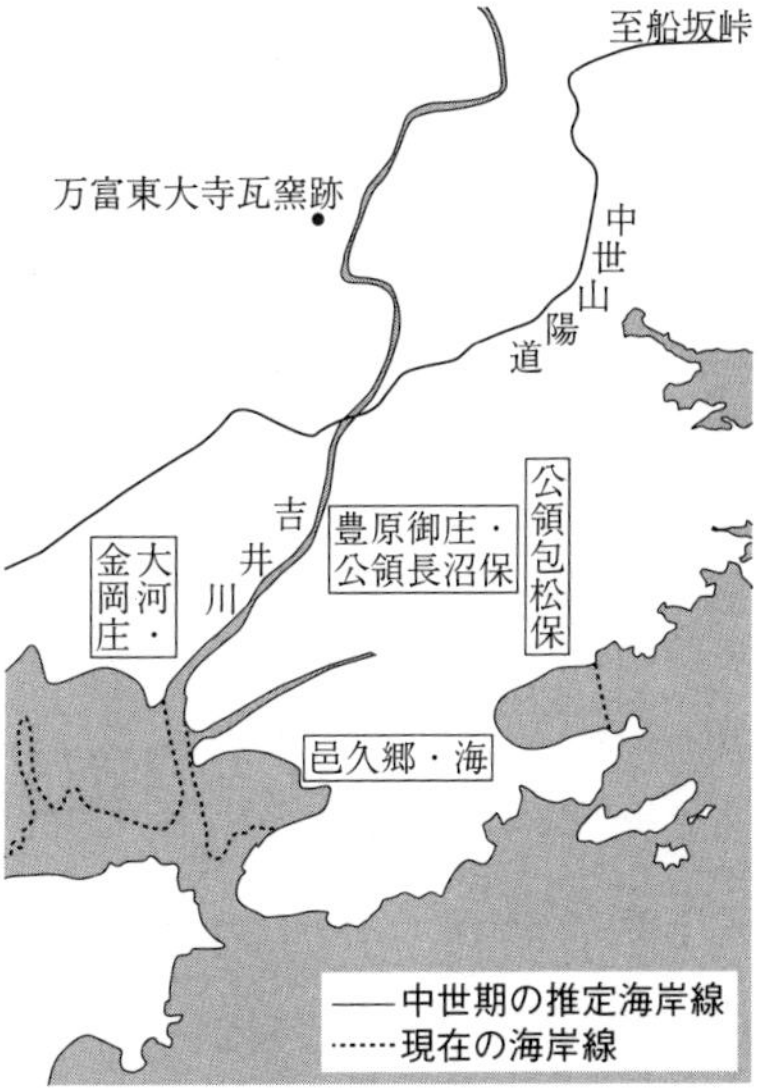

図2　豊原庄内に成立した東大寺領の四至

（2）成立した東大寺領の規模や構造

では、重源の開発によって成立した所領は、どのような規模のものであったのであろうか。

南北条村については嘉元二年（一三〇四）の内検目録で総田数が「肆拾弐町捌段弐拾伍代」とされ[37]、同年の年貢算用状には「南北条年貢／十二石八斗二升」とされている[38]。また、藤井駿が紹介した神崎村の永仁五年（一二九七）内検目録では、九町七段四〇代一八歩となっている[39]。

ところが、南北朝期と推定されている「寺領土貢注文」には次のようにある。

寺領土貢注文
野田庄　百廿石余　半済寺家知行
南北条　百石許　同前
長沼庄　八十石　同前
神崎村　五十石許　同前

久富名　六十石許　同前
三楽名　六十余石　同前
新作名　二十余石　同前
（後略）[40]

この史料の背景については今後の検討課題であるが、ここで注目しておきたいのは、久富名、三楽名の比重の高さ（生産量の高さ）が際立つ点である。土貢の量では神崎村を超えている。のちにふれる両名の相論の背景には、この生産量の高さがあったことも考慮しておく必要があるだろう。

なお、正安元年（一二九九）の東大寺年中行事には南北条などはみえないが[41]、のちに神崎庄は手掻会料所であったことが明らかである[42]。

（3）東大寺領との相論からみえる豊原庄の性格

次に、豊原庄と東大寺領とのあいだでおきた三つの相論について概観し、そこから王家領豊原庄の特質に迫ってみたい。

豊原庄と東大寺領との関係については、すでに榎原が「三ヶ荘と豊原荘の関係は不安定であるが、年貢は東大寺、公事は豊原荘本所たる院に納めることになっていたらしい（「広橋家記録」）」と述べていたが[43]、高橋によって年未詳の某院庁下文案（後欠）【128】を含む『江家次第』紙背文書が紹介されたことによってその関係がより明確になった。

この史料は、康安元年（一三六一）没の広橋光業写本の『江家次第』の紙背にあり、相論の支証を書き上げたものの一部である。原本調査では史料の年代は確定できなかった。紙背の前半部分に建久六年（一一九五）の官

宣旨案が前欠で記載されていることからも、これが東大寺と後院（雑掌）との相論であることは明白である。(44)

この史料からは、二回の相論があったことが確認できる。第一は某院庁下文が発給された相論、第二は当該史料が作成された相論である。二つの相論の時期を確定することはできないが、いずれも東大寺に官宣旨が下された建久六年（一一九五）以後であることは間違いなく、一回目の相論は、「前預所左大弁殿」とあることから、藤原行隆が文治三年（一一八七）に没し、その子行房が給主であった時期であることが推定される。行房の没年は確認できない。

ここで注目すべき点は、第一に、一回目の相論で「南北条村幷尾張保」が相論対象となっている点である。尾張保は従来上賀茂神社領となったことは知られていたが、東大寺領と考えられたことはまったくなかった。これにより高橋は、尾張保も南北条と同様重源に寄進されたとする。重源譲状など、東大寺関係の資料にはまったく登場しないが、確かに当該史料を素直に読めば尾張保が一時期東大寺領であったことは疑う余地はない。

第二に、この院庁下文は一方向の裁許である点である。つまり荘官等の解状にもとづいて東大寺側の言い分を聞かず一方的に裁許されたものである。したがって、裁許の重みが失われるわけではないが、ここで述べられている点はあくまで豊原庄の給主・荘官側の一方的な主張であって、すぐに事実とするわけにはいかない。

第三に、その荘官等の主張の内容である。建久六年（一一九五）の官宣旨に「南北条・長沼・神崎開発田畠者、豊原庄加納半不輸地也」とある。加納とは、高橋の説明によれば、国衙に官物を弁済し、荘園領主に雑役を納入する半不輸地であるはずである。しかしここで強調され、院庁から認可されているのは、所当は東大寺に弁済され、万雑公事は荘役として豊原庄側に勤仕するということである。つまり、豊原庄給主は、包摂される他領にも院役を勤仕するための万雑公事を賦課する権利を有していることが院庁より認められていたのである。

では二回目の相論はいつのものであり、この紙背文書はいつ作成されたのであろうか。明快な根拠を示すことはできないが、可能性として考えられるのは永仁元年（一二九三）に東大寺が提起した所領回復相論である。[45]東大寺寺務条々事書でも「豊原庄内南北条・長沼・神前」と記載しており、続く東大寺衆徒等申状案では、「如レ元被二返付一寺領備前国野田・南北条・長沼・神崎庄」とあって、[46]当時南北条以下が東大寺の手を離れていたことは間違いない事実である。相論の結果、永仁三年（一二九五）七月には「神崎村」が、同年一一月には「南北条・長沼両郷」が東大寺に「寄附」されている。[47]永仁二年（一二九四）の東大寺衆徒等申状案には「宣旨・官符等証文等案先進畢」とあり、[48]両者の支証がまとめられた可能性は十分にあるのである。

最後に、久富・三楽両名をめぐる相論を検討したい。久富・三楽両名とは、東大寺側の主張によれば、「至二当名一者、上人（重源）始而開発」したものであるという。[49]そして、「南北条・長沼庄内久富・三楽両名」、「両名者、雖レ為二□□少一、寺領之内専一之地」などと東大寺側は主張している。[50]それに対して、院宣には「備前国豊原庄内久富・三楽両名」とあるように、[51]豊原庄給主側では豊原庄内という認識があり、相論となるのである。なお、久富は地名として現在にも残るが（後掲図3参照）、久富名との関係は明らかにできない。

久富・三楽の両名は、先ほどみた永仁の相論で南北条などが返付された時に同時に返付されなかった模様で、嘉元（一三〇三〜〇六）・徳治（一三〇六〜〇八）の頃から東大寺側の働きかけが行われ、ついに延慶元年（一三〇八）、惣庄（南北条など）に返付された。[52]

ところが、延慶三年（一三一〇）には、久富・三楽の替として備前国草壁郷が与えられるという動きがあり、[53]文保二年（一三一八）四月、再び豊原庄に付せられた。[54]この動きについて東大寺側は、「豊原庄給主寄二事於左右　院役一、依レ企二謀訴一、及二楚忽之御沙汰一歟」と述べている。[55]

この相論は結局、文保三年（一三一九）に「御産御祈最中」といういわば政治的事情により、「閣二是非一」東大寺に返付ということで決着されたとみられるが、[56]以上の三つの相論からみえてくるのは、王家領豊原庄の求心力の強さである。現実に官宣旨で東大寺領として確定したのちに再び豊原庄に組み込まれており、また、東大寺側が官宣旨（案）をもっているにも関わらずその論理だけでは足らず、わざわざ「非二院中勲役之要路一」と強調して反論していることからも、[57]院役賦課の論理の貫徹力は相当強力であったと想定される。

第三節　王家領豊原庄の内部構成——豊原六郷——

本節では、豊原庄の庄域を推定し、そこにおける在地勢力の動向を踏まえたうえで、王家領荘園のなかに存在した庄郷についてみていきたい。

(1)　豊原庄の庄域

豊原庄の庄域の全体像を示す史料は中世では確認することができない。ただ、近世に入るといくつか示唆を与えてくれる史料が残されている。『吉備温故秘録』と、同史料所収の『慶長十年備前国高物成帳之内郷荘保』（以下、『慶長十年帳』と略す）、『備陽国志』、『東備郡村誌』である。表2にそれらに現れる村名の一覧を掲げた。[58]これらの史料についてはすでに藤井駿の考察があり、「元徳三年頃の豊原荘は、最近の邑久郡今城村及び豊原村の大部分と邑久村・豊村・福田村・大宮村の一部分に跨る相当大なる荘園であった事を知り得る」と述べる一方で、「『備陽国誌』の示す所は当時の豊原庄としては広大すぎるかと思われる」とし、『慶長十年帳』が「寧ろ実状に近いかも知れない」としている。[59]

慶長一〇年（一六〇五）の『慶長十年帳』では、豊原荘・南北条荘・邑久郷・尾張保・神崎保などが並列に記載され、所属する村名が書き上げられている。それらを示すと以下のとおりである（図3参照）。

豊原荘（久志良村・大久保村・宗三村・百田村・芝下村・射越村・大富村・向山村）

表2　近世史料にみる豊原庄

慶長十年帳	備陽国志	吉備温故秘録	東備郡村誌	《参考》荘園志料
慶長10年（1605）	元文4年（1739）	寛政～享和（1789～1844）頃	天保（1803～1844）頃	1933年
久志良村	久志良	久志良村	久志良邑	久志良
大久保村	大　窪	大窪村	大窪村	大　窪
宗三村	宗　三	宗三村	宗三村	宗　三
百田村	百　田	百田村	百田村	百　田
芝下村	福　元	福本村	福元村	（福　光）
射越村	射　越	射越村	射越村	射　越
大富村	大　富	大富村	大富村	大　富
向山村	向　山	向山村	向山邑	向　山
	千　手	千手村	千手村	千　手
（邑久郷）	藤　井	藤井村		藤　井
（邑久郷）	東片岡	東片岡村	東片岡村	東片岡
（邑久郷）	西片岡	西片岡村	西片岡村	西片岡
	久々井	久々井村	久々井村	久々井
	上阿知	上阿知村	上阿知村	上阿知
	下阿知	下阿知村	下阿知村	下阿知
（邑久郷）	宿　毛	宿毛村	宿毛村	宿　毛
（邑久郷）	邑久郷	邑久郷村	邑久郷村	邑久郷
（神崎保）	神　崎	神崎村	神崎村	神　崎
（南北条荘）	乙　子	乙子村	乙子邑	乙　子
（南北条荘）	新　村	新　村	新　村	新
（南北条荘）	浜	浜　村	浜　邑	浜
（南北条荘）	五　明	五明村	五明村	五　明
	長　沼	長沼村	長沼村	長　沼
（南北条荘）	門　前	門前村	門前村	門　前
（神崎保）	北　地	北地村	北地村	北　地
	上　寺	上寺村	上寺村	上　寺
（南北条荘）	新　地	新地村	新地村	新　地
（南北条荘）	川　口	川口村	川口村	川　口
	福　山	福山村	福山村	福　山
	大　山	大山村	大山村	大　山
		幸崎村		
		幸田村		
		幸西村		
	正　儀		正儀邑	正　儀

本表は、近世に豊原庄内とされた村名を一覧表としてまとめたものである。各史料の概要については、本章註(58)文献を参照されたい。また、参考までに清水正健編『荘園志料（上巻）』（角川書店、1978年）が豊原庄内とした村名も掲げておいた。

なお、『慶長十年帳』に豊原庄外として現れる村名については、参考のため、その荘郷名を（　）で記した。

南北条荘（新地村・門前村・五名村・川口村・濱村・新村・別所村・乙子村）
邑久郷（藤井村・邑久郷村・宿毛村・島地村・西片岡村・東片岡村）
尾張保（包松村・尾張村・山手村・郷村・圓張村・笠加上村・笠加下村）
神崎保（神崎村・大賀島村・南長沼村・北地村）

この史料が示す豊原庄の領域が中世の実態とは異なることについては、すでに榎原も指摘しているが、その点を中世の庄域推定の論拠となりうる唯一の中世史料で確認しておきたい。

とりあげるのは、豊原庄雑掌と石清水八幡宮善法寺坊領鹿忍《かしのう》庄下司藤井惟政との相論である。この相論は幕府法廷で争われたのち、元亨四年（一三二四）に和与という形で決着をする。[60]ここで注目するのは、相論の対象が、藤井村・鵠《くぐい》浦・大山・千手《せんず》という「所」、四至をもつ村落（ムラ）そのものをめぐる争いである点、つまり、荘園の境界が争われていたのではなく、ムラそのものの帰属が争われている点である。この点で、この相論は高橋一樹が提起した王家領荘園成立と村落との問題を検討するうえで重要な事例である。[61]

和与の結果、藤井村・鵠浦は藤井惟政側に、大山・千手は豊原庄側に編入されることになった。このうち、ムラの四至の記載がある藤井村、鵠浦はいずれも庄の南東にあたると推定される地域で、『慶長十年帳』では藤井村は邑久郷の一部としてみえるが、ほかの近世地誌（『備陽国志』『吉備温故秘録』『東備郡村誌』）では、久々井村、藤井村ともに豊原庄内として現れる（表2参照[62]）。

一方、四至が記載されていない千手は『慶長十年帳』にはみえないが、ほかの近世地誌では豊原庄内となっている。これについては、「備前国邑久郷内千手山弘法寺」[63]が、寛元二年（一二四四）に「当庄御祈禱所」とあり、[64]建長三年（一二五一）にも「当御庄之御願寺」とあるように、[65]豊原庄の祈願所であったことからも、中世には豊原庄内であったと考えてよい。

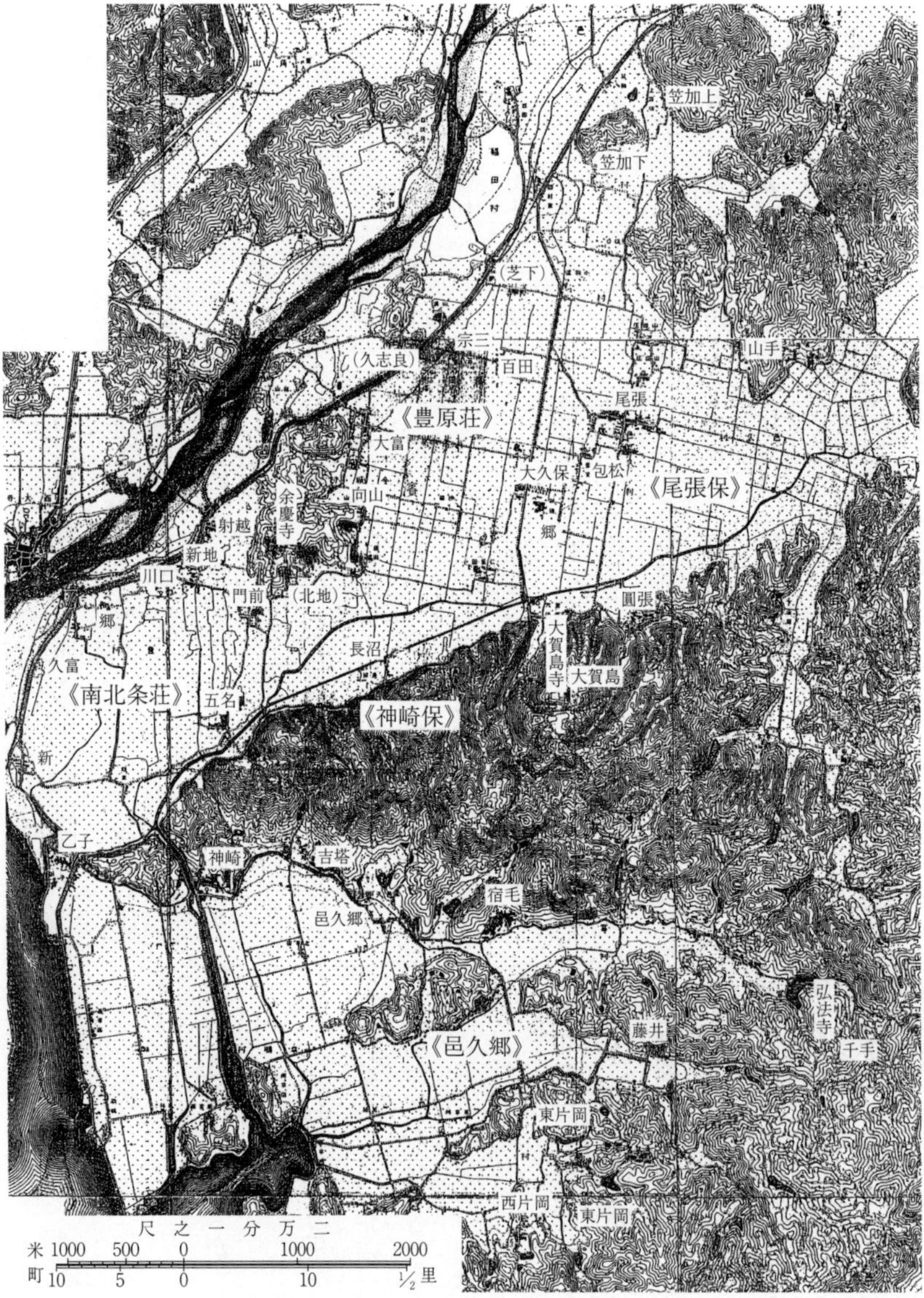

図3　『慶長十年帳』にみえる郷・荘・保

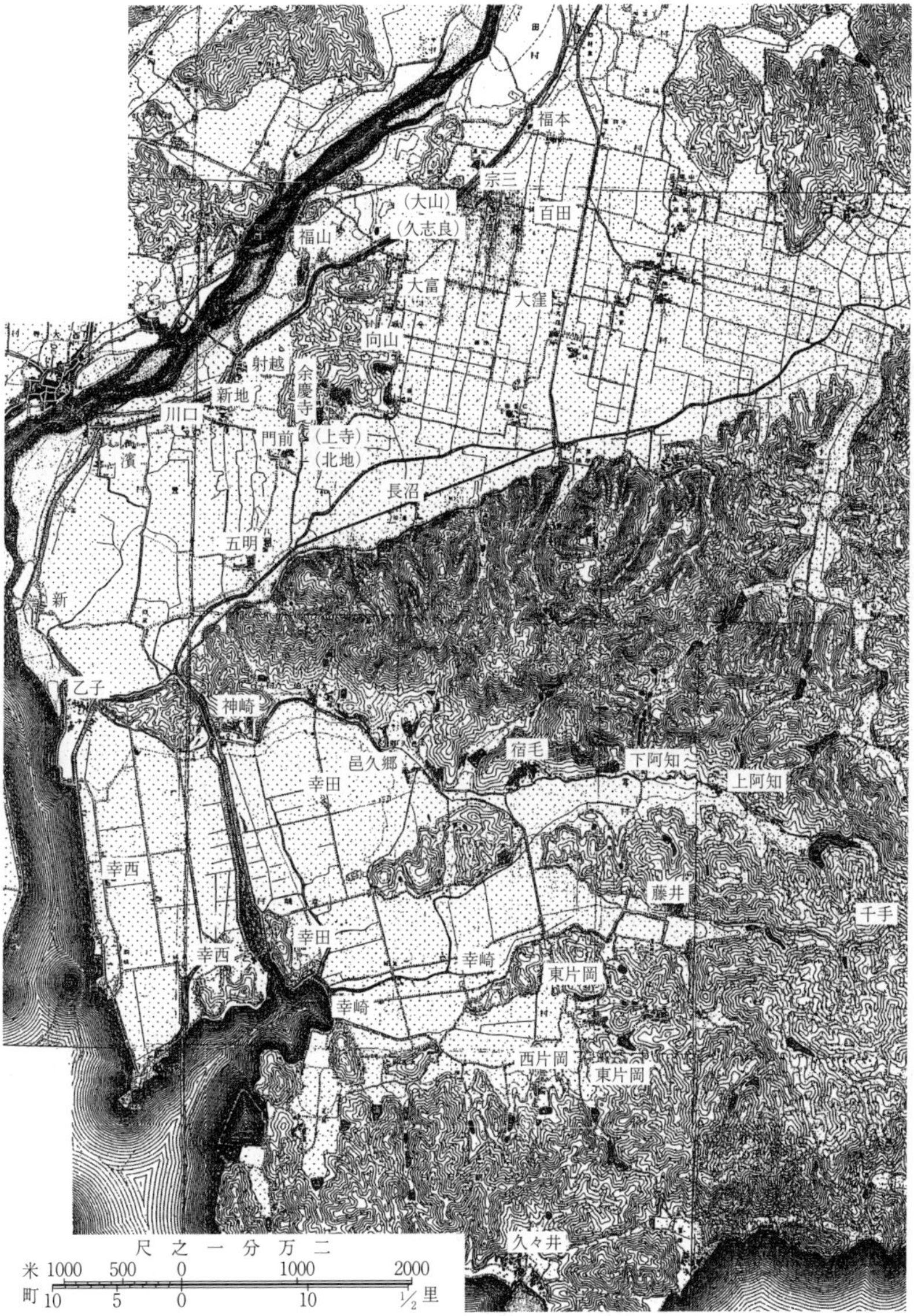

図４　『吉備温故秘録』にみえる豊原庄

また、同じく四至の記載のない大山については、豊原庄の西部にあたると想定される地域に、近世には大山村が所在している点が気になるが、この大山村は、『吉備温故秘録』によると以前は「大山寺村」であった。したがって、元亨四年（一三二四）の大山をこの大山村に比定するべきではない。

以上四つのムラについてみてきたが、ここで注意しておきたいのは、ムラの帰属をめぐって正応年中（一二八八〜九三）になってから相論が行われているそのこと自体である。この相論は、事書の順番から訴人が藤井惟政、論人が豊原庄雑掌となるが、これは惟政の父惟景が覆勘《ふっかん》を申し立てたことによると考えるのが妥当な解釈である。したがって、どちらが提訴した裁判かはうかがうすべがないが、重要なのは、永仁年中（一二九三〜九九）に一度豊原庄雑掌が勝訴している点である。

そのさい、とくに注目しなければならないのは、「藤井村」の帰属についてである。藤井村は鹿忍庄下司藤井父子の名字の地と考えるのが自然であろう。にもかかわらず、その藤井村ですら、いったんは豊原庄に帰属したのである。四か所のうち藤井氏側に帰属することになった藤井村と鵠浦のみ四至が示されているのも、藤井氏の権益の範囲を規制するためと読みとることもできる。

したがって、この和与からうかがえることは、藤井氏が豊原庄域を侵そうとする動向ではなく、豊原庄側が藤井氏側の権益を限定しようとする動向であった。豊原庄側優位、藤井氏側不利の構図であったのである。また、鵠浦を手放した豊原庄側ではあるが、和与の条件に「海上以下得分等者、各致二半分之沙汰一」とあるように、海上得分のすべては放棄していない。豊原庄は想像以上に強大で強力な荘園であった。

（2）在地勢力の動向

上記で鹿忍庄下司藤井氏の動向をみたが、豊原庄の在地勢力の動向は、史料上は必ずしも明らかではない。ただ、先にみた年未詳某院庁下文案では、給主ではなく、荘官等の解状が引用されており、もちろん荘官組織が存在していた[66]。その荘官組織の実態が推測される唯一の史料が、寛元二年（一二四四）の預所・荘官等連署禁制案である[67]。しかしそこには「沙彌／藤原／沙彌」とあるのみで、三名の荘官がいたこと以外、実態はまったく不明である。

ところが、鎌倉末期になると在地の情勢は一変するようにみえる。元徳三年（一三三一）の東大寺年預所下知状案によれば、どうやら豊原庄には地頭が置かれたらしい[68]。東大寺側は風聞によって、これは「豊原庄内吉富名」のことについての沙汰であると理解しているが、無関係のはずの東大寺領にも、地頭に補任されたと称して宛文を「披露」もせず「乱入」しているのである[69]。この寺領乱入の主体こそ、『太平記』に南朝方として登場する大富氏と今木氏、とくに今回は「今木次郎範智」である[70]。

また、それ以前に豊原庄へ狼藉したとされているのが、正中二年（一三二五）に豊原庄雑掌宗朝によって訴えられた「親経・範平以下輩」である[71]。くわしい事情は不明であるが、豊原庄の「名主宗元・重延以下」を追い出している。藤井駿は、このうち「範平」について、「範」の偏名より「今木次郎範智の族人には非ざるかと想像せらる」と述べており[72]、さらに『角川』は「親経」を知間氏としている。

『太平記』に登場する今木氏らと、荘園史料に登場する今木氏らとの比定は慎重でなければならないと考えるものの、以上により、今木、大富らの一族が、一四世紀までに豊原庄内外で大きな勢力となっていたことがうかがえるのである。彼らは豊原庄内に拠点を構えたと考えられるが[73]、その拠点の解明などは今後の課題である[74]。

（3）王家領荘園のなかに存在した郷——豊原六郷——

以上、豊原庄の庄域を完全に確定し、在地勢力の動向を解明することは困難な状況にあるが、一三世紀になると興味深い史料が登場してくる（傍線橋本）。

千手山弘法寺申条々

一、禁制寺内殺生事、

一、停止伐寺内竹樹事、

一、検断以下使者、無二左右一不レ可レ乱二入寺中一事、

一、可レ免二除御油免畠参段余新儀加地子一事、

一、堂塔修理間、六箇郷住人等、随レ堪可二奉加一事、

右、五箇条解状一通遣レ之、子細見レ状、締己善因也、任二申請一可下令二下知一給上之由、所レ被二仰下一也、仍執達如レ件、

文永六年九月五日　　西市正（花押）

謹上

豊原御庄預所左衛門尉殿(75)

この史料は、文永六年（一二六九）、弘法寺の「五箇条解状」を受けて預所宛に出された給主側の奉書である。ここで注目したいのは、解状に、「豊原庄住人等」ではなく、「六箇郷住人等」と表記されていることである（傍線部）。さらにこの奉書を受けて預所が弘法寺に下した下文では、解状が「衆徒解」と呼ばれており、同じ内容が「六ヶ郷土民等」と表記されている。(76) この解状は、弘法寺の堂塔修理のため住人等の奉加を求めたものであり、より地域社会の実態を反映したものではないだろうか。

そののち、暦応年間（一三三八～四二）の恐らく給主の座をめぐる相論の文書に「備前国豊原庄六ヶ郷」とみえるほか、(77) 応永二〇年（一四一三）の備前国棟別銭沙汰幷無沙汰在所注文案（以下「棟別銭注文」とする）に

「豊原〈六ヶ郷〉[78]」、嘉吉元年（一四四一）にも「備前国豊原六郷〈河南、加／寺社領〉」とあるように[79]、この呼称は公家社会にも定着している。

では、この「六箇郷」（以下、「豊原六郷」とする）とはどのような存在だったのであろうか。また、王家領豊原庄とどのような関係を有していたのであろうか。『角川』は、六郷とは、（イ）南北条・（ロ）長沼・（ハ）神崎と（ニ）邑久郷・（ホ）尾張保・（ヘ）包松保であるとする。そこで、具体的に豊原六郷の内部構成を検討してみたい。

（イ）南北条

建久六年（一一九五）の官宣旨案に「南北条・長沼・神崎開発田畠者、豊原庄加納半不輸地也」とあるように[80]、本来豊原庄内であった。『角川』は永仁元年（一二九三）の東大寺寺務条々事書に「豊原庄内南北条・長沼・神前」とあることを根拠に南北条が六郷内と考えている[81]。「南北条・長沼両郷」が東大寺に再びもどされたのは永仁三年（一二九五）のことであることから[82]、文永六年（一二六九）には豊原庄に帰属していたと考えられ[83]、豊原六郷の一つであろう。

（ロ）長沼

先にみた建久六年（一一九五）の官宣旨案に「南北条・長沼・神崎開発田畠者、豊原庄加納半不輸地也」とあるほか、東大寺領の四至の一つとして「豊原御庄并公領長沼保」がみえる[84]。ということは、東大寺領の長沼とは別に、公領として長沼保があったということになる。しかし、永仁三年に南北条とともに東大寺に返付されていることから、文永段階で豊原庄に帰属したことは確実であり、豊原六郷の候補として相応しい。なお、応永二〇年（一四一三）の棟別銭注文には「長沼郷」とみえる[85]。また、長沼郷とは別に、鎌倉期には「南長沼」が成立していた模様である[86]。

（ハ）神崎

南北条、長沼同様、建久六年の官宣旨案に「南北条・長沼・神崎開発田畠者、豊原庄加納半不輸地也」とあるほか、永仁元年の東大寺寺務条々事書にも「豊原庄内南北条・長沼・神前」とあって、永仁三年に神崎村が東大寺に寄付されるまでは一時期豊原庄内であった(87)。したがって豊原六郷の一つである可能性は高い。

（ニ）邑久郷

貞治元年（一三六二）の写である建久六年の仏神領名々注文には、「備前国豊原御庄内邑久郷」とあって、明確に豊原庄内との認識が示されている(88)。ところが、嘉暦二年（一三二七）には、「備前国邑久郷内千手山弘法寺」などとあり(89)、豊原庄内との認識がみられない。そのほかのいくつかの史料をみても豊原庄内に帰属するかどうか揺れている感がある(90)。しかし、先にみた元亨四年（一三二四）和与となった藤井村などをめぐる相論で千手が豊原庄内となっていることから邑久郷が豊原六郷の一つであった可能性は残されている。

（ホ）尾張保

高橋が加納の典型例として挙げている保である(91)。この「尾張保」の初見は、恐らく年未詳の某院庁下文案であろう(92)。先にも述べたとおり、この時は東大寺領としてみえるのであるが、国衙ではなく豊原庄（給主）に対して万雑公事を納めることが求められている。のちに嘉元二年（一三〇四）、尾張保は備前国川津郷の替として上賀茂神社に院宣によって寄進されていることから(93)、それまでは豊原六郷の一つであったととらえるのが妥当である。なお、応永二〇年（一四一三）の棟別銭注文に「尾帳(張)郷」がみえる(94)。

（ヘ）包松保

建久六年（一一九五）の官宣旨案に「公領包松保」とみえるのが初見である。その後、正中二年（一三二五）「備前国豊原庄内包松保」の明年所務を洞院実泰が上賀茂神社に安堵している(95)。実泰は豊原庄の給主と考えてよく、包松保は確実に豊原六郷の一つとしてよいだろう。

以上みてきたように、文永六年（一二六九）の段階では、「豊原荘とはこれら郷保の集合体」であったとしてよいだろう。(96)巨大な王家領は、複数の庄郷より構成されていたのである。とすれば、次なる論者の課題は、なぜ文永六年になって突然「六箇郷住人等」(97)「六ヶ郷土民等」(98)が史料上に登場するのか、高橋が明らかにした「本庄」と「加納」という構成をとりながら成立した巨大荘園のなかで、(99)最初から住人の生活や生業の単位として存在していたのか、それとも一三世紀になって新たに編成されたのかという点である。本論では今後の課題とせざるをえないが、六郷が登場した背景には、下位の村落（ムラ）、たとえば、四至が確定していた藤井村や鵠浦のようなムラの自立化の動向をとらえる必要があると考えている。(100)

むすびにかえて――その後の豊原庄――

以上、王家領備前国豊原庄について、現時点で史料からうかがえる基礎的な事項を確認してきた。指摘できなかった事項、明らかにできなかった事項も多いが、庄郷を包摂した巨大荘園の強力な吸引力を明らかにし、わずかながらもそのなかに隠されていた豊原六郷の存在の重要性についても指摘できたのではないかと思う。そこで最後に、豊原庄の室町期への展開にふれておきたい。

応安三年（一三七〇）九月四日、後光厳天皇は使者を幕府に遣わして譲位のことを協議しようとしているが、その協議事項のなかに「備前豊原庄」がみえる。(101)また、先にもみた応永二〇年（一四一三）の棟別銭注文の付箋に「禁裏御領豊原庄内也／〈六ヶ郷ノ内〉」とあり、(102)豊原庄が、後院領ではなくなり、天皇直属の王家領という枠内で伝領されるようになっていたことがうかがえる。

ところが、文明一三年（一四八一）、突然次のような書状が登場する。

家門領備前国豊原庄之事、可ㇾ有二御知行一候也、恐々謹言、

九月廿八日　　　　　　政資
　広福院殿[103]

一連の関連史料によれば、豊原庄は「家門領」、すなわち日野政資の所領とされており、越中国弘田庄とともに広福院永俊に譲られているのである。少なくとも明応七年（一四九八）までは広福院永俊領であることを確認することができる。[104]永俊は『尊卑分脈』によれば日野政光の子であり、富子とは兄弟にあたる。恐らく室町殿を中心とした権力構造の変化のなかで、王家領から日野家「家門領」へと移行したものと思われるが、この荘園領主権の移動については、越中国弘田庄の動向などとあわせて考えていかなければならないだろう。

なお、邑久郷については、長享三年（一四八九）に「大聖寺領備前国奥郷」とみえ、大聖寺領となっている。[105]尼門跡寺院の一つ大聖寺は、王家、室町殿、日野家のいずれとも所縁の寺院であるので、伝領の過程をただちに推定することは困難であるが、王家領豊原庄という枠組みから離脱して伝領されたと思われる。

次に、本論では捨象せざるをえなかった、より下位の村落であるムラの問題をとりあげたい。豊原庄では、建久六年（一一九五）に「村」が姿を現している。[106]具体的には、邑久郷の「キヨク村」、「カマハ村」であるが、「釜輪村」は康暦二年（一三八〇）の売券にも再び登場するにも関わらず、[107]いずれも近世村に継承された痕跡がまったく確認できない。いったい「釜輪村」はどうなったのであろうか。中世から現在にいたるまで、少なくとも約五〇〇年間にわたって生活の単位として重要な機能を果たすムラの自立と確立のありようについても今後の課題として残しておきたい。そのためには、記録資料にのみ頼らず、考古学や民俗学、地理学などの成果もふまえて議論を積み重ねる必要があるが、本論はそのための基礎作業として、ひとまずは稿を閉じたい。

（1）　川端新『荘園制成立史の研究』（思文閣出版、二〇〇〇年）。高橋一樹『中世荘園制と鎌倉幕府』（塙書房、二〇〇四年）。
（2）高橋一樹「王家領荘園の立荘」（前掲註1『中世荘園制と鎌倉幕府』、初出は二〇〇〇年）。
（3）高橋一樹「王家領荘園の立荘」（前掲註2）。
（4）平凡社地方資料センター『日本歴史地名体系第三四巻　岡山県の地名』（平凡社、一九八八年）および「角川日本地名大辞典」編纂委員会・竹内理三編『角川日本地名大辞典㉝　岡山県』（角川書店、一九八九年）。
（5）榎原雅治「備前国」（『講座日本荘園史9　中国地方の荘園』吉川弘文館、一九九九年）。
（6）高橋一樹「王家領荘園の立荘」（前掲註2）。
（7）『玉葉』建久三年（一一九二）二月一八日条。
（8）年月日未詳、某院庁下文案（後欠）、国立歴史民俗博物館所蔵『広橋家旧蔵記録文書典籍類』「江家次第第四裏書」紙背文書。高橋一樹『中世荘園制と鎌倉幕府』（前掲註1）に翻刻が掲載された。『邑久町史　史料編（上）』（岡山県瀬戸内市、二〇〇七年）「豊原庄関係史料」一二八号文書、以下【128】のように表記する。
（9）高橋一樹「王家領荘園の立荘」（前掲註2）。
（10）建永元年（一二〇六）、慈円起請文、『門葉記』【12】。
（11）今回は一例として『定長卿記（山丞記）』文治四年（一一八八）一二月一九日条（『仙洞御移徒部類記』所収【4】）をあげるにとどめる。ただし、南北朝期にはこの恒例が変化していた（『園太暦』貞和五年〈一三四九〉正月五日条【75】など）。なお、『仙洞御移徒部類記』の存在については高橋一樹氏のご教示を得た。
（12）建長七年亀山殿御移徒雑事（「中原為季記」『仙洞御移徒部類記』【19】）。なお、このような古書の事例については、さしあたり遠藤基郎「モノを介する吉書」（『東北中世史研究会会報』一一、一九九九年）を参照。
（13）建久六年（一一九五）五月七日、官宣旨案（前欠）、『堂本四郎氏所蔵文書』【7】。
（14）建久八年（一一九七）六月一五日、重源譲状案、『大日本史料』【9】。建長三年（一二五一）一一月日、豊原庄政所下文、『弘法寺文書』【18】。元亨四年（一三二四）四月一九日、備前国鹿忍庄下司・豊原庄雑掌和与状案、『安仁神社文書』【58】。
（15）文保二年（一三一八）九月八日、年預五師顕寛書状案、『東大寺文書』【46】。

（16）前掲註（8）年月日未詳、某院庁下文案【128】。
（17）本郷恵子「公家政権の経済的変質」（『中世公家荘園の研究』東京大学出版会、一九九八年）。
（18）前掲註（14）建長三年（一二五一）一一月日、豊原庄政所下文【18】。文永六年（一二六九）九月五日、西市正某奉書、『弘法寺文書』【20】。文永六年（一二六九）一〇月日、豊原庄預所中原某下文、『弘法寺文書』【21】。
（19）寛元二年（一二四四）二月日、豊原庄荘官等連署禁制写、『弘法寺文書』【17】。『建内記』嘉吉元年（一四四一）七月二六日条【97】。
（20）榎原雅治「備前国」（前掲註5）。
（21）瀬野精一郎「解説」（『肥前国神崎荘史料』吉川弘文館、一九七五年）。
（22）伴瀬明美「中世王家領の形成に関する一考察——勅旨田の歴史的変遷を中心に——」（『ヒストリア』一四四、一九九四年）。
（23）わずかな手掛かりとしては楽人豊原氏の伝承に天武天皇の孫、粟津王の配流先として「備前国豊原郷」がみえる程度である（『豊原氏系図』〈『続群書類従』所収〉。ただし、別本では「肥前国豊原郷」とある）。
（24）さしあたり「「俊乗房重源」関係文献目録」（『仏教芸術』一〇五、一九七六年）参照。また、最近のものとして大山喬平「俊乗房重源の宗教的経済活動」（『日本中世のムラと神々』岩波書店、二〇一二年、初出は一九九九年）がある。
（25）藤井駿「備前国における俊乗房重源の遺跡」（『吉備地方史の研究』山陽新聞社、一九八〇年復刻再販）。前田幹「備前国と俊乗房重源」（『仏教芸術』一〇五、一九七六年）。
（26）建久六年（一一九五）五月七日、官宣旨案、『京都大学所蔵東大寺文書』（前半部分）【6】および『堂本四郎氏所蔵文書』（後半部分）【7】。また、重源譲状については、前掲註（14）建久八年六月一五日、重源譲状案【9】。
（27）前掲註（8）年月日未詳、某院庁下文案【128】。
（28）前掲註（8）年月日未詳、某院庁下文案【128】。
（29）前掲註（26）建久六年（一一九五）五月七日、官宣旨案【6・7】。
（30）前掲註（26）建久六年（一一九五）五月七日、官宣旨案【6・7】。
（31）『玉葉』文治元年（一一八五）六月三〇日条。

(32) 久野修義『京都大学文学部博物館の古文書　第六輯　東大寺文書』(思文閣出版、一九九〇年)。
(33) 前掲註(26)建久六年(一一九五)五月七日、官宣旨案【6・7】。
(34) 前掲註(26)建久六年(一一九五)五月七日、官宣旨案【6・7】。
(35) 建永元年(一二〇六)、南無阿弥陀仏作善集、『東京大学史料編纂所所蔵文書』(東京大学史料編纂所『東京大学史料編纂所影印叢書2　平安鎌倉記録典籍集』八木書店、二〇〇七年)。
(36) なお、この豊光寺の位置について、前田幹は「備前国と俊乗房重源」(前掲註25)において、現・岡山県立邑久高等学校のある場所に豊光寺という地があったことを紹介している。今後の検討課題としたい。
(37) 嘉元二年(一三〇四)南北条村内検目録(後欠)、『京都大学所蔵東大寺文書』【37】。
(38) 嘉元二年(一三〇四)三月三〇日、南北条年貢算用状案、『東大寺文書』【35】。
(39) 永仁五年(一二九七)一二月日、神崎村内検目録、『東大寺文書』【33】。藤井駿「備前国における俊乗房重源の遺跡」(前掲註25)。
(40) 年月日未詳、東大寺領土貢注文案、『東大寺文書』【87】。
(41) 正安元年(一二九九)一一月日、東大寺年中行事用途帳、『東大寺文書』『鎌倉遺文』二七―二〇三〇八。
(42) 年月日未詳、手掻会料所野田庄等所出用途下行注文、『東大寺文書』【88】。年月日未詳、転害会下行物注文(後欠)、『東大寺文書』【89】。
(43) 榎原雅治「備前国」(前掲註5)。
(44) 前掲註(8)年月日未詳、某院庁下文案【128】。なお、原本・写真の閲覧にあたっては高橋一樹氏のご高配を得た。
(45) 永仁元年(一二九三)一二月日、東大寺寺務条々事書、『古文書集』【28】。
(46) 永仁二年(一二九四)四月日、東大寺衆徒等申状案、『東大寺文書』【29】。
(47) 永仁三年(一二九五)七月九日、伏見天皇綸旨案、『東大寺文書』【30】。永仁三年一一月二八日、後宇多上皇院宣写、『東大寺縁起』【31】。
(48) 前掲註(46)永仁二年四月日、東大寺衆徒等申状案【29】。
(49) 文保二年(一三一八)六月一三日、東大寺衆徒僉議事書案、『東大寺文書』【45】。

(50) 前掲註(49)文保二年六月一三日、東大寺衆徒僉議事書案【45】。

(51) 文保三年(一三一九)二月三日、某院宣案、『東大寺文書』【54】。

(52) 前掲註(49)文保二年六月一三日、東大寺衆徒僉議事書案【45】。

(53) 延慶三年(一三一〇)一二月一二日、伏見上皇院宣、『東大寺東南院文書』【41】。年未詳正月一一日、東大寺年預五師某書状案、『東大寺文書』【52】。

(54) 文保二年九月八日、東大寺年預五師顕寛書状案、『東大寺文書』【46】。

(55) 前掲註(49)文保二年(一三一八)六月一三日、東大寺衆徒僉議事書案【45】。

(56) 文保三年(一三一九)二月三日、某院宣案、『東大寺文書』【54】ほか。この某院宣案にある「御産」とは、後伏見上皇の女御である広義門院の文保三年の御産(正月五日着帯)と考えるのがもっとも妥当と考えている。なお、この某院宣案に「豊原庄内久富・三楽両名」とあることも見逃せない。

(57) 前掲註(49)文保二年六月一三日、東大寺衆徒僉議事書案【45】。

(58) それぞれの史料の概要については、中野美智子『岡山文庫一三五　岡山の古文献』(日本文教出版、一九八八年)参照。なお、『慶長十年帳』については、【133】参照。

(59) 藤井駿「児島高徳の一党たる今木・大富両氏について」(『吉備地方史の研究』山陽新聞社、一九八〇年復刻再販、初出は一九四二年)。

(60) 前掲註(14)元亨四年(一三二四)四月一九日、備前国鹿忍庄下司・豊原庄雑掌和与状案【58】。

(61) 高橋一樹「王家領荘園の立荘」(前掲註2)。

(62) ただし、藤井村は『東備郡村誌』には登場しない。

(63) 元亨三年(一三二三)三月日、弘法寺衆徒等申状案、『弘法寺文書』【63】。

(64) 前掲註(19)寛元二年(一二四四)二月日、豊原庄荘官等連署禁制写【17】。

(65) 前掲註(14)建長三年(一二五一)一一月日、豊原庄政所下文【18】。

(66) 前掲註(8)年月日未詳、某院庁下文案【128】。

(67) 前掲註(19)寛元二年(一二四四)二月日、豊原庄荘官等連署禁制写【17】。

(68) 元徳三年（一三三一）正月一一日、東大寺年預所下知状案、『東大寺文書』【66】。
(69) この補任と披露との関係については、河音能平「日本中世の補任状＝下文における宛所と受給者」（『河音能平著作集第五巻　中世文書論と史料論』文理閣、二〇一一年、初出は一九七九年）に指摘がある。
(70) 藤井駿「児島高徳の一党たる今木・大富両氏について」（前掲註59）。
(71) 正中二年（一三二五）三月二三日、六波羅御教書、『岡元家文書』【60】。
(72) 藤井駿「児島高徳の一党たる今木・大富両氏について」（前掲註59）。
(73) 藤井駿「児島高徳の一党たる今木・大富両氏について」（前掲註59）。
(74) なお、貞治六年（一三六七）に「公文代」がみえるが、これは邑久郷の公文代であろうか。貞治六年九月一日、邑久郷安仁社免田坪付写、『弘法寺文書』【77】。
(75) 前掲註(18)文永六年（一二六九）九月五日、西市正某奉書【20】。
(76) 前掲註(18)文永六年（一二六九）一〇月日、豊原庄預所中原某下文【21】。
(77) 暦応年中（一三三八〜四二）訴陳文書注文、『京都御所東山御文庫記録』【68】。
(78) 応永二〇年（一四一三）四月一一日、備前国棟別銭沙汰并無沙汰在所注文、『東寺百合文書』【96】。
(79) 『建内記』嘉吉元年（一四四一）七月二六日条【97】。
(80) 前掲註(26)建久六年五月七日、官宣旨案【6・7】。
(81) 前掲註(45)永仁元年（一二九三）一二月日、東大寺寺務条々事書【28】。
(82) 永仁三年（一二九五）一一月二八日、後宇多上皇院宣写、『東大寺縁起』【31】。
(83) 前掲註(45)永仁元年一二月日、東大寺寺務条々事書【28】、前掲註(46)永仁二年（一二九四）四月日、東大寺衆徒等申状案【29】、前掲註(82)永仁三年一一月二八日、後宇多上皇院宣写【31】のほか、永仁三年七月九日、伏見天皇綸旨案、『東大寺文書』【30】。
(84) 前掲註(26)建久六年（一一九五）五月七日、官宣旨案【6・7】。
(85) 前掲註(78)応永二〇年四月一一日、備前国棟別銭沙汰并無沙汰在所注文【96】。
(86) 年未詳（鎌倉中期）閏一〇月二八日、南長沼所当米送進算用注文、『東大寺文書』【69】。また、永和二年（一三七六）

一〇月六日、室町幕府御教書、『随心院文書』【83】には、「備前国南長沼庄内吉富・得益・重富・永吉以下名々」とある。
(87) 前掲註(83)永仁三年七月九日、伏見天皇綸旨案【30】。
(88) 貞治元年（一三六二）三月日、豊原庄内邑久郷仏神領名々注文写、『黄薇古簡集』【76】。
(89) 嘉暦二年（一三二七）三月日、弘法寺衆徒等申状案、『弘法寺文書』【63】。
(90) 嘉暦二年九月五日、後醍醐天皇綸旨写、『弘法寺文書』【64】や同年九月六日、備前国国宣写、『弘法寺文書』【65】にも同様に豊原庄内という認識がみられない。一方で「豊原庄内千手山」という認識もある（年未詳五月三〇日、六波羅御教書案、『弘法寺文書』【24】）。この点は弘法寺の位置づけと関わってくると思われる。
(91) 高橋一樹「王家領荘園の立荘」（前掲註2）。
(92) 前掲註(8)年月日未詳、某院庁下文案【128】。
(93) 嘉元二年（一三〇四）一〇月一五日、伏見上皇院宣、『座田文書』【36】。
(94) 前掲註(78)応永二〇年（一四一三）四月一一日、備前国棟別銭沙汰幷無沙汰在所注文【96】。
(95) 正中二年（一三二五）一二月二三日、洞院実泰御教書、『賀茂別雷神社文書』【61】。
(96) 榎原雅治「備前国」（前掲註5）。
(97) 前掲註(18)文永六年（一二六九）九月五日、西市正某奉書【20】。
(98) 前掲註(18)文永六年一〇月日、豊原庄預所中原某下文【21】。
(99) 前掲註(26)建久六年（一一九五）五月七日、官宣旨案【6・7】。
(100) 上位の村落（荘郷）と下位の村落（ムラ）の問題については、橋本道範「近江国野洲郡兵主郷と安治村――中世村落の多様性・不安定性・流動性・階層性について――」（『琵琶湖博物館研究調査報告第二一号　琵琶湖集水域における中世村落確立過程の研究』滋賀県立琵琶湖博物館、二〇〇四年、本書第二部第七章）で論じた。
(101) 『後光厳院御記』応安三年（一三七〇）九月四日条【78】。
(102) 前掲註(78)応永二〇年（一四一三）四月一一日、備前国棟別銭沙汰幷無沙汰在所注文【96】。
(103) 文明一三年（一四八一）九月二八日、日野政資書状、『宝鏡寺文書』【106】。

(104) 明応七年（一四九八）一二月二〇日、足利義高（義澄）御判御教書、『宝鏡寺文書』【120】。
(105)『蔭涼軒日録』長享三年（一四八九）七月八日条【115】。
(106) 前掲註(88)貞治元年（一三六二）三月日、豊原庄内邑久郷仏神領名々注文写【76】。
(107) 康暦二年（一三八〇）六月一九日、常陸某田地売券、『安仁神社文書』【85】。

〔付記〕

本章は、二〇〇五年二月一九日に、「荘園の中に存在した庄と郷と保——王家領備前国豊原庄の基礎的研究——」と題して、就実大学吉備地方文化研究所中世史研究会で報告した内容を改稿したものである。岡山県の邑久町史編纂のためのメモ書きをもとに作成したもので、本書のなかでももっとも不本意なものであるが、『西宮記』に豊原庄がみえる点を加え、表1の誤りを訂正するにとどめた。豊原庄が勅旨田を基盤に成立したのではないかとの仮説や、十分に論じられなかった豊原庄の詳細は、橋本道範「平安時代末期・鎌倉時代の邑久」（『邑久町史　通史編』岡山県瀬戸内市、二〇〇九年）で論じたので、是非ともご参照いただければ幸いである。ただし、鹿忍庄が豊原庄の本来の呼称であり、そこから開発が始まったとする吉江崇「平安時代における天皇制の展開と後院」（『日本史研究』五五八、二〇〇九年）を参照することができなかった。また、重源系荘園である神崎・長沼・南北条のその後については、小原嘉記「〈重源遺産〉その後——初期勧進所と東大寺——」（『日本史研究』五六六、二〇〇九年）を参照されたい。

なお、史料の収集にあたっては、高橋一樹氏、榎原雅治氏の多大なご教示を得た。また、町史編纂にあたっては、田中修實氏、村上岳氏のご指導をいただいた。

第七章　近江国野洲郡兵主郷と安治村

――中世村落の多様性・不安定性・流動性・階層性について――

はじめに

現在の日本中世後期（および中近世移行期）村落論が藤木久志の議論を軸に展開されていることについては異論のないところであろう。[1] 藤木や勝俣鎮夫の議論が登場する以前の中世後期村落論は、中世村落が、百姓と土豪とによって構成され日常的な相互扶助や生産機能をになう「惣村」と、祭祀や用水・山野の管理などをになう土豪の連合体である「惣郷」との「二重構成」になっていたという理解を前提に、[2] 土豪を小領主もしくは地主と概念化し、このいわゆる「中間層」の余剰をめぐる運動を軸に地域社会の動向と近世社会への転換（中世の敗北＝統一政権の成立）を論じてきた。[3] ところが、一九八五年以後の藤木の村落論がこうした状況を大きく転換させる。その転換とは藤木自身の整理によれば、「〈領主・農民関係〉論から、〈自力の村対領主〉論」への転換である。それは、「農民の側で築き上げた〈集団で生き残るための自前の組織〉」である「自力の村」の姿を、「中世社会の流れを通して自から積み重ねられた、社会の共同意思や生活の秩序や紛争処理の先例」を掘り起こす「習俗論」によって、「百姓たちの生命維持の装置（生き延びるための仕組み）として分析」したものとされる[4]（藤木自身の用語を用いて、以下藤木の一九八五年以後の村落論を「自力の村」論と呼ぶこととする）。

しかし、こうした「自力の村」論に対しては、たとえば、池上裕子が、「近年の村落論は村の自律性・主体性を重視して、村対村、村対領主という、村の対外関係論が中心となっていた。そのため、村落内の階層差を重視せず、沙汰人ら村落上層はひたすら村の共同利害のために働き、村は一枚岩の団結をもった組織体であったかのごとき印象を与えている。それは、近年の研究が、剰余の収取をめぐる村落内外の諸階層・諸勢力の対抗関係を、村対領主関係に単純化し、小領主論を忌避してきたことと関連するのではないか」と述べているように[5]、これまでの研究史が焦点に据えてきた「中間層」が絡んだ複雑な対抗関係を無視した単純な村落像だとして、厳しい批判が展開されているのが現状である[6]。

しかし、論者は、この研究史的転換の意義については、「「自力の村」論の最大の提起は、村落とそれを構成する諸階層の営為を、多元的に把握する視座を提供したことにあるといえる。中世の百姓は、そのエネルギーをどのような課題に投入せねばならなかったのか。（中略）同じ地域の村どうしが生産手段をめぐる武力対立を引き起こし、それを止揚することがいかに困難であったかという重い問題を階級闘争を唯一の価値とする立場に依存して副次的なものとすることは、もはやできない。階級闘争、村どうしの紛争、戦争への動員と防衛、自然との格闘、公権力の存立を前提とした訴訟など、民衆生活のエネルギーが注がれるあらゆる面を、価値選択的な態度を可能なかぎり排除して、同等に歴史の対象としなければならないのが現状であろう」とする稲葉継陽の整理がもっとも正当なものであると考える[7]。つまり、「自力の村」論によって、清水三男以降等閑視されてきた村落生活の実態をとらえる視点がとり戻されたことを高く評価したいのである[8]。そのうえで、本論では次の四つの研究史を再評価し、そこから議論を出発させたいと思う。

第一に、「そこで説かれている「村落」とはいったいどのレベルの集団であるのか、論者によって幅がある」という榎原雅治の問題提起を重視したい[9]。榎原は、「日常的な生活においては村が基礎的な単位として機能していたと考えられるが、その村が荘域を越えて地域社会のなかで行動するときには、惣荘という枠で登場してくる」と述べる。(10)ここで榎原は惣庄のみをとりあげているが、惣郷もまた重要である。

惣郷については、近年村田修三が大和の事例から、「都市的機能を特定の中心に期待して交歓・交流しあう圏域が日本の中世では「郷」に相当する、というのが古市の事例から引き出した私の地域空間論の基礎である」と述べている。(11)ここで重要なのは村田が、風流などの「催しに集い合う人々の生活空間」を基軸に「郷」を考えていることである。

さらに重要なのは、「中世社会の骨格は国―郡―郷―村の系列、地方社会は特に郷と村とによって形づくられていた」とする大山喬平の指摘である。(12)大山も重源の狭山池改修碑を分析するなかで、「重源が認識していた一三世紀初頭の郷は、何らかの意味においてこの地域に生活する人々の共同体的なまとまりの単位であったとしてよい」と述べ、(13)郷を人々の「生活のユニット」と呼んでいる。

すなわち、郷を重視するこれらの立場は、かつての二重構成論における郷、(14)つまり「土豪連合としての郷」をとりあげているのでなく、人々の生活の単位としてとりあげているのである（以下本論では、惣庄と惣郷とをあわせて上位の村落として「庄郷」と呼び、(15)現大字につながる下位の村落を「ムラ」と呼ぶこととする）。

第二に注目したいのは、田端泰子の村落類型論(16)と、平地城館と村人の集落との関係を類型化した小島道裕の平地城館類型論(17)である。田端は、中世後期村落をⓐ在地領主型村落・ⓑ地侍（主導）型村落・ⓒ村人型村落の三つに類型化した。また、小島は、平地城館と集落との位置関係から、イ在地領主が再編・ロ在地領主の城と集落とが併存（隣接型と散在型に分かれる）・ハ物による環濠集落が形成の大きく三つに類型化している。田端のⓒ村人型村落や小島のハ物による環濠集落が「農民の側で築き上げた〈集団で生き残るための自前の組織〉」である「自力の村」に相当するというのは疑いないところであろう。そして、田端が、三類型のうち畿内での存在優位性を指摘したⓑ地侍（主導）型村落（小島のロ在地領主の城と集落とが併存に相当すると考える）に存在する地侍を村落に引きつけて考えるのか、領主的存在に引きつけて考えるのかが、上記でも述べたように現在の争点となっているのである。では、ⓐ在地領主型村落、イ在地領主が再編した村落はどうであろうか。果たして「農民の側で築き上げた〈集団で生き残るための自前の組織〉」である「自力の村」と言い切れるのであろうか。

第三に、中世村落相互の階層性という問題に注目したい。朝尾直弘は、「惣村の自立性をささえた要因の一つに、それが一定のまとまった社会的分業の体系を構成」していたことが挙げられると述べたうえで、「惣村がその内部に自律的に編成・統制された社会的分業の体系をもち、それを構成する村々の間に経済力――もうすこしはっきりいえば貨幣の蓄積による資本力――の格差を生じ、部分的とはいえ貨幣経済の法則が作用していたことは、惣村に都市的性格をあたえた重要な要素であろう」と述べている。[18]これは、地域社会が均質なムラの連合としてだけでは単純に語れないことを意味していると考える。

そして第四が、中世考古学の成果の吸収である。大山は、平安から鎌倉にかけて新しい郷が成立していることを史料にもとづいて明らかにした。[19]では、その反面、横江遺跡（現守山市）のように集落が丸ごと発掘されることは、[20]「自力の村」論とどのように関わると理解すればよいのだろうか。その集落は単に移動しただけだろうか。廃絶した可能性はないと言い切れるだろうか。

以上、これら四つの研究の流れが指し示しているのは、重層的で、多様で、不安定で流動的であり、しかも階層的な中世村落の姿ではなかろうか。その姿は、藤木が「習俗論」によって抽出した「農民の側で築き上げた〈集団で生き残るための自前の組織〉」とする「自力の村」が、もしかすると特別な事例であった可能性を示してはいないだろうか。中世村落が多様であることを前提に、「自力の村」をいったん相対化し、どうして「自力の村」たりえたのかを明らかにして、「自力の村」の歴史的位置づけを再度検討しようというのが本論の目的である。[21]

そこで本論では、藤木が「自力の村」の典型として分析を積み重ねてきた野洲川下流域の安治村《あわじ》（現野洲市）をとりあげる。[22] 藤木は具体的に論及しないが、この安治村は兵主郷《ひょうず》とも兵主十八郷とも呼ばれた庄郷（現野洲市および守山市の一部[23]）のなかの、数あるムラの一つにすぎない。上記四点の分析視角に留意して、上位の村落である兵主郷について分析するなかで、下位の村落である安治村を歴史的に位置づけてみたい。

第一節　兵主郷の水利・祭祀構造

（1）近世以降の水利構造

安治村が属する兵主郷の近世的構造については、埴岡真弓の詳細な分析がある。[24] 埴岡は、「兵主神社の雨乞は「兵主十八郷」による「氏子の雩《雨乞》」であり、春祭と同じく惣郷の産土神としての兵主神社の性格をよく示しているといえよう。春祭り・雨乞とも現代にまで継承されており、「兵主十八郷」の兵主神社を紐帯とする結びつきの強さは中世における神領の枠組みによってもたらされたものとは考えにくく、野洲川などの水利の問題等を解明する必要のあることを指摘しておきたい」とする。そこでまず、兵主郷の水利構造を問題としたい。

野洲川下流域はたびたび洪水に見舞われ、そのつど河道も変遷していると考えなければならないが（図1参照）、堤遺跡（現野洲市）の発掘成果によれば、野洲川旧北流は人工河川であり、[25] 一四世紀末から一五世紀に高さ二メートルの堤防が築かれ、一七世紀には約九メートルの堤防になっていたとされている。[26] その結果、「天井川の形成は、河川およびその周辺の地下水位を上昇させた」。[27] 一四世紀末から始まる築堤は、この地域の水利環境を根底から変更したのであり、水利系統の大幅な再編を想定する必要がある。逆にいえば、この野洲川の流路確定以降は、水利系統の大幅な変更を想定する必要性が低くなる。[28]

そこで最初に、大正一三年（一九二四）の『農業水利及土地調査書[29]』によって、近代の野洲川旧北流両岸の水

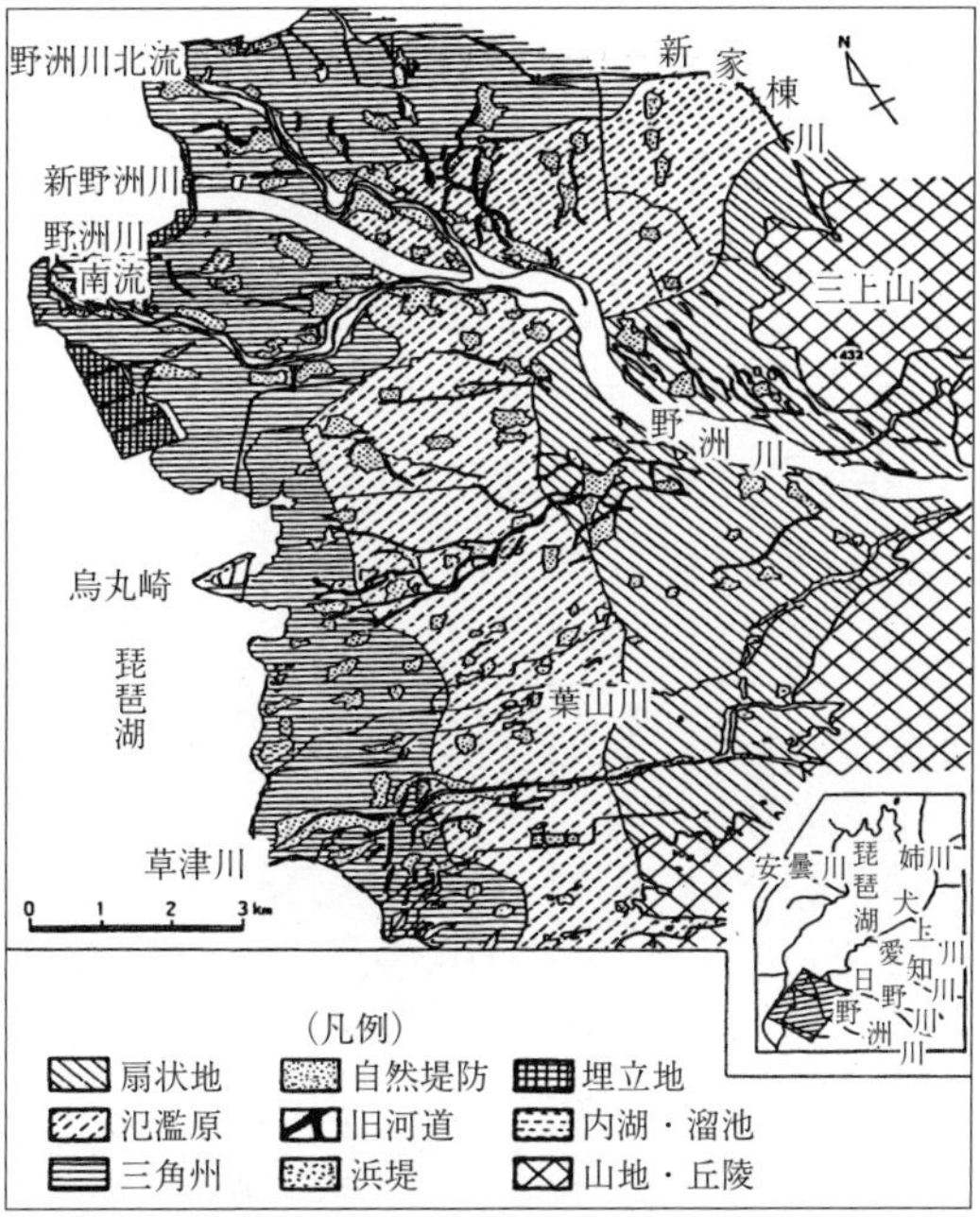

図1　野洲川下流域地形分類図

利について確認しておきたい。同書は、それぞれの旧村ごとに、まず「土地調査書」を掲げ、大字ごとに土地と用水の概要と必要とされる対策を示し、次に「水利概況」として具体的な水利のあり方を記している貴重な資料である(30)。

表1は、この資料のなかから、兵主郷とその周辺の旧中州村、旧兵主村、旧中里村の「水利概況」を用水と湧水に限ってまとめたものである。この表を一見して気づくのは、この地域の湧水利用の多さである。これこそ天井川化した野洲川下流域の水利の大きな特徴であろう。したがって、水利は比較的各大字で完結している。大字をまたがって灌漑しているのは、1の三郷樋、17の三郷樋、18の三ツ井樋、33の大湧、34の丸池、37の薗湧であるが、33、34、37は取水地の比江を灌漑したうえで別の大字へと向かっているだけであるので、長距離用水と評価できるのは、1の三郷樋、17の三郷樋、18の三ツ井樋の三つである。ただし、17の三郷樋と14の六条樋は、慶安三年（一六五〇）までは一つの用水路で「野須井」といい、西河原、比留田、吉地、六条そして安治を灌漑していたことが明らかにされている(31)。本用水路が河道固定後の旧北流右岸の再開発にとって重要であったことがうかがわれる。

ところが、比江はこの用水などの取水地点でありながら、兵主郷にはまったく含まれない。また、33、34、37

表1　野洲郡旧中州村・兵主村・中里村用水・湧水リスト

	旧村	種別	名称	水系	取入口位置・水源	灌漑区域	備考
1	中州村	用水	三郷樋	野洲川	大字新庄字南川	大字立田字川原、上別所、下別所、別所、買米、上花ノ木、中花ノ木、堂ノ後、大字幸津川字上金塚、上福田、上蔵作、下蔵作、下福田、下金塚、増水、樋瓜、漆田、斎田、折リ、袴立、下横田、後家、上東浦、浦門、北横田、下伊庭後、上伊庭後	
2	中州村	用水	幸津川樋	野洲川	大字服部字柳原（部落の東部北流左岸堤防）	大字幸津川字平尻、今里、一ツ橋、北一ツ橋、川向、川原口、佃、上手階、横縄手、江神一部、下手階、猪子田、五反田一部、南富塚、北富塚一部、平田一部	（北流）
3	中州村	用水	小濱樋	野洲川	大字小濱字堤	大字小濱字村瀬、足田、堤下、松無、小門、北堤下、遠田	（北流）
4	中州村	用水	立田樋	野洲川	大字立田字里ノ内	大字立田字西出口	
5	中州村	湧水	赤池及入ノ上湧		大字新庄字赤池及入ノ上	大字新庄字切下、上薬師、下薬師、野田、上山條、下山條、宮ノ森、南肥後、十ヶ坪、横宮森、北肥後、駒田、荒木、三反長、西浦、上七田、下七田、深田、三十二、石塚、長田、秋田、田草、横長、五反田、宮ノ東、大将軍、上駒田、東ノ堂、神子前、善防作、就中字宮ノ東、五反田西浦一部、長田一部、石塚一部合せて六町餘は入ノ上湧より常は灌漑し窮迫の際は赤池より補給するを例とす	
6	中州村	湧水	井ノ坪湧		大字新庄字入ノ南	大字新庄字浄光寺、北川原、野神、餘内、石堤	
7	中州村	湧水	出湧（丈ノロ湧）		大字服部字丈ノロ	大字服部字水附、井端、登シ見、猪子田、南平、田々、莚田、大料、北林、大晦日、殿作、今田、上堅狩、下堅狩、津田前、烏帽子袋、西ノ川原、北浦	
8	中州村	湧水	戸田川原湧		大字服部字戸田川原	大字服部字戸田川原、山城、横枕、上池、西浦、今添、桑ノ本、八ノ坪、上新開、下新開、大塚、南内田、北内田	
9	中州村	湧水	平田湧		大字服部字麦間	大字服部字上須口、下須口、足田、イヲド、ミハカ、東浦、上平田、下平田、社田、角五郎、ウゴロス、上キビ田、中キビ田、下キビ田、永見、内堀、大門、西出、杉本	
10	中州村	湧水	西ノ新池		大字立田字里ノ内（千四百九十番）	大字立田字千草、上五反田、中五反田、竹ノ花一部	
11	中州村	湧水	長池及丸池		大字立田字南分木（千四百七十三番長池、丸池、地籍不明）	大字立田字尾崎、花ノ木、下花ノ木、上才神、下才神、合傳、上堂ノ前、下堂ノ前、上京、川田作、外和町、上柿代、中柿代、西分木、香傳	

12	中州村	湧水	壱番池		大字立田字川原（壱番）	**大字立田**字買米、上花ノ木、中花ノ木、堂ノ後各部	
13	中州村	湧水	湧水		大字幸津川字川原	**大字幸津川**字川尻、郷ノ町、下高内、大領寺、長畔、下出鼻一部、二三町一部、薬師、上山本、下山本、上北代、下北代、江神一部、五反田一部、北富塚一部、平田一部	
14	兵主村	用水	六條樋	野洲川	兵主村大字六條字小柿	**大字六條**全部	
15	兵主村	用水	堤樋	野洲川	兵主村大字堤字里ノ内	**大字堤**字里ノ内	
16	中里村	用水	乙窪樋	野洲川	大字比江界	**大字乙窪**字野神、里南、里東、北浦の各一部、宮前、石原、里ノ内、久根ヶ中、矢倉、長操、澤	
17	中里村	用水	三郷樋	野洲川	大字比江字南平	**大字吉地**字上竹ノ花、下竹ノ花、溝ノ井、開起、ヲビレ、西浦、川戸後、開田、畳屋敷、北原、開庵堂、角出口、蓮池、小ノ森、井出、上六ノ坪、下六ノ坪、上地蔵元、京畑、臼窪、下地蔵元、九人給、西十三、東十三、能専坊、淵尻、大門前、小川原、**大字西河原**字川ケ中、七ガリヤ、堂ノ内、堂ノ後、石原、森ノ下、上甲田、下甲田、門丸戸、荒木、塚ノ町、堂ノ前、西浦、大田、三ツクエ、横田、森ノ内、森ノ後、上薄久保、下薄久保、保村口、ヘモト、カヂガ中、八反田、茶屋ノ前、里ノ内、ソネ溝端、ソネ、下ソネ、上台、ツクダ、アシダ、垣ノ内、六反田、大郷、タンガス、天皇前、松田、坊ノ前、東ソネ、シマタ、トウジ一部、**大字比留田**字児喰、堂ノ後一部、八ノ坪、一ノ坪、二ノ坪、城ノ後	大字吉地、西河原、比留田の共用水
18	中里村	用水	三ツ井樋	野洲川	野洲町大字市三宅字三ツ井	**大字木部**全部、**大字虫生**字宮ノ前、馬場、アコ、アフギ、須川、正東門寺、溝田、鍛治塚、山王後、上障リ、下障リ、八ノ坪、九ノ坪、深田、上平田、田中、大田、下平田、上倉目、上トノへ、七ノ坪、里ノ内	大字木部、虫生の共用水
19	中里村	用水	崩樋	童子川	大字八夫字倉ノ町	**大字八夫**字倉ノ町、杉ノ町、五大田、新日吉、神立、中ノ町、仁和寺、汗佛、二ノ坪、五京、ナラ田、宮ノ東、水込、北田、山内、馬草田一部	
20	中里村	用水	一ノ坪樋	童子川	大字八夫字一ノ坪	**大字八夫**字六ノ坪、永平、東十八、海添、野瀬、東十七、柳五ノ坪、岩木、下正寺、東十六、殿ケ糸、鳥立、流レ、九ノ坪、下二ノ坪、八ノ坪、ミソロ、中鳥立、下鳥立、十三、七ノ坪、下一ノ坪	

21	中里村	用水	三ツ井樋	野洲川	野洲町大字三宅字三ツ井	**大字八夫**字井上、大道、脇ノ田、西ノ江、平田、十八、二十四、前田、十七、東妙観、日南戸、八夫郷、内子、三十、十ケ坪、十六、樋立、東轟、西轟、長間作、十五、十楽、木塚、川黒、西海森、北ノ三條、見田、梵釋寺、来田、松田、生神、大門、西ノ後、東青田、東海森	専用水
22	中里村	用水	童子川	童子川	大字比留田字新保ノ越、中江、ヘチャ、榊川、蛇田等合わせて六か所に埋樋を設けて導水す	**大字比留田**字榊川、駒田、三十一、焼田一部、新保ノ越、中江一部、下平野一部、蛇田一部、ヘチャ一部、葭合一部	
23	中里村	用水	海老川	海老川		**大字比留田**字堀切、今切戸、中道、今川、猿ノ尾	(上部よりの悪水を利用せり)
24	中里村	用水	新川	新川		**大字比留田**字四ノ坪、古苗一部、二十、二十一、六ノ坪、焼田一部、中江一部、上柳田、下柳田、上野田、下野田、丁子田、針本、内田、矢作、上出口、下出口、五ノ坪、下六、八ノ前、七ツ野、下寺、下平野一部、上焼矢、下焼矢、波出口切、堂ノ後、寺ノ後、漆田、東丁田、西丁田、上、十ケ坪、下十ケ坪、黒頭、荒針、上桑ノ本、下桑ノ本、上菰田、下菰田、村田、保田枕、下大込、地之内、尺田、麦江、五反田、上柱本、下柱本、八反田、畑添、三反長、中柱本、合正寺、四反長、小川、三ノ坪、蛇田一部、葭合一部、午房、御子尻、門田、井戸	(潴溜水配給)
25	中里村	用水	菰川			**大字比留田**字上込田、下込田、堀ヶ町、古苗代一部、上橋本、下橋本、浅鎌、天原	(大字比江、八夫ノ悪水利用)
26	中里村	用水	三ツ井樋	野洲川	野洲町大字市三宅字三ツ井	**大字比江**字寺門、澤里、東広佐、西広佐	
27	中里村	用水	古台樋	野洲川	大字比江字南平	**大字比江**字芝原一部、西浦、中村畑、南平	
28	中里村	用水	今井樋	野洲川	大字乙窪字今井	**大字吉地**字野良、森ノ内、薬師堂、中ノ等、チゴセ	
29	中里村	用水	坂田樋	童子川	大字八夫字坂田	**大字八夫**字坂田	
30	中里村	用水	六ノ坪樋	童子川	大字虫生字六ノ坪	**大字虫生**字六ノ坪、二ノ坪、美葉類、上溝堂、下溝堂、日頭、森本	
31	中里村	用水	御代門樋	童子川	大字虫生字上代門	**大字虫生**字一ノ坪、上御代門、下御代門	

32	中里村	用水	北岸樋	童子川	大字虫生字北岸	**大字虫生**字北岸	
33	中里村	湧水	大湧		野洲町大字市三宅部落内（寺院の南方）	**大字比江**字井出、青田、四反町、六反町、東石村、口石村、昆布苅、九源寺、糠田、穂部、十五、九ノ坪、五ノ坪、六ノ坪、**大字八夫**字南平、西浦、上八夫、今林	
34	中里村	湧水	丸池		大字比江字上川原（千四百八番地）	**大字比江**字新ノ口、上堂ノ後、横枕、河原田、福田、下堂ノ後、西ノ口、萬所、杉村、**大字乙窪**字高橋、川原田、五ノ坪、野神ノ一部、里南一部、里東一部	
35	中里村	湧水	中湧		大字比江字上川原（六百九十八番地）	**大字比江**字龍、南五三條、仲ノ町、戸ノ助、猿田、ノ田、蛸田、丸田、西湯吹、十九、西古見、鎌田、池ノ樋、庄出、四ノ坪、八夫井、上駒田、下駒田、歌司、若宮	
36	中里村	湧水	中關湧		大字比江字若宮（七百三十五番地）	**大字比江**字前会、飼倉、畑ヶ田、鬼ヶ町、柳、吉田、川浪、棚塚、草戸、子リ、石橋、台田、石亀、屋登、松ノ下	
37	中里村	湧水	薗湧		大字比江字南平（千二百三十七番地）	**大字小比江**全部、**大字西河原**字十一、十二、十ヶ坪、トナミ、宮ノ前、ウネコ、湯ノベ、上平田、下平田、馬場末、宮ノ東、宮ノ後、トウジ一部、屋野、田村、下田村、栗花	
38	中里村	湧水	長淵		大字比江字下川原（千四百七十四番地）	**大字比江**字松原、浅古、横枕一部、新ノ口一部	
39	中里村	湧水	朝鮮淵		大字乙窪字野神（八十八番地）	**大字乙窪**字里ノ内一部、野神一部、澤、北浦一部	
40	中里村	湧水	新淵		大字比留田字樋ノ口（二千七百十七番地）	**大字比留田**字樋ノ口一部	

凡例：本表は、『農業水利及土地調査書』（滋賀県内務部、一九二四年）のうち、中州村・兵主村・中里村の水利情報を抜き出したものである。

ただし、溜池、潜出水、瀦溜水、余水、天水、揚水機の情報は除いた。

光明寺遺跡（後述）の字名に傍線を引いた。

一部旧字体を新字体に改めた。

本表の入力は、田尾稲子氏にお願いした。

の用水の恩恵をこうむるムラが比江郷に含まれるわけでもない。応安四年（一三七一）には比江郷地頭職が臨川寺に幕府より寄進されている。[32] 比江郷は兵主郷より小さいながらも、同格の庄郷レベルの村落であったとみるべきであろう。

さらに注目して欲しいのは18の三ツ井樋である。これは、上流の市三宅から取水し、「大字木部、虫生ノ共用水」[33]となっている。虫生《むしゅう》は、童子川水系の六ノ坪樋が八町、御代門樋が三町、北岸樋が三町のほか「溝田」という水利施設のない田が二〇町、天水三町五反という水利構成であったので、[34] 二一町八反の三ツ井樋の全体に占める比重はかなり高かったものと考えてよいだろう。しかしながら、この虫生も後述するように兵主郷内には入らないのである。

以上、各ムラの水利が完結している度合いが高いこと、井元である比江が兵主郷に含まれず、また井元の比江郷にその受益のムラが含まれないこと、さらには兵主郷ではない虫生と兵主郷内の木部とが同じ用水を共用していることから、兵主郷が用水による単純な組郷ではなく、水利からではその成立が説明できないことは明らかである。

では、兵主郷はどのように成立したのであろうか。水利構造よりはむしろ、埴岡自身が詳細に明らかにした兵主郷の祭祀構造に注目した方が、より兵主郷の歴史的特質が浮き彫りになると考える。

(2)　近世以降の祭祀構造

旧野洲川北流右岸に位置する兵主神社[35]では、毎年五月五日、恒例の「兵主祭り」が行われている。明治以降部分的に改変され、近年は新たな工夫も催されてはいるが、七社の御輿が集まって、天文一九年（一五五〇）建立の楼門の翼廊（滋賀県指定文化財）に一斉に鎮座する点は、少なくとも一六世紀半ば以降、現在にいたるまで引

き継がれている。この兵主神社の祭礼に着眼して、兵主郷の地域構造を分析すると以下のようになる。(36)

①惣郷

祭礼では、兵主郷に属する各ムラ（現大字）が、「渡番」（「渡シ当番」）を順役で勤仕した。渡番にあたったムラは「清浄」と称して忌みこもり、五月三日にムラの氏神で祭典を行い、祭礼の世話、神前への奉仕のほか、かつて祭礼の見せ場であった七、八〇人にもおよぶ稚児行列を出したという。(37)また、「惣郷役人」は祭礼でさまざまな役割を担うとともに、たびたび発生した「神事出入」にさいしては最終的な議決機関として「惣郷寄合」が催され、大きな権限を有した。

以上だけみると、兵主郷は均質なムラの連合のようにとらえられるかもしれない。しかし、これにとどまらないところにこの兵主郷の特異性がある。

②上七社

兵主神社には、兵主二一社と称される末社群がある。(38)しかし、この祭礼で神輿が出せる末社は限られていた。それを「上七社」という。先に述べた天文一九年（一五五〇）建立の楼門の翼廊に鎮座する七つの神輿を出す、吉川の矢放神社、堤の狩上神社、小比江の矢取神社、比留田の悪王子神社（浅殿神社）、西河原の二ノ宮神社、安治の戸津神社そして大宮（兵主神社）である（図2、表2参照）。なお、大宮の神輿をかくのは、五条、六条、野田、須原、井ノ口五ヵ村の巡役とされている。このように、兵主神社の末社群のうち、特定のムラの神社だけが「上七社」として神輿を出すことができるのである。

③四郷

兵主十八郷内には、「四郷」と呼ばれる特定のムラからなる集団が存在する。そのムラとは、五条、六条、野田そして安治である。いずれも兵主神社周辺のムラであることが注目される。そこには「四郷役人」が存在し、

『近江輿地志略』享保19年(1734)	備考2	兵主神社末社(註3)( )内は旧称	所在地	格付け	元亀の起請文
五条村		乙殿神社	五条	(大宮巡役)	
六条村		三之宮神社	六条	(大宮巡役)	△
野田村		八幡神社(四ノ宮)	野田	(大宮巡役)	◎
安治村		戸津神社	安治	上七社	◎
堤村		狩上神社	堤	上七社	
		下堤神社	下堤		
井ノ口村		千原神社	井口	(大宮巡役)	◎
吉川村		矢放神社 野々宮神社	吉川	上七社	
小濱村					
津田村	「服部村の内なり」	北産土神社(十禅師)	津田		△
服部村		南産土神社(十禅師)	服部		
	「是服部村の内なり」				
乙窪村		牛尾神社(八王子)	乙窪		△
小比江村		矢取神社	小比江	上七社	
西河原		二ノ宮神社	西河原	上七社	◎
木部村		木部神社(悪王子)	木部		◎
八夫村		高木神社	八夫		
吉地村		吉地神社(悪王子)	吉地		●
比留田村		浅殿神社 城之神社	比留田	上七社	△
重高村	「比留田村の内」				
		苗田神社	須原	(大宮巡役)	◎
		杜若神社(註4)	菖蒲		
		稲荷神社	喜合		

表2　各史料に見る兵主十八郷の変遷

「いろいろ帳」明応6年(1499)	備考1	安治村よし刈覚書(註1)天正10年(1582)	雨請覚書(註2)元和8年(1622)	雨乞請書順番
五条村	東	五条村	五条村	七番
		六条村	六条村	拾七番
の田村	東	野田村	野田村	十番
あわち村	東		安治村	拾一番
堤村	西	堤村	堤村	拾三番・拾五番
井口村	西	井口村	井口村	三番
吉川村	西		吉川村	一番
小まま村	西		(なし)	
つ田村	西		津田村	五番
			服部村	拾四番
つしはら村	西		(なし)	
乙ちくほ村	東		乙窪村	拾八番
			小ひ江村・八夫村	二番
に□わら村	東		西川原村	九番
			木部村	四番
			小ひ江村・八夫村	二番
吉地村	東		吉地村	拾六番
			比留田村	六番・八番
			(なし)	
須原村	西	す原村	須原村	拾二番

凡例：本表は、兵主十八郷の構成を考えるうえで重要な史料について時代の古いものから順に並べたものである。

村の配列は享保19年(1734)の『近江輿地志略』の配列を基準とし、これとの異同がわかるように表を構成した。

備考1は洪水による流路の変更で、その流れの東側に位置したのか、西側に位置したのかを示したものである。

元亀の起請文欄は、「元亀の起請文」が残存しているムラで、惣代や百姓が署名しているものを◎で、地侍が署名していると思われるものを△で、不明なものを●で表わした。

註1：天正10年2月28日、安治村よし刈覚書、「安治区有文書」78。
2：元和8年、雨請覚書、「兵主神社文書」267。
3：井口昌宏「兵主神と末社十八郷の神々」(『八千矛』21、兵主大社々務所、1999年)。
4：天保9年(1838)に勧請された神社である。

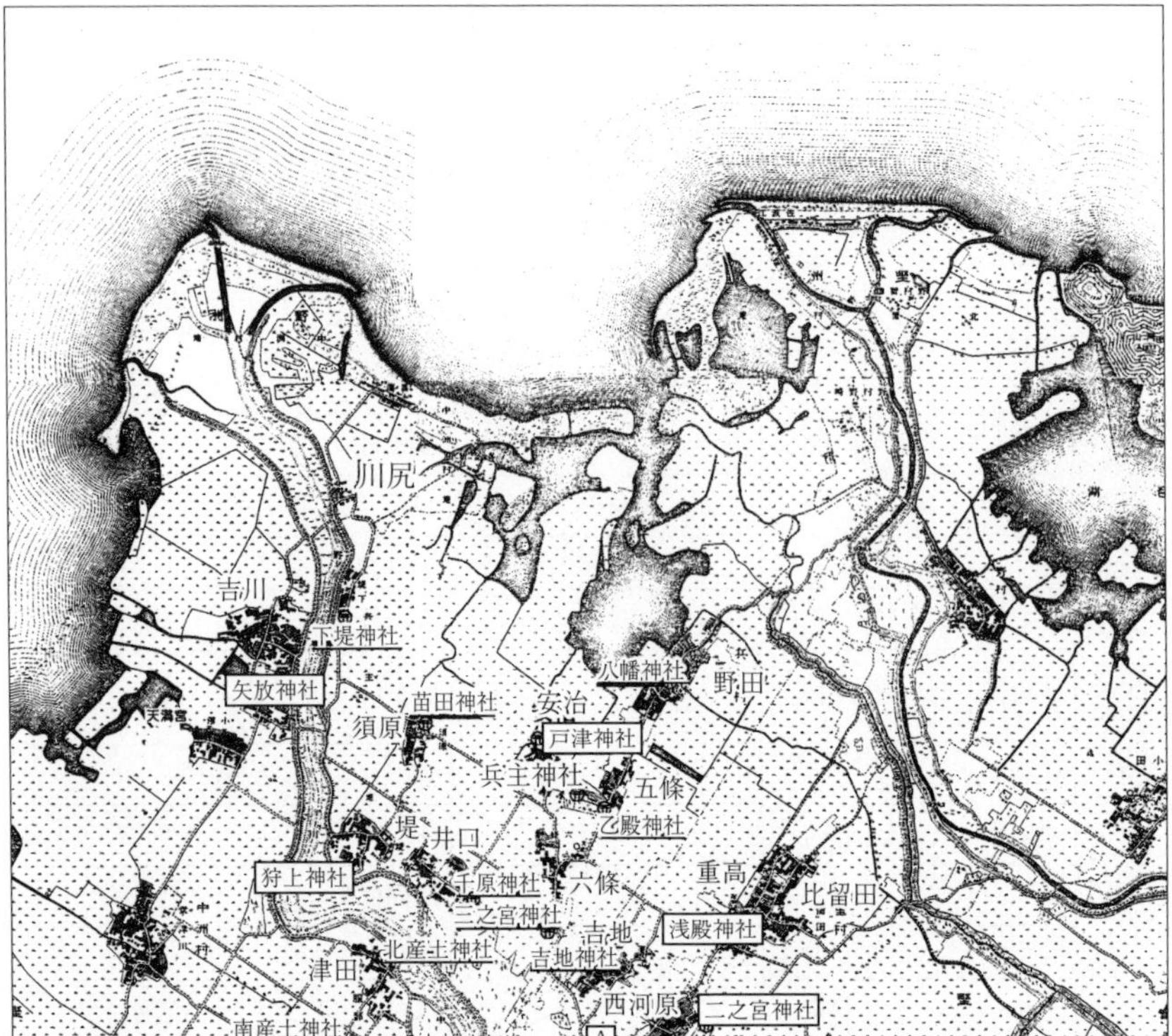

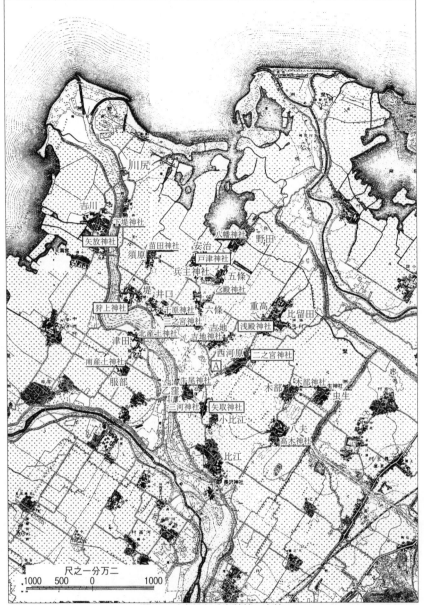

図２　兵主郷と兵主神社の末社

凡例１：原図は、大日本帝国陸地測量部発行仮製２万分１地形図「堅田」「和邇村」「北里村」（以上1895年発行）「八幡」（1894年発行）である。
２：地名は集落名を記入した。ただし、川尻、重高、津田については、現在は独立した町丁大字ではない。また、虫生は一貫して兵主郷域外である。
３：神社名のうち、下線を引いたものが兵主神社の末社であり、そのうち四角で囲っているのが「上七社」である。
４：兵主郷と関わると推定される中世集落遺跡のうち、光明寺、吉地薬師堂、光相寺、吉地大寺の各遺跡が集中する位置を記号Ａで示した。
なお、明治期の集落と重なるか、集落に沿った遺跡として次の遺跡があるが、図示しなかった。
比江　八夫　小比江　虫生　木部　西河原　西河原森ノ内　比留田　六条　五条
５：中世集落遺跡の比定は本吉恵理子氏のご教示を得た。また、図は谷川真紀氏作図によるものに若干修正を加えた。

祭礼において神役を務めることはないが、兵主神社の諸事の世話役を勤め、兵主神社の財務や普請など祭礼以外の面で一定の役割を果たしている。先ほど「神事出入」のさいには「惣郷寄合」が催されると述べたが、じつは、その前にまず「四郷寄合」が催されていた。

また、「六条村大日堂」は、「馬（場）所本」と呼ばれ、稚児当番は神事当日まずここに詰めることになっていたし、「六条村源蔵」は、楼門の七社神輿に「御旅御供」を供えていた。さらに、五条村には「神事組」があり、「五条村ゟ神馬警固株之者共」と呼ばれていた。そして、野田の（木村）「定八」は、兵主神社の草創にとって重要な「八ツ崎神事」で代々舟頭を勤め、(39) 野田村、五条村の者は正月、七夕などの神事に深く関わっていた。これらは個別の関係ではあるが、野田、五条、六条のものが祭祀に深く関わっていた点には注意が必要であろう。埴岡は、「四郷が（中略）兵主郷内の特権階層だったことを示すとも解される」としたうえで、「五条・六条・野田には（中略）神人の系譜を引く家筋のあったことが推測される」とし、これらの関係は「惣郷の枠組みとは次元を異にする形で成立」したと推測している。肯ける推測である。

④簗衆《やな》＝社家

さらに兵主郷の祭祀構造を特徴づけるのが、簗衆の存在である。(40) 簗衆は社家ともいい、正月三が日・四月二ノ酉日・五月五日・七月七日の神事祭礼のほか、遷宮・雨乞の臨時神事にも神役を勤め、神主が病気や差し支えがある時はその代役を勤めた。先に紹介した野田村の定八が舟頭を勤める八ツ崎神事も簗衆のみの神事であったという。(41)

享保七年（一七二二）や元文四年（一七三九）の記録によれば、(42) 野洲川北流の吉川にあった簗は、神主の井口氏（以下、「神主井口氏」とする）が支配する「社番」と社家一二人ずつで編成された二つの番の計三番によって交替で運営されており、社番は中三日で廻ってくることになっていた。

神主井口氏とともに春秋の簗の権利を独占していた兵主神社の社家は、享保七年の記録では神主井口氏を含めて二五人とされており、神主以外の二四人の構成は、元文四年の記録の連署では、須原村東氏二人、井口村井ノ口氏一人、吉川村辻氏・川端氏二一人となっていた(43)。兵主神社の供祭簗をめぐる権利は、神主井口氏と簗衆のほとんどを占める吉川村の村人の一部とを両軸に編成されていたのである。

なお、吉川村の宮座は、簗の権利をもつ社家の辻氏・川端氏による兵主神社の宮座と、吉村氏などによる矢放大明神の宮座と二つに分かれているという(44)。したがって、吉川村に所在する社家の人々の権利は、吉川のムラとしての権利ということはできない。簗衆もまた村落とは別の原理で編成された集団であった。

⑤神主

最後に兵主神社の神主井口氏についてとりあげておきたい。近世には五条村に在村して「井口宰相」と一時期まで通称されていた。

簗の「簗頭」とされ(45)、「簗猟惣司(46)」「猟師頭(47)」を名乗っていた神主井口氏は、一八世紀の時点では先程みたような「往古」にあったとされる秋簗の「社番」の権利を失っていたが、少なくとも春簗については全体の四分の一の権利を有していた。その一方で、簗年貢の四分の一は神主井口氏が負担し、簗に必要な簀八枚、杭八本、「ミブチ」三本は神主井口氏が負担する決まりであった。

ここで注目しておきたいのは、神主井口氏と五条村との関係である。神主井口氏は、宝暦三年（一七五三）に五条村方に対して訴訟を起こしている(48)。神主井口氏の主張は、「五条村方は「私家之譜代被官之家筋」であって、神主井口氏が扶持地を与えて「印米」を徴収しており、正月、七月、五節句には侍分は台所に、平分は土間に詰めることになっている。さらに、「四方ハ用水」に囲まれた「堀内居屋敷拾九軒」に対しては、神主井口氏が「加恩米」を徴収している」というものであった(49)。

結局、神主井口氏は敗訴し、神主井口氏との主従関係が認められたのはわずかに二軒のみであった。敗訴している以上、神主井口氏の主張をそのまま受けとることはできない。しかし、神主井口氏の「堀内居屋敷」や村方に対する特別な支配権の主張を根拠のない荒唐無稽なものとしてしまうことはできないと考える。なぜなら、明応二年（一四九三）、「兵主神館殿」は社領として「当郷五条村内堀内」の諸役免除を認められており[50]、五条村の宮座と考えられる正月一二日講に神主井口氏が加わっていることが確認できるのは、文政一〇年（一八二七）まで待たなければならないからである[51]。神主井口氏は一九世紀初頭まで、ムラの「共同の秩序を体現することによってのみ土豪たりえた[52]」存在ではなく、ムラの共同体規制とは一線を画した存在であった可能性が高いと考える。むしろ庄郷の「共同の秩序を体現」する存在だったのではなかろうか。そして、恐らく「堀内」を中核として神館によって編成され成立した五条村は、「農民の側で築き上げた〈集団で生き残るための自前の組織〉」である「自力の村」の対極に位置した、庄郷の秩序を体現する中間層によって強力に編成されたムラであった可能性を排除することはできないと考える。

以上、近世の兵主郷は、惣郷が成立しているものの、近世にいたってもなお均質な「自力の村」の連合体ではなく、簗衆（神主と社家）、四郷という編成原理の異なる特定の集団を核として形成されていたことを述べてきた。とくに、簗の権利関係が、近世以降にいたってもムラの枠組みでとらえられない事実は重要であると考える[53]。

では、そうした兵主郷全体のなかで安治村は、どのような位置を占めていたのであろうか。安治村は五条、六条、野田と並ぶ四郷の一つである。しかも、享保七年（一七二二）の史料から、「兵主郷魞《えり》」が村内にあったことが確認できる[54]。兵主神社の強い規制下にあったムラと評価することができよう。しかしその一方で、ほかの四郷とは異なり、安治村には神役衆の存在が確認できない。また、ほかの四郷が大宮の神輿を巡役でかくのに対し、安治村には上七社の一つ戸津神社があり、祭礼で独自の御輿を出すことができる。兵主郷内でも有力なムラの一つであったと評価することができよう。このように、強い規制下にありながら自立度が高いという特異な位置に安治村はあったのである。

では、以上確認した兵主郷の近世的構造はどのように成立したのであろうか。また、そのなかで安治村が特異な位置を占めていたのはなぜなのであろうか。今度は一〇世紀にまでさかのぼって考えてみたい。

第二節　兵主郷の成立

(1) 淵郷と淵庄

承平年間（九三一～三八）成立の『和名類聚抄』（以下、『和名抄』とする）では、野洲郡には三上・「敷智国用淵字」・服部・明見・迩保・篠原の六つの郷が存在した。[55] 兵主郷を『和名抄』にみえる「服部郷」を継承したものととらえる考えもある。[56] 確かに、後述するように服部郷の系譜を引くとみることもできる服部村は、兵主郷内に含まれる。しかし、論者は異なる考えをもつので、まずその後の淵郷の展開からみてみたい。[57]

保延三年～五年（一一三七～三九）成立の『後拾遺往生伝』[58] には確実に淵郷の住人と断定できる人物が二人登場する。一人は、「野洲郡淵郷住人錦延行」であり、寛徳年中（一〇四四～四六）に「只如レ形建草堂一宇」を建立したという。もう一人は「物部時宗」であるが、彼については後述するとして、ここでは淵郷が一二世紀に実在したことを確認したにとどめ、先にこの淵郷の地に成立した荘園についてふれたい。

治安三年（一〇二三）九月二三日の官宣旨案には、大安寺領として「野洲郡野洲庄・淵庄」が登場する。[59]『大安寺縁起幷流記資材帳』によれば、天平一六年（七四四）、聖武天皇によって野洲郡の百町が大安寺領として施入されている。[60] のちの相論史料で「天平官符」が公験とされていることから、この施入が淵庄の直接の起源であることがわかる。[61] また、正中二年（一三二五）には大安寺領近江国淵庄雑掌が、延勝寺領中津庄方の押領を訴えているが、この史料から、淵庄が領域型荘園ではなかったことがわかる。[62]

ところが、弘安八年（一二八五）に書写された正治二年（一二〇〇）の興福寺維摩大會料当国不足米餅等定案によれば、維摩大會に必要な長莚一八四枚のうち一〇枚を淵庄が負担することとなっていた。[63]鎌倉中期に興福寺別当進止の淵庄が成立していたのである。[64]大安寺は律宗寺院化し、興福寺の末寺となっていた。[65]

そして、淵庄の終見として知られているのは、『大乗院寺社雑事記』「尋尊大僧正記」の長享元年（一四八七）八月六日条に近江の興福寺領が書き上げられた記事であるが、同じく「尋尊大僧正記」の寛正三年（一四六二）七月五日条では、大安寺の僧が寺領不知行分を注進に来たさい、とくに江州淵庄のことを問題にしている。また、『蔭涼軒日録』延徳四年（一四九二）八月五日条に「月翁和尚知行在所江州兵主郷安楽寺領小浜庄内南都大安寺契米二拾石事」とあり、一五世紀の時点で大安寺はこの地域に何がしかの権益を保持していたようである。ただし、大安寺は請負代官にすぎず、あくまで「月翁和尚知行在所」「小浜庄」として登場しているのであり、「淵庄」ではないことに留意する必要がある。以上から、淵庄は、大安寺、興福寺の思惑とは別に、荘園としての実態を遅くとも一五世紀には失っていたと考えられる。

一方、淵郷については、管見では、『矢放神社所蔵大般若波羅蜜多経』巻二四〇に、「近江国野洲北郡淵郷河尻村／矢放大明神御経也／■■■建長六年〈甲丑〉三月修治之云」とある建長六年（一二五四）が終見である。[66]

ここで「淵郷河尻村／矢放大明神」とあることに注目したい。なぜなら、現野洲市吉川区の旧北流右岸に「川尻」（カワシリ）という小字が残り、[67]その対岸の旧北流左岸に矢放神社が鎮座するからである（図2参照）。この「河尻村／矢放大明神」が、淵郷の位置を直接特定する唯一の手がかりである。

この「河尻村」には、先の『後拾遺往生伝』で紹介しなかったもう一人の人物、「物部時宗」が住んでいた。時宗は、「野洲南郡河尻村住人、兵主社神人也」とされ、「其宅有二潤沢一、年来曳二千僧供一、一二箇度、造二仏像一写二経巻一、其勤多矣、而間彼堂住僧、常聞二天音楽一」とあるように、「千僧供」という国家的法会を行えるほど巨万の富を蓄積した長者的存在であった。兵主神社神人であったということは、野洲川流末に簗を所有していたのであろうか(68)。

以上、少なくとも一三世紀半ばまでは、兵主郷はいっさい記録に姿を現さず、淵郷とその内部に成立した非領域型荘園淵庄、加えて恐らくは服部郷という近世以降とはまったく異なった地域社会が形成されていたのである。野洲川最下流の河道の定まらない低湿な環境に位置した淵郷、そして大安寺領淵庄と興福寺領淵庄は、延勝寺領中津庄に加え、兵主社（後述）、虫生社(69)と三つの王家領に挟まれ、領域化できず、厳しい経営が迫られていたのではなかろうか。では、そうしたなかで、『和名抄』にはみられない兵主郷はどのように成立したのであろうか。

(2)「兵主社(庄)」、そして兵主郷の成立へ

まず、兵主神社自体の位置づけであるが、『延喜式』のいわゆる神名帳に「名神大社」として位置づけられ、寛平九年（八九七）には御上神社とともに金勝寺の年分度者一人が充てられている(70)。建武元年（一三三四）の吉身庄検注目録によれば、庄内に兵主神社と御上神社の除田があった(71)。兵主神社は御上神社と並んで、郡鎮守に相当するような郡統合機能を果たしていた可能性が高い(72)。

その兵主神社が、荘園として登場する初見は、貞応三年（一二二四）以後のものといわれる宣陽門院所領目録である(73)。「御祈願所御領」に充てられた荘園群のなかに「近江国兵主社」とみえる(74)。また、元応元年（一三一九）の日吉社領注進状には「兵主社内時任名」とあり、これは正治年中（一一九九～一二〇一）に後高倉院によって寄付されたものという(75)。さらに、『源威集』によれば、文和四年（一三五五）正月、足利尊氏が近江坂本に逃れたさい、山門が「兵主庄」などを所望しているが、その注記に「春宮供御料所」とみえる(76)。兵主神社もまた王家

領のなかに組み込まれていたのである。そして、『源威集』によれば「兵主庄」は文和四年に山門に寄付されていることになっている。永享一一年（一四三九）に「延暦寺根本中堂領兵主郷内吉地村」の奉行職が将軍足利義教から正実坊将運に安堵されており、[77]『源威集』の記述が誤りとはいえないことを示している。

　ところが、この王家領そして山門領と思われる「兵主社」に対し、将軍家政所料所として年貢米五〇石を納めるように命じる散位某奉書が小笠原貞宗あてに建武四年（一三三七）一二月九日付けで発給されているのである。[78]この事実をもって筧雅博は、「兵主社」を「まごうかたなき関東御領」であったとする。[79]確かに、その後も、永享三年（一四三一）一一月七日の室町幕府奉行人奉書に「御料所近江国兵主郷内二宮国田（ママ）職等持知行分事」とあるように幕府御料所であった。[80]しかしこれは、上分米については山門に曳き上げるように、下地については等持寺都官雑掌に沙汰付けるようにという内容で、山門領という枠組みは崩れていない。

　ところで、この史料中には「兵主郷」が登場するが、兵主郷の初見は、管見では、元応元年（一三一九）日吉社領注進状の「一、野洲北郡正楽名神田参町参段」の項である。[81]

　　二宮毎月朔日神供料所、毘沙門堂内大臣僧正房知行、此内比江郷壹町参段、自㆓去年㆒地頭押領、八夫郷壹町六段、木部郷四段、自㆓永仁年中㆒兵主郷地頭押領、仍神供闕如畢

比江郷一町三段を去年から押領してるのが、比江郷の地頭なのか、[82]正楽名の地頭なのか不明であるが、[83]永仁年中（一二九三～九九）から八夫郷一町六段と木部郷四段とを押領しているものこそまさしく「兵主郷」地頭である。

　ここで注意する必要があるのは、第一に、『和名抄』の郷とは異なる、比江郷、八夫郷、木部郷が登場し、ムラレベルの村落が郷と呼ばれていることである。[84]これは、兵主郷周辺に限っても、石田郷、三宅郷、金森郷、[85]開発郷[86]などが確認でき、この地域一帯では、いったん『和名抄』の郷は解体したようにうかがわれる。第二に、そ

のムラレベルの郷と同じレベルで兵主郷が登場していることである。つまり、いわゆる兵主十八郷とはレベルの異なる狭義の兵主郷がまず成立していたのである。そして第三に、その狭義の兵主郷には地頭が設置されており、その郷の地頭が「押領」という手段を用いて、兵主郷を周辺へ拡大していった可能性があるということである。

先に覓が、「兵主社」を「まごうかたなき関東御領」とした点に戻ると、覓がこの事例の次に挙げている建武四年末に薩摩国阿多北方地頭に対し「御年貢」を「将軍家政所」へ進納するように命じた事例を参照すれば、(87)「兵主社」そのものは王家領（のち山門領）で、関東御領ではなく、この兵主郷地頭職こそが、関東御領、もしくは北条氏関係所領であり、それを室町幕府が継承したと解釈すべきではなかろうか。

そして最後に、先に淵郷の終見として紹介した、建長六年（一二五四）に登場する「淵郷河尻村／矢放大明神」であるが、今度は『矢放神社所蔵大般若波羅蜜多経』巻三七五（見返し）に「兵主郷内河尻村矢放宮／享禄三年〈庚寅〉正月十七日」として登場する。(88)享禄三年（一五三〇）には完全に兵主郷内に位置づけられていたのである。(89)この事実は、一三世紀後半から一六世紀前半までに、当該地域社会の再編成が、少なくとも「河尻村」を巻き込んで行われ、淵郷が解体消滅し、代わりに拡大した兵主郷が成立したことを推測させるのである。では、一三世紀後半から一六世紀前半にかけて、いったいなにが起こっていたのだろうか。

（3）兵主郷の再開発と安治村

野洲市大字西河原小字「七ツカリヤ」および「堂之内」から、一四世紀後半から一六世紀初めにかけての三重の堀をともなう方形居館が出土している(90)（図2[A]）。この光明寺遺跡の性格を評価し、居館主を推定するために留意しなければならない点は次の三点である。

第一にこの居館は、微地形分類では立地条件のよくない埋没微高地および旧河道上に位置し、野洲郡統一条里とは異なっていることである。六条三宮神社の東に位置する小字「政所」が微高地上にあるのとくらべるとあまりの落差である。[91] これは、新興の勢力による開発の可能性を示唆していると考えられる。[92]

第二に、三重の堀のうち、中堀がもっとも大きく幅三・五メートルで、近年まで用水路として北へ流れていたという点である。[93]「野須井」の西河原・比留田方面に向かう用水路と、吉地・六条へと向かう用水路との分岐点に位置することから、用水路を掌握できる位置にあえて居館を築いたと考えるのが妥当だろう。とすれば「野須井」の構築に大きく関与した存在ということになり、さらには野洲川旧北流の築堤による固定化にも関与したような勢力を居館主として想定すべきではなかろうか。

第三に、小字「七ツカリヤ」の存在である。『中主町史』に「七社の神輿の旅所から七つ仮屋と云う」とあり、[94] 徳網克己は、延宝元年（一六七七）の絵図を根拠に、「耕地化されることなく二〇〇年も経過しないうちに神輿の御旅所になった」と述べている。[95] この地が御旅所とされたこと自体、居館主が兵主神社の祭祀と密接に関連していたととらえるべきではなかろうか。

では、こうした条件を満たす居館主として誰が想定できるだろうか。先に述べたように、王家領代官、もしくはそれを引き継ぐ山門代官には支配の拠点がすでに存在していたはずである。遺跡の開始時期が一四世紀前半であれば間違いなく兵主郷地頭が第一候補になり、用水、排水のための水路を開設して低湿地を開発していった西遷御家人が想起される。[96] しかし、一四世紀後半以降であれば、将軍家政所御料所代官を想定するのがもっとも蓋然性が高いのではなかろうか。[97]

兵主神社には、重要文化財に指定されている「白絹包腹巻」が残されている。その腹巻を納めた唐櫃の蓋裏に、観応二年（一三五一）の年記とともに、「御造営奉行井口七郎左衛門入道沙弥禅忍」が花押を据えている。[98] 近世の『兵主大明神縁起』[99] に、「文永の逆乱に社領無沙汰なりしより、恒例の義も退転せしを、等持院殿神領を返しつけられ、祭祀をもとのごとくにすべしと御教書をなさる」とある。先に永仁年中より兵主郷地頭が押領し始めたことをみた。伝承ではあるが、等持院殿、すなわち足利尊氏の命により御料所代官井口氏が再興のため造営にあたったということは想定できないことではない。論者はこの井口氏を、居館主の第一候補としたい。

　永享六年（一四三四）、「兵主以下山門領」は没収され六角氏の支配下に入る。[100]その後の展開はわからないが、文明七年（一四七五）六角氏は「神主」に対し、法会、祭礼、諸神事などを往年のように「成敗」することを命じている。[101]これが現在兵主神社に残された最古の文書である。逆にいえば、それ以前の文書は神社に残されていない。文明の段階では「神主」とあるが、明応二年（一四九三）には伊庭貞隆が、「兵主神館《かんだち》」に対し「五条村内堀内」の段銭・要脚の免除を認めている。[102]「五条村内堀内」の特権を獲得した明応二年は、光明寺遺跡の居館が廃絶する「一五世紀末から一六世紀初め」とちょうど符合する。

　じつは、神主井口氏の近世の由緒書には「井口宰相と申ハ、元正天皇御宇養老二年、五条播磨守資頼と申よりはしまり終ニ中絶申事無レ之候、四代以前井口清右衛門二男致養子、五条と申名字拾名在レ之ニ付、井口氏に今名乗申事ニ候」とあり、真偽はともかく神主家の交代を示唆しているのである。[103]

　また、同じく明応二年、「当庄／簗衆中」に対し「兵主郷内吉川簗」の要脚免除が認められるなど、[104]以後も再々簗衆は安堵状を獲得しているが、それらのなかで注目されるのは、天文一五年（一五四六）に「兵主宮／社家中」が「社領簗」について、「任二先例一、野洲川流付、打レ簗、御供可レ備レ之、雖レ為二何之在所一、新儀輩、堅被二停止一候」と認められている点である。[105]野洲川の河道が固定化していくなかで、簗衆すなわち兵主神社（神館・社家）とほかの「在所」＝ムラとのあいだで簗の設置をめぐって相克が繰り広げられ、それを排して近世につながる簗衆の体制が築かれたであろうことを想像させる文書である。そして、永禄二年（一五五九）には社家の体制が確立したと推測されている。[106]

以上を勘案すると、一三世紀後半頃まずムラレベルの兵主郷が成立して北条氏関係の地頭が置かれ、一四世紀前半、兵主郷地頭の実力行使によって兵主郷域が拡大し始める。その後、一四世紀後半以降、将軍家御料所代官井口氏は、兵主神社の再興をはかり、それと連動して周辺のムラを巻き込みながら河川に築堤を始めて河道を固定化するとともに、[107] 用水路でもある水路網を整備し、みずからは旧河道の低湿地に、その水路網と密接に連動した三重の堀囲いの居館を構える。その後「神主」を継承した井口氏は「神館」を名乗り始め、一五世紀末には神社の鎮座する五条村に「堀内」を構えて特権を獲得する。この間、河道の固定などの再開発を梃に周辺のムラを統合して兵主郷を拡大しつつ、一方で古来より簗を運営していた「河尻村」神人を再編成して「社家」として編成する。その排他的特権を認められるのも一五世紀末のことである。そして簗衆のなかでの特権をも獲得し、ついに「兵主十八郷」を成立させ、その主導権を握ることに成功した。これが今回類推に類推を重ねた兵主十八郷の成立史像である。以上を仮説として提示し、発掘調査の進展や批判を待ちたいと思う。

図３　野洲川旧北流右岸等高線図

数字はｍ、間隔は0.5ｍ（一部１ｍ）。
記入は中主町内のみ、原図は中主町作製 1/6000地形図1968年より。
高さの基準はO.P.（大阪湾最低潮位）。

　ところで、河道の固定化、用水路網の整備という再開発が進むなかで、河道からはずれた安治村は、用水網の最末端というかえって厳しい環境におかれることになった。等高線図（図3）をみると、安治村集落はかろうじて八六メートルの等高線上の微高地に立地していたが、八七メートル等高線付近より下流は三角州と分類するのが適切であるという[108]。表1からではうかがうことができないが、大正一三年の『農業水利及土地調査書』の「土地調査書」からは、湖辺の村々が灌漑用水の確保に非常に苦労している姿が浮かび上がってくる。安治村は、「内湖ニ堰堤ヲ築キ平時ノ余水ヲ貯水シ之ヨリ龍滑車ニテ灌漑スルモノナリ」とされており、揚水機の導入が焦眉の急務と結論づけられている。近世には「野須井」掛りと位置づけられていたが[109]、六条村とは相論を繰り返しており[110]、『農業水利及土地調査書』では三郷樋の掛りから除外されている（表1）。実態は上流からの余水を受けた、クリークからの揚水による灌漑だったものと思われる[111]。

さらに、湖辺のムラに固有の困難もあった。琵琶湖水位の変動によって、年によっては水稲耕作が不可能になることである[112]。現に、安治村の指出にも、「水」「当水」という記載のある指出もあって[113]、「ひゑましり田畠」もみえる[114]。水位が上昇して水がついたときには稗の栽培に切りかえ、それでもだめであれば耕作を放棄したケースもあったであろう[115]。

安治村の善福寺は文保元年（一三一七）の開基と伝えられる[116]。旧中主町内では古い方に属するが、安治村が水田耕作にのみ依存しようとする限り、常にムラとしての存続が危ぶまれるような状態であったといわざるをえない。では、安治村はこうした状況をどうやって克服したのであろうか。

第三節　兵主郷と安治村

（1）兵主十八郷の「流動」

先に、淵郷から兵主郷への移行の証拠として、享禄三年（一五三〇）の「河尻村」の史料のみを紹介したが、じつは、それ以前にも兵主郷がほかのムラを編入していた証拠史料は存在する。

まず、先に紹介した永享一一年（一四三九）の足利義教袖判御教書に、「兵主郷内吉地村」とあり、吉地村が兵主郷に含まれていた[117]。また、文明九年（一四七七）八月の延暦寺所蔵木造慈恵大師座像底墨書銘に「兵主郷六条村法定寺」とあり、明応二年（一四九三）の史料に「兵主郷内吉川」とみえ、六条村と吉川村がそれぞれ兵主郷内に含まれていたことがわかる[118]。

そして、安治区有文書の最古の文書である明応年間の「いろいろ帳」[119]（以下、単に「いろいろ帳」とだけ表記する）の明応六年（一四九七）条に「兵主十八かう（郷――橋本註、以下同じ）の内ニ、にしハ井口村、つつみ（堤）村、すわら（須原）村、よしかわ（吉川）村、小まま(浜)村、つ(津)田村、つしわら村、ひかしハ□(吉)地村、五条村、の(野)田村、に□わら（西河原）村、乙ちくほ(窪)村、本かう（郷）あわち（安治）村」とあり、ここで初めて「兵主十八かう(郷)」が登場するのである[120]。

この兵主十八郷は、享保一九年（一七三四）の『近江輿地志略』によれば、表2に示した一八か村より構成されていることになっている。ところが、この範囲には享禄三年（一五三〇）に確認されたはずの「兵主郷内河尻村」はまったく姿を現さない。一二世紀繁栄を誇ったであろう「河尻村」は姿を消し、代わって、矢放神社の所在する集村化した吉川村が暮らしの単位として現れているのである。

また、「いろいろ帳」の明応六年条に登場した「つしはら村」も姿を消している。『近江輿地志略』によれば、「つし原村」は、津田村とともに「服部村の内」とある。津田村は、いわゆる「元亀の起請文」を独自に提出している独立村である[121]。にもかかわらず、いずれもが『和名抄』の服部郷の系譜を引くと考えられる服部村に編入もしくは再編入されたものと思われる。そして、これら二つのムラを編入した、服部郷の恐らく中核部分だったであろうその服部村自体が兵主郷に吸収されているのである。

さらに、「いろいろ帳」の明応六年条に登場した「小まま村」は、小浜村と考えられるが、先に見た吉川村矢放神社の『大般若波羅蜜多経』巻三六五に、「建長第六暦〈甲寅〉三月廿三日於近江国野洲北郡□□（重書）「南郡服／小浜村大御堂」とあり、建長六年（一二五四）には服部郷に属していた可能性がある。[122]ところが、延徳四年（一四九二）に「江州兵主郷安楽寺領小浜庄」とみえ、[123]さらに、明応六年には兵主十八郷を構成していたのである。『近江輿地志略』にも小浜村はみえているが、元和八年（一六二二）の雨請覚書には重高村とともにみえず、そのかわり『近江輿地志略』には兵主郷としてはみえない須原村を含む計一七か村より雨乞が行われている（表2[124]）。

須原村は、『近江輿地志略』には兵主郷としてはみえないが、天正一〇年（一五八二）に、「兵主郷之内、堤村、井口村、六条村、野田村、五条村、す原村」とあり、[125]兵主十八郷内と考えてよいだろう。

このように、「兵主十八郷」という固定的表現とは裏腹に、内部構成は激しく揺れ動いている。これらをまとめると以下の通りである。

一、淵郷の解体消滅による河尻村の兵主郷への編入、さらに吉川村への再編
二、旧服部郷内と思われる小浜村の兵主郷への編入と離脱
三、「兵主十八郷」を構成していたはずの「つし原村」の服部村への編入
四、独立村津田村の服部村への編入
五、旧服部郷の中核と考えられる服部村の兵主郷への編入
六、兵主郷を構成する独立村とはなかなか認知されない須原村

下位の村落であるムラは、ほかのムラの吸収、他郷への編入や離脱（独立）など激しい運動を繰り広げており、上位の村落である庄郷とともに揺れ動いていたのである。このような動向を本論では、「流動」と呼びたい。

さらにこのことを示す興味深い史料がある。「いろいろ帳」の「□」のハンはのまわりあしの事」という項目である。明応五年（一四九六）六月日に「此度きおとりなり」として、一番から一〇番まで神社名が書き上げられている（表3）。

表3　「いろいろ帳」の「まわりあし」に登場する神社

番	史料上の名称	比定神社名	比定大字	上七社に含まれない神社
1番	「かいろけみや」	(未詳)狩上神社?	(堤)?	
2番	「やはなちみや」	矢放宮	吉川	
3番	「やとりみや」	矢取宮	小比江	
4番・5番	「二のみや殿」	二宮神社	西河原	
6番	「戸みや」	戸津宮	安治	
7番	「あくおうし」	悪王子	比留田	
8番	「井のやしろ」	(未詳)	(井口)?	●
9番	「かんのみや」	(未詳)	(未詳)	●
10番	「三みや」	三宮神社	六条	●

本論にとって重要なのは、天文一九年（一五五〇）には「上七社」（矢放〈吉川〉・狩上〈堤〉・矢取〈小比江〉・悪王子〈比留田〉・二ノ宮〈西河原〉・戸津〈安治〉・大宮〈五条・六条・野田・須原・井ノ口五か村の巡役〉）の体制が確立していたはずが、明応五年段階では、九社プラス恐らく兵主神社の一〇社体制であったということである。すなわち、表3で●をつけた三つの神社は、上七社として残ることができなかったのである。しかも、このなかで「かんのみや」は、所在の比定すらできない。

徳網克己は西河原森ノ内遺跡調査のなかで、旧中主町周辺域の現集落から離れた位置に所在する中世集落の形態に注目し、これを「緩慢な中世的集住」と呼び、現集落と関わる集住の一形態ととらえて、一六世紀代に現集落に吸収・再編されていくことを予想している[126]。しかし、この遺跡では、集落遺跡は神社とセットになっていた[127]。この集落遺跡は最終的には現西河原集落に吸収されたとはいえ、本来は独立したムラであった可能性も排除できないのではないだろうか。場合によっては、氏人がいなくなる、すなわち、ムラの存在そのものが失われるようなケースまでも想定すべきではなかろうか。

また、のちに上七社には含まれず、天文一九年以降は御輿を出していないことが確実な六条村の三宮が、一〇番までのなかに含まれている点にも注目したい。これは、六条村が、安治村と同等、いや「三宮」という立場からすればそれ以上の立場を確保できる可能性が、この明応五年の段階ではあったことを意味してはいないだろうか。逆にいえば、流動的な状況下で生き残り、約五〇年のあいだに何らかの要因で自立して地位を向上させ、「上七社」体制の一角に喰い込んだムラが安治村であったのであり、それに失敗したのが六条村だったのである。では、水利面で過酷な状況下におかれていた安治村は、どのようにして「自力の村」として確立できたというのであろうか。

(2)　安治村の課題とその克服

「いろいろ帳」は、一五世紀末の安治村がいったいなにを課題としていたのかをうかがうことができる極めて貴重な史料である。その内容構成を宮島敬一の整理により紹介すると以下の通りである。

(一)　明応六年二月神事について
(二)　堤切れについて（明応五年八月・同六年正月）
(三)　「廻り葦の事」
(四)　明応六年四月祭について
(五)　「ねはん米の事」
(六)　明応六年二月的元・弓の番について
(七)　「兵主安治村葦の事」

（八）　明応二年五条村との「御御供」相論
（九）　明応三年葦買いについて
（一〇）同年六月野田村との葦植え相論
（一一）同年八月神館殿等および六条・五条・野田村との葦相論
（一二）明応六年一一月課役に関する訴訟

これらをみると、ほとんどが神事と、それに関わるヨシに関する記載であり、一五世紀末の安治村にとってヨシをめぐる問題が最大の懸案であったことがわかる。ヨシ相論については、一六世紀後半（天正年間）の安治村と野田村、須原村の争いがこれまでも「自力の村」論の根拠として藤木によってとりあげられてきた。では、明応年間の相論の性格はどのようなものであったのだろうか。

最初に論及しておく必要があるのは、「あし」ではなく「よし」が史料に登場していることである。管見では、琵琶湖湖岸の荘園史料などで「葦」、「葦原」、「あし」は登場してきたが、「よし」は本史料が初見である(128)。この「あし」と「よし」は、生物学的にはまったく同じ生物で、和名ではヨシが標準名、アシが別名とされている(129)（本論では、生物学的意味での「よし」や「あし」は、「ヨシ」と表記する）。中世には地域的な呼び方の違いと認識されていたようである(130)。ところが現在、西の湖周辺（近江八幡市）のヨシ業者はこれを明確に区別し、製品になるものを「よし」、製品にならないものを「あし」と呼ぶという(131)。

ヨシは、観応元年（一三五〇）の史料に、「一庄の御百姓等、馬飼所の料に、岩蔵の澤おいて、あしをはやしおくところに」といわれているように、飼料として利用された例もあるが(132)、恐らくは建築資材の一部として利用され、すでに中世から商品として流通していた。そのことを端的に示すのが謡曲『蘆刈』である。これは難波の事例であるが、「この浦の濱の市の候ふに、色々の物を売り買ひ候ふ中に、若き男の候ふが、この難波の蘆を刈りて売り候ふが」「これはこの難波の濱の市に出でて、蘆を買って世を渡る者にて候」とあるように、日常的な売買の対象となっていた。「いろいろ帳」でも(九)に、「□た（野田）のまのく左衛門、源七、左この二郎きやうたい三人うへ候よしお、三百文にてかい申候」とあるように、個人が植えたヨシが銭で売買されていたことがわかる。ヨシには商品としての価値があったのである。

次に、観応元年の史料では「あしを、はやしおく」とあり、ヨシを栽培して利用した[補註1]ことが注目されるが[133]、(一〇)によると、「六月一日によしおうへ候」とある。先の(九)でヨシを売った野田の三兄弟のヨシも植えたものであった。ここに積極的にヨシ帯（ヨシ場）を造成していこうとする安治村、そして野田村の意図をうかがうことができる。ヨシ帯は、藤木がとりあげている文禄相論で、「のた（野田）もの安治村ゑりよしの内へあミ（網）おひき二度々来候」とあり[134]、漁場としての性格もあったことがうかがえる[135]。

じつは安治村は、「安治浦[136]」「里中・浦[137]」との表現がみえる史料や、「浦役[138]」を負担したことからもわかるように、一部に漁村としての性格をあわせもっていた。藤木が着目している天正九年の須原村との相論も「安治浦よし之儀[139]」「当浦之よし[140]」「うらのよし」「安治浦之葦[141]」「安治浦葦之儀[142]」についての相論であった。

さらにヨシ帯は漁場として有効だっただけではない。自然環境を改変する機能があった。明治期の事例であるが、守山市木浜では、内湖を人為的につくるためにヨシを植えてヨシ帯を造成している[143]。通常湖辺では、地先のヨシ帯の水田開発を少しずつ何世代にもわたって行うのである[144]。

このように、安治村は、ヨシ帯の造成に生き残りと暮らしの糧を求めようとしたのである。そのような安治村に対して、最大の障害になっていたのは、いったいどんな勢力だったのだろうか。隣の野田村や須原村であろうか。

ここで、先にとりあげた(三)の「まわりあし[145]」について、宮島が、「葦の権利と村の鎮守の宮（宮座）とが結びついて」おり、「兵主神社のもつ葦の権利と各村の鎮守の維持、祭礼経費の納入とが一体であることを想定させる。各村は鎮守・宮座に結集・奉仕することによって、葦の権利を入手したといえよう」と述べている点に注目したい。(146)このことは、(七)、(一二)の相論からも裏づけられ、「葦の権利が本源的に兵主神社のものであった」と考えられる。(147)つまり、ヨシの権利は、もともとは郷、すなわち神館・社家のもとにあったのである。

それに対し安治村は、(七)の相論で、「しやけ(社家)としていらん(違乱)ニおよふ(及ぶ)事」に対して伊庭貞隆に裁定をもとめ、安治村として「永代ちきやう(知行)」の「あとかき(跡書)」を社家に書かせている。また、(一一)の相論で、八月二三日に、「かんたち(神館)殿としゅうけ(社家)と四合(郷)内の六条、五条、の(野)田三方」が「兵主の神ちやう(事用)」と号して、ヨシを引こうとしたさいは、やはり伊庭貞隆に訴え出て「御せいはい(成敗)」を得ている。

藤木がとりあげなかったこれらの史料から、明応段階では、隣村との競合以前に、郷の秩序、すなわち神館・社家からいかにヨシを確保するのかが安治村の最重要課題であったことがわかる。

安治村が確保できたヨシは、元和五年(一六一九)の石高でいうと、村全体の二三四石余に対して、ヨシ年貢米はわずか一二石にすぎない。(148)しかし、安治村は、ヨシ帯を郷から確保することに将来を賭けたのである。(149)

なお、近世に郷のエリが安治村にあったことを先にとりあげたが、「いろいろ帳」に「おゑりかたのよし」とあるように、この郷のエリも恐らくこのヨシ帯に所在していたものと思われる。ただし、こちらは郷から奪取することはできなかった。郷のエリを抱え、郷の秩序からの完全な独立を果たせたわけではないが、標高八六メートルの微高地上に立地し、水利上の最末端として厳しい農業生産環境にあった安治村は、湖辺の富の源泉であるヨシの獲得にムラの存亡を賭け、郷や隣村と闘って勝利し、「自力の村」としてその姿を記録に残したのである。ここに、三宮が所在しながら「上七社」体制に入れなかった六条村との決定的な分岐点があったのではないだろうか。

むすびにかえて――中世村落の多様性・不安定性・流動性・階層性について――

本論が明らかにした兵主郷の姿は、簗という巨万の富を生む強力な生産手段の存在によってその内部構造が規定された特殊事例であり、安治村の姿もまた野洲川最下流の湖辺の三角州地帯という地理的条件に規定された特殊事例である。これらの事例をもって近江の中世村落の典型として設定しようとするつもりは毛頭ない。そうではなく、こうした特殊事例が多様に存在した時代こそが中世社会であると考える。

また、五条村の事例は、近世史料からの類推であるが、庄郷の秩序を体現するクラスの領主の居館を中心に編成されたムラの存在を否定しきれないことを示していると考える。なお、本論では捨象したが、地侍型の村落の事例もまた、一概に地侍がムラに規制されているとも、地侍がムラを規制しているともいえず、それを一律に規定しようとすること自体に誤りがあるとさえ考えている。

そのうえで、本論が強調したいのは、ほかの庄郷、ほかのムラへの編入や離脱を繰り返していた庄郷やムラの不安定性や流動性である。激しい生存競争を抱えている状況、いつほかのムラに編入されてもおかしくない状況が、少なくともこの野洲川下流域では一般的であった。そのなかで、兵主郷は、ムラレベルから拡大を開始し、兵主神社の再興と連動して簗堤、水路網開発を進めながら、ほかの庄郷、ほかのムラを圧倒して兵主十八郷を形成したのである。簗の権利を確保できたことも大きかったであろう。

ここで注意をうながしたいのは、この兵主神社の祭祀に対する各ムラの関わり方はけっして均質ではなく、ムラによって深浅があるということである。そのことは、嘉永六年（一八五三）の雨乞の執行に典型的に示されている。埴岡の記述からそのまま引用する。

旱魃になると氏子村が個別に神主方へ祈雨を依頼し、その村数が数ヶ村以上になると神主より四郷へ廻文が回され、「兵主一八郷」による雨乞の共同祈願が始まるのである。なお、嘉永六年の場合は「四郷幷添年番須原・吉川右六ヶ村寄合」で決定し雨乞を執行したが験なく、「惣郷参会評議」した結果、「最寄雨乞」となった。

それぞれのムラの都合によって参加の有無を自己決定するというこの「最寄」という論理こそに、兵主十八郷成立過程を解く鍵があるように思われる。ただし、同じ最寄でも、自立の度合いによって、自立的な村落による「自力の最寄」と非自立的な村落による「依存の最寄」があるように思う。

安治村の区有文書は、これまで近江の惣村研究の中心的素材となってきた菅浦文書などにくらべて余りにも遅い時期から始まっている。いうまでもなく文書の残存は偶然によっても左右されるので断定することはできないが、これはムラとしての自立が遅かったことを物語っていると考える。つまり、「いろいろ帳」が作成された明応年間、一五世紀末こそが安治村の自立にとって決定的に重要な時期であり、勝訴の記録を載せるこの「いろいろ帳」こそが安治村にとっての公験であったのではないだろうか。

兵主郷が主導する再開発のなかで、最初は「野須井」末流の湖辺低湿地の不安定なムラとして「依存の最寄」であった安治村は、伊庭氏に訴人として認知され、ヨシ帯という富の源泉を郷（神館・社家とその強い支配下にあるムラ）の権利を排除して確保したことによって、積極的にヨシ帯の造成を行い、商品に代え、あるいはその地で漁撈を行い、ヨシ帯を拠点に田地を少しずつ開発することによって、郷の規制を受けながらも、ようやく、かろうじて、一五世紀末の段階で、「自力の最寄」となったのである。そして、その後もこのヨシ帯の確保に努めながら、「依存の最寄」のままであった五条村、六条村、野田村、須原村などより優位な「自力の村」として確立することができたのであった。一方、恐らく小浜村はもっと早くから「自力の最寄」であって、最終的には離脱したのであろう。

藤木は、これまで「わけもなく安定した村落像を描きすぎてきたことを、深く反省しようとしている」という。同感である。一方で、「自力の確かな手ごたえ」があるのも中世村落であることに間違いはないが、所与のものとして「自力の村」を設定するのではなく、もう一方で自立できない、いうなれば「非力の村」の存在にも着目しなければ、中世村落ひいては中世社会を理解したことにはならないのではないだろうか。

では、日本列島各地、とりわけ畿内近国のムラは、どうやって不安定な状況を克服して生き残り、自立し、「自力の村」として確立したのだろうか。今回は兵主郷と安治村という個別事例のみを示したが、この問題を次の課題として設定し、ひとまず稿を終えたい。

(1)　藤木久志『豊臣平和令と戦国社会』(東京大学出版会、一九八五年)、同『戦国の作法』(平凡社、一九九八年、初出は一九八七年)、同『戦国史をみる目』(校倉書房、一九九五年)、同『村と領主の戦国世界』(東京大学出版会、一九九七年)、同『戦国の村を行く』(朝日新聞社、一九九七年)、同『飢饉と戦争の戦国を行く』(朝日新聞社、二〇〇一年)など。

(2)　勝俣鎮夫「戦国時代の村落――和泉国入山田村・日根野村を中心に――」(『戦国時代論』岩波書店、一九九六年、初出は一九八五年)。

(3)　峰岸純夫「村落と土豪」(『日本中世の社会構成・階級と身分』校倉書房、二〇一〇年、初出は一九七〇年)、宮島敬一「荘園体制と「地域的一揆体制」」(『歴史学研究別冊特集　歴史における民族の形成――一九七五年歴史学研究会大会報告――』青木書店、一九七五年)など。

(4)　藤木久志『村と領主の戦国世界』(前掲註1)。藤木の用語法はこの数年間で微妙に変化しており、本論での「自力の村」論の引用は、以後原則として同書を基準とすることとし、いちいち引用しない。

(5)　池上裕子『戦国時代社会構造の研究』(校倉書房、一九九九年)四〇五頁。

（6）池上裕子『戦国時代社会構造の研究』（前掲註5）のほか、池享「中近世移行期における地域社会と中間層」（『戦国期の地域社会と権力』吉川弘文館、二〇一〇年、初出は一九九九年）、西村幸信「中近世移行期における侍衆と在地構造の転換」（『中世・近世の村と地域社会』思文閣出版、二〇〇七年、初出は一九九六年）など。

（7）稲葉継陽『戦国時代の荘園制と村落』（校倉書房、一九九八年）二五頁。

（8）清水三男『日本中世の村落』（岩波書店、一九九六年、初出は一九四二年）。

（9）榎原雅治「地域社会における「村」の位置」（『日本中世地域社会の構造』校倉書房、二〇〇〇年、初出は一九九八年）四〇五頁。

（10）榎原雅治「地域社会における「村」の位置」（前掲註9）。

（11）村田修三「中世後期の地域社会と空間構成」（『歴史科学』一五二、一九九八年）。

（12）大山喬平「鎌倉初期の郷と村――文治元年（一一八五）から建暦元年（一二一一）まで――」（『日本中世のムラと神々』岩波書店、二〇一二年、初出は一九九九年、二〇〇〇年）、同「越中の庄・郷・村」（『日本中世のムラと神々』岩波書店、二〇一二年、初出は二〇〇三年）。

（13）大山喬平「重源狭山池改修碑について」（前掲註12『日本中世のムラと神々』、初出は一九九九年）。

（14）峰岸純夫「村落と土豪」（前掲註3）など。

（15）大山は郷―村が基軸であるととらえているが、榎原が惣庄の機能を強調するように、上位の村落を惣郷だけで表現するのは無理があると考えた。『六角式目』では、「一庄一郷」（一三条、二二条、二四条）、「庄例郷例」（一四条）とあるように、支配の単位として庄と郷の二つを位置づけている（むしろ庄だけの用例が多い）。しかも、近世にも「郡内之郷・庄・保と云ハ、往昔之一邑ニして、後天下一般郷・庄・保之内を分て、村を置御制度と相成」（「美作一覧紀」『岡山県史　近世編纂物』岡山県、一九八一年、所収）といわれるように、郷とともに庄や保の単位が中世とは別の意味で生きていた（田中修實「中世の荘園と近世の「郷・庄・保」――美作国塩湯郷・布施郷（荘）・建部荘――」『岡山地方史研究』五三、一九八七年）。以上の点から上位の村落を「庄郷」とした。

（16）田端泰子「中世後期における領主支配と村落構造――惣荘・惣郷の機能と役割――」（『中世村落の構造と領主制』法政大学出版局、一九八六年、初出は一九七八年）。

(17)　小島道裕「平地城館趾と村落」(『第八回全国城郭研究者セミナー　シンポジウム「小規模城館」研究報告編』第八回全国城郭研究者セミナー実行委員会・城郭談話会・中世城郭研究会、一九九一年)。なお、こうした類型論はほかにも存在するが、現段階ではこの二者で代表させてよいと判断した。

(18)　朝尾直弘「惣村から町へ」(『朝尾直弘著作集　第六巻』岩波書店、二〇〇四年、初出は一九八八年)。

(19)　大山喬平「鎌倉初期の郷と村」(前掲註12)。

(20)　横江遺跡については、さしあたり木戸雅寿「水辺の集落の原風景」(渡辺誠編『湖の国の歴史を読む』新人物往来社、一九九二年)を参照されたい。

(21)　「自力の村」論批判としての中世村落の多様性という問題については、石本倫子も「書評：稲葉継陽著『戦国時代の荘園制と村落』」(『歴史科学』一五八、一九九九年)で、「「自立《(マヽ)》の村」を所与の前提とせず、中世村落の多様性を再認識することも必要なのではないだろうか」と述べている。

(22)　藤木が安治村について中心的にふれた論文は以下の通りである。「村の当知行」「村の世直」(前掲註4『村と領主の戦国世界』、初出は一九八九年、一九九六年)、「戦国安治文書の魅力」(中主町文化財調査報告書　第四六集『近江国野洲郡安治区有文書目録――戦国・近世の湖の村の素顔――』中主町教育委員会、一九九五年)。

(23)　兵主郷の範囲についてであるが、じつはこの範囲自体が本論の分析主題の一つである。そこで、さしあたり近世近江の地誌として名高い享保一九年(一七三四)の『近江輿地志略』に「十八村を兵主郷と云、所謂十八村は五條村、六條村、野田村、安治村、堤村、井ノ口村、吉川村、小濱村、津田村、服部村、乙窪村、小比江村、西河原、木部村、八夫村、吉地村、比留田村、重高村なり、兵主郷の名は兵主大明神の名によれり」との記事があることを紹介しておく。なお、『近江輿地志略』は弘文堂書店発行のもの(一九七六年)に依った。当面の理解のためには図2をご参照いただきたい。

(24)　埴岡真弓「兵主神社文書解題」(『中主町文化財調査報告書　第二四集　中主町内古文書目録(社寺編一)』中主町教育委員会、一九八九年)。以下近世の兵主郷については、同論文に全面的に依拠し、いちいちは引用しない。

(25)　現在野洲川は放水路が完成し、北流、南流はすでに埋め立てられ、かつての景観は失われている。したがって、本論では、旧北流、旧南流という表現を用いることとする。

（26）辻広志「野洲川北流高水敷で発見されたM七・六の地震跡――滋賀県野洲郡中主町・堤遺跡――」（『滋賀考古』第九号、一九九三年）、同「野洲川の流れと堆積」（高橋正隆ほか編『日本文化のかなめ――つがやま市民教養講座二十年の記録――』サンライズ出版、二〇〇一年）。

（27）高橋学「琵琶湖沿岸平野の地形環境分析」（『琵琶湖博物館開設準備室研究調査報告第二号　琵琶湖の歴史環境――その変動と生活――』琵琶湖博物館開設準備室、一九九四年）。

（28）もちろん、まったく変更されなかったわけではないことは、のちにふれることになる。

（29）『農業水利及土地調査書』（滋賀県内務部、一九二四年）。

（30）本書の性格とその意義については、野間晴雄「近江盆地における伝統的水利体系と村落結合」（『低地の歴史生態システム――日本の比較稲作社会論――』関西大学出版部、二〇〇九年、初出は一九八九年）を参照されたい。

（31）河崎幸一『六条区と六条樋』（六条区、一九九九年）。ただし、『農業水利及土地調査書』では、余水はデータから除外されているので、安治は六条樋の受益地として現れない（表1）。

（32）応安四年（一三七一）閏三月一二日、室町幕府御教書、「臨川寺文書」『大日本史料』六編―三四。

（33）『農業水利及土地調査書』（前掲註29）。

（34）『農業水利及土地調査書』（前掲註29）。

（35）現在、神社は「兵主大社」を名乗られており、中世史料には「兵主社」、近世史料には「兵主太神宮」と登場することが多いが、本論では、『中主町内古文書目録（社寺編一）』（前掲註24）にしたがって、兵主神社との表記を用いることとする。

（36）埴岡真弓「兵主神社文書解題」（前掲註24）のほか、辻弘『中主町史』（中主町教育委員会、一九七八年）、小栗栖健治「祭礼と神事」（『近江　兵主の社』兵主大社文化財収蔵施設造営奉賛会、一九八四年）、河崎幸一「中主町の社寺文書解題」（『中主町内古文書目録（社寺編一）』前掲註24）が参考となる。

（37）この点については、小栗栖健治「祭礼と神事」（前掲註36）を参照した。

（38）兵主二一社については、兵主大社宮司井口昌弘氏の「兵主神と末社十八郷の神々」（『八千矛』二一、兵主大社々務所、一九九九年）と『日本歴史地名大系第二五巻　滋賀県の地名』（平凡社、一九九一年、以下『滋賀県の地名』と略称する）などと見解がまったく異なる。今は兵主神社の明治期の記録にもとづいた「兵主神と末社十八郷の神々」にしたがっておく。なお、本論は史料面でその多くを『滋賀県の地名』に依拠しているが、いちいちは引用しない。

(39) 八ツ崎神事については、菅沼晃次郎「湖上降臨の神〝八ツ崎神事〟について」（『民俗文化』一九七、一九八〇年）を参照した。

(40) 簗とは、「川の瀬に杭を打ち並べて水をせきとめ、一か所だけをあけて簀を張り、川を上り下りする魚をそこに受けて取る仕掛け」（『日本国語大辞典　第二版』）のことである。なお、旧北流の簗の記録は残されていないので、旧南流の簗について高谷好一「南流の簗漁」（『守山市史　地理編』守山市、二〇〇一年）を参照されたい。また、簗衆については、祝宮静「兵主神社簗衆神人の組織」（『近江国野洲川簗漁業史資料』アチック・ミューゼアム、一九三七年）を参照のこと。そのほか、並木隆「野洲川簗漁業についての一考察――簗衆と兵主神社との関係を中心として――」（『木瓜』七、一九八八年）がある。

(41) 辻弘『中主町史』（前掲註36）。

(42) 享保七年（一七二二）兵主記録、「兵主神社文書」二六および元文四年（一七三九）記録（兵主社由緒）、「兵主神社文書」二九。以下、兵主神社文書の引用は、『中主町内古文書目録（社寺編一）』（前掲註24）により、上記のように史料番号を記すこととする。

(43) 前掲註(42)享保七年（一七二二）や元文四年（一七三九）の記録。

(44) 仲村研「吉川村史――船と簗衆――」（『内湖と河川の漁法　琵琶湖総合開発地域民俗文化財特別調査報告書Ⅲ』滋賀県教育委員会、一九八一年）。

(45) 年月日未詳、乍恐返答書、「兵主神社文書」一三六。

(46) 寛政一一年四月、乍恐奉願上候書付、「兵主神社文書」一五五。

(47) 年月日未詳、猟師頭井口宰相等吉川村小三郎簗徳用割銀之儀口上書、「兵主神社文書」二〇七。

(48) 原田敏丸「村落社会における家来身分」（『近世村落の経済と社会』山川出版社、一九八三年）。この項目についてはすべて同論文に負っている。なお、五条村については、並木隆「延宝期の五条村と井ノ口宰相――検地帳を中心として――」（『木瓜』八、一九八九年）参照。

(49) 当時五条村には侍分一五人(軒)と平分二三人(軒)の計三八人(軒)が住居しており、村人の半分は「堀内」に住居していたという(原田敏丸「村落社会における家来身分」前掲註48)。
(50) 明応二年(一四九三)六月二七日、伊庭貞隆書下、「兵主神社文書」七。
(51) 埴岡真弓「兵主神社文書解題」(前掲註24)。
(52) 藤木久志『村と領主の戦国世界』(前掲註4)。
(53) 簗の所属をめぐっては、宝暦年間(一七五一~六四)、文化文政年間(一八〇四~三〇)、吉川村と神主井口氏とのあいだでたびたび相論が行われた。くわしい経緯は、祝宮静「文化文政に亙る神供漁場出入一件」(前掲註40『近江国野洲川簗漁業史資料』)を参照されたい。
(54) 前掲註(42)享保七年(一七二二)兵主記録に登場する「兵主郷𠆢」は、後述の「いろいろ帳」から、安治村に所在したと考えられる。
(55) 高山寺本「和名類聚抄」(『天理図書館善本叢書　和書之部　第二巻　和名類聚抄　三寶類字集』天理大學出版部、一九七一年)による。
(56) 河崎幸一「中主町の社寺文書解題」(前掲註36)四〇頁。
(57) 淵庄、淵郷、河尻村、小浜村については、高梨純次「千輻輪相を表わす阿弥陀立像――滋賀・中主町正善寺像を中心として――」(宇野茂樹編『近江の美術と民俗』思文閣出版、一九九四年)の註(41)を参照した。
(58) 『日本思想体系七　往生伝　法華験記』(岩波書店、一九七四年)所収。
(59) 「御府文書」『平安遺文』二―四九一。また、寛治八年(一〇九四)五月二九日の官宣旨案にも「淵庄」は登場する(「京都御所東山御文庫記録」『平安遺文』四―一三三一)。
(60) 竹内理三編『寧樂遺文　中巻』(東京堂出版、一九六二年)所収。
(61) 正中二年(一三二五)正月日、淵庄雑掌申状写、「洞院部類記五」『鎌倉遺文』三七―二八九六五。
(62) 前掲註(61)正中二年(一三二五)正月日、淵庄雑掌申状写。
(63) 「興福寺文書」『鎌倉遺文』二〇―一五五九〇。
(64) 稲葉伸道『中世寺院の権力構造』(岩波書店、一九九七)二〇九頁、永島福太郎『奈良文化の伝流』(中央公論社、一九四四年）五二頁参照。

なお、このほかに、淵庄が確認されるのは、文永二年（一二六五）興福寺人夫召注文（「大乗院文書御参宮雑々」『鎌倉遺文』一三―九三七二）、元応元年（一三一九）八月二三日、興福寺秋季八講初日追物支配状（「大乗院文書文保三年記」『鎌倉遺文』三五―二七二一六）、元応元年（一三一九）九月日、興福寺大垣修理支配状（「大乗院文書文保三年記」『鎌倉遺文』三五―二七二五八）、元応元年（一三一九）一一月一日、興福寺慈恩會進物支配（「大乗院文書文保三年記」『鎌倉遺文』三五―二七二九九）。

(65) 大石雅章「興福寺大乗院門跡と律宗寺院――とくに律宗寺院大安寺を通して――」（『日本中世社会と寺院』清文堂出版、二〇〇四年、初出は二〇〇〇年）。

(66) 矢放神社蔵大般若経調査団編『矢放神社蔵　大般若波羅蜜多経調査報告書』（中主町教育委員会、一九八七年）。

(67) 明治一五年（一八八二）「滋賀県小字取調書」（『角川地名大辞典二五　滋賀県』角川書店、一九七九年、所収）。

(68) ただし、当時の流路を確定することは現段階ではできていない。高梨純次「千輻輪相を表わす阿弥陀立像」（前掲註57）は、保延年間の『後拾遺往生伝』に「野洲南郡河尻村」とあるのに対し、貞応二年（一二二三）の『矢放神社大般若経』では「野洲北郡淵郷内河尻村」とあることから、流路が大きく河尻村を飛び越えて南下した可能性を指摘している。なお、一〇世紀から簗が存在したことは、曾禰好忠の家集『曾丹集』に「安河の早瀬にさせる上り梁　けふの日和に幾ら積れる」とあることから確認できる。

(69) 木部と用水をともにしていた虫生の「虫生社」は、嘉元四年（一三〇六）のいわゆる昭慶門院御領目録（「竹内文平氏所蔵文書」『鎌倉遺文』二九―二二六六一）によれば歓喜光院領、すなわち王家領で、領家は石山寺であった。なお、この目録については、福田以久生「「御領目録」の送進について」（『古文書研究』二四、一九八五年）を参照のこと。

(70) 埴岡真弓「兵主神社文書解題」（前掲註24）。貞観一六年には従三位を授けられている（『三代実録』）。この位は御上神社と同格である。

(71) 建武元年（一三三四）一二月日、吉身庄検注目録、「南部文書」（『守山市史　下巻』守山市、一九七四年、所収）。

(72) 御上神社については、さしあたり『近江の古社　御上神社の歴史と美術』（野洲町立歴史民俗博物館、一九九六年）を参照されたい。

(73)「島田文書」『鎌倉遺文』五―三二七四。
(74)兵主神社には、所領として、栗太北郡に長承四年（一一三五）に寄進された「兵主浮免三十町」があった（「兼仲卿記」永仁二年三月紙背文書、『鎌倉遺文』二四―一八三一一）。
(75)正治年中は後鳥羽院政期であり、後高倉院政期は、承久三年（一二二一）から貞応二年（一二二三）までである。したがって、錯誤があると思われるが、ここで重視したいのは、日吉社領である部分も、王家の寄付によるものだという点である。
　なお、「日吉社々領注進状」については、東京大学史料編纂所所蔵の「阪本村生源寺布徳〈日吉社宮司〉蔵本」を明治一九年から翌年にかけて謄写した謄写本および滋賀県立図書館所蔵の大正一二年の謄写本（「日吉文庫」の印が謄写されている）によった。
(76)加地宏江校注『源威集　東洋文庫六〇七』（平凡社、一九九六年）二六一頁。なお、加地氏による註も参照されたい。
(77)永享一一年（一四三九）一〇月四日、足利義教袖判御教書、「保阪潤治氏所蔵文書」。なお、長禄三年（一四五九）一二月一七日、足利義政袖判御教書（「尊経閣文庫」）によれば、吉地村奉行職が正実坊千代寿丸に安堵されている。
(78)建武四年（一三三七）一二月九日、散位某奉書、「勝山小笠原文書」『大日本史料』六編―四。
(79)筧雅博「武家領」（網野善彦ほか編『講座日本荘園史二　荘園の成立と領有』吉川弘文館、一九九一年）。
(80)「御前落居奉書」（桑山浩然校訂『室町幕府引付史料集成　上巻』近藤出版社、一九八〇年）。なお、本史料は『後鑑』同日状にも掲載されている。
(81)前掲註(75)の日吉社々領注進状。
(82)比江郷地頭職ものちに室町幕府領となっていた（前掲註32）。なお、これらの点については、滋賀県市町村沿革史編さん委員会編『滋賀県市町村沿革史　第二巻』（滋賀県市町村沿革史編さん委員会、一九六七年）でもふれている。
(83)奥富敬之『鎌倉北條氏の基礎的研究』（吉川弘文館、一九八〇年）によれば、じつは野洲北郡だけでなく栗本郡にも「正楽名」があり、得宗被官曾我氏が支配していた。正和二年（一三一三）九月一二日、藤原某譲状（「陸奥斉藤文書」『鎌倉遺文』三三―二四九九三）など参照。
(84)これを「ごう」と読むか「さと」と読むかについては保留しておきたい。

(85) 元亨元年（一三二一）一〇月一六日、信性処分状、「田代文書」『鎌倉遺文』三六―二七八八〇、二七八八一。
(86) 正和四年（一三一五）四月一二日、延暦寺西塔衆会事書、『公衡公記』同月一五日条。
(87) 建武四年（一三三七）一二月二五日、薩摩守護嶋津貞久施行状、「二階堂文書」。筧雅博「武家領」（前掲註79）参照。
(88) 矢放神社蔵大般若経調査団編『矢放神社蔵　大般若波羅蜜多経調査報告書』（前掲註66）。
(89) この点については、『滋賀県の地名』（前掲註38）中主町吉川村の項参照。
(90) 徳網克巳「光明寺遺跡（第三四次、三五次発掘調査概要）」（『中主町文化財調査報告書第四七集　平成七年度　中主町埋蔵文化財発掘調査集報Ⅰ』中主町教育委員会、一九九六年）によれば、小字「垣ノ内」も居館の範囲に含まれるだろうという。なお、光明寺遺跡のうち、第一、五、六、七、九、一二、一三、一五、二六、三四、三五次調査から関連遺構が出土しているが、光明寺遺跡の概要に関してはこの報告書を主に参照した。
(91) 『滋賀県中世城郭分布調査三』（滋賀県教育委員会・（財）滋賀総合研究所、一九八五年）。六条区に小字「政所」という地名が残されている。ここは微高地となっており、それを囲んで堀状のくぼ地（旧河道）が認められるという（高橋学「野洲川下流平野の地形環境分析Ⅰ――地形環境分析の基本的視点について――」『中主町文化財調査報告書　第一五集　昭和六二年度　中主町内遺跡分布調査(Ⅱ)概要報告書』中主町教育委員会、一九八八年）。
(92) 石井進「地頭の開発」（『石井進著作集　第五巻』岩波書店、二〇〇五年、初出は一九八七年）など。
(93) 第六次調査D区の中堀、第三四・三五次調査のSD三四一〇一・SD三五一〇一に相当する。
(94) 辻弘『中主町史』（前掲註36）三七二頁。
(95) 徳網克巳「光明寺遺跡（第三四次、三五次発掘調査概要）」（前掲註90）。
(96) 石井進「地頭の開発」（前掲註92）など。
(97) 御料所に代官がおかれることについては、野田泰三氏、田中淳子氏のご教示を得た。
(98) 宮本忠雄「兵主神社の美術工芸」（『近江　兵主の社』兵主大社文化財収蔵施設造営奉賛会、一九八四年）。
(99) 『続群書類従・第三輯下　神祇部』（続群書類従刊行会、一九二五年）。
(100) 『満済准后日記』永享六年（一四三四）一〇月一日条。これは足利義教に反して鎌倉府と通じた対抗措置である。
(101) 文明七年（一四七五）一一月六日、六角氏奉行人連署奉書、「兵主神社文書」二。

(102) 前掲註(50)明応二年（一四九三）六月二七日、伊庭貞隆書下。
(103) 兵主大神宮由緒、「兵主神社文書」四〇。
(104) 明応二年（一四九三）閏四月一六日、伊庭貞隆書下、「兵主神社文書」四。
(105) 天文一五年（一五四六）八月二七日、六角氏奉行人連署奉書、「兵主神社文書」一五。
(106) 仲村研「吉川村史――船と簗衆――」（前掲註44）。
(107) 尾張国大成庄の一四世紀の築堤を分析した村岡幹生は、当地の築堤は、領家は受動的であり、地頭連合ともいうべき勢力が意欲をもって主導したと述べている（「尾張国大成荘の国人と築堤」『ヒストリア』一二二、一九八九年）。近江の河川の築堤主体の問題は、天井川化の問題と関わり、琵琶湖地域環境史にとっての重要課題であるが、今後の課題としておきたい。
(108) 辰巳勝「野洲川下流平野の形成」（『地表空間の組織』古今書院、一九八一年）。なお、この三角州帯に土砂が堆積するのは室町時代末以降のことであるという（高橋学「野洲川下流域平野の地形環境分析Ⅳ」『中主町文化財調査報告書第二九集　平成二年度　中主町内遺跡分布調査(Ⅱ)』中主町教育委員会、一九九〇年）。
(109) 河崎幸一『六条区と六条樋』（前掲註31）所収史料。
(110) 滋賀県市町村沿革史編さん委員会編『滋賀県市町村沿革史　第二巻』（前掲註82）。
(111) 野間晴雄「大正期近江盆地における農業水利の地域性」（前掲註30）。
(112) 橋本道範「中世における琵琶湖漁撈の実態とその歴史的意義――湖辺エコトーンの漁撈を中心に――」（『月刊地球』二六四、二〇〇一年）。本書第一部第二章。
(113) 天正八年（一五八〇）、安治村荒田指出、「安治区有文書」五八、六〇、一〇七、一〇八。
(114) 天正八年一〇月日、安治村荒田田畠指出案、「安治区有文書」五七。
(115) 高谷好一「琵琶湖とのかかわり――その歴史と現状――」（高橋正隆ほか編『日本文化のかなめ――つがやま市民教養講座二十年の記録――』サンライズ出版、二〇〇一年）、同「明治時代の冠水害」（高橋正隆ほか編『守山市史　地理編』守山市、二〇〇一年）参照。
(116) 『中主町内古文書目録（社寺編一）』（前掲註24）参照。

(117) 前掲註(77)永享一一年（一四三九）一〇月四日、足利義教袖判御教書。
(118) 前掲註(104)明応二年（一四九三）閏四月一六日、伊庭貞隆書下。
(119) 宮島敬一により明応七年初頭の成立と推定されている（宮島敬一「魅惑の「いろいろ帳」」『近江国野洲郡安治村区有文書目録』前掲註22)。
(120) なお、この後も、永正一六年（一五一九）、法専坊所蔵「絵像」に、「兵主郷堤」とあり、永禄九年（一五六六）に「兵主郷之内安治村」（源兵衛久次粥料足売券、「安治区有文書」一二）などの史料がある。
(121) 「元亀の起請文」については、さしあたり藤田恒春「元亀の起請文について」（『史林』六九―一、一九八六年）を参照されたい。
　なお、服部町津田に残された親鸞聖人真影裏書などの文化財をみる限り、慶長一〇年（一六〇五）以降一貫して「野洲郡津田村」と自己認識しており、服部村内との認識はうかがえない（内田秀雄・高橋正隆編『近江守山の仏教遺宝』観月山浄秀精舎、一九七八年）。
(122) 矢放神社蔵大般若経調査団編『矢放神社蔵　大般若波羅蜜多経調査報告書』（前掲註66)。原本確認はできなかった。
(123) 『蔭涼軒目録』延徳四年（一四九二）八月五日条。
(124) 雨請覚書、「兵主神社文書」二六七。この記録では、元和八年（一六二二）に関しては兵主十八郷との記載がなく、表2に掲載したムラが兵主十八郷であるとまでは断定できない。しかし、続く寛永三年（一六二六）以下の記録には「森の惣まわり堀普請十八郷として仕候」とあり、論者は、ここに登場するムラこそが近世の兵主十八郷であったのではないかと考えている。
(125) 天正一〇年（一五八二）二月二八日、安治村よし刈覚書、「安治区有文書」七八。
(126) 徳網克己「西河原森ノ内遺跡（第二一次発掘調査概要）」（『中主町文化財調査報告書　第五一集　平成八年度　中主町埋蔵文化財発掘調査集報I』中主町教育委員会、一九九六年）。同「光相寺遺跡・吉地薬師堂遺跡の中世遺跡」（『中主町文化財調査報告書　第五八集　平成一〇年度　町内遺跡発掘調査年報』中主町教育委員会、二〇〇〇年）。
(127) 現在その神社、天満宮は西河原の二之宮神社に合祀されているという。
(128) この点については布谷知夫氏のご教示を得た。

(129)　芦谷美奈子「水草・ヨシと人々のくらし」（琵琶湖百科編集委員会編『知ってますかこの湖を――びわ湖を語る五〇章――』サンライズ出版、二〇〇一年）。
(130)　『住吉社歌合』に所収されている藤原俊成の和歌には「なにはわたりには、あしとのみいひ、あづまのかたには、よしといふ」とあり、謡曲『蘆刈』には、葦（よし）と蘆（あし）とは同じ草としたうえで、「この蘆を伊勢人は濱荻といひ、難波人は蘆という」とある。
(131)　芦谷美奈子「水草・ヨシと人々のくらし」（前掲註129）。なお、「あし」には生物学的ヨシだけではなく、オギやツルヨシが含まれる場合があるという。
(132)　『大嶋神社・奥津嶋神社文書』三三五（滋賀大学経済学部附属史料館、一九八六年、以下『大』三三五のように略す）。
(133)　『大』三三五（前掲註132）。
(134)　文禄二年（一五九三）四月一六日、安治村物代連署諸役免許状案裏書、「安治区有文書」一三二。
(135)　ヨシ場の利用のあり方については、さしあたり高谷好一「盛んだったヨシ場利用」『守山市史　地理編』（守山市、二〇〇一年）を参照されたい。
(136)　年月日未詳（永禄一二年以降）、安治村売得地覚書、「安治区有文書」一六。
(137)　天正一〇年（一五八二）一一月二五日、安治村惣中掟、「安治区有文書」九二。
(138)　天正九年（一五八一）正月二一日、安治村指出請文案、「安治区有文書」六四。
(139)　天正九年（一五八一）四月二八日、長谷川秀一家臣連署書状、「安治区有文書」六六。
(140)　天正九年（一五八一）四月二八日、安治村葦掟、「安治区有文書」六九。
(141)　天正一〇年（一五八二）正月吉日、安治村惣之帳、「安治区有文書」七七。
(142)　天正一一年（一五八三）正月二一日、安治村物代申状案、「安治区有文書」九七。
(143)　高谷好一「内湖に作りかえていく」（『守山市史　地理編』守山市、二〇〇一年）。この文献については牧野厚史氏のご教示を得た。
(144)　明治六年（一八七三）の地券取調絵図（「安治区有文書」一六四二）をみると、「字葭ノ中」などの地名がみえる（水本邦彦「安治の湖岸景観史――地形図・地籍図・論所絵図――」〈『近江国野洲郡安治区有文書目録』前掲註22〉に略図が掲載されている）。地先のヨシ帯を水田化していった事例は各地で聞きとることができる。安治区長中村繁氏よりもそうした旨のお話をおうかがいすることができた。

(145) この「あし」を宮島は「足」ではなく「葦」と理解している。論者もこれにしたがいたい。

(146) 前掲註(119)宮島敬一「魅惑の「いろいろ帳」」。

(147) ただし、なぜ兵主神社の神事にヨシが必要とされたのかについては明らかでない。なお、ヨシと祭礼・民俗儀礼との関係については、西川嘉廣『ヨシの文化史――水辺から見た近江の暮らし――』（サンライズ出版、二〇〇二年）参照。琵琶湖周辺では、近江八幡市の火祭りなど、松明の材料として用いられる事例があるが、兵主神社では確認できていない。

(148) 『滋賀県の地名』（前掲註38）安治村の項。

(149) そこで有効だったのが、どうやら地域権力、伊庭貞隆に直接訴え出るコネクションを持っていたことにありそうである。この点は、地域権力側の動向からも説明しなければならないと考えるが、今後の課題としたい。

（補註1）この部分を初出時は、「保全して利用した」と述べていた。しかし、これは山本隆志「湿地における荘園・村落と「生業」――平安～江戸前期の葦と菱――」（『国立歴史民俗博物館研究報告』一五七、二〇一〇年）が批判するように、conservationの訳である保全という用語を安易に用いたのは適切ではなかった。したがって、「栽培して利用した」と改稿した。本論初出後、指摘により修正したので、補註として記す。

〔付記〕

本章は、滋賀県立琵琶湖博物館共同研究「琵琶湖集水域における中世村落確立過程の研究――考古資料の分析を中心として――」（研究代表者橋本道範）の成果である。病気療養中に執筆したもので、文意不鮮明であるが、中世村落を固定的なものとしてとらえてはいけないという主張は変わっていないので、掲載することとした。本論作成あたっては、辻広志氏をはじめとして多くの方々のご協力を得たが、とくに安治区有文書に関しては、河崎幸一氏の多大なご教示を得た。

なお、山本隆志「湿地における荘園・村落と「生業」――平安～江戸前期の葦と菱――」（『国立歴史民俗博物館研究報告』

一五七、二〇一〇年）が本論を検討しているので、あわせてご参照いただきたい。

第八章　中世の「水辺」と村落——「生業の稠密化」をめぐって——

はじめに

自然環境という要因を歴史観の中心に位置づけようとする議論が歴史学においても始まっている。それらは一般に「環境史」と呼ばれることが多いがいまだその定義は明確ではなく、水野章二によって「環境史の目的・位置づけをめぐっては、すでに混乱が生じている」「論点はすでに錯綜している」との批判を受けている(1)。果たして環境史はこれまでの中世史像をどう転換させるのか、いまだ実証的な議論を積み重ねる研究史的段階にあるといえよう。

そこで本論では、仲村研、峰岸純夫らによって提起された中世村落の二重構成論の再検討から出発して、この問題を考察してみたい(2)。当初の二重構成論は、惣村の構成員である土豪層が惣郷に結集して広域的な土地所有などを実現していたという社会編成のあり方を論じたものであるが、榎原雅治によって位置づけ直され、祭礼、検断、戦闘、イエの維持など日常的な生活の単位として「村」が機能していたのに対し、その「村」が庄域を越えて地域社会のなかで行動する時には惣庄という枠で登場するという機能の違いとして説明されている(3)。

ここで問題としたいのは、そうした重層する村落の機能の違いが、ほんとうに社会編成上の問題だけにとどまるのか、自然環境との関わり方と対応していた可能性はないのかという点である。とくに、下位の村落の自然との関わり方とその変化に注目したい。なぜなら、社会編成のあり方のみを検討したこれまでの二重構成論では、近世から現代の大字にいたるまで下位の村落がどうして継続性をもったのかについて、説明できないと考えているためである。

こうした視点に立つ時、重要になると考えるのが権力によって把握されない資源利用のあり方までもとらえようとする生業論[4]、とくに生業複合論である[5]。中世村落はどのような自然環境に立地したとしても単一の生業で成り立っていたわけではなく、農耕に加えて、漁撈や狩猟、採集など多様な生業を組み込むことによって初めて成立していたのであるが[6]、そうした生業を通した自然との関係のあり方は、上位と下位の村落の展開とどのように関わっていたのであろうか。本論ではこの問題を、複合する生業の一つとしての漁撈の技術的な展開に注目して考えてみたい。

分析の対象地域とするのは、近江国蒲生郡の奥嶋である（図1参照）。長命寺文書、大嶋神社・奥津嶋神社文書、白部若宮神社文書が残されている奥嶋については、

図1　奥嶋周辺地図

これまで宮座研究など多くの研究が積み重ねられており、(7) 近年も若林陵一、(8) 窪田涼子、(9) 深谷幸治(10) らによって村落研究などが進展している。(11)

こうした研究史のなかで注目されるのは、第一に一九六二年の畑井弘の研究である。(12) なぜなら、畑井は奥嶋におけるムベ、石灰、石、樵木採草、大工、檜皮工、藺、エリ漁、舟運といった「非農生産」を重視したからである。これは生業複合論を先どりしたものといってよい。これを「畿内的発展の特殊性」とした畑井の議論を継承することはできないが、村落の生業の重要な一部としてエリ漁に注目する本論の前提として再評価しておきたい。

次に注目しておきたいのが、村落共有のエリによる漁撈に注目して、歴史のなかにコモンズの源流を確認しようとする佐野静代の論考である。(13) 佐野は中世村落の二重構成論を前提として、近代のコモンズがどのように中近世のなかから成立してくるのか、多彩な資料を用いてその「長い道程」を明らかにしようとしており、エリ漁の展開を中心に村落を論ずる本論の前提となる。ただ、そこには基礎的な事実の誤解もあり、批判的に検討する必要があると考えている。(14)

以上、本論においては、これらの研究を参考としながら、重層的な構成をもつ奥嶋の中世村落の展開を、漁撈を通じた自然環境との関わり方の変化に注目して考察したいと考える。

なお、本論では重層した構成からなる中世村落のうち、上位の村落を「庄郷」、下位の村落を「ムラ」と呼ぶことにする。そのさい、注意をうながしたいのが、両者ともに中世を通じて所与のものとして固定的であった訳ではなく、極めて不安定で流動的であったという点である。(15) したがって、生業の主体となっている村落が、どのレベルの村落であるのか、丁寧な確認が必要となる。(16)

第一節　「水辺」という環境

（1）「水辺」

網野善彦が「中世まで日本列島は「水」だらけだった」と述べたように、日本列島において内水面がかなりの広がりをみせていたであろうことは別稿でも述べた。[17]そして、その内水面はけっして固定化されたものではなく、陸域と水域とが、年によって、あるいは季節によって、また、短期的にも推移する推移帯（エコトーン）と位置づけられる空間を含む。本論ではこうした陸域と水域とが推移する推移帯を「水辺」と呼ぶこととしたい。「水辺」は、陸域、水域それぞれの生物種が生息するとともに、境界部のみにおいて成育する種も存在することから、種の多様性が高い環境である。[18]

こうした「水辺」の社会的な意義についてはすでにいくつかの指摘があるが、とりわけ重要なのは、水界に接する低湿地という環境に注目した民俗学の安室知が、「水辺」は稲作地としての生産性が低いだけであって、潜在的には高い生産性をもっていることを指摘した点である。[19]安室は琵琶湖南部に位置する木浜（守山市）などをフィールドとして、低湿地においては稲作と漁撈とが「不即不離」の関係にあり、とくに低湿田においては農耕と漁撈とが「同等の地位」にあったことを見事にとらえた。むろん低湿地の高い生産性を支えたのは漁撈だけでなく、生業複合度の高さこそがその生産性の高さを支えたと考えるが、その中心が漁撈であった点を本論では重視したい。

また、稲作、畑作、漁撈、狩猟、採集という「水辺」のムラの生業を分析した菅豊は、「水辺」空間の社会的な価値が高かったことを明らかにし、[20]佐野も、のちにふれる琵琶湖の内湖の漁撈、水鳥猟、水草の採取などについて分析を加え、内湖における漁撈と農耕との複合形態を論じている。[21]

このように、「水辺」の社会的意義についての見直しが進んだ現在、歴史学においてはどのような議論が行われているであろうか。これまで「水面」および「地先」については議論の対象となり、その理解は深まってきた。[22]たとえば、春田直紀は、「用益目的に応じて同じ空間で複数の集団がスミワケをし共存できる」という水域の特性を明らかにしている。[23]しかし、「水辺」という環境の果たしてきた歴史的な意義についてはいまだ議論が乏しいのが現状である。「水辺」は、水田や畠の生産力を重視してきたこれまでの歴史学ではほとんど重視されず、漁撈に関する研究においてさえも盲点となっていたのではないだろうか。しかし、民俗学などの成果に学べば、中世村落の生業全体を考察するうえで極めて重要な意義をもっていたことが予想されるのである。[24]

そこで、「水辺」が果たしていた歴史的意義を明らかにするため、「水辺」の意義を典型的に示すものとして、本論では生態学的研究の進んでいる琵琶湖の内湖をとりあげたい。内湖は、潟湖（ラグーン）の一種で、「ほんらい琵琶湖の一部であった水域が、砂州や砂嘴《さし》、浜堤あるいは川から運ばれた土砂などによって琵琶湖と隔てられ、独立した水界となったが、水路などで琵琶湖との水系のつながりは保ったままの水域」と定義されている。[25]琵琶湖では、明治期に作製された「二万分の一正式図」から一〇三もの内湖が検出されている。[26]

この内湖の機能については、西野麻知子が手際よくまとめている。[27]本論がそれらのなかで注目するのは、そこが魚の産卵する繁殖場であり、仔稚魚が成育する成育場であるという点である。[28]魚類は生息場所を移動させるのが普通であるとされるが、琵琶湖の魚はその多くが内湖を一時的に利用する。[29]しかし、それらの魚種で内湖において年中定住するものは存在せず、必ずどこかへ季節的に移動するのである。したがって、とくにその移動時期、内湖は恰好の漁場となった。

（2）奥嶋の環境

では、本湖と内湖に囲まれた中世奥嶋の「水辺」は、具体的にどのような環境であったのであろうか。奥嶋には、遅くとも承保元年（一〇七四）までに、奥嶋庄と津田庄という二つの領域型荘園が成立していたと考えられる。[30] そして、そこには「近江国奥嶋庄内広山・麓・水田畠・蘆場等」と表現される空間が広がっていた。[31] 奥山、里山、耕地、水草帯が一つのユニットとなって展開していたとみてよかろう。[32]

そうしたこの地域の環境については、佐野と杉浦周子の歴史地理学的研究がある。[33] 図2は、一九五六年の湖沼図と明治期の地籍図をベースにして佐野が作成した図である。そして、ここには明治三五年（一九〇二）のエリの分布が書き込まれている。したがって、これを一九世紀の環境とするならば何の異論もない。しかし、問題となるのは、こうした環境がいつまでさかのぼり、どのように形成されたものかということである。

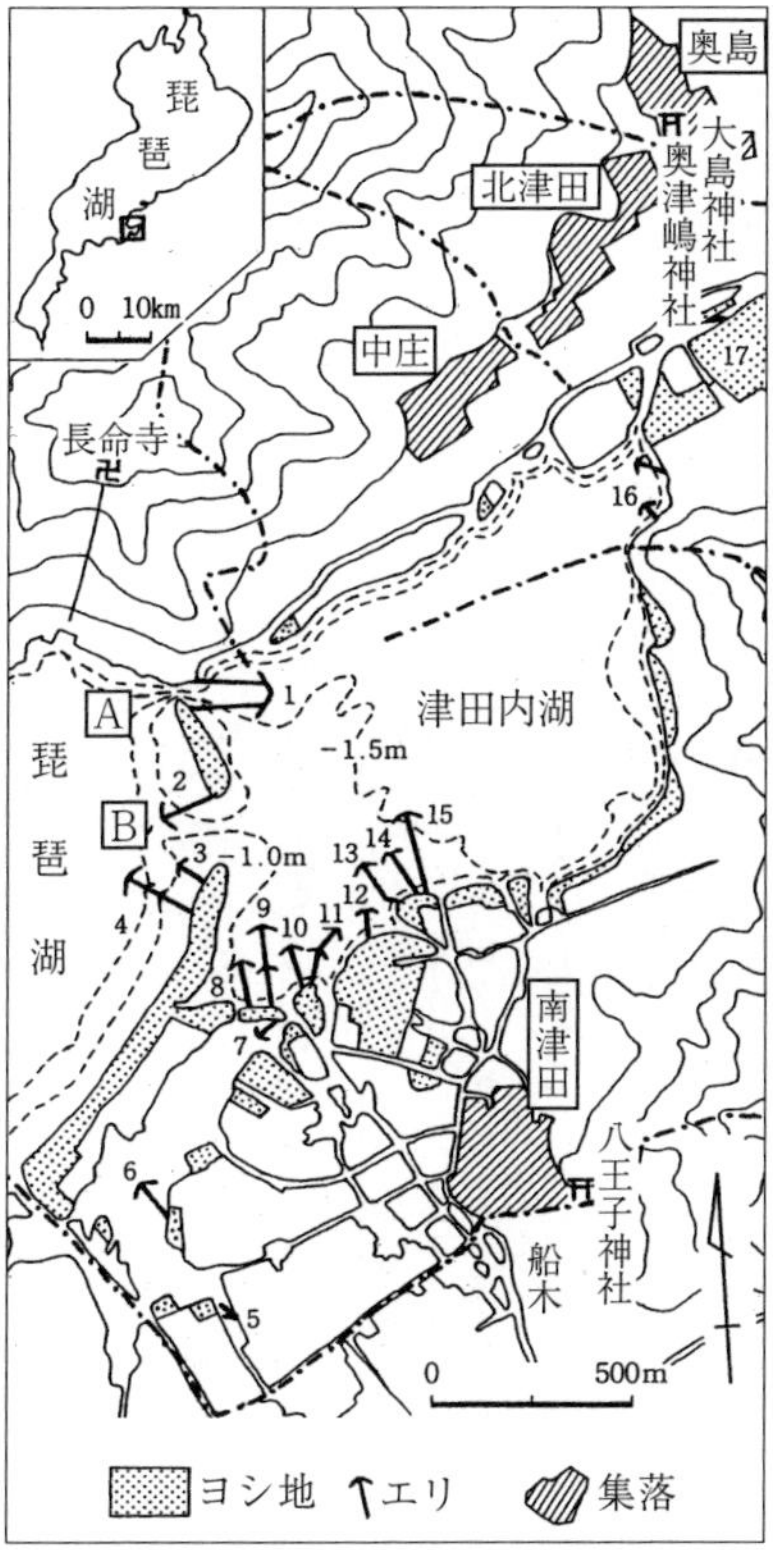

図2　佐野静代による津田内湖周辺の復元図

この点については、佐野自身ももちろん認識しており、中世前期の琵琶湖水位が現在の基準水位より低い傾向にあったとの理解を前提に、本湖と内湖を別ける砂嘴帯の二つの開口部Ａ・Ｂのうち、Ｂについては中世前期に開口していなかった可能性を指摘している。[34] しかし、それより重要な問題はこの砂嘴帯の形成がいつのことなのか、一三世紀にはすでに形成されていたのかどうかということである。ただ、この点をいまただちに明らかにすることは難しい。[35] そこで、本論ではこの問題は捨象し、中世奥嶋の環境を特徴づけたもう一つの環境構成要素について検討したい。それは、「江」と記録される環境である。

【史料1】

観音寺登城、（中略）座敷は御二階、尤眺望をいは丶、老曾森、麓の松原につ丶きて、板倉の山田・蒲生野の玉のをやま、さながらみがける砌なるべし、遠くは大和・河内・伊賀・伊勢の山、残るくまなし、ちかき海づらかけたる津田のほそ江、登蓮法師がすみけん阿弥陀寺の西日うつり行、水くきの岡のみなと、空飛雁に蘆まの小舟もけぢめ分れぬ風景、西湖の十鏡は絵にもかきけんかし

これは、宗牧の『東国紀行』の一節で、天文一三年（一五四四）、観音寺城からの眺望を記したものである。(36)「津田のほそ江」とは、本来的には『万葉集』にも登場する播磨国の歌枕であるが、(37)傍線部で登蓮法師の阿弥陀寺と対に表現されていることから考えても、津田内湖であることは疑いない。(38)永禄一〇年（一五六七）の『紹巴富士見道記』にも「津田の細江」が記載されており、一六世紀当時には名所と認識されていた。

では、この「津田のほそ江」とはどのような環境であったのであろうか。その手掛かりを求めて、まず次の史料に注目したい。

【史料2】

寄進　白部若宮殿寄進状事、

　合壱処者、

在蒲生下郡奥嶋御庄内字御座、北ハ限江ぉ、西ハすか丶わをかきる、南ハ中嶋をかきる、東ハ本江をかきる、

此内半分ハ奥嶋百姓仁宛行、南半分白部若宮へ寄進者也、

（後略）(39)

これは、奥嶋庄下司の奥嶋義信が、元亨元年（一三二一）に庄内の字「御座」の田地を「白部若宮殿」（以下、

「白部若宮神社」とする）に寄進した寄進状の案である。「御座」の位置は不明であり、所在は津田内湖ではなく白部が面していた西の湖と考えるのが妥当であるが[40]、内湖の環境を考察するうえで参考にはなる。ここで最初に注目したいのはその立地である。「御座」は、北は「江」、西は「すかゝわ」（須賀川か）[41]、南は「中嶋」、東は「本江」で限られており、まったくほかの耕地に接していない。三方はまさに水域なのである。「中嶋」自体もその名称から水域に接していた可能性が高く、この田地と中嶋とをあわせて考えれば、四方を水域に囲まれた「水辺」であった可能性が高い。

そのうえで注目したいのは、「江」（北）と「本江」（東）とがわざわざ書き分けられているということである。「本江」がもとからあった比較的安定的な「江」であったのに対し、単なる「江」は比較的新しく成立した流動的なものであった可能性があるのではないだろうか。そのことを示唆するのが石山寺の次の史料である。

【史料3】

『御佃』

元能二町六十歩一反小被レ堀レ江、二反半川成、[42]大畠成、又川成大

これは、建久八年（一一九七）の石山寺領の名寄帳で、都合二町余りの田地のなかには、「川成」と「畠成」が含まれており、さらに掘削された「江」が存在していたことがわかる。この「江」の目的は不明なものの、わざわざ田地（陸域）のなかに掘られた人工的な水域であることは疑いない。つまり、一二世紀において「江」とはクリークを指したと考える。[43]

一九世紀の奥嶋周辺でもクリークが発達していたことは明治期の絵図によって確認できる（図1参照）[44]。また、聞きとりによれば、津田内湖の南側に位置する南津田には、「十七町大江」という曲線流路の地名が残されていた。[45]地元では、こうしたクリークは通常「ホリ」と呼ばれているが、この地名は、過去にはそれが「江」とも呼

ばれたことを示している。[46] 以上からすれば、「御座」も、小河川と「本江」と「中嶋」という自然地形に加えて、人工的に新たに形成されたクリークで囲まれた田地であったとみなすことができる。自然水系と縦横に張りめぐらされたクリーク網が耕地と荒地をとり囲むように展開する環境、それこそが「ほそ江」の実態であったのではないだろうか。

（3）　漁場としての「江」

では、この「江」はどのような機能を果たしていたのであろうか。これまでのクリーク研究で重視されてきたのが用排水などの農業的機能であることはいうまでもないが、[47] 本論では加藤仁美が、生活的機能や防災・環境保全的機能など、その多面的機能を明らかにした点に注目したい。[48] ただ、加藤の分析にもかかわらず、その重要性が正しく位置づけられていない機能がある。それは漁場としての機能である。

ここで参考となるのがやはり安室がとりあげた琵琶湖南部の木浜の事例である。[49] 木浜の小さな内湖（ギロ）とクリーク（ホリ）を「半自然」と位置づけ、そこにおける漁撈の実態、すなわち漁法、漁期、漁場について明らかにした安室は、「水のあるところならどこでも漁場たりえた」と結論づけている。当然、クリークも絶好の漁場であった。[50]

となると問題は、こうした漁場としてのクリークをいつまでさかのぼらせて考えてよいかという点である。そこで検討するのが次の史料である。

【史料4】

うりわたすあちゑりの事、

合田地□□者、但、直銭弐貫文請取之、

在田地ハ小田ハ佐々木北方のゑ遣レ之、又白部内字はくち（波口）の大明神田小、又あちゑり二所ハ庄司ほりゑのあち□

（以下略[51]）

これは、建武元年（一三三四）の小善田地・あち魞売券である。小田が佐々木北方の「ゑ」（江カ）にあるとされている点も興味深いが、本論が注目するのは、「あちゑり二所」が「庄司ほりゑのあち□」に所在したことである。これは地名ではあるものの、「堀江」とは、石山寺領でみた通り、人工的に造成されたクリークと解釈して差し支えない。そして、その堀江にはエリが仕掛けられていたというのである。

エリとは、定置漁具の一つで、河川、湖沼などの魚の通路に、竹などで編んだ簀を渦巻き型や迷路型などに立て回し、魚を自然に囲いのなかに誘導して、最後の囲い（ツボと呼ばれる陥穽装置）に集まったところを手網ですくいとる仕掛けである[52]。エリの構造については次節で検討するが、魚類の季節的移動という「自然そのものの「論理」[53]」を巧みに利用した漁法である。「堀江」は、そのエリが仕掛けられる漁場であり、漁業権が成立していたのである。

そして、これが例外的な事象でなかったことは次の史料からも示唆される。

【史料5】

売渡進　私領東堀江魞之事、

合十二分一者但シ庄弁魞衆中ヨリ佐々木領ニ入也、又五百文浅小井へ徳(得)分此衆中ヨリ入也、

四至東ハすわふ魞 西ハ西堀江也

在蒲生下郡佐々木領内有レ之也、

右、件魞元者、我等雖レ為二先祖相伝一依レ有二要用一直米七石ニ永代孫八ニ売渡進処、実証明白也、然上者、

雖レ経二世々代々一、不レ可レ有下於二此魞一違乱煩他之妨上者也、若菟角有二申者一子々孫々罷出、可二申明一也、
仍為二後日一新放券文状、如レ件、
天正伍年二月廿日
円山
幸善五郎印(54)

【史料6】

請申魞地之事、
合十二分一者、　東堀江之内也、
但シ円山判之升定也、
右此魞地分米壱石者、早米にて八月九月之内ニ可レ進者也、若無沙汰仕候者、何時成共其方へ可レ被レ召者也、
為二其一筆一如レ此候、仍為二後日一状、如レ件、
天正五年二月廿日　円山富長
彦左衛門判
同　孫八判
豊浦
五郎兵衛殿
使千右衛門（花押）(55)

前者は、天正五年（一五七七）に円山の幸善五郎がエリを孫八に売り渡した売券であり、後者は孫八らがそのエリを請け負った請文である。これは佐々木領内、恐らく浅小井（近江八幡市）に所在したと考えられるが、注

目したいのは、このエリが「東堀江魞」とされている点である。東堀江の西には「西堀江」が所在しており、これらは地名であると判断されるが、実態として「堀江」にエリが建てられていた可能性は排除できない。やはり「堀江」は、中世においても漁場であったのである。

以上、本節では、まず「水辺」が生物多様性に富んだ場であり、魚類の産卵と成育の場であることを確認した。そして、次に、奥嶋周辺においては「ほそ江」と総称されるクリーク網が発達していたことを史料から推測した。「江」は生態学的には魚類が移動する環境であり、一四世紀にはエリによる漁撈が行われていた。

ここで重視したいのは、この「水辺」においては、水域を陸域化しようとする方向の自然への働きかけだけではなく、「江」を掘ることによってわざわざ陸域を水域化しようとする方向の自然への働きかけがあったという点である。これは黒田日出男が定義する狭義の開発（耕地の開発）とはまるで異なる方向性である(56)。では、このような方向の自然への働きかけは、いかなる歴史的動向として評価すればよいであろうか。

第二節　生業の稠密化

(1)　捕獲原理の転換

奥嶋のエリをめぐっては以前にも議論しているが（本書第一部第一章。以下、前稿とする）、本書の根幹をなすので、まずその概要を再論しておきたい。

前節でふれたエリの琵琶湖での歴史的展開について安室知は、さまざまなエリの形態的特徴や設置される場所の自然条件などを検討し、同じくエリであっても「捕魚原理」が異なるものが存在していることを明らかにした(57)。その「原理」とは、産卵期に遡上する魚類を待ち構えて捕獲することを目的としたものと、湖の潮の流れを受け止めて回遊する魚を捕獲することを目的としたものである。そして、安室はそれをもとに、原初的エリの段階から初期大型化の段階へ、そしてより捕魚機能が強化される第二次大型化の段階へというエリの歴史的な展開過程を推測した。

そこで論者は前稿において、マーク・J・グライガーの協力を得て、安室が検出した捕魚原理の異なる二つのタイプのエリを、産卵期に遡上する魚類を待ち構えて捕獲することを目的としたカワエリなどのいわば「simple type のエリ」と、湖の潮の流れを受け止めて回遊する魚を捕獲することを目的として複雑な構造に発達した「involuted type のエリ」とに分類した。これは設置場所による分類ではなく、あくまで漁獲原理の差異による分類である。そして次の史料からその展開が一三世紀にあったとの仮説を提示したのである。

【史料7】

（端裏書）「□教書　永仁六年」

大嶋社供祭事、料所破損間、及㆓神供之退転㆒之上者、土民等私江利如㆓先年㆒可㆑被㆓停止㆒之由、彼社訴申之間、被㆑下㆓知其旨㆒之処、供祭欠如、被㆑止㆓私江利㆒者、速可㆑差㆓出供祭之江利㆒之由、社家幷村々成㆓評定㆒、差㆓置所々㆒之処、中庄沙汰人等無㆑故切㆓捨彼江利㆒之間、既為㆓神敵㆒可㆑被㆑行㆓罪科㆒之由、社家頻訴申候間、被㆑召㆓決両方㆒之処、切㆓江利㆒之条、承伏（後欠）

これは、奥嶋庄の領主の「御教書」と思われるが[58]、ここでこの永仁六年（一二九八）の史料について逐語訳を示すと、大嶋社の供祭の「料所」が「破損」して神供が得られなくなったので、「土民等私江利」を先年のように停止して欲しいと大嶋社が訴えた。そこで、そのように下知したところ、供祭が欠如している。「私江利」を停止して速やかに「供祭之江利」を「差出」すべきであると社家と村々が評定し、「供祭之江利」を「所々」に設置したところ、中庄沙汰人等がゆえなくエリを切り捨てたので、神敵として罪科に処せられるべきであると社家がしきりに訴えた。そこで、両方を召決したところ、中庄側がエリを切ったことを認めた（後欠）というものである。
前稿において論者は、仁治二年（一二四一）の史料（後掲史料15）[59]とあわせてこの史料に検討を加え、奥嶋御庄沙汰人百姓等の網漁を阻害した下司の新儀のエリや、中庄沙汰人等を破壊的行動へと駆り立てた「供祭之江利」は、それまでの「土民等私江利」段階のものとは質的に異なるものと考えざるをえず、それは「simple type のエリ」ではなく、回遊する魚の通り道を塞ぐポイントに設置された「involuted type のエリ」であると結論づけた。この史料が指し示す事態こそが安室が指摘する捕魚原理の展開を示す事例ではないかと考えたのである。

これに対し春田直紀は、論者があつかったのは内湖のエリであって、琵琶湖本体の沖へと張り出すエリの成立そのものは証明されていないとの批判を加え、一三世紀のエリ紛争は、まずは内湖の環境・資源利用をめぐる社会的矛盾ととらえる必要があると指摘した。[60]また、佐野も、限られた史料から技術革新を想定することは難しいと批判し、[61]論者のエリの技術理解は近現代のエリの研究にもとづくもので、中世段階のエリでそうした技術が存在したか明らかでなく、一三世紀の変動が新型の「湖エリ」の出現を意味するとの判断にはさらなる根拠が必要であると指摘した。[62]

これらはまったく正当な批判で、一三世紀段階になってほかの漁撈との紛争を惹起した「江利」はどのようなものであったのかについては、未解明のままとなっていることは認めざるをえない。では、一三世紀の紛争において問題となった「江利」はどのようなものと想定すべきであろうか。

（2） 中世奥嶋のエリ

エリ型漁具の遺構は縄文時代から確認されるが、琵琶湖集水域の遺構でもっとも古いものは古墳時代のものであり、赤野井湾遺跡と古高・経田遺跡（ともに守山市）から発見されている。図3は赤野井湾遺跡の遺構図である。[63]これは琵琶湖湖岸より検出されたもので、ツボ跡と簀の跡から構成されている。ツボの外径は縦約一・二メートル、横約一・四メートルと小型で、発掘にあたった濱修は、タエリに類似したものと想定している。[64]

また、図4は古高・経田遺跡の遺構図で、幅約六メートルの古墳時代前期の旧河道から検出されたエリである。[65]図面上の計測であるが、直径約一メートルのツボの両側より、北方に向かっては、約一・六メートルにおよぶ一三本の杭が湾曲しながら、南西の川岸に向かっては、約一メートルにわたって四本の杭が直行して打たれている。これらの総延長はたかだか約三メートルであり、発掘を担当した森山宗保は、簀と簀のあいだのすきまが広く、

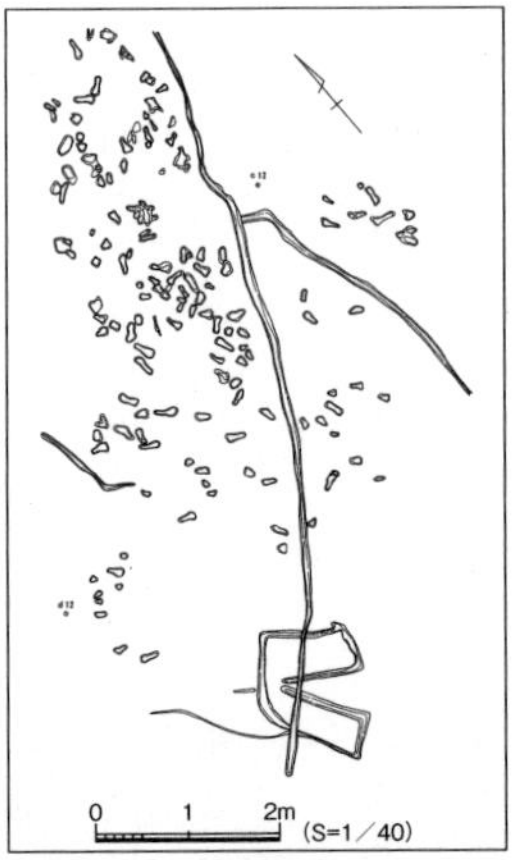

図3　赤野井湾遺跡のエリ跡の遺構図

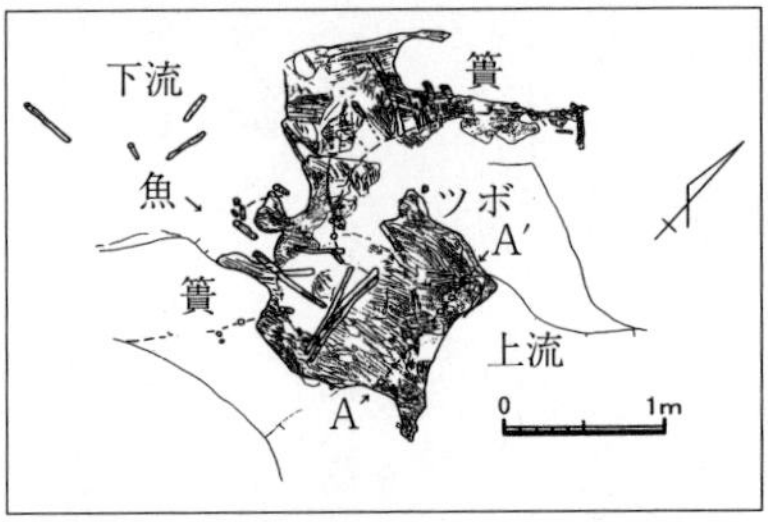

図4　古高・経田遺跡のエリ遺構図

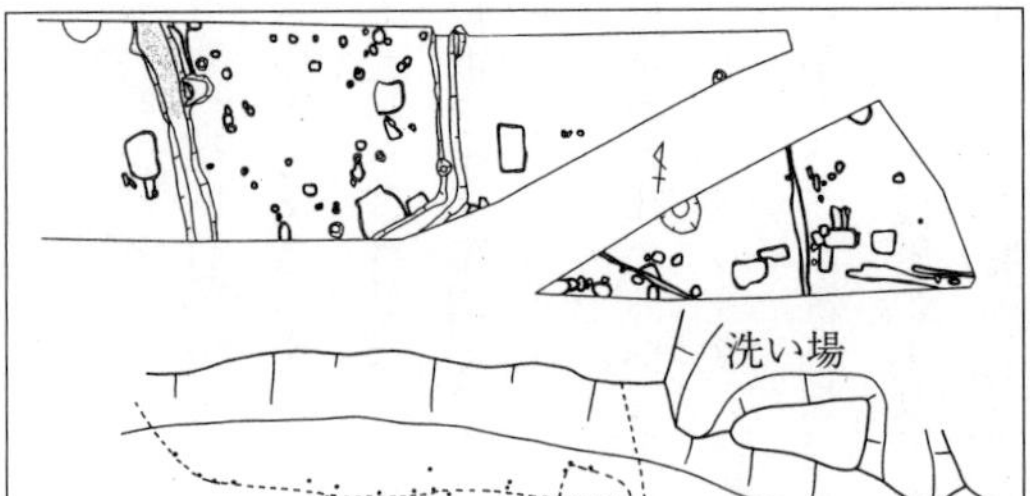

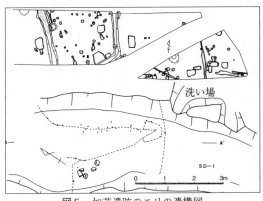

図5　加茂遺跡のエリの遺構図
（波線は簀の位置を推定したもの）

ツボも大きくないことから、川を杭列で遮断するような大規模なものではなく、ツボに誘導された魚が数匹とどめられる程度の小規模な生簀のようなものではないかと想像している。(66)

これら古墳時代のエリに対し、一五世紀から一六世紀にかけてのものと判断される河川から出土したのが図5の加茂遺跡のエリ（カワエリ）である。(67)この川幅は約一・八メートルから二・六メートルで、深さは約〇・四メートルから〇・六メートルと報告されており、ごく小さな河川ではあるが、埋土が砂質、砂礫質であることからかなりの流量があった川であると推測されている。図面上の計測であるが、大沼芳幸によって復元されたツボも一メートルにも満たない小さなものである。これらは漁業権が発生するものとは考えられず、「小規模で素朴な漁撈」(68)と位置づけることができる。

この「小規模で素朴な漁撈」としてのエリを検討するうえでは、ハネコミと呼ばれるエリ型漁具の検討も欠かせない。安室、佐野によってエリ型漁具の原初的形態と指摘されているハネコミは、(69)木浜では昭和四〇年ぐらいまでヨシ帯のなかに仕掛けられていた。(70)論者が聞いたハネコミは、安室や佐野の図とは異なり、エリとほぼ同様な形をしており、「六畳一つ」ぐらいの傘状の仕掛けに「畳一枚ぐらい」のツボがつき、場所によってまちまちの長さのミチアミ（竹簀）が張られていたという。

ここで、本論にとって重要なのは、このハネコミには漁業権が設定されないことである。モンドリ、タツベ、投網などと同様に、だれということなく、ヨシ帯であればどこでもできた漁法であったという。以上のことを勘案するならば、前稿において、「エリの原初的形態を示唆する」との橋本鉄男の指摘にもとづいて「simple type のエリ」の典型に漁業権が発生するカワエリ一般を措定したのは不十分であった。(71)加茂遺跡などで発見されたような小型のエリや漁業権が発生しないハネコミこそがエリ型漁具の原初的形態、「simple type のエリ」として措定されなければならなかった。

では、以上を踏まえたうえで、一三世紀から一四世紀にかけて紛争の対象となった奥嶋のエリはどのような技術段階にあるものと想定すればいいであろうか。じつは、そのことを示唆する史料が残されている。

【史料8】

（表）「若宮殿の丶エリ竹ス二枚ツ丶人数
　　合拾二人者、但、衛門三郎ハ二枚取、以上十一人也、
北村　道願丶《（房）》　大四郎殿　兵衛三郎　孫大郎　彦源二
南村　形《南（刑）》部　左近殿　弥次郎　衛門允　源四郎　四郎三郎　又《南》次郎」
（裏）「応安伍年八月六日如レ之、」(72)

これは、大嶋神社・奥津嶋神社文書に所収された応安五年（一三七二）の木札である。ただ、この史料解釈は難しい。「若宮殿」のエリの竹簀二枚ずつについて、何らかの行為を行った者の名、北村五人、南村七人、計一二人の人名が書きあげられているのであるが、但し書きとして、そこには含まれない「衛門三郎」が「二枚取」とあり、「以上一一人也」とあるからである。この木札がどういう行為を行った人々の名前を示したものかは論証できないが、すでに設置されていたエリを解体してその竹簀を配分したものとは考えにくく、『大嶋神社・奥津嶋神社文書』の文書名の通り、竹簀を寄進した人々と解釈するのが穏当であろう。ただ、いずれの解釈をとるにせよ、「若宮殿」のエリが二四枚の竹簀によって構築されていたことは動かぬ事実である(73)。とすれば、次の問題は、この「若宮殿」のエリがどのような環境に設置されていたかである。そこでまず参考となるのが次の史料である。

【史料9】

（端裏書）ⓐ「白部木下のゑりのきしん状」

奉㆓寄進㆒藤次郎をとこのあとのゑりひとかわの事
ⓑしまの御若みやへゑいたいきしん申候うゑハ、更々いらんわつらいあるへからすもの也、仍為㆓後日㆒きしん状、如㆑件、
延文四年十二月廿六日　宗然（花押）[74]

【史料10】
（端裏書）「藤二郎きしん□（状）」
きしんしたてまつるゑりの事
合壱所□（者）、
在奥嶋御庄之内しらへのはくち□（き）さのした也、
右、件ゑり□□（者、次カ）郎そうてんしりやう□（也）、若宮殿へゑいたいをかきんてきしんしたてまつるところさいちめいはく也、仍為㆑状如㆑件、
応安二年二月廿一日
字藤次郎（略押）[75]

これらも応安五年（一三七二）の木札（史料8）同様、大嶋神社・奥津嶋神社文書中に残されたものである。まず、史料9であるが、この文書には案文も残されており[76]、宗然は下司代であることが確認できる。したがってこの文書は、延文四年（一三五九）に下司代宗然が藤次郎男跡のエリを「しまの御若みや」（傍線ⓑ）へ寄進することを確認したものといえる。一方、史料10は、応安二年（一三六九）に藤次郎が「若宮殿」にエリを寄進したものである。史料9では寄進されたエリが「藤次郎をとこのあと」のものであったにも関わらず、史料10では「藤次郎」自身が寄進していることから、これらは別のエリであった可能性もあるが、若宮神社のエリに関する

史料はほかには残されておらず、少なくともいずれかは史料8の「若宮殿」のエリと直接関わる史料と考えるのが自然であろう。とすれば、史料8の「若宮殿」とは奥嶋集落（以下、大字の奥嶋、現在の島町については「嶋」と表記する）の若宮神社である可能性が高く、そのエリは史料9傍線ⓐ、史料10傍線部が示す通り「白部木下」、「しらへ（白部）のはく□（波口）きのした（木下）」に所在していたということになる。(77)

この「木下」については現時点では不明であるが、波口については確認できる。波口は白部集落の東方に位置し、大中の湖に突き出すように展開している丘陵の突端の地名であり、そこには波口大明神が鎮座している（図1参照）。大中の湖干拓前には、「波口のエリ」と呼ばれていた、ツボが四つの「メセ」のエリが存在したという。(78)重要な問題は、この波口は波が荒くて危険であったとされることで、(79)クリークもまったく発達していない場所である。こうした環境にも展開できるエリが、少なくとも延文四年（一三五九）には存在しており、それは一四枚の竹簀から構成されていた。エリは、一四世紀には内湖へと展開できる技術段階に到達していたのである。(80)

そして、もう一つ重要な点がある。それはこの木札に「応安伍年八月六日如レ之」という裏書があることである。これは、竹簀の寄進、そして設置もしくは修繕の日である可能性が高いと考えている。これをグレゴリオ暦に換算すると一三七二年九月一一日になる。これは四月から六月のコイ科フナ属の産卵期ではない。したがって、このエリは、フナ属などの産卵期の遡上に対応できるだけではなく、九月の魚類の移動にも対応できる技術的段階のエリであったと考えるべきである。(81)したがって、設置場所は内湖ではあるものの、このエリを「involuted type のエリ」と認定したい。

以上をまとめると、一四世紀までには、エリは原初的な段階を脱して内湖へと展開し、フナ属の産卵期ではない九月にも操業される技術段階へと到達していたということになる。では、一四世紀前後の奥嶋のエリをこのような技術段階のものと措定すれば、前稿で抽出した事態は、どのような歴史的意義をもつものと再評価すればよいであろうか。次に、一三世紀前後の奥嶋の漁撈紛争全体を見渡すことからこの問題を考えてみたい。

（3）生業の稠密化

表1（章末）は一三世紀前後の奥嶋周辺における漁撈に関わる紛争を一覧にしたものである。これをみれば、権門寺社（薬師寺、下鴨神社）、地域寺社（長命寺、大嶋神社）、守護とその一族、荘官沙汰人（奥嶋庄下司、奥嶋庄沙汰人、中庄沙汰人）、住人等（百姓等もしくは土民等や村人）、そして網人等[82]と、阿弥陀寺以外のこの地域に関わる諸勢力（利害関係者）がほぼ何らかの形で紛争に関与していたことがわかる。そうした諸紛争のなかで、本論では表1-10と表1-2の二つの紛争に注目したい。

【史料11】

（端裏書）「下司殿挙状案」

当御領百姓等、往古魚之通道於甲乙人等面々差塞候之由、歎申上候、委細之旨見二于状一候歟、為二庄家一無レ煩可レ然之様、計御沙汰候者、畏入候之由、可レ有レ御二披露衆中一候、恐惶謹言、

三月十五日　奥嶋下源

義経判

進上　年預御房[83]

【史料12】

追申

如レ此事、被レ差二上御代官一委細可レ被レ申候処、無二其儀一之条、背二先規一候哉、向後尤可レ有二御存知一候、浦年貢忩可二運上一之由、可レ有二御下知一候、

当庄百姓等訴申白部若江差塞新儀之遠簀、止二群退道一之由事、具披露候了、如二百姓等歎申一者、背二先規一歟、尤不便之次第候、仍差二下公人一候、乎《（早カ）》任二先例一可レ有二御下知一候由、衆儀候、恐々謹言、

三月十六日　　年預承慶在判

謹上　奥嶋下司殿[84]

史料11は、「往古魚之通道」を「甲乙人等」が差し塞いだことが問題となっており、史料12は、「白部若江」に設けられた「新儀之遠簀」が「群退道」を差し塞いだことが問題となっている。この二通は日付が近いことからも、一連のものとみてよいだろう。

では、この紛争はいつ頃のものであろうか。手掛かりになるのは、この相論で下司が挙状を出している点である。奥嶋庄下司については若林の論考があり、史料上の終見が観応元年（一三五〇）で、延文四年（一三五九）以後は新たに下司代が登場することが明らかになっている[85]。したがって、この紛争は一三世紀から一四世紀前半頃のものとしてよい[86]。

そのうえで本論が注目するのは、第一にこの紛争が「魚之通道」をめぐるものであった点である。年未詳のため確定はできないが、旧暦三月はグレゴリオ暦四月頃としてよいだろう。とすれば、それはちょうどフナ属の産卵期にあたり、フナ属が一斉に遡上する時期である。

また、そこが「若江」と呼ばれる地名であったことにも注意を喚起したい。「若い」とは、「ある物が現れてからの時間が短い」という意味であり（『日本国語大辞典　第二版』）、「若江」とは「本江」ではなく、新しい江という意味であろう。これはあくまで地名であるが、実際に人為的に新規に掘られた「江」が存在した可能性は大きい。

一方、「遠簀」とはなにかについては、まったく手掛かりがない。ただ、筑後国三潴庄の「弥富名福丸簀北手」

の譲状に、「謂レ簀者、海中ニ立レ簀、漁二魚鱗一」とある。(87)「簀得分」が問題となっていることから、この「簀」は単なる簀ではなく、漁具とみるべきであろう。したがって、奥嶋庄の「遠簀」もまた漁具の可能性が高い。ただ、「江利」とは記されなかったわけであるから、ツボのある「江利」とは異なる漁具であったことは確実である。産卵期に「江」を遡上する魚類を一網打尽にする漁具、それが「遠簀」ではないだろうか。

次に、「江」をめぐる漁撈としては、表1-2の下記の史料も重要である。

【史料13】

(端裏書)「蓮実坊宮院主御房御教書□□天□十九日」

長命寺訴申堀江間事、非レ取レ魚為レ令レ耕二作沢田一之由、土民雖レ令レ申、於二江条一者、可レ有二御同心一之由、自二最前一□(被カ)仰二含寺僧一了、且去七月十五日以前、可レ令二還住一之由、被二思食一之間、先出居之後、可レ致レ塞二□□(彼江)一之由、被二仰下一了、而猶不二出居一之間、七月十一日遮被レ塞二彼江一了、是則無偏之成敗也、豈非二寺僧優如之儀一哉、而于レ今不二帰住一云々　(後欠)(88)

『鎌倉遺文』は端裏書を「天□□八月十九日」と読み、年号を天福と推定している。これは恐らく、西塔院主である「蓮実坊宮」を『宝幡院検校次第』により尊雲と比定したためではないかと推察するが、現時点ではその比定を覆す史料が見当たらないため、本論もこれを天福年間（一二三三〜三四）のものとして議論を進めたい。

さて、この史料の解釈を示すと以下の通りである。長命寺寺僧が西塔院主に「堀江」のことを訴え、それに対し、魚をとるためではなく沢田を耕作するためのものであると「土民」が反論したが、「江」であることは院主も同意するので、七月一五日以前に寺僧を長命寺に帰らせ、そののちに「江」を塞ぐよう仰せ下した。ところが、寺僧が寺に帰ってこないので、七月一一日に「江」を塞いだ。これは公平な成敗である。寺僧を寛大な心で許したものにほかならない。ところが今になっても寺僧は帰住しないということである（後欠）。

後欠であるのが残念であるが、ここでまず指摘したいのは、「土民」が「江」を掘ったこと自体について西塔院主が認めている点であるが、さらに注目したいのは、寺僧等がその「江」は魚をとるためのものであると認識している点で、「土民」は沢田を耕作するためのものであると反論しているが、西塔院主が「江」を塞がせたことからも、殺生禁断の領域であったであろう長命寺領内で、漁撈を主目的とした「江」が掘られたことは間違いのない事実であったと認定したい。これは、陸域の水域化による新たな漁場の創出と理解してよいだろう。

以上、二つの紛争を分析した結果、「江」に新儀の「遠簀」を設けるにせよ、新儀に「江」を掘るにせよ、一三世紀から一四世紀前半における漁撈展開のある種の方向性が浮き彫りになった。それは、生業を面的に拡大するのではなく、限られた空間と資源のなかで、水域と陸域とが推移している環境を水域化して新たに漁場としたり、遮蔽物を設置して魚道を強制的に変更して漁獲効率を飛躍的に上げたりするような、より密度の濃い生業の方向性である。論者は、こうした生業のあり方が結局のところ、「限られた空間と資源を使って、より効率よく生産を上げる」(89)という方向性をもつものであったという観点から、これを「資源のより稠密な（dense）利用」と呼び、その変化を「生業の稠密化」と概念化したい。永仁六年（一二九八）の「供祭之江利」（史料7）をめぐる紛争も、こうした歴史的文脈のなかに位置づける必要がある。

そこで、もう一度史料7の逐語訳をご覧いただきたい。ここには三種類のエリが登場する。一つ目は、当初の「料所」としてのエリである。史料上はこの「料所」がエリとは明示されていないが、「破損」とあることからエリであった可能性が高いと考えた（以下、便宜的に「料所エリ」と呼ぶ）。二つ目は、停止された「土民等私江利」（「私江利」）であり、三つ目が、新たに設置された「供祭之江利」である。これは、「所々」に差し置かれたとされていることから、複数のエリであった。

そのうえで改めて確認しておきたいのは、これら三種類のエリがどのような漁撈と併存し、どのような漁撈と抵触しているかという点である。これをまとめると次の通りとなる。

「料所エリ」：「土民等私江利」とも中之庄の漁撈とも併存

「土民等私江利」：「料所エリ」と中之庄の漁撈とは併存するが「供祭之江利」とは抵触

「供祭之江利」：「土民等私江利」とも中之庄の漁撈とも抵触

ここでもっとも重要なのは、「料所エリ」が「土民等私江利」とも中之庄の漁撈とも併存していたのに対し、「供祭之江利」は、それらを停止するか抵触しなければ設置できなかったことである。これにより、「供祭之江利」が「料所エリ」そのままの再建ではないことが確実である。[90]その設置場所や形状は確定できないものの、ほかの漁撈の漁業権と抵触せず併存していた「料所エリ」は「simple type のエリ」、「土民等私江利」を停止しなければ設置できず、中之庄の漁撈と抵触した「供祭之江利」は「involuted type のエリ」と考えるのがもっとも蓋然性が高い。[91]そしてこれは、先にみた「遠簀」による魚道の統御、「江」による漁場の創出と通底する「生業の稠密化」の一端であった。これが論者の理解である。

以上、本節においては、一三世紀前後の奥嶋において、「水辺」という環境の特性を利用して、資源をより稠密に利用しようとする動向がみられたことを抽出し、これを「生業の稠密化」と概念化した。当初は「小規模で素朴な漁撈」であったエリ漁も、効率性を飛躍的に高めたと考える。とすれば、次に問題としたいのは、この「生業の稠密化」を主導した歴史的主体はいったいだれかということである。一三世紀から一四世紀にかけて集中的に紛争史料が残されているのは、佐野が指摘するように、この時期に何らかの資源利用秩序の再編成が社会組織の再編成と連動して行われたためとみるべきであろう。そのことを端的にとらえることができるのは、史料11にみられた「甲乙人等」という表現である。では、それはどのような存在であったのであろうか。

第三節　「水辺」とムラの機能

（1）紛争主体の庄郷とムラ

すでにふれたように、奥嶋周辺には津田庄と奥嶋庄という二つの領域型荘園が成立していた。したがって、紛争はまずは荘園の枠組みで処理されていたことが予想される。そこで紛争主体として最初にとりあげるのが奥嶋庄の「百姓等」、本書が措定する上位の村落、庄郷である。奥嶋庄の沙汰人百姓等は、仁治二年（一二四一）の紛争（後掲史料15、表1-3）、年未詳の紛争（史料11、12、表1-10）の紛争主体である。注目したいのは、いずれも新儀の漁撈を抑制する主体として史料に登場していることである。下司による「新江利」「新儀江利」の停止を求めたのも奥嶋御庄沙汰人百姓等であったし、甲乙人等による「新義之遠簀」の停止を求めたのも奥嶋庄の百姓等であった。この二例をもって結論を出すことには慎重でなければならないが、いずれも「生業の稠密化」を阻止しようとする主体として史料上に登場している点に注目しておきたい。

なお、建長五年（一二五三）の長命寺との紛争にも「百姓等」が登場している（表1-4）。長命寺は、「網人等」（表1-7）、「土民」（表1-2）とも紛争しており、「寺辺」を中心に生業を統御する空間を設定していた。[92]したがって、この「百姓等」は、奥嶋庄・津田庄という惣庄の枠外の集団である可能性もあるが、これ以上の分析素材はないため、のちの考察を待ちたいと思う。

これら庄郷と関わる勢力の次に注目するのは、「大島神主等」である。弘長二年（一二六二）の紛争（表1-5）、文永元年（一二六四）の紛争（表1-6）、永仁六年（一二九八）の紛争（史料7、表1-8）の一方当事者である。また、史料上には神主が登場しないが、康永元年（一三四二）の紛争（表1-9）もこれに該当すると考えている。なぜこれを一括して検討するかといえば、いずれの紛争も大嶋神社の背後に惣庄百姓等とは異なる村落が存在するからである。

【史料14】

敬白　庄隠規文事

□(右カ)返注(忠)　此等之不思議之《ミ》ヲ、於二悪口輩一者、可レ被レ追二却御庄内一、兼又云二妻女子息一、若《ミ》□(村カ)付を千万被レ致二悪口一者、小屋も可二払焼一者也、

右守二種々規文之旨一、各可レ塞二悪口不思議一、仍規文之旨、如レ件、

弘長二年十月十一日

敬白

(裏書)「□(錦カ)吉弘（略押）　秦宗重（略押）

記(紀)重友（略押）　記(紀)延重（花押）

錦宗房（略押）　錦則吉（略押）

佐伯宗利（略押）　同利宗（略押）

記(紀)国貞（略押）　菅原真清（略押）

高向真重（略押）　勅使大中臣利弘（略押）

坂上助安（略押）　錦弘真（略押）

錦弘貞（花押）」(93)

これは、日本列島現存最古の村掟として著名な「庄隠規文」である。なぜこの置文が制作されたのか従来の研究では不明確であったが(94)、表1の整理から弘長二年（一二六二）の殺生禁断をめぐる大嶋神主等と長命寺寺僧等との相論を背景にしたもの、より具体的にいえばその敗訴を受けたものである蓋然性がもっとも高いことが明ら

かとなったと思う。

ここで、本文中に「若□付（村カ）を千万被レ致二悪口一者、小屋も可二払焼一者也」とあることに注意を喚起したい(95)。この史料は本文中に「庄隠規文」とあり、「追二却御庄内一」とあることから奥嶋庄惣庄の置文と理解することもできるが、弘長二年（一二六二）の相論の主体は惣庄ではなく「大嶋神主等」であった。したがって、この相論の背景には「村」と認識される村落、すなわちムラの存在があった可能性がある(96)。

そのことを裏づけるのが、永仁六年（一二九八）の紛争（史料7・表1-8）である。佐野はこの紛争で争われた「供祭之江利」を「荘」のエリとするが、これは誤解で、高牧實や窪田涼子も正しく指摘している通り、この相論は奥嶋庄と津田庄との相論ではなく、奥嶋庄内の嶋と津田庄内の北津田とが一味同心して津田庄内のムラである中之庄に対抗したものである(97)。したがって、これは大嶋神主が訴訟の前面に立ってはいるものの、実質的には二つのムラの連合体対ムラの紛争であったと評価できる。そして、すでに分析した通り、このムラが「生業の稠密化」の主体となったのである。

最後に、「土民」についてふれておきたい。天福年間（一二三三〜三四）の紛争（史料13・表1-2）において、西塔院主は、「江」を掘った主体を「土民」と単数形で表現している。「寺僧」もまた単数形で表記されているのではあるが、その主体が村落ではなく個別経営であった可能性を指摘しておきたい。また、康永元年（一三四二）の紛争（表1-9）は、ムラ連合と中之庄の孫三郎大夫との紛争である。ここでもムラを背景にしつつも個別経営が紛争の主体であった可能性に留意したい。

以上、紛争主体として惣庄の百姓等（庄郷）、ムラとムラ連合、そして個別経営を検出した(98)。前節でみた「生業の稠密化」については、「遠簀」の設置主体は「甲乙人等」とだけあることから不明ではあるが、「江」の開削については個別経営（「土民」）、「供祭之江利」の設置については嶋と北津田のムラ連合であったことを確認し、庄郷が「生業の稠密化」に否定的な勢力であると推定した。個別経営はムラに包摂されていたと考えるのが穏当である。とすれば、「生業の稠密化」を主導した歴史的主体はムラであったと認定すればよいであろうか。しかし、そう結論づける前に、もう一つ重要な主体が存在することを忘れてはならない。それは奥嶋庄の下司である。

（2）下司による「生業の稠密化」

奥嶋庄下司については若林の詳細な検討があり付け加えることはない。[99]奥嶋庄下司は、仁治二年（一二四一）の紛争（史料15、表1-3）および年未詳の紛争（史料11、12、表1-11）に登場する。百姓等の解状を受けて荘官として挙状を出す側面と、百姓等と対立する両側面がうかがえて興味深いが、ここで注目するのは仁治二年の紛争で問題となった「新江利」「新儀江利」である。

【史料15】

下　　奥嶋御庄沙汰人百姓等□（所）

仰下　二箇条

一　当御庄内新江利間事

右、件江利、百姓等者、当下司之時、始令レ□二□新儀江利一之間、ⓐ已断二漁網一節□□□□□由、訴二申之一、
下司者、自二親父沙弥浄蓮之時一、□□之旨申レ之、仍両方申状参差之故、暗依二被□□一、去八月廿三日被二召
決一之日、為二新江利一之□分二明于彼下司之申詞記一也、御領荒蕪之基、土民衰弊之源、尤由レ斯、於二自今以
後一者、当御領内ⓑ限□□（限北白部鼻）、任二先例一停二止新江利之結構一、可レ成二土民安堵之思一者[100]

この史料は、前稿でもとりあげた仁治二年の奥嶋庄下司と沙汰人百姓等との相論で、下司が建てたエリは法廷で新儀のものであることが証明され、その停止が命ぜられた。この紛争の過程で、百姓等は下司のエリの設置を

受けて「已断二漁網一」（傍線ⓐ）という行為に出ている。これが単なる抗議行動なのか、現実に網漁ができなくなったうえでの行為なのかは定かではないが、奥嶋庄百姓等の漁業権と抵触した下司によるこのエリが「小規模で素朴な漁撈」である「simple type のエリ」ではないことは確実である。エリの漁獲原理の転換、すなわち内湖への展開はまず下司によって始まった可能性がある。そのことを裏づけるために次の史料に注目したい。

【史料16】

（端裏書）「ちわきの左衛門次郎入道殿状」

うりわたすゑりの事、

合壱所者、

あり、あふみのくにをくしまのしやうのうちⓐあたなしらへのはくちきの□□の江りなり、但、みなみのつら、

右、件江りハ、ⓑこしま殿ノ御てよりゆつり給て候、にほのあまこせん給候を、性忍さうてん、しかて、しらへのとく二郎にようとう弐貫捌百七十文仁、永代かきりて、うりわたすところめいはくなり、もしこの江りに、まこ四郎かしそくともいう、又せんくす丸かきやうたいとも申、いらんわつらい申事候ハヽ、ぬす人のさいくわにをこなわれ候へきもの也、よって後のために状如レ件、

元徳『弘』元年十二月九日

沙弥性忍（花押）

口入人願生（花押）[101]

これは、年号の追記を容認すれば元弘元年（一三三一）に白部のエリを沙弥性忍（ちわき左衛門次郎入道）が白部の「とく二郎」に売り渡したものである。第一に注目したいのはこのエリが「こしま殿」より譲与されたも

のであるという点で（傍線ⓑ）、この「こしま殿」は「小島殿」と解釈されてきたが、[102]「故嶋殿」、つまり奥嶋氏ではないだろうか。[103]そう考えれば、このエリは、下司奥嶋氏→「にほのあまこせん」→性忍（ちわき左衛門次郎入道）→白部の「とく二郎」と継承された可能性がでてくる。

さらに注目すべき点は、このエリが白部の波口木下の南面に設けられたエリである点である（傍線ⓐ）。この売券の正文が大嶋神社・奥津嶋神社に伝来している事実からすれば、この文書が手継証文であることは確実で、このエリは延文四年（一三五九）に宗然から嶋の若宮神社に寄進された白部木下のエリか（史料9）、応安二年（一三六九）に藤次郎から嶋若宮神社に寄進された白部波口木下のエリか（史料10）、そのどちらかのエリであったのではないだろうか。[104]そして、それは仁治二年（一二四一）の下文に漁業権の範囲が「限北白部鼻」（史料15傍線ⓑ）と規定されている事実と整合するのである。とすれば、応安五年（一三七二）の「若宮殿」の二四枚の竹簀より構成され、内湖へと展開していたエリ（史料8）は、下司が新たに設置し、下司親族から個別経営体へと相伝され、その後ムラのものとなった可能性があるのである。[105]つまり、ムラはけっして最初から「生業の稠密化」の主導権を握る主体であった訳ではなかったことになる。では、このように生業をめぐってさまざまな主体がせめぎあう「水辺」において、ムラはどのような機能を果たしたのであろうか。

（3）「水辺」とムラの機能

本論では、最初に「水辺」という環境の特性に注目し、そこでの生業においては漁撈の比重が高いことを前提に、漁撈を中心とした生業のあり方の変化を明らかにしてきた。「水辺」は、「simple type のエリ」など漁業権が発生しないような「小規模で素朴な漁撈」と、「involuted type のエリ」など漁業権が成立している「大規模で高度な漁撈」とが併存している環境であった。したがって、そこにおいて「堀」や「簀」を新たに構築するという方法で生業のあり方を稠密化させるためには、漁業権が成立していない漁撈も含めて、広範な個別の利害を調整し、場合によっては否定する必要がある。とすれば、問題は、どういった社会組織がその調整に適合的であるか、より効果的であるか、より有効であるかということである。このことを検討するために、最後にもう一度史料7でみた永仁六年（一二九八）の紛争に戻りたい。

【史料17】

定　津田・嶋両村人つしんて申上候、
社とうの沙汰にをきてハ、いちとうたるへし、もしこのむをそむき、しさいを□、かゐりちゅうをも申したるか、ゐらんともからにをきてハ、庄ないをひんしゅ□□るへく候、□□沙汰いたすへく候、
右このむをま□
永仁六年六月　　日
北津田□□
はつ四□（略押）　平三郎（略押）　□□（略押）　兵衛允（略押）
（中略）
奥嶋分
衛門太郎（略押）　平大郎（略押）　平四郎（略押）　薬師大郎（略押）
（後略）[106]

これは永仁六年の起請文であるが、ここで本論が改めて注目するのは、「involuted type のエリ」と想定した新たな「供祭之江利」を、「土民等私江利」の否定のうえに構築するという漁撈秩序の再編成にあたり、社家が評定した主体が惣庄百姓等ではなく、「村々」であった点である。

この「村々」について、窪田は「津田庄と奥嶋庄を構成する個々の共同体」と考えており、そうすると北津田と嶋以外の中之庄なども含まれることになる。[107] しかし、史料17に連署したのは北津田と嶋の「村人」だけであった。また、中之庄と合意のうえで「供祭之江利」が設けられたのであれば、そもそも中之庄との紛争は起こりえなかったはずである。したがって、この「村々」が津田庄に属した北津田と奥嶋庄に属した嶋のみを指すことは疑いない。

ここで注目しておきたい事実がもう一つある。それは、先にもふれたように大嶋神社・奥津嶋神社文書中に残されている嶋の若宮に関する史料の初見が、貞和二年（一三四六）であることである。[108] この若宮は、貞和三年（一三四七）には「湧出新社」と呼ばれ、[109] 延文三年（一三五八）にも「堀《（湧カ）》出社」が「新社」と呼ばれている。[110] したがって、一四世紀になって新たに勧請された神社である。

現在嶋（近江八幡市島町）には若宮神社、その境内に雨神社、そして若御子神社、綾神社、池鯉鮒神社の計五つの神社が鎮座しているが、その中心的な存在が若宮神社であるといってよいのではないだろうか。[111] とすれば、永仁六年（一二九八）の紛争の段階では、嶋にはムラ単独の結集の核となる神社はまだ存在していなかった可能性がある。[112]

このことは極めて重要で、永仁六年の起請文の時点では、嶋は村落結合が未熟な状態であったのではないだろうか。[113] 高牧は、この前後村人として連署している人々が史料17の起請文の連署者のなかに見当たらないことから、この起請文を衆議に違乱しないように村人が百姓に誓約させたものと評価している。[114] つまり、はじめから強固な下位の村落があった訳ではなく、むしろこの「生業の稠密化」を目的としてその結合がうながされた可能性があるのである。

そして、本書でもっとも注目したい重要な事実は、その「村々」が「土民等私江利」を停止することに成功していることである。「村々」は、社家との相論と評定を経たうえでのこととはいえ、生業を稠密化させるためにみずからの漁業権を自己否定できた。これは「私権の制限」の究極のあり方であり、[115]これこそが自律のムラの姿である。このような「小規模で素朴な漁撈」レベルの生業の個別利害の自己否定は、庄郷のような大きな村落では無理で、身近で小さなムラであるがゆえに可能であり、そのための装置としてムラが必要とされたのではないだろうか。そして、それゆえにこそ「生業の稠密化」に成功した下位のムラが、流動性、不安定性を克服しつつ、近世へと継続していったのではないだろうか。[116]中世のムラは単なる「生命維持装置」ではなかった。複雑で緻密な個別の利害を調整して生業を稠密化させるための装置として編成されたのである。[117]

むすびにかえて

以上、本論では、政治史の枠組みのなかで立論された中世村落の二重構成論を生業複合論の立場から再構築することを目指し、まず、近江国蒲生郡奥嶋周辺の陸域と水域とが推移する「水辺」という環境に注目して、そこが人為によって一六世紀までに形成されたクリーク地帯で、エリ漁の漁業権が成立していたことを明らかにした。

次に、そのエリ漁について検討し、同じエリであっても産卵期の遡上する魚類に対象が限定されたエリと産卵期以外に回遊する魚類まで対象とするエリとは漁獲原理が異なるとする安室知の理解を継承し、嶋の若宮神社が応安五年（一三七二）に所有していた竹簀二四枚から構成されたエリが、内湖へと展開し、産卵期以外の回遊する魚類をも対象としたものであったと推定した。同時期には、「遠簀」とよばれる漁具を利用して魚道を制御しようとする漁撈や、クリーク（「江」）を掘るという手法の漁撈が行われていたことが確認できるが、これらの動きは、自然への能動的な働きかけではあるものの、自然を克服して面的に利用を拡大しようとする方向性のものではなく、自然のあり方、網野の表現を借りれば「自然そのものの「論理」」を前提として、それをより巧妙に利用していこうという方向性のものであると考えた。大嶋神社による「土民等私江利」の否定による「供祭之江利」の設置もまたこうした動向のなかの一連のものと考え、本論ではこれを「生業の稠密化」と概念化した。

そして、最後に、「生業の稠密化」の主体について検討し、下司、ムラ、個別経営それぞれが「生業の稠密化」に向けてせめぎ合っているなかで、惣庄（庄郷）だけがそれを抑制しようとする方向性を示していたこと、かといってムラが最初から主導権を握っていた訳ではないことを確認した。では、なぜムラなのか。その理由について、本論では、「小規模で素朴な漁撈」の個別の漁業権を自己否定するような微細な利害の調整は、庄郷のような大きな村落では不向きで、自然と密着した身近な小さな村落であるがゆえにできたのではないかと結論づけた。一三世紀頃を画期として、生業の原理はより内側へ精緻化する方向で転換をはかられていくが、そのなかで、稠密な生業の形態に適合的な社会組織として、小さなムラが地域における生業の主導権を握ったと考えた。

ここで本書を終わるにあたってもっとも注目したいのは、日本と中国の自然利用のあり方を比較した菅豊が示した見通しである。[118] 菅は、「既にある限られた空間と資源を使って、より効率よく生産を上げる、という内側への精緻化」（インボリューション）という資源利用のあり方は、中国に比較して日本では不徹底であると主張し、日本は「インボリューションの段階に到達しないですんでいる」と評価している。[119]

しかし、これはあくまでも比較の問題であって、中世の日本列島においても一定の都市需要は存在しており、「内側への精緻化」が進行しなかった訳ではないことは本書の分析によってその一端が垣間見えたと考えている。こうした動きについては、かつては「集約化」という枠組みで議論されてきたように思う。[120] しかし、この議論は農業を基本としたものであり、また、土地利用のあり方をめぐる議論である。[121] 農業を軸にした集約化という議論だけでは、生業の複合を前提としていた小さなムラの成立と確立とをとらえることができない。

それに対し、水野章二は一三～一四世紀前後に展開する「集村化」について、ただ屋敷地が一か所に集中することではなく、耕地の面的な開発が一定レベルで飽和状態に到達したために行われた領域全体の質的な再編成であると位置づけた。[122]そして、それまでの田・畠の区別や等級をまったく変えてしまう用水系統の再編において、耕地の所有権がいったん否定される場合があったことを想定している。「集村化現象は、再生産構造に密着した、より強力な共同体規制――支配を一般的に生み出す」というのである。[123]これも農業を軸とした議論ではあるが、インボリューション論に極めて近い議論である。中国と比較すれば進んでいないようにみえるとしても、地縁的な小さなムラを中軸とした日本なりのインボリューションが始まっていたのではないだろうか。[124]

そのうえで、最後に、本書冒頭において指摘した「人と自然の関係に対する関心はこれまでの歴史学が底流として持ち続けてきた」とする水野の環境史批判に反論しておきたい。[125]それは、環境史は自然の克服に力点をおいた従来の開発史研究を相対化するものであるという反論だけにとどまるものではない。論者が強調したいのは、これまでの歴史学は理論的に自然の存在を措定するだけで、自然そのもの、「自然の主体性」、あるいは、「自然そのものの「論理」」をとらえていなかったではないか、という批判なのである。本書が、陸域と水域との推移帯（エコトーン）という環境に注目し、また、コイ科フナ属の一年の生態を基軸とした消費に注目するという方法で生態学への接近を試みたのもそのためである。「生業の稠密化」論は、黒田日出男が定義する広義の開発史の一形態のようにみえたとしても、[126]「水辺」という環境の特性に注目し、魚類の生態という「自然そのものの「論理」」を一方の基軸として措定している点で、「戦後歴史学」や「網野史学」における自然理解とは根底から異なると考えるのである。「自然そのものの「論理」」をとらえなかった戦後歴史学ひいては近代歴史学を総括して、主体である自然と、自然の一部でありながら主体である人間とが、互いに影響しあいながら変化していくという、「「近代になる」という「大きな物語」」とは異なる新たな「物語」を創造すること、それこそが環境史であると考える。

（1）水野章二「日本中世における人と自然の関係史」（『中世の人と自然の関係史』吉川弘文館、二〇〇九年）。

（2）仲村研「中世後期の村落」（『荘園支配構造の研究』吉川弘文館、一九七八年、初出は一九六七年）。峰岸純夫「村落と土豪」（『日本中世の社会構成・階級と身分』校倉書房、二〇一〇年、初出は一九七〇年）。

（3）榎原雅治「地域社会における「村」の位置」（『日本中世地域社会の構造』校倉書房、二〇〇〇年、初出は一九八八年）。

（4）中近世の生業論の展開については、春田直紀「生業論の登場と歴史学――日本中世・近世史の場合――」（国立歴史民俗博物館編『生業から見る日本史――新しい歴史学の射程――』吉川弘文館、二〇〇八年）参照。なお、本論では、生業を「自然のもつ多様な機能から労働・生活に役立つ様々な価値をひきだす行為」とする春田の定義を継承する（春田直紀「中世の海村と山村――生業村落論の試み――」『日本史研究』三九二、一九九五年）。

（5）安室知「複合生業論」（香月洋一郎・野本寛一編『講座日本の民俗学　第五巻　生業の技術』雄山閣出版、一九九七年）など。

（6）たとえば、中世海村の生業のあり方を詳細に検討・類型化した業績として、春田直紀「中世海村の生業暦」（『国立歴史民俗博物館研究報告』一五七、二〇一〇年）を挙げることができる。

（7）奥嶋の研究史については、福田栄次郎「近江国」（網野善彦ほか編『講座日本荘園史　六　北陸地方の荘園　近畿地方の荘園Ⅰ』（吉川弘文館、一九九三年）が簡単に紹介している。それ以外のものとして、山口清貴「近江国奥島庄について――特に北津田・奥島両村について――」（『史路』三、一九七九年）、市川訓敏「中世奥嶋における「惣」と「村人」」（『関西大学法学論集』三〇―一、一九八〇年）、仲村研「若宮社と白部村の歴史概観」（『内湖と河川の漁法　琵琶湖総合開発地域民俗文化財特別調査報告書Ⅲ』滋賀県教育委員会、一九八一年）を挙げておく。

（8）若林陵一「近江国奥嶋荘の荘園領主と在地社会」（『六軒丁中世史研究』八、二〇〇一年）、同「近江国奥嶋荘における領有状況の変遷と在地社会――南北朝・室町期の守護勢力の進出を中心に――」（入間田宣夫編『日本・東アジアの国家・地域・人間――歴史学と文化人類学の方法から――』入間田宣夫先生還暦記念論集編集委員会、二〇〇二年）、同「近江国奥嶋荘・津田荘における惣村の成立と在地社会の変質」（『歴史』一〇五、二〇〇五年）、同「近江国奥嶋庄・津田庄・大嶋奥津嶋神社にみる「惣」と各集落――奥嶋・北津田と地域社会の広がり――」（『民衆史研究』八三、二〇一二年）。
（9）窪田涼子「中世村落における宮座とその機能――大嶋奥津嶋神社を事例として――」（『国史学』一八四、二〇〇四年）、同「勧進をめぐる荘と村――近江国奥嶋の史料から――」（藤木久志・蔵持重裕編『荘園と村を歩くⅡ』校倉書房、二〇〇四年）。
（10）深谷幸治「大嶋奥津嶋神社における在地寄進の実態」（『日本宗教文化史研究』一九、二〇〇六年）、同「戦国期近江における村落間漁業権・湖岸利用権相論」（蔵持重裕編『中世の紛争と地域社会』岩田書院、二〇〇九年）。
（11）そのほか近年の成果として、薗部寿樹「大嶋奥津嶋神社所蔵大般若経について」（『帝京史学』六、一九九一年）、坂田聡「村社会と「村人神主」」（『家と村社会の成立――中近世移行期論の射程――』高志書院、二〇一一年、初出は一九九九年）がある。
（12）畑井弘「山野湖水の用益と村落共同体――奥島における分業的非農生産および中世的発展の特殊性――」（『守護領国体制の研究』吉川弘文館、一九七五年、初出は一九六二年）。
（13）佐野静代「中近世における水辺の「コモンズ」と村落・荘郷・宮座――琵琶湖の「供祭エリ」と河海の「無縁」性をめぐって――」（『中近世の村落と水辺の環境史――景観・生業・資源管理――』吉川弘文館、二〇〇八年、初出は二〇〇五年）。なお、コモンズ論については、D・フィーニほか「「コモンズの悲劇」――その二二年後――」（『エコソフィア』一、一九九八年）がわかりやすい。この文献については、琵琶湖博物館の大久保実香氏のご教示を得た。
（14）その一端については、橋本道範「「環境史」研究の可能性について――佐野静代氏の業績の検討から――」（『歴史科学』一九六、二〇〇九年）でふれた。
（15）橋本道範「近江国野洲郡兵主郷と安治村――中世村落の多様性・不安定性・流動性・階層性について――」（『琵琶湖博物館研究調査報告　第二一号　琵琶湖集水域における中世村落確立過程の研究』滋賀県立琵琶湖博物館、二〇〇四年）。本書第二部第七章。
（16）ムラを定義するのは難しい。なぜならムラもまた重層性をもつからである。本論では、便宜的に近世の大字に継承される村落をムラとしておきたい。
（17）橋本道範「日本中世における水辺の環境と生業――河川と湖沼の漁撈から――」（『史林』九二―一、二〇〇九年）。

本書第一部第三章。

(18) 浜端悦治・西川博章「貴重植物の現状と保全」(西野麻知子・浜端悦治編『内湖からのメッセージ――琵琶湖周辺の湿地再生とその生物多様性保全――』サンライズ出版、二〇〇五年) から学んだ。

(19) 安室知「低湿地帯の稲作地における生業複合」(『水田をめぐる民俗学的研究――日本稲作の展開と構造――』慶友社、一九九八年、初出は一九八七年、一九九二年) など。

(20) 菅豊「『水辺』の生活誌――生計活動の複合的展開とその社会的意味――」(『日本民俗学』一八一、一九九〇年) など。

(21) 佐野静代「琵琶湖岸内湖周辺村落における伝統的環境利用システムとその崩壊」(『中近世の村落と水辺の環境史』前掲註13、初出は二〇〇三年) など。

(22) 網野善彦『網野善彦著作集　第七巻　中世の非農業民と天皇』(岩波書店、二〇〇八年、初出は一九八四年)、保立道久「中世前期の漁業と庄園制――河海領有と漁民身分をめぐって――」(『歴史評論』三七六、一九八一年)。なお、春田直紀「漁場と漁村」(『日本中世史研究事典』東京堂出版、一九九五年) も参照のこと。

(23) 春田直紀「中世の海村と山村――生業村落論の試み――」(『日本史研究』三九二、一九九五年)。

(24) 橋本道範「中世における琵琶湖漁撈の実態とその歴史的意義――湖辺エコトーンの漁撈を中心に――」(『月刊地球』二三、二〇〇一年)。本書第一部第二章。

(25) 西野麻知子ほか「内湖の特性と保全の方向性について」(『滋賀県琵琶湖研究所所報』二〇、二〇〇三年) など。

(26) 東善広「明治時代地形図からみた湖岸地形の変化」(西野麻知子編『とりもどせ！琵琶湖・淀川の原風景』サンライズ出版、二〇〇九年) など。

(27) 西野麻知子ほか「内湖の特性と保全の方向性について」(前掲註25)。

(28) たとえば、奥嶋に接した西の湖については、前畑政善によってフナ属やコイ、モロコをはじめとする多様な魚類相が報告されている (前畑政善「内湖の魚介」『内湖と河川の漁法　琵琶湖総合開発地域民俗文化財特別調査報告書Ⅲ』滋賀県教育委員会、一九八一年)。

(29) 細谷和海「琵琶湖の淡水魚の回遊様式と内湖の役割」および西野麻知子「内湖魚類相の特性」(『内湖からのメッセー

ジ』（前掲註18）。

（30）承保元年（一〇七四）三月二日、奥嶋庄司土師助正畠地寄進状、『長命寺古文書等調査報告書』一（滋賀県教育委員会、二〇〇三年）、以下『長』一のように略す。これが領域型荘園であることについては、北津田、中之庄、南津田という大字が残されていることより推測した。

（31）延徳三年（一四九一）一一月二〇日、近江国守護細川政元奉行人奉書、原田正俊編『天龍寺文書の研究』（思文閣出版、二〇一一年）五四六など。史料には「広山麓」とあるが、こう読んでみた。

（32）中世村落の領域構成については、水野章二（「中世村落と領域構成」『日本中世の村落と荘園制』校倉書房、二〇〇〇年、初出は一九八五年など）と田村憲美（「畿内中世村落の「領域」と百姓」『日本中世村落形成史の研究』校倉書房、一九九四年、初出は一九八五年など）との論争を参照のこと。なお、ヨシについては橋本道範「近江国野洲郡兵主郷と安治村」（前掲註15、本書第二部第七章）で若干ふれている。

（33）佐野静代「中近世における水辺の「コモンズ」と村落・莊郷・宮座」（前掲註13）。杉浦周子「中世奥嶋の環境と土地利用」（水野章二編『琵琶湖と人の環境史』岩田書院、二〇一一年）。

（34）この砂嘴帯の形成と変遷の問題は、産卵期に遡上する魚類の魚道と関わり、中世の津田内湖の漁撈を考えるうえでは決定的に重要である。ただし、佐野も引用する年未詳（江戸時代）「長命寺門前・南津田・中ノ庄村エリ相論絵図」（長命寺所蔵）にはすでにⒷ（三本杭）は描かれている。遅くとも江戸時代には開口されていると認識されていた。

（35）砂嘴帯の発掘調査が行われていない現時点ではこれ以上考察を深めることは困難である。なお、大中の湖の砂州の形成については、古関大樹「安土城築城期における大中の湖の湖沼環境変化」（水野章二編『琵琶湖と人の環境史』前掲註33）が参考となる。

（36）鶴崎裕雄「「天文一三年一〇月一五日山何百韻」と観音寺城の人々」（『戦国の権力と寄合の文芸』和泉書院、一九八八年）によった。

（37）飾磨郡津田（現姫路市）の飾磨川河口を指すと考えられている（久保田淳・馬場あき子編『歌ことば歌枕大辞典』角川書店、一九九九年など）。たとえば、『夫木和歌抄』にも、「つたのほそえ　播磨」とある。

（38）阿弥陀寺は、貞観七年（八六五）に大嶋神社・奥津嶋神社の神宮寺として奥嶋山に創建された寺院で、登蓮法師は同寺に住んだとされる平安時代の名高い歌人。なお、「細江」については、一八世紀の『近江輿地志略』が八幡山城の外堀が「細江」と呼ばれており、「津田の入江」をこの「細江」に比定できるとの説を紹介しているが、著者寒川辰清はこれを否定し、奥嶋辺の入江であるとする。これを支持したい。

(39) 元亨元年（一三二一）一〇月二八日、源義信田地寄進状案、「白部若宮神社文書」。この史料については、若林陵一「近江国奥嶋荘・津田荘における惣村の成立と在地社会の変質」（前掲註8）が紹介し、「すか、わ」ではなく「すか、り」と読んでいるが、山本順也氏のご教示により改めた。なお、当文書の利用にあたっては、近江八幡市文化観光課市史編さん室の亀岡哲也・烏野茂治・山本順也各氏のご高配を得た。

(40) あるいは、この「御座」は近江八幡市白王町の「権座」の可能性があるが、同南津田町にも「権座」という地名が残されている。

(41) 古関大樹によれば、「すか」は全国的に砂州が形成された場所に多い地名であるという（古関大樹「近世初期の福堂村と湿地利用」『能登川地区古文書調査報告書8　福堂町共有文書目録』東近江市教育委員会市史編纂室、二〇〇七年）。

(42) 建久八年（一一九七）一一月日、石山寺領名寄帳、石山寺文化財綜合調査団編『石山寺資料叢書　史料篇第一』（法藏館、一九九六年）。現地の比定はできていないが、寺領の寺辺《てらべ》か南郷と考えるのが妥当であろう。

(43) こうしたクリークとしての「江」が指す実態を考えるうえで参考になるのが、有明海沿岸の事例である。野間晴雄が分析した天保五年（一八三四）の『疏導要書』では、「川」と「江」とは厳密に区別されており、「江ハ曲レルヲ貴ヒ、川ハ直ナルヲ貴フ云コト郷普請第一ノ心得ナリ」とされている（野間晴雄「『疏導要書』にみる佐賀藩の治水と利水」『低地の歴史生態システム——日本の比較稲作社会論——』関西大学出版部、二〇〇九年）。つまり、佐賀平野においては、曲流しているものを「江」と呼んだのである。地域的な差異を考慮する必要はもちろんあるが、「江」が曲線流路を指した可能性はあろう。

(44) 杉浦周子「中世奥嶋の環境と土地利用」（前掲註33）は大字奥嶋（嶋）にクリークが存在し、洲のような地形となっていたことを指摘している。また、近江八幡市市役所所蔵の蒲生郡島村大字白王水面地景図や同円山水面地景図にもクリークが描き込まれている。

(45) 近江八幡市南津田町在住の西川新五良氏からの聞きとりによる。

(46) 記録に現われる中世の「堀」については、蔭山兼治「文献に見られる中世の「堀」と「溝」について――平安期から南北朝期までを中心に――」(『琵琶湖博物館研究調査報告　第二一号　琵琶湖集水域における中世村落確立過程の研究』前掲註15) 参照。
(47) 永田恵十郎「クリーク農業の形態と水利用――佐賀平坦部の場合――」(『日本農業の水利構造』岩波書店、一九七一年) など。
(48) 加藤仁美『水の造形――水秩序の形成と水環境管理保全――』(九州大学出版会、一九九四年)。
(49) 安室知「低湿地帯の稲作地における生業複合」(前掲註19)。
(50) 嘉田由紀子は、琵琶湖辺の志那（草津市）や幸津川（守山市）に張りめぐらされた多数の水路の規則的な配置や構造に、いかに魚類を自分たちの領域に有利に呼び込むかという人々の意図が隠されていると指摘し、これを「おびき寄せ水路」と名づけた（嘉田由紀子「湖岸エコトーンの所有と利用――その生物と文化の多様性――」『水辺ぐらしの環境学――琵琶湖と世界の湖沼から――』昭和堂、二〇〇一年、初出は二〇〇〇年）。水路が漁撈を主目的としたかどうかについての論証はないものの、重要な指摘と考えている。
(51) 建武元年（一三三四）二月五日、小善田地・あち魞売券、『大嶋神社・奥津嶋神社文書』二八（滋賀大学経済学部附属史料館、一九八六年）以下、『大』二八のように略す。
(52) 滋賀県内務部『滋賀県漁具の説明と漁業手続』（滋賀県内務部、一九三四年）、水産庁漁政部漁業調整第二課『内水面漁業資料　第一七輯　滋賀県漁具譜』（水産庁漁政部漁業調整第二課、一九五一年）、『日本国語大辞典　第二版』などを参考にしてまとめた。
(53) 網野善彦『網野善彦著作集　第七巻　中世の非農業民と天皇』（前掲註22）。
(54) 天正五年（一五七七）二月二〇日、円山幸善五郎魞売券案、「西川嘉右衛門家文書」『蒲生郡志』第五巻一四八七。
(55) 天正五年（一五七七）二月二〇日、円山孫八等連署魞地請文案、「西川嘉右衛門家文書」『蒲生郡志』第五巻一四八八。
(56) 黒田日出男「日本中世開発史の課題」（『日本中世開発史の研究』校倉書房、一九八四年）。
(57) 安室知「エリをめぐる民俗①――琵琶湖のエリ――《前編》」（『横須賀市博物館研究報告（人文科学）』三四、一九八九年）、同「エリをめぐる民俗①――琵琶湖のエリ――《後編》」（『横須賀市博物館研究報告（人文科学）』三五、一九九〇年）、同「エリをめぐる民俗②――涸沼のスマキ――」（『横須賀市博物館研究報告（人文科学）』三六、一九九一年）、同「エリをめぐる民俗③――木崎沼のガンゴジ――《前編》」（『横須賀市博物館研究報告（人文科学）』三八、一九九三年）、同「エリをめぐる民俗③――木崎湖のガンゴジ――《後編》」（『横須賀市博物館研究報告（人文科学）』三九、一九九四年）。

(58) 永仁六年（一二九八）某御教書断簡、『大』一八。奥嶋庄の本家、領家については、若林陵一「近江国奥嶋荘の荘園領主と在地社会」（前掲註8）がくわしい。これによれば、この時の裁許状発給者は、本家上乗院宮（益性法親王）か領家岩倉宮（忠房親王）の可能性があるが、いずれも発給するのは令旨であるので、「□教書」とある本文書の発給者を確定するのは困難である。ただ、忠房親王息女中西姫宮である可能性はあるが、これも確定できない。

(59) 仁治二年（一二四一）九月日、奥嶋庄預所法眼某下文、『大』一。

(60) 春田直紀「文献史学からの環境史」（『新しい歴史学のために』二五九、二〇〇五年）。

(61) 佐野静代「中近世における「水辺」の「コモンズ」と村落・荘郷・宮座」（前掲註13）。

(62) 佐野静代「近世・近代史料による琵琶湖のエリ発達史の再検討」（『国立歴史民俗博物館研究報告』一六二、二〇一一年）。

(63) 『琵琶湖総合開発事業関連埋蔵文化財発掘調査報告書二　赤野井湾遺跡　第二分冊』（滋賀県教育委員会事務局文化財保護課・（財）滋賀県文化財保護協会、一九九八年、濱修・阿刀弘史氏執筆部分）。

(64) 『湖岸堤天神川水門工事に伴う埋蔵文化財発掘調査概要報告書2　赤野井湾遺跡』（滋賀県教育委員会事務局文化財保護課・（財）滋賀県文化財保護協会、一九八七年、濱修氏執筆分）。ただし、この遺構をエリとみることについては、植田文雄による批判がある（植田文雄「内水面定置漁具の考古学的検討――エリとヤナの概念規定をめぐって――」渡辺誠先生古稀記念論文集刊行会編『列島の考古学Ⅱ』纂修堂、二〇〇七年）。とくに、植田がこの遺構では簀を支えるための杭跡が確認できないではないかと指摘している点は重要である。ただ、論者は遺構にツボの形状の溝が残されている点を重視しており、今後の考古学的論争を待ちたいと思う。

(65) 『古高・経田遺跡発掘調査概要報告書』（守山市教育委員会、二〇〇五年）。

(66) 森山宗保「守山市古高・経田遺跡から出土したエリ遺構」（『淡海文化財論叢　第一輯』淡海文化財論叢刊行会、二〇〇六年)。ただし、この遺構をエリとみることについては植田が批判し、「ヤナの可能性」あるいは「類漁労遺構」と評価するべきだとしている(植田文雄「内水面定置漁具の考古学的検討」前掲註63、同「ヤナ漁の歴史」〈大竹憲治先生還暦記念論文集刊行会編『梅檀林の考古学』纂修堂、二〇一一年〉)。その植田の批判の論拠を突き詰めると、エリとは「湖や内湖・河口等の止水域に設けられ」るものであり、「河川でおこなう定置漁法はすべてヤナ漁であり、沼や本湖のエリ漁が河川にもちいられることはあり得ない」という理解に行き着く。これは、カワエリもエリととらえ、陥穽装置であるツボの存在を重視する論者のエリの理解とは異なる。

なお、カワエリについては、橋本鉄男『琵琶湖の民俗誌』(文化出版局、一九八四年)を参照した。

(67)『県道大津・能登川・長浜改良工事に伴う加茂遺跡・一ノ坪遺跡発掘調査報告書』(滋賀県教育委員会文化財保護課、一九九四年)。報告書内では溝という理解も示されているが、形状から川と判断した。

(68)橋本道範「日本中世における水辺の環境と生業」(前掲註17)。本書第一部第三章。

(69)安室知「エリをめぐる民俗①――琵琶湖のエリ――《前篇》」(前掲註57)。佐野静代「近世・近代史料による琵琶湖のエリ発達史の再検討」(前掲註62)。

(70)守山市木浜町在住の乗田宗法氏からお伺いした。ハネコミは、中世近江の特産品であるフナ属ではなく、ワタカやギギを捕っていたという。

(71)橋本鉄男『琵琶湖の民俗誌』(文化出版局、一九八四年)。

(72)応安五年(一三七二)八月六日、若宮殿魞竹簀寄進人数木札、『大』七二。

(73)ただし、竹簀の大きさについては不明とせざるをえない。なお、琵琶湖博物館が所蔵している六点のエリの簀のうち、もっとも小さなものは、全長二二八・五センチのものである(塩化ビニールパイプ製)。一つの参考とはなろう。

(74)延文四年(一三五九)一二月二六日、下司代宗然魞寄進状、『大』四九。

(75)応安二年(一三六九)二月二一日、藤次郎魞寄進状、『大』六五。

(76)延文四年(一三五九)一二月二六日、下司代宗然魞寄進状案、『大』五〇。

(77)大嶋神社・奥津嶋神社文書中には、嶋の若宮神社関係の史料が数多く残されている。いずれかの時点で、大嶋神社・奥津嶋神社文書に吸収されたと考えている。

(78) 近江八幡市白王町在住の東房男氏によれば、「メセ」とはモロコ、ヒガイ、アユ、エビ、ジャコなどが捕れる簀の目の浅いエリのことである。なお、明治四五年（一九一二）のものと思われる『漁場図綴込帳』（滋賀県所蔵）に波口のエリがみえており、明治期には所在したことが確認できる。

(79) 東房男氏のご教示による。

(80) 西の湖のエリは前畑によってツボ一枚、コボラ半枚、オボラ二枚、カガミ五枚と報告されているが、残念ながらそのほかの部位の簀数は現時点では不明である（前畑政善「内湖の魚介」前掲註28）。

(81) 東房男氏によれば、メセのエリで捕れるものは、春はモロコ、夏はウナギ、冬はテナガエビであるが、秋はとくにないという。この点についてはさらに調査したい。

(82) この「網人等」については、堅田網人等以外考えにくい。

(83) 年未詳三月一五日、奥嶋庄下司源義経挙状案、『大』一四九。

(84) 年未詳三月一六日、奥嶋庄年預承慶書状案、『大』一五〇。滋賀大学経済学部附属史料館架蔵の写真帳により一部改めた。閲覧にあたっては、同館堀井靖枝氏のご高配を得た。

(85) 若林陵一「近江国奥嶋荘の荘園領主と在地社会」（前掲註8）。

(86) なお、史料12に現れる年預について、若林は延暦寺東塔の法華堂（根本法華三昧院）の年預とし、この文書を鎌倉末期のものと認定している（若林陵一「近江国奥嶋荘の荘園領主と在地社会」前掲註8）。

(87) 文永一一年（一二七四）七月一日、筑後国三潴庄白垣村田畠在家注文、「日向田部文書」『鎌倉遺文』一五―一一六八三など。「福丸簀北手者、指非二田畠一、以二海中簀一号二福丸一」とある。

(88) 年月未詳一九日、延暦寺西塔院主尊雲御教書断簡、『長』二九九。

(89) 菅豊「自然を加工することが苦手だった日本人」（『環境会議』二一、二〇〇四年）。なお、この点については、最後に改めて論じたい。

(90) この「供祭之江利」がどこに設置されたのかという問題について、佐野は図2の1番のエリと比定している。しかし、佐野が指摘している通り、これは中之庄村のエリである。そして、佐野も引用する年未詳（江戸時代）「長命寺門前・南津田・中ノ庄村エリ相論絵図」（長命寺所蔵）にはこのエリは描かれていない。このことから、1番のエリは一三世紀の「供祭之江利」と直接連続するものではないと考える。

(91)　「土民等私江利」の位置づけについては難しい。漁業権が成立していることから単純に「simple type のエリ」とするには躊躇するが、かといって、「involuted type のエリ」とは認定できない。したがって、「simple type のエリ」の一形態と想定しておく。

(92)　橋本道範「中世琵琶湖における殺生禁断と漁撈」（本書第一部補論1）。同「寺辺殺生禁断試論――宗教的戒律のつくる景観――」（内山純蔵・カティ・リンドストロム編『東アジア内海文化圏の景観史と環境　第一巻　水辺の多様性』昭和堂、二〇一〇年。本書第一部補論2）。

(93)　弘長二年（一二六二）一〇月一一日、錦吉弘等連署庄隠規文、『大』二。後述するように、原本により一部改めている。

(94)　たとえば、高牧實は中之庄に対抗するためと理解し（「中世の宮座と臈次階梯」『宮座と村落の史的研究』吉川弘文館、一九八六年、初出は一九八〇年）、高橋昌明は荘官に対抗するためと理解している（『増補　湖の国の中世史』中央公論新社、二〇〇八年、初出は一九八七年）。

(95)　笠松宏至ほか校注『日本思想大系二二　中世政治社会思想　下』（岩波書店、一九八一年）の頭註に整理されている通り、「付」と「千」との間には細字があり、「を」とも「進」とも読める。また、「付」は重ね書きされており、滋賀県編『滋賀県史　第五巻』（名著出版、一九七一年）は「村を」、『近江蒲生郡志　巻五』（滋賀県蒲生郡役所、一九二二年）は「付進」と読んでいる。そこで論者は原本で検討した結果、「□付（村）を」と読んだ。

(96)　この署名者の一部が大嶋神社の大座のオトナであることについては、高牧實「中世の宮座と臈次階梯」（前掲註94）参照。

(97)　佐野静代「中近世における水辺の「コモンズ」と村落・荘郷・宮座」（前掲註13）、高牧實「中世の宮座と臈次階梯」（前掲註94）、窪田涼子「中世村落における宮座とその機能」（前掲註9）。また、若林陵一「近江国奥島荘・津田荘における惣村の成立と在地社会の変質」（前掲註8）も参照のこと。

(98)　なお、紛争主体として長命寺が重要な役割を果たしているが、漁撈を制限しようとするだけで漁撈自体は行わないことから分析は別稿に譲り、今回の分析の対象からは除外した。橋本道範「中世琵琶湖における殺生禁断と漁撈」（前掲

註92、本書第一部補論1）、同「寺辺殺生禁断試論」（前掲註92、本書第一部補論2）参照。
(99) 若林陵一「近江国奥嶋荘の荘園領主と在地社会」（前掲註8）。
(100) 仁治二年（一二四一）九月日、奥嶋庄預所法眼某下文、『大』一。
(101) 元弘元年（一三三一）一二月九日、沙弥性忍エリ売券、『大』二七。
(102) 仲村研「若宮社と白部村の歴史概観」（前掲註7）。
(103) 元弘元年当時、奥嶋庄下司は源義信と想定するのが妥当であるので、「こしま殿」はその父義長が比定されよう（若林陵一「近江国奥嶋荘の荘園領主と在地社会」前掲註8）。とすれば、仁治二年に新儀のエリをめぐって争った下司も義長ではないだろうか。
(104) 先にもふれたように、大嶋神社・奥津嶋神社文書中にエリおよびエリ場の寄進状は四通残されている。そのうち、若宮神社への寄進状は、史料9（『大』四九、なお案文が『大』五〇に残されている）、史料10（『大』六五）のみである。残る一通は、南津田が「中庄堺」のエリ場を大嶋社に寄進したものであり（『大』四三）、史料16のエリとは関わらない。したがって、史料16の売券は史料9ないし史料10の手継文書として相伝されたと考えるのがもっとも蓋然性が高い。なお、史料4として掲示した建武元年（一三三四）の田地とエリの売券には、「白部内字はくちの大明神田小」が含まれている（『大』二八）。しかし、エリが設けられたのは「庄司ほりゑ」であり、これも史料16とは関わらないと考えた。
(105) 聞きとりによっては確認できなかったが、明治四五年（一九一二）のものと思われる『漁場図綴込帳』（滋賀県所蔵）によれば、波口のエリの所有者は、個人「外四人」となっており、その後も白部（現白王町）の所有となっていた可能性が高い。
(106) 永仁六年六月日、津田・嶋両村村人連署起請文、『大』一六。
(107) 窪田涼子「中世村落における宮座とその機能」（前掲註9）。
(108) 貞和二年（一三四六）一一月八日、僧円宣神田寄進状、『大』三一。
(109) 貞和三年（一三四七）二月一八日、僧円実田地寄進状、『大』三二。
(110) 延文三年（一三五八）二月二八日、尼念法等燈油田寄進状、『大』四六。
(111) 大嶋神社・奥津嶋神社宮司深井武臣氏のご教示による。ただし、現在島町の人々は大嶋神社・奥津嶋神社の氏子であり、若宮神社単独の祭礼はない。春と秋の例祭は、大嶋神社・奥津嶋神社の祭礼と一体のものとして執り行われている。

(112) なお、本論では捨象するが、「白部村若宮大明神」の初見は、嘉禎四年（一二三八）である（「若宮神社所蔵大般若波羅蜜多経」『滋賀県大般若波羅蜜多経調査報告書二』滋賀県教育委員会、一九九四年）。中世村落の流動性、不安定性については本書第二部第七章でふれたが、中世においては各ムラが均一に「発展」した訳ではないことは、強く強調しておきたい。

(113) ムラとしての嶋の初見は、弘長三年（一二六三）である（弘長三年五月八日、大嶋社三度神事日記、『大』四）。

(114) 高牧實「中世の宮座と﨟次階梯」（前掲註94）。

(115) 村落の機能と「私権の制限」については、稲葉継陽「戦国から泰平の世へ」（坂田聡・稲葉継陽・榎原雅治『日本の中世一二　村の戦争と平和』中央公論新社、二〇〇二年）。

(116) 若林は、宝徳元年（一四四九）の白部若宮神社の神田をめぐる奥嶋百姓等と白部百姓等の対立をとりあげ、白部が神田を奥嶋から奪取したと評価している（「近江国奥嶋荘・津田荘における惣村の成立と在地社会の変質」前掲註8）。「水辺」の漁撈に焦点を据えた本論では捨象したが、これも庄郷からのムラの自立に関わる動向の一端と理解している。

(117) なお、こうした「生業の稠密化」は、大嶋神社の「供祭之江利」が長命寺の殺生禁断の領域のなかで一〇〇〇喉を越えて漁獲されたことからも明らかなように（表1-5）、魚類需要の拡大と連動していると考えているが、本論においてはふれることができなかった。

(118) 菅豊「自然を加工することが苦手だった日本人」（前掲註89）。

(119) インボリューション論については、クリフォード・ギアーツ『インボリューション――内に向かう発展――』（NTT出版、二〇〇一年）参照。この文献については、大久保実香氏のご教示を得た。

(120) 宝月圭吾「中世の産業と技術」（家永三郎ほか編『岩波講座　日本歴史八　中世四』岩波書店、一九六三年）。

(121) 金田章裕「中世における土地利用の集約化と微細微地形の克服」（『微地形と中世村落』吉川弘文館、一九九二年）。

(122) 水野章二「日本中世村落に関する二、三の問題」（『新しい歴史学のために』一六六、一九八二年）、同「中世村落・荘園研究の現状と本書の構成」（『日本中世の村落と荘園制』前掲註32）。

(123) 水野章二「日本中世村落に関する二、三の問題」（前掲註122）。

(124)　あるいは網野が言いたかった「開発とは異質の積極性」（網野善彦「歴史と自然・河海の役割――『そしえて二一』の発刊によせて」『網野善彦著作集　第一二巻　無縁・公界・楽』岩波書店、二〇〇七年、初出は一九九〇年）とは、こうしたことではなかったであろうか。
(125)　水野章二「日本中世における人と自然の関係史」（前掲註1）。
(126)　黒田日出男「日本中世開発史の課題」（前掲註56）。

〔付記〕

本章は、二〇〇〇年一一月二〇日に、「中世琵琶湖における水産資源と地域社会の再編――十三、十四世紀の蒲生郡奥嶋周辺を事例として――」と題して、漁業史研究会で報告したのち放置していた内容を、科学研究費補助金基盤研究（C）「日本中世における内水面の環境史的研究」（研究代表者橋本道範）および科学研究費補助金基盤研究（C）「日本中世における「水辺移行帯」の支配と生業をめぐる環境史的研究」（研究代表者橋本道範）を得て全面的に再考し、二〇一三年五月二三日に、「日本中世の「水辺」と村落――近江国蒲生郡奥嶋の事例から――」と題して、鎌倉遺文研究会で報告し、その内容をさらに改稿したものである。貴重なご意見をいただいた方々に感謝申し上げたい。

表1　中世における奥嶋周辺の漁撈をめぐる紛争一覧

	紛争年	紛争当事者	紛争対象	出典	内容
1	建仁元年（一二〇一）	鴨御祖井日吉社司等VS薬師寺か	豊浦庄内海漁鉤	『猪』	・京都の下鴨神社と大津の日吉神社の神官が、豊浦庄内海の「漁鉤」について朝廷に訴訟、くわしい内容は不明
2	天福年間（一二三三～三四）	長命寺VS土民	江	『長』二九九	・長命寺寺僧が、土民が江を掘ったことについて延暦寺西塔院主（尊雲）に訴え、寺から退去 ・土民は魚を捕るためではなく、沢田を耕作するためだと反論 ・西塔院主は寺僧が還住ののち、江を塞ぐように命令 ・還住以前の七月一一日に江は塞がれる ・ところが長命寺寺僧は寺に帰らず（以後不明）
3	仁治二年（一二四一）	奥嶋御庄沙汰人百姓等VS下司	新江利など	『大』一	・奥嶋庄沙汰人百姓等が、下司が新規のエリを設置したと預所に訴える ・下司は親の代からのエリであると反論 ・法廷で対決したところ新規のエリであることが発覚 ・領地内（北限は白部鼻）の新エリの停止が命ぜられる
4	建長五年（一二五三）	長命寺VS百姓等	葦・青原等（岡崎・久木江入・青原・葦等）	『長』一二	・長命寺が、葦・青原など（端裏では「岡崎・久木江入青原葦等」とある）について西塔院主（尊源）に訴える ・百姓等は法廷に出廷せず長命寺が勝訴 ・百姓等が抑留している浜の十禅師田を領作し、五節供燈明等神役を懈怠しないように西塔院主が命ずる
5	弘長二年（一二六二）	大嶋神主等VS長命寺寺僧等	供祭江入	『長』一五（『大』二）	・大嶋神主等が、長命寺寺僧等がまだ魚一〇〇〇喉になっていないのに供祭のエリを破壊したと守護佐々木泰綱に訴える ・長命寺寺僧等は一〇〇〇喉になったので破壊したと反論 ・法廷で長命寺寺僧の証拠が認められ、石津江以北海陸の殺生禁断が認められる（七月） （この直後一〇月、錦吉弘ら一五名は置文を作成して返忠を禁止する）

6	文永元年（一二六四）	長命寺寺僧VS大嶋社神主	殺生禁断	『長』一九	・長命寺寺僧が、石津江以北の殺生禁断について西塔院主（承源）に確認を求める ・西塔院主は大嶋社神主の沙汰も寺領の禁制も先例通りとすることを命ずる
7	文永四年（一二六七）	網人等VS長命寺寺僧等	網庭境・狼藉	『長』二一	・網人等が、長命寺寺僧等が他領に差し超えてまで漁を制止し、狼藉したと守護に訴える ・長命寺寺僧等は、網庭は寺領内であると反論 ・守護佐々木泰綱の子頼綱は、訴陳だけのやりとりではらちがあかないので、「故実仁」を派遣して実検をすることとし、それまで紛争の一時凍結を命ずる
8	永仁六年（一二九八）	両社神官村人等VS中庄庄官百姓等	供祭之江利	『大』一五・一六・一八・一九	・大嶋社が、供祭の料所が破損して神供がなくなってしまったので、土民等の私エリを先年のように停止して欲しいと訴える ・法廷は大嶋神社神主の訴えを認める ・社家と村々は協議して、私のエリを停止して供祭のエリを設けることを決定し、所々に設置 ・中庄の沙汰人等がそのエリを切り捨て、大嶋社神主が訴える ・法廷で中庄沙汰人等がエリを切り捨てたことを認める（以後不明） （この過程で、大嶋神社神主と北津田・嶋の村人は一味同心の起請文を作成） （この過程で、北津田・嶋の村人は連署した一味同心の連署起請文を作成） （のちに、大嶋神社神主が負担した訴訟費用は北津田村人、嶋村人、奥津嶋神神主も分担）
9	康永元年（一三四二）	両庄村人等VS中庄孫三郎大夫	供斎之恵利	『大』二九	・中庄の孫三郎大夫が供祭のエリを破壊 ・北津田と嶋の村人等は神木を振って中庄の境に押し掛ける

					・孫三郎は神輿に向かって謝罪したが村人等は許さず ・惣追捕使代の阿闍梨房の仲裁によって神輿は還る ・北津田と嶋村人は置文を作成してことの顚末を記録
10	年未詳	奥嶋庄百姓等・下司VS甲乙人等	往古魚之通道／新儀之遠簀	『大』一四九・一五〇	・奥嶋庄百姓等が下司を通じて「往古魚之通道」を甲乙人が塞いだことを領主に訴える ・年預承慶は、「白部若江」を新儀の「遠簀」で塞ぐことについて、百姓等の主張を認め、先例通りとするように命令する（ただし、「浦年貢」をすぐに納入するように念を押す）

出典

『猪』：『猪熊関白日記』

『長』：『長命寺文書古文書等調査報告書』（滋賀県教育委員会、二〇〇三年）

『大』：『大嶋神社・奥津嶋神社文書』（滋賀大学経済学部附属史料館、一九八六年）

註：5と6、8と9はそれぞれ関連する紛争である。

なお、奥嶋近隣の牧における漁撈紛争の史料も残されている（『長』一五七・一五八）。

あとがき

本書は、京都大学に提出した学位論文『日本中世の環境と生業』を改稿したものである。修士論文「鎌倉後期地域社会の展開と権力編成――西国下司を中心に――」の一部を改稿した第二部第五章を除いて、滋賀県教育委員会事務局（仮称）琵琶湖博物館開設準備室および滋賀県立琵琶湖博物館での研究成果を取りまとめたものである。研究職最大時二九名の職場ではあるが、ほぼ理系の学芸員から構成されており、ただ一人の歴史学専攻者として左記の研究プロジェクトに参加した。

○琵琶湖博物館総合研究

①「東アジアの中の琵琶湖：コイ科魚類を展開の軸とした環境史に関する研究」（一九九六年度～二〇〇六年度：研究代表者中島経夫）、共同研究者

②「水田生態系と人間活動に関する総合研究」（一九九六年度～一九九九年度：研究代表者嘉田由紀子）、共同研究者

③「博物館資料の収集・整理・保管と利用に関する研究」（一九九七年度～二〇〇四年度：研究代表者内田臣一のち八尋克郎）、共同研究者

○琵琶湖博物館共同研究

④「琵琶湖集水域における中世村落確立過程の研究――考古資料の分析を中心として――」（一九九六年度～二〇〇二年度）、研究代表者

⑤「歴史資料の保存、利用方法の共通化に関する研究」（一九九六年度）、研究代表者

⑥「琵琶湖周辺域における過去一万年間の自然環境と人間活動の変遷」（一九九七年度～二〇〇一年度：研究代表者宮本真二）、共同研究者

⑦「水利形態の詳細復元による地域環境史の総合的把握――扇状地滋賀県甲良町を事例に――」（一九九九年度～二〇〇一年度：研究代表者脇田健一）、共同研究者

○科学研究費補助金による研究プロジェクト

⑧基盤研究（B）「琵琶湖の歴史的環境と人間の関わりに関する総合的研究」（二〇〇六年度～二〇〇九年度：研究代表者水野章二）、研究分担者

⑨基盤研究（C）「日本中世における内水面の環境史的研究」（二〇〇七年度～二〇一〇年度）、研究代表者

⑩基盤研究（C）「ハイパーピクナル流堆積物の認定による琵琶湖地域の大規模洪水周期の解明」（二〇一〇年度～二〇一二年度：研究代表者里口保文）、研究分担者

⑪基盤研究（C）「日本中世における「水辺移行帯」の支配と生業をめぐる環境史的研究」（二〇一一年度～二〇一四年度）、研究代表者

⑫基盤研究（B）「中・近世「菅浦文書」の総合的調査・公開と共同研究――中・近世村落像の再検討――」（二〇一二年度～二〇一五年度：研究代表者青柳周一）、研究分担者

○総合地球環境学研究所の研究プロジェクト

⑬「東アジア内海の新石器化と現代化：景観の形成史」（二〇〇五年度～二〇一一年度：研究代表者内山純蔵）、メンバー

第一部第一章、第二章、補論1は①の成果、第三章は⑨の成果、補論2は⑬の成果、補論3は⑧の成果、補論4、第四章は⑨⑪の成果である。また、第二部第七章は④の成果、第八章は⑨⑪の成果、残る第六章は申請専門研究費（競争的個人研究費）および専門研究費（非競争的個人研究費）によって作成したものである。

なお、本書に収録しなかった主な成果として、①歴史班の最終的な成果物である橋本道範編『琵琶湖博物館研究調査報告　第二五号　日本中世魚介類消費の研究――一五世紀山科家の日記から――』（滋賀県立琵琶湖博物館、二〇一〇年）が、⑤とそれを統合した③の成果として、「資料情報のネットワーク化」（八尋克郎・布谷知夫・里口保文編『博物館でまなぶ――利用と保存の資料論――』二〇一一年、東海大学出版会）が、専門研究費の成果として、「鎌倉幕府の裁判」、「鎌倉幕府裁許状の歴史的位置――対問・勘判を引用する裁許状の広がりに注目して――」、「東寺の裁許と裁許状――権門における鎌倉幕府裁許状の構成の受容――」（いずれも大山喬平編『中世裁許状の研究』塙書房、二〇〇八年）がある。

いまからみると未熟な成果ではあるが、本書をもって、研究費を与えていただいた滋賀県民の皆さん、ご審査いただいた琵琶湖博物館総合研究・共同研究審査委員会の皆さん、調査にご協力いただいた皆さん、お世話になった共同研究者・研究協力者の皆さん、同じことをしつこく何度も聞いた琵琶湖博物館の皆さんへの報告に代えたい。

＊　　　＊　　　＊

ほんとうに勉強しない学生・院生であった。朝尾直弘先生、大山喬平先生、鎌田元一先生に深くお詫びしたい。司馬遼太郎の影響で中世と近代に偏った興味を持っただけで、片田舎の高校からなんとなく大学へと進んだ。人生で初めて読んだ論文「日本中世農村史研究の課題」に感動し、村落史に関心を持ったものの、とりたてて勉強しなかったことを後悔している。ただ、大学のサークル（歴史研究会）や国史学研究室、水野章二さん、伊藤俊一さん、仁木宏さんらが主宰するカマラードの会、当時川合康さん、市沢哲さんらが中心であった日本史研究会の中世史部会など多くの研究会で、一緒に史料を読んだり、議論をしたりするのは好きであった。

そうした環境が一変したのが、（仮称）琵琶湖博物館開設準備室への就職である。日本で最先端の研究型地域博物館を創るという理想に共感し、時間、労力、資金、そして情熱の大半を研究基盤の整備に費やした。『日本国語大辞典』を買い揃えるところからの出発であった。また、学際的な議論には積極的に参加した。準備室のセミナーで「荘園現況記録調査について――播磨国大部荘の場合――」という題目で初めて報告したさい、嘉田由紀子さんに「これからは環境のことも考えてください」と指導されたが、いったいなにを指摘されているのか皆目わからなかった。しかし、いま振り返ってみれば、これが環境史との出会いであったかもしれない。一九九四年一月二四日のことである。

そして、一九九六年四月、初代館長として川那部浩哉さんが赴任された。「仕事はできたが論文はできなかったというのは、仕事ができたことではありません」との大号令のもと、厳しい研究審査が始まった。激しい口調の批判に立ち往生し、言葉が出なくなることも度々であったが、そうしたなかで職業研究者として鍛えられた。

さらに、中島経夫さんを代表者とする総合研究に参加し、一九九七年の「世界古代湖会議――古代湖における生物と文化の多様性――」で報告したことが本書の出発点になった。ほんとうのところは、この総合研究には畏友春田直紀さんに加わっていただくパイプ役として参加しただけであったが、その後の研究の方向性を決めることとなった。

ただ、途中で大きな挫折を経験し、多くの方々にご迷惑をおかけすることとなった。この場をかりて深くお詫びしたい。何度も研究者としての人生を断念しかけたが、大山先生、前田禎彦さん、佐藤泰弘さん、上島享さん、野田泰三さん、金井静香さん、横内裕人さん、衣川仁さんによる裁許状研究会に参加できたことが、大きな心の支えとなった。また、大山先生には折にふれて「メイル」をいただき、励ましていただいた。ほんとうに感謝申し上げたい。

二〇一一年四月、二代目館長として篠原徹さんが赴任された。「考えてから歩くのではなく、歩きながら考えろ」という指導を受けて、度々議論を吹っ掛けられ、調査をご一緒させていただいたことで研究が前進するようになった。そして、勝山清次先生に「いつから勉強しても遅いということはない」との励ましの言葉をいただいて、ご退職直前の最後の最後に学位論文を提出することができた。

いま振り返ってみると、幸せな環境で多くの方々のご支援により仕事ができたことを実感している。特に、二〇〇四年から歴史資料整備と資料保存環境整備のための嘱託職員が配置されることとなり、初代として就任された山形佳恵さんの献身的なご尽力により、業務全体がなんとか遂行できるようになったことが大きい。また、学位論文のとりまとめにあたっては大島輝美さんに、本書のとりまとめにあたっては夏原浩子さんに補助いただいた。お二人の存在なくしては本書の完成はなかった。さらに、勅使河原拓也さんには二度とも校閲をお願いした。また、出版にあたっては原宏一さんのお世話になった。編集の労をとられた三浦泰保さんとは楽しくお仕事をすることができた。

ここで、どうしても、何度も研究の道に引き戻してくださった川端新さんの思い出を一つだけ紹介したい。一九九三年、就職したての準備室ではタンポポ調査が行われていた。これは在来種と外来種のタンポポの分布を市民参加で調査することによって身近な環境を分析しようという試みであったが、私は生き物にはまったく無関心で、その意義もまったくわからなかった。ところが、そのことを紹介するニュースレターを見た川端さんは、いつもの笑顔で、「これ、面白いですね」といってタンポポについていろいろと教えてくださったのである。好奇心にあふれ、豊かな感性をもった川端さんなら、環境史の意義も私以上に深く理解し、議論できたに違いない。本書を読んでいただくことができないのがほんとうに残念である。

最後に、本書を一昨年に亡くなった父武明と老齢の母和枝に捧げたい。この年になってやっと献辞の意味を理解することができた。親不孝であった。また、迷惑をかけた妻素子、息子雅裕にはただ詫びるしかない。

なお、本書は日本学術振興会の平成二六年度科学研究費補助金（研究成果公開促進費）を得て刊行するが、「生業の稠密化」論に最終的に到達したのは、二〇一四年の五月であり、終章をまとめることができなかった。今後の研究によって、議論を深めていきたいと思う。

二〇一五年一月二日

橋本道範

初出一覧

序章　戦後における歴史学の自然環境理解と村落論（新稿）

第一部　生業と村落

第一章　琵琶湖における一三世紀のエリ漁業権の転換とそこにおける村落の役割
原題：“A 13TH-CENTURY TURNING POINT OF FISHING RIGHTS AND ENDEMIC FISH-TRAP (“ERI”) TECHNOLOGY IN LAKE BIWA, IN RELATION TO THE ROLE OF VILLAGE COMMUNITIES.” (*Ancient Lakes : Their Cultural and Biological Diversity*, KENOBI PRODUCTIONS, 1999). 日本語原稿にもとづいて作成した。

第二章　中世における琵琶湖漁撈の実態とその歴史的意義――「湖辺」の漁撈を中心に――
原題：「中世における琵琶湖漁撈の実態とその歴史的意義――湖辺エコトーンの漁撈を中心に――」（『月刊地球』二六四、二〇〇一年）。一部訂正を加えた。

第三章　中世における「水辺」の環境と生業――河川と湖沼の漁撈から――
原題：「日本中世における水辺の環境と生業――河川と湖沼の漁撈から――」（『史林』九二―一、二〇〇九年）。一部訂正を加えた。

補論1　中世琵琶湖における殺生禁断と漁撈
原題：「中世琵琶湖における殺生禁断と漁撈」。嘉田由紀子・橋本道範「漁労と環境保全――琵琶湖の殺生禁断と漁業権をめぐる心性の歴史から探る――」（鳥越皓之ほか編『講座環境社会学　第三巻　自然環境と環境文化』有斐閣、二〇〇一年）のうち、橋本執筆分を独立させ、はじめにを加えた。

補論2　寺辺殺生禁断試論――宗教的戒律がつくる心理的景観――
原題：「寺辺殺生禁断試論――宗教的戒律のつくる景観――」（内山純蔵・カティ・リンドストロム編『東アジア内海文化圏の景観史と環境　第一巻　水辺の多様性』昭和堂、二〇一〇年）。一部訂正を加えた。

補論3　中世前期の堅田漁撈――『賀茂御祖皇太神宮諸国神戸記』所収 堅田関係史料の紹介――
原題：「中世前期の堅田漁撈――『賀茂御祖皇太神宮諸国神戸記』所収 堅田関係史料の紹介――」（水野章二編『琵琶湖と人の環境史』岩田書院、二〇一一年）。一部訂正を加えた。

補論4　年中行事と生業の構造――琵琶湖のフナ属の生態を基軸として――
原題：「年中行事と生業の構造――琵琶湖のフナ属の生態を基軸として――」（井原今朝男編『環境の日本史

三　中世の環境と開発・生業』吉川弘文館、二〇一三年）。一部訂正を加えた。

第四章　一五世紀における魚類の首都消費と漁撈――琵琶湖のフナ属の旬をめぐって――（新稿）

第二部　庄郷とムラ

第五章　荘園公領制再編成の一前提――辻太郎入道法名乗蓮とその一族――

原題：「荘園公領制再編成の一前提――辻太郎入道法名乗蓮とその一族――」（大山喬平教授退官記念会編『日本社会の史的構造 古代・中世』思文閣出版、一九九七年）。一部訂正を加えた。

第六章　王家領備前国豊原庄の基礎的研究

原題：「王家領備前国豊原庄の基礎的研究」（『吉備地方文化研究』一六、二〇〇六年）。一部訂正を加えた。

第七章　近江国野洲郡兵主郷と安治村――中世村落の多様性・不安定性・流動性・階層性について――

原題：「近江国野洲郡兵主郷と安治村――中世村落の多様性・不安定性・流動性・階層性について――」（橋本道範編『琵琶湖博物館研究調査報告　第二一号　琵琶湖集水域における中世村落確立過程の研究』滋賀県立琵琶湖博物館、二〇〇四年）。一部訂正を加えた。

第八章　中世の「水辺」と村落――「生業の稠密化」をめぐって――（新稿）

◎著者略歴◎

橋本道範（はしもと・みちのり）

1965年　岡山県岡山市生まれ
1983年　京都大学文学部史学科国史学専攻卒業
1993年　京都大学大学院文学研究科博士後期課程国史学専攻中退
1993年　滋賀県教育委員会事務局（仮称）琵琶湖博物館開設準備室勤務
1996年　滋賀県立琵琶湖博物館勤務
現在、滋賀県立琵琶湖博物館専門学芸員　京都大学博士（文学）

〔本書掲載以外の主な著書・論文〕
橋本道範「鎌倉幕府裁許状の歴史的位置――対問・勘判を引用する裁許状の広がりに注目して――」、「東寺の裁許と裁許状――権門における鎌倉幕府裁許状の構成の受容――」（大山喬平編『中世裁許状の研究』塙書房、2008年）
橋本道範編『琵琶湖博物館研究調査報告　第25号　日本中世魚介類消費の研究――一五世紀山科家の日記から――』（滋賀県立琵琶湖博物館、2010年）
田中修實・橋本道範・村上岳編「中世」（邑久町史編纂委員会編『邑久町史　史料編（上）』岡山県瀬戸内市、2007年）
橋本道範「平安時代末期・鎌倉時代の邑久」（邑久町史編纂委員会編『邑久町史　通史編』岡山県瀬戸内市、2009年）
橋本道範・牧野久実・矢野晋吾『第10回企画展示　中世のむら探検――近江の暮らしのルーツを求めて――』（滋賀県立琵琶湖博物館、2002年）
中島経夫・里口保文・橋本道範ほか『第15回企画展示　琵琶湖のコイ・フナの物語――東アジアの中の湖と人――展示解説書』（滋賀県立琵琶湖博物館、2007年）

日本中世《にほんちゅうせい》の環境《かんきょう》と村落《そんらく》

2015（平成27）年２月27日発行

定価：本体8,400円（税別）

著　者　橋本道範
発行者　田中　大
発行所　株式会社　思文閣出版
〒605-0089 京都市東山区元町355
電話 075-751-1781（代表）

印　刷
製　本　株式会社 図書印刷 同朋舎

ISBN978-4-7842-1764-9　C3021

索　　引

【事項】

あ

な

は

ま

や

【研究者名】

さ

た

な

は

ま

挿図一覧

第1章

図1　エリの2類型……51
（右）吉谷芳幸・長谷川嘉和「漁具と漁法」『琵琶湖総合開発地域民俗文化財特別調査報告書4　湖西の漁撈習俗』滋賀県教育委員会、1982年
（左）滝川吉則「西ノ湖の漁具・漁法」『琵琶湖総合開発地域民俗文化財特別調査報告書3　内湖と河川の漁法』滋賀県教育委員会、1981年

図2　古墳時代のエリ跡遺構図……53
『琵琶湖開発事業関連埋蔵文化財発掘調査報告書2　赤野井湾遺跡　第2分冊』滋賀県教育委員会事務局文化財保護課・財団法人滋賀県文化財保護協会、1998年

図3　19世紀の奥嶋周辺地形図……55
大日本帝国陸地測量部発行仮製2万分1地形図「能登川」（1895年）・「八幡」「葉枝見村」「沖之島」（1894年）より作成

図4　仁治2年（1241）の下文……56
大嶋神社・奥津嶋神社所蔵

図5　永仁6年（1298）の御教書……57
大嶋神社・奥津嶋神社所蔵

図6　永仁6年（1298）の起請文……58
大嶋神社・奥津嶋神社所蔵

図7　土錘が出土した遺跡数……63
大沼芳幸「人はそれでもタンパク質を欲した――土錘出土量から見た近江における網漁の展開、特に中世――」（『紀要』財団法人滋賀県文化財保護協会、1991年）を加工

補論1

図1　『石山寺縁起絵巻』巻2 ……120

石山寺所蔵

補論2

図1　19世紀の長命寺周辺の景観……………………………………………………… 134
大日本帝国陸地測量部発行仮製2万分1地形図「北里村」(1895年)・「八幡」(1894年）より作成
図2　長命寺視界地図………………………………………………………………… 135
国土地理院発行「数値地図25000」(1997年）をもとにカルロス・レンゾ・セバヨス・ヴェラルデが作成
図3　19世紀頃の長命寺から見た南方の様子…………………………………………… 137
『近江・畿内名勝図巻』滋賀県立琵琶湖博物館所蔵
図4　19世紀石山寺周辺の景観………………………………………………………… 137
大日本帝国陸地測量部発行仮製2万分1地形図「瀬田」(1895年)「膳所」(1912年)・「大石村」(1895年)・「宇治」(1912年）より作成
図5　石山寺視界地図………………………………………………………………… 140
国土地理院発行「数値地図25000」(1997年）をもとにカルロス・レンゾ・セバヨス・ヴェラルデが作成
図6　現在の石山寺からみた瀬田川の様子…………………………………………… 142

補論4

図1　フナ属の月別贈答記事件数（フナズシは除く）………………………………… 188
山科家の日記類より作成
図2　フナ属の月別貢納記事件数（フナズシは除く）………………………………… 188
山科家の日記類より作成
図3　ギンブナ…………………………………………………………………………… 192
秋山廣光氏撮影
図4　ゲンゴロウブナ…………………………………………………………………… 192
秋山廣光氏撮影
図5　ニゴロブナ………………………………………………………………………… 192
松田尚一氏撮影
図6　大正期の琵琶湖産フナ属の月別漁獲高割合……………………………………… 194
川端重五郎『琵琶湖産魚貝類』(田口長治郎、1931年）より作成

第4章

図1　『家礼記』にみるフナズシの記事の月別出現回数 …………………………… 217
図2　『家礼記』にみるフナズシ以外のフナ属の記事の月別出現回数 ……………… 217
図3　フナズシの月別贈答記事件数…………………………………………………… 218
山科家の日記類より作成
図4　フナズシ以外のフナ属の月別贈答記事件数………………………………… 221
山科家の日記類より作成
図5　フナズシ以外のフナ属の月別貢納・上納記事件数………………………… 223
山科家の日記類より作成
図6　ふなのしるの月別記事件数…………………………………………………… 226
山科家の日記類より作成
図7　菅浦周辺図……………………………………………………………………… 233
国土地理院発行2万5千分1地形図「竹生島」「海津」「木之本」「駄口」より作成

第5章

図1　雲厳および乗蓮一族系図……………………………………………………… 268

第6章

図1　高橋一樹による鎌倉後期の豊原庄の概念図………………………………… 286
高橋一樹「王家領荘園の立荘」（『中世荘園制と鎌倉幕府』塙書房、2004年、初出は2000年）
図2　豊原庄内に成立した東大寺領の四至………………………………………… 291
『長船町史　通史編』（長船町、2001年）所収の図138を改変
図3　『慶長十年帳』にみえる郷・荘・保 ………………………………………… 298
大日本帝国陸地測量部発行仮製2万分1地形図「藤井」「西大寺」「小串」「香登」「牛窓」「犬島」（1898年）より作成
図4　『吉備温故秘録』にみえる豊原庄 …………………………………………… 299
同上

第7章

図1　野洲川下流域地形分類図……………………………………………………… 319

辰巳勝「遺跡分布調査における地理学の役割」『立命館地理学』6、1994年
図２　兵主郷と兵主神社の末社…… 328
大日本帝国陸地測量部発行仮製２万分１地形図「堅田」「和邇村」「北里村」（以上1895年）・「八幡」（1894年）より作成
図３　野洲川旧北流右岸等高線図…… 339
辰巳勝「野洲川下流域の地形および地質・土壌の概要」『中主町文化財調査報告第15集　中主町内遺跡分布調査（Ⅱ）概要報告書』中主町教育委員会、1988年

第８章

図１　奥嶋周辺地図…… 365
大日本帝国陸地測量部作成仮製２万分１地形図「八幡」（1895年）・「能登川」（1894年）より作成
図２　佐藤静代による津田内湖周辺の復元図…… 369
佐野静代「中近世における水辺の「コモンズ」と村落・荘郷・宮座――琵琶湖の「供祭エリ」と河海の「無縁」性をめぐって――」（『中近世の村落と水辺の環境史――景観・生業・資源管理――』吉川弘文館、2008年、初出は2005年）
図３　赤野井湾遺跡のエリ跡の遺構図…… 378
『琵琶湖総合開発事業関連埋蔵文化財発掘調査報告書２　赤野井湾遺跡　第２分冊』滋賀県教育委員会事務局文化財保護課・財団法人滋賀県文化財保護協会、1998年
図４　古高・経田遺跡のエリ遺構図…… 378
『古高・経田遺跡発掘調査概要報告書』守山市教育委員会、2005年
図５　加茂遺跡のエリの遺構図…… 378
『県道大津・能登川・長浜改良工事に伴う加茂遺跡・一ノ坪遺跡発掘調査報告書』滋賀県教育委員会文化財保護課、1994年